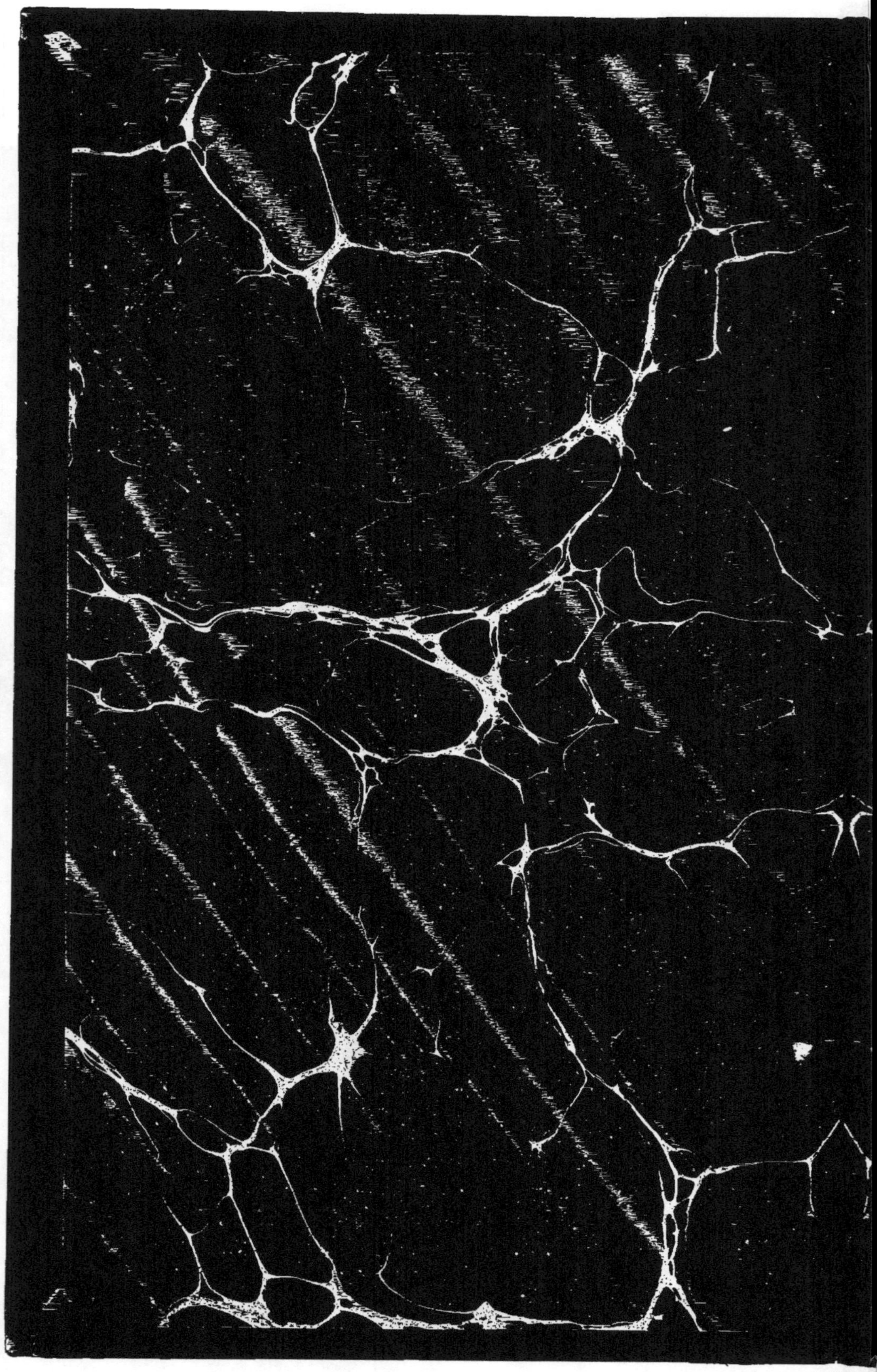

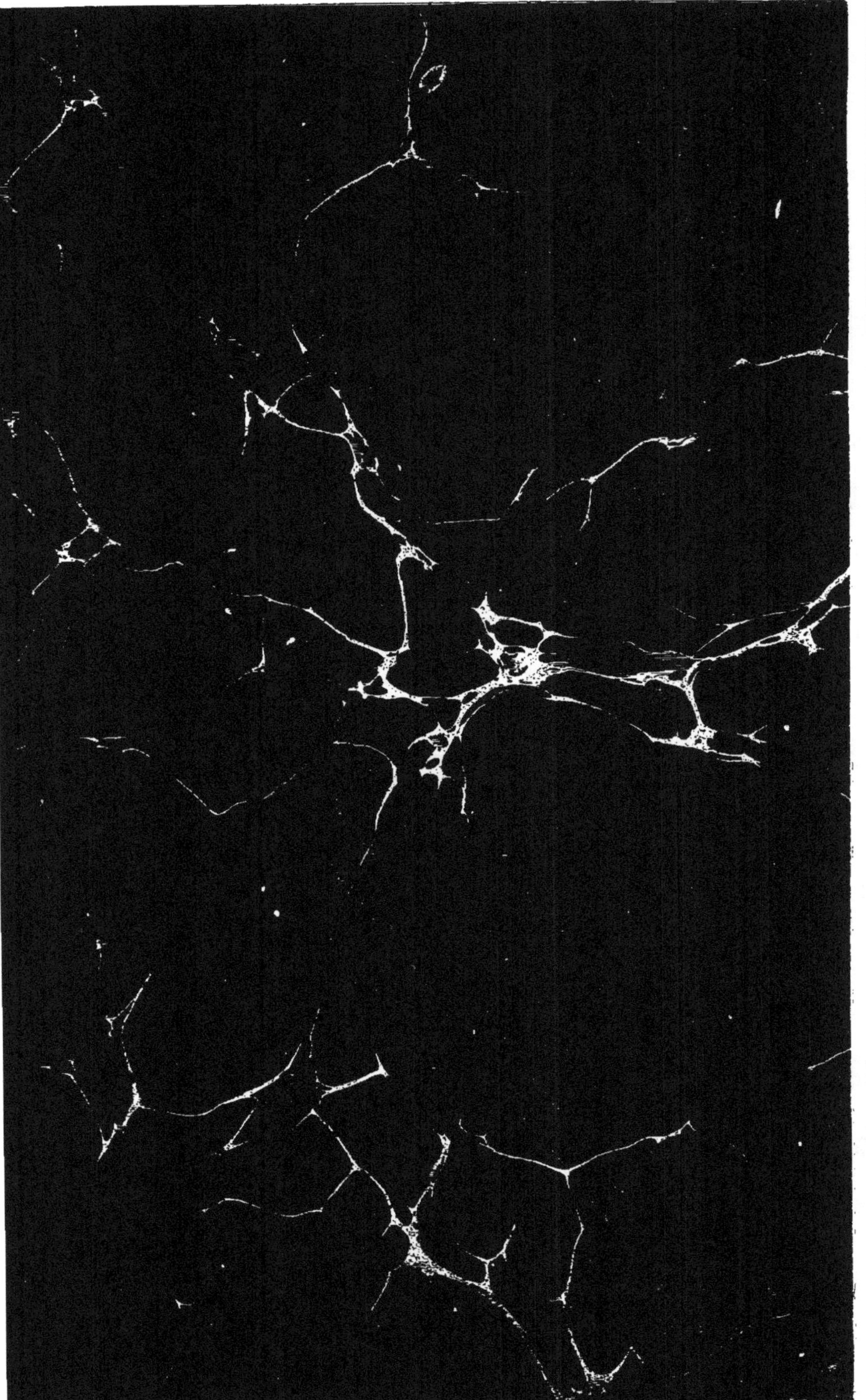

LE

DROIT ADMINISTRATIF BELGE.

4

LE

DROIT ADMINISTRATIF

BELGE

PAR

J.-H.-N. DE FOOZ,

Ancien Échevin de la ville de Liége, ancien Substitut du Procureur du Roi à Namur, ancien Juge au tribunal de Tongres, Professeur émérite à la Faculté de Droit de l'Université de Liége, Membre correspondant de l'Académie de législation de Toulouse, Chevalier de l'Ordre de Léopold, Commandeur de l'Ordre du Lion de Zähringen, Chevalier de l'Ordre de Notre-Dame de la Conception de Villa-Viçosa, Décoré de la Croix de Fer de Belgique.

TOME IV.

DE L'ADMINISTRATION DE LA COMMUNE, DE L'ARRONDISSEMENT, DE LA PROVINCE ET DES ÉTABLISSEMENTS PUBLICS, EN BELGIQUE, COMBINÉE AVEC LA TUTELLE DU GOUVERNEMENT.

PARIS
P.-M. LAROCHE, LIBRAIRE-GÉRANT,
Rue Bonaparte, 66.

LEIPZIG
L. A. KITTLER, COMMISSIONNAIRE,
Querstrasse, 34.

H. CASTERMAN
TOURNAI.
1866

AVERTISSEMENT DES ÉDITEURS.

Le *Droit administratif belge,* qu'on a décoré, avec raison, du titre de « Monument élevé à la gloire nationale », comprend cinq traités : 1° celui de l'organisation et de la compétence des autorités administratives; 2° celui de la fortune publique; 3° celui de l'ordre public ou de la police administrative; 4° celui de l'administration des communes, etc., combinée avec la tutelle du gouvernement, et enfin 5° la législation des mines. Les trois premiers et le cinquième ont paru successivement.

L'auteur portait une affection toute spéciale à la matière qui fait l'objet du quatrième traité, et il comptait donner à ce traité une extension très-considérable; il l'avait donc divisé en deux parties, dont la première concerne l'administration des communes et des provinces, la seconde, celle des établissements publics. Le quatrième traité devait donc former deux forts volumes, et exiger un travail assidu de plusieurs années encore. La Providence n'a pas accordé ces années au savant auteur; elle l'a frappé quelques jours après l'apparition du traité de la police.

*

Pressentant, en quelque sorte, le coup qui le menaçait, il avait itérativement recommandé à sa famille de publier son manuscrit, sans y rien changer, dans le cas où la mort ne lui laisserait pas le temps d'achever son ouvrage. « Il est complet, disait-il; rien ne manque à la doctrine; tout ce que je voudrais y ajouter consiste dans un développement scientifique, très-utile, sans doute, mais non absolument nécessaire. »

Nous remplissons aujourd'hui cette dernière volonté, et nous répondons, en même temps, aux désirs que nous ont manifestés les nombreux admirateurs de l'œuvre de l'illustre professeur.

Toutefois, une remarque. Nous avons tenu à exécuter ponctuellement la volonté de l'auteur, et nous publions son travail tel qu'il l'a laissé, sans y rien retrancher, sans y rien ajouter, si ce n'est un Appendice comprenant les lois du 19 décembre 1864 et du 30 juin 1865 qui en modifient certaines parties d'une manière notable. Si donc, le lecteur rencontre dans l'ouvrage des lacunes et même des fautes; s'il y trouve des redites, et des tournures qu'on pardonne au professeur, mais non au publiciste, il se rappellera que l'œuvre n'a pas subi, avant de paraître, sa dernière correction, et il sera indulgent.

Puisse cette publication être utile à notre chère patrie.

LES ÉDITEURS.

Liége, août 1865.

LIVRE QUATRIÈME.

DE L'ADMINISTRATION DE LA COMMUNE,

DE L'ARRONDISSEMENT,

DE LA PROVINCE ET DES ÉTABLISSEMENTS PUBLICS,

EN BELGIQUE,

COMBINÉE AVEC LA TUTELLE DU GOUVERNEMENT.

INTRODUCTION.

Les trois premiers volumes de cet ouvrage nous ont présenté le tableau vivant d'une foule de fonctionnaires répartis sur tous les points du territoire belge, soit hiérarchiquement, soit sur des échelles parallèles, obéissant à des formalités simples, rapides, économiques, se prêtant de mutuels secours, dirigeant toutes les forces qui les animent vers des centres particuliers, mais marchant tous vers un centre commun,[1] employant, pour y parvenir, les moyens de contrainte qui leur sont offerts par la loi, agissant avec liberté, sans doute, mais en se disciplinant, sous l'empire d'une puissance suprême,[2] à laquelle ils servent

(1) L'intérêt social.

(2) Cette puissance a son siége au centre de la société ; elle s'appelle la royauté ou le gouvernement.

d'auxiliaires et dont, en retour, ils reçoivent protection et assistance.

Nous avons vu l'administration belge, dans ses applications infinies, embrasser les intérêts les plus graves de la société, *la fortune publique* dans toutes ses ramifications, *l'ordre* public sous ses faces les plus diverses.

Elle va se manifester à nous sous la forme d'une tutelle[1] se combinant avec l'action plus ou moins spontanée, plus ou moins libre des grandes associations qui se partagent le territoire et des institutions dont l'existence s'y rattache.

(1) Le gouvernement est le protecteur né des communes, des arrondissements, des provinces et des institutions publiques.

PREMIÈRE PARTIE.

DE L'ADMINISTRATION DE LA COMMUNE, DE L'ARRONDISSEMENT ET DE LA PROVINCE.

« On peut gouverner de loin, mais on n'administre bien que de près. »

« De tous les systèmes d'administration et de garanties politiques le plus difficile à établir c'est le système fédératif, qui consiste à laisser dans chaque localité toute la portion de pouvoir qui peut y rester, et à ne lui enlever que la portion indispensable au maintien de la société générale, pour la porter au centre de cette même société et l'y constituer sous la forme de gouvernement central. »

GUIZOT.

NOTICE BIOGRAPHIQUE

SUR

M. LE PROFESSEUR DE FOOZ.

La famille DE Fooz est une des plus anciennes du pays de Liége. Originaire du village de Fooz, en Hesbaye, elle remonte au douzième siècle. Comme toutes les maisons nobles de ce pays, elle rattache sa souche au comte de Dammartin, et l'ouvrage de Hemricourt ne laisse point de doute à cet égard.[1]

Plus d'une fois, des membres de cette famille prirent part d'une manière remarquable aux événements politiques et militaires dont la Principauté de Liége fut le théâtre. C'est ainsi qu'un membre de la famille de Fooz se distingua dans les Croisades et obtint l'écusson qui forme encore aujourd'hui les armoiries de la famille qui porte l'écu d'or aux cinq roses de gueule.

Un ancêtre de la famille figure dans les rangs de l'armée de Hugues de Pierpont, à la célèbre bataille des Steppes (13 octobre 1213). Jean d'Outremeuse, dans sa Chronique, énumère le sire de Fouz parmi les quinze chevaliers hesbignons demeurés seuls fidèles, sur plus de cinq cents, à l'étendard de Saint-Lambert.[2]

Le 4 août 1312, dans cette journée funeste surnommée la *Mal Saint-Martin*, Marie de Fooz, dame opulente, sauva de

(1) *Miroir des nobles de la Hesbaye.*

(2) Jean d'Outremeuse, dans les *Esquisses historiques* de M. Polain, p. 62.

la mort, par sa présence d'esprit, cent-cinquante nobles réfugiés dans sa maison, et dont le peuple demandait la vie.[1]

Mais le but de cette notice n'est point de mettre sous les yeux de nos lecteurs les fastes généalogiques d'une famille qui a conservé pures et vives les traditions d'un passé qui fait sa gloire.

Le père du professeur de Fooz était un chimiste distingué; c'était, de plus, un homme de bien, qui coopéra activement à la réorganisation des bureaux de bienfaisance, à Liége, sa ville natale. Il s'occupa aussi de la formation de la *Société libre d'Emulation* de la même ville.

Jean-Henri-Nicolas de Fooz naquit à Liége, le 10 juillet 1804. Il fit ses humanités de la manière la plus brillante au séminaire de cette ville, qui était, à cette époque, le seul établissement où l'on pût faire des études solides. Son ardeur pour l'étude n'avait pas de bornes, et ses excès sur ce point, joints à une constitution délicate, mirent ses jours en danger. Il passait des nuits entières à l'étude. On trouvait dès lors en lui ces qualités d'esprit, qui éclatèrent plus tard d'une manière si remarquable. Il n'aimait pas d'effleurer la science, il étudiait à fond; et comme il était doué d'une grande maturité de jugement et de la plus heureuse mémoire, ses progrès furent bientôt, pour ses maîtres même, un sujet d'étonnement. Les sciences mathématiques étaient une récréation pour lui. Tout jeune encore, il écrivait et parlait le latin avec une facilité telle que, même dans les cours qui se donnaient en langue française, il tenait note en latin des développements du professeur.

L'étude de la philosophie devait naturellement convenir à son esprit sérieux et calme, aussi y réussit-il d'une manière exceptionnelle. En 1822, il remporta le premier prix de philosophie. Le cours ne comptait pas moins de cent élèves, dont plusieurs occupent encore aujourd'hui d'une manière brillante des postes élevés dans le clergé ou dans le monde.

(1) Polain, *Esquisses*, page 124, avec tous les historiens.

Les supérieurs de Henri de Fooz l'agrégèrent, immédiatement après ce succès, au corps enseignant, et lui confièrent la chaire de rhétorique. Il avait alors dix-huit ans. Sa carrière paraissait toute tracée. L'enseignement s'ouvrait à lui au sortir de l'adolescence, et il y débutait, non par les degrés inférieurs, mais par une position élevée que beaucoup convoitent bien des années sans pouvoir l'obtenir.

A une grande aptitude pour l'enseignement, le jeune de Fooz unissait déjà une habileté toute exceptionnelle pour l'administration. Le vénérable vicaire capitulaire du diocèse de Liége, Mgr Barrett,[1] son parent, son ami et son guide, frappé de tant de capacité, avait jeté les yeux sur lui pour occuper une place importante dans l'administration du diocèse. Mais M. de Fooz ne se sentait pas appelé à embrasser la carrière ecclésiastique ; ce brillant avenir ne l'éblouit pas. Il n'occupa qu'une année la chaire de rhétorique, et entra à l'Université de Liége. C'était en 1823.

M. de Fooz se destinait à la carrière du droit. Il apporta à cette étude la même ardeur qu'à celle des humanités ; ses brillants examens nous l'attestent. Le 20 juillet 1825, il fut reçu candidat en droit avec la plus grande distinction, puis docteur, *summis cum laudibus*, le 6 juin 1827. Il soutint sa thèse inaugurale, *cum summa doctrinæ præstantia*, le 8 mai 1828.[2]

Mais, tout en se livrant à l'étude du droit, M. de Fooz ne perdait pas de vue ses études philosophiques, et, de 1823 à 1828, il prit part deux fois aux concours des Universités du royaume des Pays-Bas : ses deux mémoires furent couronnés, l'un en 1826, l'autre en 1827.[3]

L'éclat de ses succès attira sur M. de Fooz l'attention

(1) Mort évêque de Namur en 1835.

(2) Cette thèse avait pour sujet *De Possessione*.

(3) Voici les titres de ces mémoires : *Commentatio litteraria definitionem pulchri a Clar. Hemsterhuis datam cum reliquorum philosophorum definitionibus comparans atque dijudicans.* — *Commentatio litteraria qua respondetur ad quæstionem : Quemnam fructum e studio philosophiæ moralis, in studio doctrinarum politicarum percipere possumus ?*

du gouvernement hollandais, et Guillaume Ier lui fit offrir la place de secrétaire de la ville de Liége. Une telle position était bien faite pour tenter une jeune ambition, mais M. de Fooz déclina cet honneur, soit par répulsion naturelle pour la vie politique, soit par prévision de l'orage qui allait fondre sur la dynastie hollandaise, dont la politique intérieure enchaînait la liberté et portait atteinte à la religion et à la nationalité du peuple belge.

Bruxelles donna bientôt le signal du mouvement d'où devait naître l'indépendance de la Belgique. Liége se leva immédiatement pour soutenir la même cause. M. de Fooz se livrait paisiblement à ses savants travaux dans le quartier le plus tranquille de la ville, quand il apprit que toute la population était en émoi, et que des groupes nombreux stationnaient sur les places du Spectacle, de Saint-Lambert et du Marché, ce triple centre d'où était si souvent parti le signal des mouvements d'un peuple toujours avide de liberté. Immédiatement, M. de Fooz quitte sa demeure et se rend au milieu des groupes populaires. Il interroge, il apprend, parmi mille clameurs confuses, que Bruxelles a secoué le joug de l'étranger, et que Liége veut imiter son patriotisme. Sans hésiter un instant, M. de Fooz embrasse la cause nationale, et, en rentrant chez lui, il rapportait le brevet de capitaine de la garde urbaine, que lui avaient offert la Régence de Liége et la commission de la sûreté publique.[1] Cet élan tout patriotique ne fut ni le résultat de l'impétuosité juvénile, ni un calcul d'ambition ; M. de Fooz, dès sa plus tendre jeunesse, était sérieux et grave, et toute sa carrière prouve combien peu il était enclin à l'ambition. La révolution de 1830 éleva beaucoup d'hommes à un rang auquel ils ne fussent jamais arrivés sans son concours ; il s'en fallut de peu qu'après avoir travaillé à l'indépendance de la Belgique, aux dépens de sa vie et de sa fortune, M. de Fooz n'allât grossir les rangs des oubliés.

« A la tête de sa compagnie, dit un ami de M. de Fooz qui était toujours à ses côtés, il fit preuve de beaucoup d'énergie et d'activité. Chose rare, il sut y faire prévaloir les règles de la

(1) 27 août 1830.

discipline et de la subordination : personne n'ignore que la première garde urbaine se composait d'hommes de toutes les classes de la société. Les ouvriers en faisaient partie, et il fallait pourvoir à la subsistance de leurs familles. Bien plus, la générosité des familles riches et les souscriptions recueillies furent souvent insuffisantes pour salarier tant de gardes, toujours sous les armes. M. de Fooz poussa le patriotisme jusqu'à payer souvent leur solde de ses propres deniers. Il avait établi à son domicile, un véritable corps de garde, qu'il éclairait et chauffait à ses frais. Indépendamment de tout cela, il faisait encore distribuer des vivres aux plus nécessiteux. »

Le 22 novembre 1830, M. de Fooz fut élu conseiller de Régence de la ville de Liége, et, le 20 décembre suivant, il fut nommé, par 114 suffrages sur 129 votants, échevin de la même ville. Comme tel, la police fit partie de ses attributions.

M. de Fooz fut maintenu dans son grade de capitaine, lors de l'institution de la garde civique (31 décembre 1830) ; il ne tarda pas à être promu, par l'élection, au grade de major,[1] qu'il a conservé jusqu'à l'époque où il dut quitter Liége, pour prendre rang dans la magistrature, comme substitut du Procureur du Roi. Il exerçait donc simultanément ses fonctions dans la garde civique, et celles d'échevin délégué à la police. Sa tâche était épineuse : on connait le caractère du peuple liégeois, les circonstances difficiles de l'époque, les excitations auxquelles la populace était en butte de toutes parts. Les vengeances, les jalousies particulières étaient toutes-puissantes en ces jours d'anarchie inévitable. On signalait tel individu comme réactionnaire ou *orangiste*, et le pillage suivait immédiatement. Mgr van Bommel lui-même fut désigné au peuple comme partisan du gouvernement déchu, parce qu'il était hollandais, avait été nommé par Guillaume Ier, et, dans le mandement de prise de possession de son siége, avait recommandé l'obéissance à l'autorité légitime. La foule se précipita vers l'Evêché, et, sans le courage de M. de Fooz, qui péné-

(1) Lors de la formation de l'armée belge, on offrit à M. de Fooz d'en faire partie et d'y entrer avec ce même grade.

tra dans le palais épiscopal avec sa troupe, sans le calme du Prélat qui, voyant l'acharnement du peuple, empêcha toute défense, se présenta courageusement aux émeutiers, et leur imposa par sa mâle contenance, le pillage eût été inévitable. Dans un grand nombre de circonstances analogues, M. de Fooz paya de sa personne, et parvint, par ses exhortations et sa présence d'esprit, à calmer l'effervescence populaire.

Le 30 novembre 1833, à la suite d'une mesure prise par le collége des bourgmestre et échevins, et par le conseil communal, mesure que M. de Fooz considéra comme entachée d'illégalité, il crut que *sa conscience* [1] ne lui permettait plus de conserver son siége à l'hôtel de ville. Il offrit sa démission au Roi, et elle fut acceptée. A cette occasion, Léopold Ier rendit à M. de Fooz un témoignage bien glorieux : « J'estime M. de Fooz, dit-il à une personne ; c'est un homme d'ordre. » Ces paroles sembleraient insinuer que le monarque partageait la manière de voir du démissionnaire touchant l'acte posé par le collége. — Ce ne furent donc pas précisément les dissensions des partis qui firent quitter à M. de Fooz la vie politique, ainsi qu'on l'a dit par erreur, mais bien une illégalité, une immixtion d'un conseil communal dans le domaine politique.

Du reste, comme le dit fort bien l'éloge funèbre prononcé sur la tombe du défunt par M. Macors, doyen de la faculté de droit, M. de Fooz n'éprouvait que de la répugnance pour la vie politique. C'est ainsi qu'il déclina l'honneur de représenter sa ville natale au Congrès national, et refusa, dans la suite, le brevet de représentant qui lui fut offert. Nous savons également, de source digne de foi, qu'on lui proposa coup sur coup la place de secrétaire général de deux départements ministériels, celle de bourgmestre et même celle de gouverneur de Liége. Il préféra la carrière de l'enseignement et la vie de famille.

Durant les trois années que M. de Fooz passa à la régence, il remplit deux fois, en 1831 et 1832, les fonctions de commissaire par intérim du district de Liége, et celle de membre du conseil de milice de l'arrondissement.

(1) Ce sont les termes d'une note qu'il a laissée sur cet acte de sa vie.

Nommé substitut du procureur du Roi à Namur, le 29 juin 1834, et juge au tribunal de première instance à Tongres, le 5 avril 1835, ce ne fut que malgré lui qu'il entra dans la magistrature. Aussi avait-il refusé d'abord la place de substitut du procureur du roi à Liége, et, dans la suite, il n'accepta cette même position à Namur que sur les instances du gouvernement.

Le 5 décembre 1835, M. de Fooz fut nommé professeur à l'Université de Liége, et appelé à créer la chaire de *Droit administratif*.[1] Il s'y adonna tout entier, et son ouvrage est là pour attester, d'une part, tout ce qu'il y avait d'ardu dans une telle création, et d'autre part, tout ce que le professeur apporta de courage et de persévérance dans son travail, de science, d'ordre et de clarté dans son enseignement. On peut dire, sans exagération, qu'il fit faire un pas immense à la science du droit administratif en Belgique.

M. de Fooz donna également le cours de *Législation des mines* à l'Ecole spéciale annexée à l'Université de Liége, et il a publié ce cours sous le titre de *Points fondamentaux de la législation des Mines*.[2] Cet ouvrage, estimé en Belgique et en France, renferme les mêmes qualités solides qu'on admire dans les autres ouvrages du savant professeur. Il enseigna aussi, pendant quatre années, le *Droit naturel*, et, selon sa coutume, il écrivit son cours; malheureusement, ce manuscrit n'a pu être retrouvé.

(1) M. de Fooz refusa une autre chaire qui lui fut offerte, celle de *Droit public interne*, parce que cette chaire était occupée par son ancien professeur, M. Destriveaux. Ce dernier en conserva toujours le souvenir. Aussi M. de Fooz avait-il un grand ascendant sur l'esprit de son ancien maître. Il lui remettait des livres traitant de matières religieuses. Un moment, il crut l'avoir ramené à la foi, et M. Destriveaux lui-même ne cachait pas la propension qu'il avait à croire. Mais, à cette époque, il quitta la carrière de l'enseignement, et se lança dans la politique. Il fut nommé représentant; la lutte acharnée des partis étouffa ces premiers germes de la foi. M. de Fooz ne le perdit cependant pas de vue, et, à la première nouvelle de sa maladie, il résolut d'aller le trouver pour faire une dernière démarche. Mais, au moment où il partait pour Bruxelles, M. de Fooz apprit la triste mort de cet homme auquel il avait toujours été si affectionné. M. Destriveaux mourut en refusant les secours religieux, malgré les instances de plusieurs de ses amis, parmi lesquels se trouvaient MM. Delfosse et Rogier.

(2) 1 fort vol. gr. in-8 de 538 p. Tournai et Paris, H. Casterman.

En 1861, une première attaque d'apoplexie força M. de Fooz à suspendre ses leçons et à prendre un suppléant. L'année suivante, son état de santé ne s'étant pas suffisamment amélioré, il ne crut pas pouvoir, en conscience, prolonger cet état de choses, et sollicita l'éméritat, qui lui fut accordé par arrêté royal du 1er juillet 1862.

Pendant le cours de sa longue carrière universitaire, M. de Fooz remplit deux fois les fonctions de Doyen de la Faculté de droit, en 1847 et 1857, et celles de secrétaire du Conseil académique pendant l'année scolaire de 1842 à 1843. Il déclina les fonctions de Recteur.

M. de Fooz joignit à ses fonctions de professeur divers emplois dans l'ordre administratif.

Pendant près de trente ans, il fut membre du comité administratif des fabriques d'églises du diocèse de Liége, et la prodigieuse activité qu'il déploya durant ce laps de temps est attestée par près de huit mille consultations dont il a laissé toutes les minutes. Ces consultations ont trait souvent aux questions les plus ardues, les plus compliquées, et forment de véritables mémoires. Son avis sur ces matières faisait autorité non-seulement en Belgique, mais même en Hollande, en Allemagne et en France.

M. de Fooz fut encore président du conseil de fabrique des églises de Saint-Jean-Evangéliste et de Sainte-Foi, à Liége ; membre du comité de secours de la paroisse de Saint-Jean-Evangéliste, et enfin l'un des fondateurs, à Liége, de la Société de Saint-Jean-François-Régis.[1] Appelé, dès l'origine, par le vœu de ses confrères, à la présidence de cette œuvre, il en remplit les fonctions pendant plusieurs années ; ce ne fut même que sur ses prières réitérées que ses collègues consentirent à le décharger de ces fonctions, en lui conservant, toutefois, le titre de Président honoraire. M. de Fooz ne contribua pas peu, par son zèle, qui ne reculait devant aucun obstacle, à donner à cette association l'organisation puissante qu'elle possède aujourd'hui.

Ajoutons aussi que, en 1850, les églises de Liége élurent

(1) Cette Société a pour but de faciliter le mariage des pauvres et des concubinaires.

M. de Fooz membre de la commission administrative du service des sépultures, et il exerça successivement, dans le sein de la commission, les fonctions de secrétaire, de président intérimaire et de président effectif.

Le mérite exceptionnel de M. de Fooz ne pouvait manquer d'attirer, sur sa personne, l'attention du gouvernement belge, et même celle de plusieurs souverains étrangers.

Par arrêté royal du 2 avril 1835, M. de Fooz fut créé chevalier de la Croix de fer, pour avoir « contribué à développer l'esprit national ; » le 9 janvier 1855, don Pedro V le nomma chevalier de l'ordre royal de la Conception de Villa-Viçosa de Portugal ; un arrêté royal du 24 septembre 1855 le nomma chevalier de l'Ordre de Léopold Ier de Belgique, et, le 23 janvier 1862, un diplôme du Grand-Duc Frédéric de Bade le créait Commandeur de l'ordre du Lion de Zaehringen.

Disons un mot des qualités de son enseignement.

L'éminent professeur possédait un esprit clair, logique, méthodique, ennemi de la prolixité, et d'une promptitude étonnante. Doué d'une sorte d'intuition, il excellait à éclaircir les points les plus obscurs, à former un plan, à y rattacher les parties, à mettre en œuvre les matériaux les plus divers.

Cet esprit avait à son service une mémoire vraiment prodigieuse: les lois, les arrêtés, les arrêts des cours, et jusqu'aux jugements des tribunaux et des justices de paix, lui étaient si familiers, qu'il les citait et les appliquait sans recourir aux recueils.

Sa parole était facile et claire; elle avait l'exactitude et la concision du code. Le terme juridique ne lui faisait jamais défaut. Or, son enseignement ne pouvait manquer de refléter les qualités de son esprit. Il était surtout clair et concis, bien que complet. Il en éloignait tout ce qui pouvait surcharger inutilement la mémoire des élèves. Il avait coutume de dire que le professeur n'a pas mission de faire des savants, mais de fournir à ses élèves les moyens de le devenir. L'excellence de l'enseignement de M. de Fooz ressort évidemment du grand nombre d'élèves qu'il réunit chaque année autour de sa chaire, bien que le cours de Droit administratif ne fût que facultatif; de la personnalité même de ses élèves, parmi lesquels on vit souvent des avocats distingués ; et enfin, de leurs examens brillants, où ils reçurent si souvent les félicitations des examinateurs.

Toutes les qualités de l'enseignement de M. de Fooz se retrouvent au plus haut degré dans ses ouvrages. Comme il ne voyait dans son enseignement que la science, la science *vraie,* ses livres lui valurent les félicitations de tous les partis; et des hommes sérieux, que tout le monde considère comme des lumières, rendirent hommage à la science et à la méthode du savant professeur.[1] L'Académie impériale de législation de Toulouse, par décision du 11 juillet 1860, lui a décerné le titre de membre correspondant.

M. de Fooz avait le travail, non-seulement facile, mais actif et persévérant. Son activité tenait du prodige ; sa vie publique en est une preuve irrécusable, et cependant ces fonctions n'étaient que sa moindre occupation. Il était littéralement assiégé d'affaires privées, qui exigeaient un travail incessant, souvent pendant des mois entiers, des démarches personnelles, de nombreuses correspondances, l'étude de nombreux dossiers. Il faisait tout par lui-même, et conservait toutes ses minutes. Il entreprit un jour de mettre en ordre les registres d'une administration, qui étaient dans un désarroi complet. Des pièces anciennes, presque illisibles, dont les caractères étaient à demi-effacés, des papiers déchirés et mal écrits, tout lui passa par les mains, et ce classement exigea plus de six mois d'un travail opiniâtre.

Au milieu de tous ces travaux, M. de Fooz trouvait le temps de lire des ouvrages historiques, philosophiques et religieux. Il prenait des notes, en faisait des analyses complètes, et, quand l'auteur était de sa connaissance, il lui transmettait ses remarques motivées.

Dans toutes les œuvres de bienfaisance ou autres auxquelles il a pris part, soit comme président, soit comme simple membre,

(1) MM. de Gerlache, de Theux, de Wandre, et autres en Belgique ; Chauveau, en France, et Mittermaïer, en Allemagne.

M. de Fooz a toujours payé de sa personne ou de ses avis avec une abnégation sans bornes.

Lorsque la mort vint le surprendre, il préparait deux grands ouvrages : l'un sur les Fabriques d'églises, dont il a laissé le plan; dans l'autre, il avait dessein de doter la Belgique d'un Répertoire complet des lois administratives, dans le genre du Répertoire publié en France par M. Dalloz. Ce vaste recueil devait servir de développement à son cours de Droit administratif.

Le courage et le sang-froid que M. de Fooz déploya en plusieurs circonstances méritent bien ici une mention toute spéciale. On le vit maintes fois, dans des accidents, des incendies, des rixes, affronter le danger, et, à l'époque de la révolution de 1830 surtout, se jeter parmi les combattants et les séparer au péril de sa vie.

Le savant professeur se distinguait encore par une grande fermeté de principes. Il ne dissimula jamais ses convictions politiques, et demeura toujours fidèle au parti de l'union. « Pour nous, qui avons vécu dans son intimité, ce sont les paroles de son éloge funèbre, il en a été l'une des plus sincères expressions. » Il eût voulu que tous les Belges n'eussent qu'un cœur et qu'une âme, et déplorait leur division en partis. Tout en reconnaissant que cette division était inévitable, à cause des passions humaines, il désirait l'union : *l'union,* et non pas l'absorption. Il regardait la Constitution du royaume comme assez large pour que tout le monde pût y respirer à l'aise.

Il n'était pas moins ferme dans ses principes religieux. « Jamais, dit la *Revue catholique*, il ne sacrifia ses convictions au respect humain ni au désir de parvenir. » Le professeur de Fooz possédait tout ce qu'il faut pour jouer un rôle brillant sur la scène du monde; mais pour cela, il aurait dû renier, ou cacher du moins ses convictions religieuses, et faire abstraction de sa qualité de chrétien. Jamais il n'y consentit. Bien plus, il s'interdit toute démarche extérieure qu'on aurait pu prendre pour une approbation ou une adhésion, même éloignée, à une politique antireligieuse. M. de Fooz ne connaissait pas le respect humain. Jamais il ne posa un acte religieux pour attirer les regards des hommes; jamais non plus il n'omit un acte de religion pour ne pas leur déplaire. Il remplissait ses devoirs religieux avec simplicité, comme le moindre des enfants de l'Eglise; il aimait même d'un amour de prédilection les pratiques les plus simples, les plus populaires de la Religion. Il servait Dieu sans faste.

Il aimait, d'un amour ardent, le Souverain-Pontife, et, lors de la formation de l'armée pontificale, il exprima le regret de ne plus être en âge de s'enrôler sous le glorieux étendard de Saint-Pierre. Il eut même un instant la pensée de mettre à la disposition du Saint-Père ses talents administratifs.

Il aimait les Ordres religieux, et l'on peut dire qu'il était tout entier dévoué à leur cause. Il regardait comme une bénédiction d'avoir pu offrir à Dieu un de ses fils, dans la vie religieuse.

Et cette fermeté dont nous venons de parler, M. de Fooz l'apportait dans l'accomplissement des devoirs inhérents aux divers emplois qu'il occupa dans la magistrature, dans l'administration, dans l'enseignement. Il était homme d'*ordre*, ainsi que nous l'avons vu plus haut, et rien ne lui coûtait quand il s'agissait de le maintenir. Ajoutons que cette fermeté n'était pas chez lui la vertu d'un moment. Elle était patiente et persévérante : son ouvrage seul suffirait à le prouver. C'est pierre par pierre qu'il a élevé cet immense édifice. Toujours en éveil, il saisissait au passage toute loi, toute décision judiciaire qui avait rapport à son cours, soit pour y apporter quelque lumière nouvelle, soit pour corroborer ses idées. Les obstacles ne l'effrayaient point, et il subissait les contradictions sans rien perdre de sa résolution.

La probité et la droiture de M. de Fooz étaient si connues, que souvent dans les questions d'intérêt, dans les partages, dans les restitutions, les parties s'en remettaient pleinement à son arbitrage. Sa réputation et son crédit étaient presque sans limite, même auprès des personnes qui ne le connaissaient que par la renommée. Sa recommandation dans une affaire qu'il déclarait juste, épargna souvent aux intéressés la production des pièces qu'ils offraient de fournir. On recourait à ses lumières et à son appui de tous les points de la Belgique, ainsi qu'on a pu le constater en parcourant sa volumineuse correspondance.

Il était esclave de la justice la plus stricte, et il ne chercha jamais à employer son crédit pour lui-même. Il aimait mieux subir les injustices les plus criantes, que de faire la moindre démarche qui eût pu, même de loin, porter atteinte à sa dignité morale, et, s'il eut quelque fierté dans le caractère, ce ne fut jamais que dans les questions d'intérêt personnel. Il n'hésita jamais à subir une perte matérielle, pour conserver intact le précieux trésor de sa dignité d'homme et de chrétien.

Son désintéressement était, du reste, si bien connu, que plusieurs fois on le prit lui-même pour juge dans des questions d'argent qui le concernaient.

De cette extrême probité naissait un attachement sans bornes à ses devoirs. Jamais il ne s'exempta, sans grave motif, de donner son cours, et s'il arrivait qu'il dût s'en abstenir, il trouvait moyen de rendre une classe supplémentaire. Du reste, il n'était jamais en arrière sous ce rapport, car bien que le programme de son enseignement ne fût que sémestriel, il occupait sa chaire toute l'année, et cela sans solliciter aucune augmentation de traitement.[1] Un fait vient à l'appui de notre assertion. Le professorat de M. de Fooz datait déjà de quatorze ans, lorsqu'un événement de famille grave et important exigea sa présence à la campagne. Il ne put monter en chaire ce jour-là, et dut céder aux instances qui lui furent faites : « Voilà, dit-il, la troisième fois qu'il m'arrive de ne pas donner mon cours, depuis que je suis à l'Université. »

Nous avons rapporté un trait bien frappant de la délicatesse qui distingua toujours M. de Fooz, lorsqu'il refusa d'accepter la chaire de son ancien maître. Ce refus faillit briser sa carrière, en lui attirant des rancunes en haut lieu ; mais il préféra s'exposer à tout perdre, plutôt que de s'élever aux dépens de son professeur. De semblables sentiments lui étaient ordinaires, et nous pouvons ajouter qu'il mettait une sorte de fierté à les manifester.

(1) Il mit la même ardeur et le même désintéressement à donner les cours de *Législation des mines* et de *Droit naturel*.

Comme professeur, il ne perdit jamais de vue la prospérité et la gloire de l'établissement auquel il était attaché. Un journal ayant osé insinuer que ses sympathies étaient tout entières pour un établissement catholique rival, tous les collègues de M. de Fooz, indignés, envoyèrent une protestation collective au rédacteur, le menaçant d'en requérir l'insertion s'il osait encore se faire l'écho d'une pareille calomnie.

L'éloge funèbre que nous avons cité atteste l'affection et l'intimité qui liaient M. de Fooz à ses collègues. Tous l'aimaient et lui avaient voué leur estime. Aussi, la place d'administrateur-inspecteur étant devenue vacante par la retraite du titulaire, tous les professeurs, spontanément et unanimement, jetèrent les yeux sur lui pour occuper ce poste, et firent des démarches en ce sens auprès du ministère. Elles n'aboutirent pas, mais elles ne prouvent pas moins la confiance que tous avaient en lui, comme son acceptation atteste l'esprit de sacrifice qu'il puisait dans son affection pour ses collègues. En effet, cette promotion devait lui imposer un ordre d'occupations toutes nouvelles pour lui et lui enlever certains loisirs que sa santé, déjà ébranlée, réclamait impérieusement.

M. de Fooz avait pour tous les élèves, et particulièrement pour ceux qui suivaient ses cours, une affection d'ami et de père. Il allait les visiter, s'occupait de leurs études, les guidait de ses conseils, veillait sur leur conduite. Même après leur sortie de l'Université, il ne les perdait pas de vue, et tous pouvaient recourir librement à ses lumières ou à son crédit.

La modération et la prudence de M. de Fooz le firent choisir comme président dans presque toutes les œuvres auxquelles il prit part.

Le *Journal historique de Liége* a dit de lui : « Non-seulement M. de Fooz était, dans l'ordre de la science, une brillante spécialité, c'était encore un homme d'une bonté, d'une droiture, d'une bienveillance qui lui ont mérité le respect et l'affection de tous ceux qui l'ont connu.[1] »

(1) Livraison de décembre 1863.

Accessible à tous, jamais il ne refusa de se charger d'une affaire, à moins que sa conscience ne le lui défendît. Alors, il était inébranlable et savait résister aux instances de l'amitié la plus ancienne et la plus chère. Il était comme le juge de paix de la commune qu'il habitait pendant l'été, et des villages environnants. Que de procès il a étouffés ! que d'injustices il a empêchées ! que de fortunes il a sauvées du naufrage, en ménageant de sages transactions entre les parties ! Il revenait parfois de Liége fatigué, harassé, en proie à un mal de tête violent. Il donnait l'ordre de ne recevoir personne ; mais les visiteurs, qui connaissaient son bon cœur, persévéraient malgré le refus des domestiques, et d'ordinaire M. de Fooz venait lui-même lever la défense.

Il était d'une grande affabilité envers tout le monde : jamais il ne se dispensait de rendre le salut, même aux enfants et aux pauvres, auxquels il adressait souvent la parole dans les rues, avec une admirable simplicité. Tout dévoué aux pauvres, il soignait leurs affaires avec un plaisir spécial, leur faisait d'abondantes aumônes, et l'on peut dire de lui qu'à l'exemple du divin Maître, *il a passé en faisant le bien.*

On peut juger, d'après tous ces détails, de ce que devait être M. de Fooz dans la vie de famille.

Un dernier trait montrera jusqu'où il poussait le sentiment du devoir, et combien vifs étaient ses sentiments religieux.

M. de Fooz n'habitait sa campagne d'Haccourt[1] que pendant l'été. Il y passait dans les plus simples délassements de la villégiature les loisirs que pouvaient lui laisser ses travaux et ses leçons. En novembre 1863, une suite d'exercices spirituels y furent donnés, par les soins des Pères de la Congrégation du très-saint Rédempteur. Cette circonstance le décida, bien qu'il fît déjà très-froid, à retourner pour quelques jours à la campagne. Il voulait, disait-il, montrer l'exemple aux braves campagnards. M. de Fooz assista à tous les sermons et à toutes les cérémonies de la mission. La veille même de sa mort, quoique ressentant déjà les premières atteintes du mal qui devait l'emporter, il se rendit à

(1) Haccourt est situé à deux lieues et demie de Liège.

l'instruction du soir, et s'entretint, à la sortie de l'église, avec quelques notables de la paroisse, sur le grand bienfait des exercices spirituels. Il rentra chez lui, et, le lendemain, 20 novembre 1863, M. de Fooz rendait presque subitement son âme à Dieu. Toutefois il ne quitta point cette terre sans être prêt à entrer dans un monde meilleur : pressentant sa fin prochaine, il s'y était, peu de jours auparavant, sérieusement préparé. La mort ne l'a point surpris.

Tournai, typ. H. Casterman.

DE

L'ADMINISTRATION DE LA COMMUNE,

DE L'ARRONDISSEMENT ET DE LA PROVINCE.

TITRE I.

LA COMMUNE.[1]

§ Ier. *Origine de la commune.*[2]

Ce n'est pas aux théories des publicistes que la commune doit son origine.

Ce n'est pas non plus aux constitutions ou aux lois écrites qu'elle emprunte la vie qui lui est propre.

---

(1) *Concilium*, commune. (Ducange.)

(2) A consulter : DUMORTIER, *Rapport sur l'organisation communale en Belgique*. — DUPIN, *Lois des communes*. — HENRION DE PANSEY, *Traité du pouvoir municipal*. — GUICHARD, *Jurisprudence municipale*. — BOST, *Traité de l'organisation et des attributions des corps municipaux*. — LE BERQUIER, *Le corps municipal*. — SAINT-HERMÈNE, *Traité de l'organisation municipale*.

Elle prend sa place dans l'histoire d'un peuple le jour où quelques familles, obéissant à la loi de la sociabilité, prennent possession d'une portion quelconque du territoire de ce peuple,[1] et se trouvent unies par certains intérêts communs.[2]

La commune a sa raison d'être dans l'assemblage, même fortuit, d'un nombre plus ou moins grand de personnes sur un point du sol que l'on appelle tantôt ville, tantôt bourg, tantôt village,[3] et, comme le dit M. Faider,[4] vient du besoin que chacun éprouve d'être protégé et défendu par un pouvoir rapproché de sa personne et de ses biens.

C'est une société naturelle, une société perpétuelle qui est entée sur une communauté d'intérêts et de droits aux-

---

— Girardin, *Questions de droit municipal.*— Dubarry, *Le secrétaire des mairies.* — Voir la *Revue des revues de droit*, t. 6, à la table, p. 6. — Trolley, t. 1er, p. 412. — Cabantous, p. 27. — Wyvekens, *Dictionnaire des bourgmestres, des échevins, des conseillers, receveurs et secrétaires communaux.* — Bivort, *Commentaire de la loi communale de la Belgique.*

(1) « C'est la conséquence nécessaire de la fusion des familles opérée par la sociabilité qui est inhérente à la nature de l'homme, comme l'est le langage, la religion. »(Bivort, *Commentaire de la loi communale*, introduction, p. 11.)

(2) *Cœtus utilitatis communione sociatus.* (Cicéron, *De re publica*, lib. 1, n. 25.)

(3) « Le besoin qui porte les hommes à former des corps de nation pousse les individus, fixés sur un même point, à se réunir afin de pourvoir en commun aux intérêts particuliers à la localité. » (Dufour, n. 666.)

(4) *Coup d'œil historique sur les institutions provinciales et communales en Belgique.*

quels la contiguïté, soit des habitations, soit des propriétés rurales, donne naissance.[1]

Const. du 3-14 septembre 1791, tit. 2, art. 8, § 1er. — Loi du 10 juin 1793.

C'est un être moral[2] dont l'existence et les intérêts ne se confondent pas avec l'existence et les intérêts des familles ou des individualités qui le composent.[3] Celles-ci peuvent changer et changent sans cesse; mais leur renouvellement n'exerce aucune influence sur l'existence même de la commune;[4] il n'altère pas le principe vital de la commune.[5]

La commune se constitue d'ailleurs et se développe dans le sein d'une société plus générale que l'on appelle tantôt

---

(1) Telle est l'idée que la constitution du 3-14 septembre 1791, titre 1er, article 8, nous a donnée de la commune: « Considérés sous le rapport des relations sociales qui naissent de leur réunion dans les villes et dans certains arrondissements des campagnes, les citoyens forment des communes. »

Rapp. le décret du 10-11 juin 1793, sect. 1re, art. 2.

On donne aussi le nom de *commune* à la fraction du territoire national qui forme l'assise et la circonscription d'une administration communale déterminée.

(2) *Personæ vice fungitur. — Civitates privatorum loco habentur...*

(3) *Universitas distat a singulis. Si quid universitati debetur, singulis non debetur; nec quod debet universitas singuli debent.*

Loi 7, § 1er, Dig., quod cujusque univers.

(4) « Les fils prennent la place des pères; les nouveaux venus remplacent les absents; tous, quoiqu'ils diffèrent par les individus, continuent à composer la même commune. » (Dupin, *Lois des communes*, introd. p. 10.)

(5) Voir le *Répertoire de l'administration et du droit administratif belge*, au mot COMMUNE.

la province, tantôt l'Etat; car la province n'est, en réalité, qu'une fédération de communes, comme l'Etat n'est qu'une fédération de provinces.

Elle vit dans la province comme l'une de ses unités et sans y perdre son individualité,[1] en subordonnant les intérêts qui lui sont propres aux intérêts plus généraux de la province et de l'association par excellence, de l'association nationale.

Elle y vit à l'état de société plus vraie, plus intime, plus durable que l'agrégation politique elle-même, parce que ses membres sont unis par des affections individuelles, par des alliances matrimoniales, sont copropriétaires et se servent de plusieurs choses en commun,[2] s'assemblent dans les mêmes églises, dans les mêmes écoles, trafiquent dans les mêmes marchés, ont un même champ de repos et se trouvent ainsi dans une sorte d'indivision et de solidarité, dans un contact de tous les instants qui commence avec les premières années et semble se perpétuer encore dans la tombe.[3]

La commune c'est la famille[4] agrandie, sous le même

---

(1) C'est ainsi que l'association primitive de la famille s'incorpore dans la commune sans renoncer à son autonomie, et que ses intérêts s'inclinent devant ceux de la commune sans s'annuler.

(2) La communauté s'étend même à l'air et à l'eau.

(3) Voir le *Répertoire d'administration*, au mot COMMUNE.

(4) L'administration d'une commune a tous les caractères d'une administration de famille.

clocher ;[1] l'image en petit de l'Etat dont elle forme le premier degré,[2] l'élément primordial.[3]

(1) Voir Laferrière, p. 103.

(2) C'est, comme M. Dupin l'a dit, ce que chacun appelle son pays. On est chez soi quand on est dans la commune à laquelle on appartient.
Ubi quis larem, etc. (L. 7. Dig., de incolis, etc.)

(3) De là, la haute antiquité, l'universalité du régime communal, sa permanence et sa perpétuité. *

C'est, dit M. Bivort, un fait humain, universel, propre à toutes les nations.

L'histoire de l'ancien droit municipal de la France a été traitée par C. Leber (*Histoire critique du pouvoir municipal, de la condition des cités, des villes et des bourgs.*); par Raynouard (*Histoire du droit municipal en France sous la domination romaine et sous les trois dynasties.*); par le baron Dupin (*Histoire administrative des communes de France.*).

M. Ch. Steur nous a laissé un *Précis historique de l'administration des Pays-Bas autrichiens sous le règne de Charles VI et de Marie-Thérèse.*

M. Ch. Faider a publié, en 1834, une esquisse de notre ancien régime communal (*Coup d'œil historique sur les institutions provinciales et communales en Belgique.*).

M. Gachard, archiviste du royaume, en a également rassemblé et coordonné les éléments (*Précis du régime municipal de Belgique avant 1794.*).

(*) « Rome n'était dans son origine qu'une municipalité, une commune... Le gouvernement romain n'a été que l'ensemble des institutions qui conviennent à une population renfermée dans l'intérieur d'une ville ; ce sont des institutions municipales... L'histoire de la conquête du monde par Rome, c'est l'histoire de la conquête et de la fondation d'un grand nombre de cités. » (Guizot, *Cours d'histoire moderne*, 2me leçon.)

« Le régime municipal était établi dans les Gaules aquitanique et celtique lorsque les Romains y pénétrèrent... Octave et ses successeurs laissèrent à presque toutes les cités leur sénat, leurs lois ou coutumes... Les rois francs laissèrent subsister le régime municipal. » (Guichard, *Jurisprudence communale*, introduction p. 2 et suiv.)

« Les communes ont ressenti douloureusement les outrages du régime féodal... Ce régime les a flétries, mais il ne les a pas détruites. Les priviléges du régime municipal avaient été méconnus, violés, paralysés, mais non détruits par la tyran-

L'assemblée constituante s'est hâtée de reconnaitre, de constater et de proclamer l'existence des communes, de leur donner des organes[1] ayant mission de gérer leurs affaires, de conserver leurs droits et, au besoin, de les défendre.

C'est le décret du 14 décembre 1789 qui forme la charte des communes modernes.[2]

---

(1) Un décret du 2-3 décembre 1789 avait maintenu provisoirement les officiers municipaux d'alors dans l'exercice de leurs fonctions.

Rapp. le décret du 14 décembre 1789, art. 1er.

(2) La convention a réagi contre l'organisation des communes telle que l'assemblée constituante l'avait faite.

V. la constitution de 1793.

---

nie féodale... Ils avaient leurs racines dans l'histoire de dix siècles : ils vivaient toujours dans les souvenirs et dans les espérances des opprimés... » (Leber, *Histoire critique du régime municipal,* p. 112 et suiv.)

« L'oppression exerça sur les communes sa lente mais inévitable influence ; elle leur révéla le secret de leur force. Les communes (souvent aidées par les rois) arrachèrent aux seigneurs ces concessions qu'on appelle *chartes* (paix) *des communes.* » (Henrion de Pansey, *Du pouvoir municipal,* chap. 3. — Voir Augustin Thierry, Lettres 13e et suiv. sur l'histoire de France, et ses *Considérations sur l'histoire de France,* chap. 5.)

« Déjà avant l'invasion romaine il y avait des cités en Belgique, et, dans ces cités, il existait un sénat, choisi par les citoyens et qui délibérait sur les intérêts communaux.

» Sous la domination de Rome nos cités virent s'établir la magistrature curiale romaine.

» Sous la domination des Francs, les Belges reprirent leurs anciennes lois, leurs usages, leurs mœurs ; le peuple choisit les magistrats de la cité.

» Pendant le régime féodal, les communes avaient leurs chartes qui leur furent accordées par les souverains dans le but de les détacher des seigneurs et de ressaisir l'autorité suprême.

» Les chartes consacraient toutes le principe que le choix des officiers municipaux appartient aux habitants.

» Toutes attachaient au pouvoir municipal la manutention des affaires de la commune, le maintien de la police... » (Bivort, *Commentaire sur la loi communale,* introd., p. 2.)

§ II. *Circonscription territoriale de la commune.*[1]

L'association communale est renfermée et se meut dans une enceinte territoriale dont les limites, déterminées, en général, par le hasard des événements, ont reçu la sanction du temps ou de la loi.

Des modifications peuvent être apportées à ces limites quand elles cessent de répondre aux convenances actuelles des habitants.

Elles supposent l'intervention du corps législatif.

Const. art. 3. — Rapp. la const. du 3-14 septembre 1791, tit. 2, art. 8, § 2. — La loi prov. art. 83.

On ne pouvait attribuer cette faculté au gouvernement.[2]

La constitution de l'an III substitua des municipalités de canton aux communes. (7,800 au lieu de 48,000.)

C'est la loi du 28 pluviôse an VIII qui a rétabli les communes.

Elle reconstitua le district sous le nom d'arrondissement.

Elle maintint le canton comme ressort de la justice de paix.

(1) Voir Dufour, *Traité général de droit administratif appliqué*, t. 1er, p. 558. — Solon, *Répertoire administratif et judiciaire*, t. 2, p. 83.

(2) Sous l'empire de la loi fondamentale de 1815, la fixation des limites communales appartenait au pouvoir exécutif.

V. ses art. 3, 73, § 1er, 146 et 148. — Cass. 31 décembre 1849. (B. 1850. p. 156.)

C'eût été lui donner un moyen d'intimidation ou d'oppression.

On ne pouvait l'attribuer à l'autorité communale elle-même, sans faire naître une source de conflits entre les communes limitrophes.

Il peut se faire qu'une fraction de commune acquière[1] une importance telle qu'elle éprouve le besoin de se séparer de la commune à laquelle elle appartient, de vivre d'une vie propre et de se pourvoir d'une administration indépendante.

Il peut se faire aussi qu'une commune dépeuplée ou appauvrie soit intéressée à abdiquer son nom et à confondre ses destinées avec celles d'une autre commune.

Ces cas sont prévus et régis par les articles 151 et 152 de la loi communale du 30 mars 1836.

Lorsque la loi a érigé une fraction de commune en commune, un arrêté royal ordonne la convocation immédiate des électeurs de la fraction qui se sépare, toute commune devant être représentée par une administration particulière; et le nouveau conseil communal règle, de commun accord avec l'ancien, le partage des biens communaux,[2] et,

---

(1) Par exemple, au point de vue de la population ou de la richesse, soit industrielle, soit commerciale.

(2) Pareil règlement est essentiellement d'ordre communal.

en cas de dissentiment, la députation permanente du conseil provincial intervient par des commissaires qui décident sous son approbation,[1] sauf recours au roi,[2] sauf encore intervention des tribunaux, s'il s'élève une contestation persévérante au sujet de la propriété des biens respectifs.[3]

En cas de réunion d'une commune ou d'une fraction de commune à une autre, leurs intérêts respectifs sont réglés de la même manière et les électeurs communaux sont appelés, s'il y a lieu, à compléter le conseil communal.

V. la loi du 7 avril 1853. — Cass. 17 novembre 1859. (B. 1860. p. 325.)

Les villes, bourgs et villages ont une dénomination uniforme, celle de *commune*.

Toute autre dénomination leur a même été interdite.

Décret du 10 brumaire an II. — Arrêté du 9 fructidor an IX.

Ce qui n'a pas empêché que dans l'usage on n'adoptât la distinction des communes urbaines et rurales, distinction qui s'est reproduite dans plusieurs lois posté-

---

(1) C'est ce collége qui a la tutelle immédiate des affaires communales.

(2) Le roi est le modérateur suprême de tous les pouvoirs.

(3) Le jugement de toute contestation de ce genre est, en dernier terme, le partage des tribunaux.
V. Bruxelles, 23 mai 1857. (J. 1857. p. 187.)

rieures, notamment dans la loi du 25 ventôse an XI, sur le notariat, article 5; le code civil, articles 643, 653, 663, et la loi communale du 30 mars 1836.

V. notamment son art. 81. — V. aussi la loi du 1er juillet 1858, pour l'assainissement des quartiers insalubres, art. 11.

Les villes, bourgs et villages auxquels les ci-devant seigneurs avaient donné leur nom de famille, en signe de vassalité, ont pu reprendre leur ancien nom,

Décret du 20-23 juin 1790.

et leurs armoiries, en vertu de lettres patentes du gouvernement.

Décret du 17 mai 1809. — Arrêté du 6 février 1837.

Comme ceux des particuliers, les priviléges des communes (ces exceptions qui n'étaient accordées aux uns qu'au détriment des autres), ont été abolis; ils se sont éteints dans la liberté publique, dans la constitution nationale, dans le droit commun;[1]

Et les institutions, infiniment variées, qui régissaient nos anciennes communes ont disparu pour faire place à des institutions uniformes, régulières, systématiques.[2]

Décret du 4-11 août 1789, art. 10. — Cass. 28 avril 1842. (B. 1842. p. 248.)

---

(1) « Nos pères ne connaissaient guère la liberté que sous la forme du privilége... Mais tout privilége, si ancien, si inoffensif, si légitime qu'il soit, répugne à nos générations éprises d'égalité. » (Montalembert.)

(2) Voir Dalloz, *Jurisprudence générale*, t. 9, p. 165, n. 53, et p. 167, n. 69.

Comme on l'a fort bien dit, pas de commune aujourd'hui qui, par son organisation sociale, ne puisse s'élever au rang des plus belles cités; qui n'ait, comme elles et près d'elles, sa place marquée dans le tableau des membres de la grande famille belge, de la famille libre par excellence.

Chaque commune a son gouvernement propre ;[1]

Instr. du 14 déc. 1789, au préambule. — Décret du 22 déc. 1789-7 janvier 1790, au préambule art. 7. — Loi comm. art. 1er.

et ce gouvernement n'émane ni de la puissance législative[2] ni du pouvoir exécutif, car il est le produit du choix libre et direct de la commune,[3]

Const. art. 108, n. 1.

et les élus tiennent leur mandat, non plus d'une fraction de la commune, comme sous la loi du 30 juin 1842, mais de la commune entière.

La loi du 5 mars 1848 lui a rendu le caractère imposant qui semblait lui manquer dans les grandes localités.[4]

---

(1) Voir Solon, *Répertoire administratif*, t. 2, p. 79.

(2) Le pouvoir municipal n'est pas une création de la loi, etc. (V. Henrion de Pansey, cité par Leber, introd. p. 4.)

(3) La commune est représentée par un corps électoral.

V. sur le cens électoral communal, les lois du 31 mars 1848 et du 30 mars 1836, art. 7, combinées.

(4) Voir *Le droit administratif belge*, t. 1er, p. 187.

§ III. *L'autorité communale est soumise à une tutelle supérieure.*

Le gouvernement communal embrasse dans sa sphère d'activité et règle tous les intérêts exclusivement communaux.[1]

Const. art. 31 et 108, n. 2. — Loi comm. art. 75, § 1er

Mais le gouvernement communal, comme celui de la province, subit la loi de tous les pouvoirs constitutionnels.

Il est placé sous le joug du corps électoral,

Et ne doit avoir d'énergie et de force que pour faire le bien.

Son action, comme son inertie, doit être modérée et, au besoin, réprimée ou vaincue, si elle devient malfaisante.

Cela revient à dire que le gouvernement de la commune s'exerce, non pas arbitrairement, mais conformément à la loi et sous l'influence de la tutelle que la constitution

---

(1) Il est de l'essence de l'autorité qui représente la commune, d'exercer ses pouvoirs constitutionnels et légaux dans toute l'étendue de son ressort territorial, sur les immeubles qui y sont situés, sur les personnes qui l'habitent, sur les objets qui s'y trouvent, sur les industries qui s'y exercent.

Cass. 5 mai 1859. (B. 1859. p. 152.)

accorde, en ce qui la concerne, au pouvoir législatif et au pouvoir exécutif.

Arrêtons-nous ici à quelques considérations générales.

La commune est douée d'une vitalité propre. Elle jouit, comme l'Etat, d'une personnalité *civile*, car elle peut acquérir, aliéner, contracter et faire la plupart des actes de la vie civile; et d'une personnalité *politique*, car elle se range parmi les pouvoirs publics et peut porter des ordonnances qui obligent à l'égal des lois;

Et cette double personnalité n'est absorbée ni par celle de l'Etat, ni par celle de la province, moins encore par celle des familles ou des citoyens qui composent la commune. [1]

Mais la commune ainsi personnifiée est un être de droit, un être abstrait ayant besoin d'organes qui gèrent ses affaires et qui le représentent;

Et ces autorités subissent elles-mêmes le contrôle, la tutelle d'un pouvoir supérieur,

---

(1) Ainsi, pour ne parler que de la vie civile, qu'une somme de mille francs soit due à une commune composée de mille habitants, ce serait une erreur de penser qu'un millième de la créance serait dû à chacun d'eux distinctement. De même que, si une commune de mille habitants s'engage pour une même somme, on se tromperait si on pensait que chacun d'eux est tenu à concurrence d'un franc.

Aussi, l'autorité communale représente-t-elle la commune entière et non pas tels ou tels habitants. C'est l'organe des intérêts généraux de la commune et non pas de telle fraction de la commune.

Lequel s'appuyant, tantôt sur des intérêts supérieurs à ceux de la commune,[1]

Tantôt sur l'intérêt de la commune elle-même,

Dégagé d'ailleurs des influences locales,

Se préoccupant des intérêts de l'avenir autant que des besoins du présent,

Pèse, à son tour, la *légitimité* de leurs actes, l'*utilité* de leurs projets;

Les pèse froidement, avec maturité, loin des impressions, loin des influences locales qui ont présidé à leur conception, à leur formation.

Cette tutelle a sa base dans la royauté; ses points d'appui, ses degrés, ses ressorts, dans la hiérarchie administrative elle-même.

Cette tutelle est une conséquence de ce principe que l'action du gouvernement de la commune doit rester inoffensive à l'égard des intérêts qui planent au-dessus des intérêts de la commune, et au point de vue de l'ordre légal.[2]

---

(1) Celle-ci ne peut en effet s'isoler du grand corps auquel elle appartient ; elle n'est qu'un membre de ce corps.

(2) Les intérêts collectifs d'une localité ne peuvent jamais s'élever à la hauteur d'un intérêt général.

Elle est une conséquence de cet autre principe que l'existence civile de la commune appartient, ainsi que son patrimoine, non-seulement à la génération présente, mais encore à toutes les générations qui lui succéderont.

Il est d'ordre public que les administrateurs d'une commune soient mis dans l'impuissance de compromettre des droits et des intérêts qui n'ont, dans la génération actuelle, ni leur source, ni leur fin, leur terme.

Il est nécessaire qu'une tutelle soit imposée aux communes, de même qu'aux provinces et aux établissements publics, pour veiller à la conservation de leur patrimoine, au bon emploi de leurs revenus, au contrôle de leurs dépenses, à la bonne direction des travaux qu'elles entreprennent; que cette tutelle embrasse ainsi les principaux actes de leur vie civile et protége les administrés contre l'inexpérience, l'incurie, l'ignorance ou la cupidité de leurs administrateurs.

La tutelle dont nous parlons s'exerce, en général, par des actes de suspension ou d'annulation, par des actes d'autorisation ou d'approbation ; quelquefois, par des actes d'intervention.

Distinguons soigneusement ces divers modes de la tutelle administrative.

Il faut qu'un acte émané d'un corps administratif quelconque puisse être réformé, anéanti, détruit, aboli, s'il renferme une usurpation de pouvoir, s'il blesse l'intérêt général.

Il faut qu'il soit réformé chaque fois que la loi ou l'intérêt général l'exigent.

En matière judiciaire, le mot usité est celui de *cassation*.

En matière administrative, c'est celui de ***suspension*** ou d'***annulation***.

C'est l'objet de la tutelle politique, laquelle correspond surtout à la vie politique des communes et des provinces.

Son caractère est négatif, obstatif, c'est un *veto*.

Pas d'État dans l'État.

Supprimez la tutelle politique et vous trouverez encore des intérêts communaux et provinciaux qui chercheront à se satisfaire. Il y aura des communes et des provinces ; mais vous ne trouverez plus d'intérêts nationaux, et il n'y aura plus de nation.[1]

Elle s'exerce par des actes d'annulation.

Nous le répétons :

C'est cette haute tutelle qui fait une nation, des communes et des provinces qui vivent sur le territoire. C'est elle qui réunit ces membres épars et qui en fait comme un tout homogène.

---

(1) C'est le mouvement centralisateur du pouvoir qui rattache les intérêts locaux à l'intérêt général.

Gardons-nous toutefois de la confondre avec ce régime de concentration, de centralisation despotique, sous lequel nous avons vécu ; avec ce régime qui avait transformé les corps administratifs des communes et des provinces en agents impériaux passifs.

Sous le gouvernement impérial, nos communes et nos provinces étaient devenues des bataillons et des régiments qui marchaient ou faisaient halte, suivant le mot d'ordre que l'on donnait à Paris.

Pour elles, alors, plus d'initiative, plus de spontanéité d'action, plus de vitalité propre.

Leur existence se trouve comme absorbée par une existence étrangère, hostile souvent à leurs droits, à leurs intérêts.

C'est l'absorption des communes et des provinces dans l'unité despotique du gouvernement.[1]

C'est le pupille enfant dont l'existence civile a été transportée sur la tête d'un tuteur.

Il y a loin de ce régime de fer à l'état d'émancipation que nos institutions actuelles ont accordée aux provinces,

---

(1) En France, la commune n'est guère autre chose, dit M. de Broglie, que le dernier anneau de l'immense réseau administratif qui couvre tout le sol français.

aux communes, émancipation qu'elles ont su concilier avec l'unité gouvernementale.[1]

L'autorisation fait naitre, pour les autorités collectives ou individuelles auxquelles on l'octroie, le droit de faire tels ou tels actes que ces autorités ne puisent pas dans leur mandat.

Si elle manque, ces actes restent sans valeur.

Ainsi, un bureau de bienfaisance poserait un acte en dehors de sa compétence, un acte nul, s'il vendait, sans autorisation préalable de la députation, un immeuble appartenant à l'établissement.

Il en serait de même de l'aliénation qu'un collége de bourgmestre et échevins ferait d'un bien communal, sans y avoir été autorisé par le conseil communal.

Pareille autorisation peut d'ailleurs être pure et simple;

Elle peut être conditionnelle.

Ainsi, qu'une fabrique d'église demande l'autorisation d'accepter une donation :

Cette autorisation peut être accordée sous telle ou telle restriction ou sans réserve aucune, sauf à l'établissement autorisé à ne pas user de l'autorisation.

---

(1) Voir Bechard, *Essai sur les abus de la centralisation.*

L'approbation a pour objet d'imprimer à des actes dont l'origine est légale, à des actes irréprochables au point de vue de la compétence du corps ou du fonctionnaire qui en est l'auteur, une sanction sans laquelle ils doivent être réputés non avenus.

C'est l'objet de la tutelle que l'on peut appeler économique et qui correspond à la vie civile, soit des communes, soit des provinces, soit des établissements publics.

Ainsi, qu'un conseil communal se décide à soutenir un procès au nom de la commune, il pose assurément un acte qui appartient à ses attributions.

Et cet acte s'y rattache si étroitement, qu'aucun autre pouvoir, pas même le pouvoir législatif, ne saurait le poser à sa place.

Ainsi, qu'un particulier s'oblige envers une commune à lui vendre un immeuble, pour un prix fixé, et que l'autorité communale accepte cette promesse, cette promesse est valable et oblige celui qui l'a faite; et s'il meurt avant l'approbation, son engagement passe à ses héritiers; l'approbation n'est requise que dans l'intérêt de la commune; mais l'acte d'acceptation, de la part de la commune, devient caduc, pour les deux parties, si l'approbation supérieure lui manque.

Liége, 12 février 1842. (J. 1842. p. 252.)

Il devient définitif et exécutoire aussitôt qu'elle lui est acquise.

Ainsi, le défaut d'approbation doit, par mode de sanction, faire considérer comme énervé l'acte qui en est dépourvu;

Bruxelles, 28 décembre 1850. (J. 1851. p. 36.)

et l'approbation est suffisante pour engager la commune, la province, l'établissement public envers les tiers.

Bruxelles, 19 janvier 1852. (J. 1853. p. 98.)

Elle suppose que l'acte est posé; elle est postérieure à l'acte.

Il faut d'ailleurs qu'on l'accorde purement et simplement ou bien qu'on la refuse.

Quel est le mode de tutelle qui est particulier aux communes?

La tutelle des communes se compose d'actes d'approbation, de suspension, d'annulation, d'intervention.

Les actes les plus importants de la vie civile des communes, par exemple: les budgets, les emprunts, sont soumis, les uns à l'approbation de la députation, les autres à l'approbation du roi; sauf, dans tous les cas, recours vers le roi, en cas de refus d'approbation de la députation; sauf encore l'annulation dont peuvent être frappés les actes même revêtus de l'approbation de la députation.

Loi comm. art. 76, 77 et 87.

Remarquez ici:

1° Précédemment, la plupart des actes de l'administration communale nécessitaient une autorisation ; aujourd'hui l'approbation suffit : ce qui a donné au gouvernement des communes une extension qu'il n'avait, ni sous le gouvernement français, ni sous le gouvernement hollandais.

2°. En règle générale, les actes de l'autorité communale ne sont assujettis à aucune approbation ; l'approbation n'est requise que pour *les actes déterminés par la loi.*

Les actes non déterminés, tels que les règlements d'administration intérieure, les ordonnances de police communale, en sont affranchis, ressortissent exclusivement au pouvoir communal, restent sous l'empire de la règle générale qui attribue au conseil communal, le règlement de toute affaire qui intéresse exclusivement la commune. Bien entendu, cependant, que le règlement des affaires communales doit se faire dans les formes prescrites par les lois, et sauf la suspension ou l'annulation dont les actes qui ne sont pas soumis à l'approbation supérieure peuvent être frappés.

Le droit de suspendre les actes de l'autorité communale appartient au commissaire du gouvernement qui est préposé à la province ;

Loi comm. art. 86, § 1er.

Mais l'exercice de ce droit est renfermé dans certaines limites :

1° La suspension ne peut atteindre que les résolutions

du conseil qui excèdent ses attributions ou qui blessent l'intérêt général.[1]

Loi comm. art. 86, § 1er.

2° La suspension est susceptible d'être levée par la députation provinciale, sauf, dans ce cas, l'appel au roi, de la part du gouverneur, appel qui est suspensif.

Loi comm. art. 86, § 2.

3° L'appel au roi est toujours ouvert au conseil dont l'acte est frappé de suspension. Aussi, les motifs de la suspension doivent-ils lui être notifiés, pour qu'il puisse les combattre dans son acte de recours vers l'autorité royale.

Loi comm. art. 86, § 2 et 3.

4° Si pendant quarante jours après cette notification au conseil, le gouvernement a gardé le silence, la suspension devient caduque, c'est-à-dire que l'acte devient valide et que l'administration communale peut lui faire sortir ses effets.

Loi comm. art. 86, § 4.

Il était à craindre que, placé entre la nécessité de désavouer son agent et celle d'annuler un acte de l'autorité

---

(1) Ainsi, par exemple, la nomination des fonctionnaires ou agents déterminés en l'article 84 de la loi est à l'abri de toute suspension. Les nominations, en effet, ne sortent pas des attributions du conseil et ne sont pas susceptibles de blesser l'intérêt général. Il en est de même de la révocation ou suspension des employés salariés par la commune et dont la nomination est attribuée au conseil.

communale, le gouvernement ne fût trop enclin à prendre cette dernière alternative.

L'exercice du droit d'annulation s'applique, comme celui de suspension, aux actes de l'autorité communale qui n'ont pas besoin d'être sanctionnés par le roi pour devenir exécutoires. Il est subordonné aux réserves suivantes:

1° Ne sont susceptibles d'être annulés que les actes de l'autorité communale sortant de ses attributions, contraires aux lois ou blessant l'intérêt général.

Loi comm. art 87, § 1er.

2° Ces actes sont toujours susceptibles d'être annulés par le pouvoir législatif.

Loi comm. art. 87, § 4.

3° Le roi peut aussi annuler, en tout temps, les actes de cette nature dont l'adoption aurait été célée au gouvernement et soustraite à son contrôle, à son investigation.

Loi comm. art. 87, § 3.

4° Lorsqu'il s'agit d'actes assujettis à l'approbation de la députation provinciale et approuvés par elle, le droit d'annulation expire quarante jours après l'approbation ;

Loi comm. art. 87, § 2.

Et s'il s'agit d'actes non assujettis à cette approbation, le droit d'annulation expire quarante jours après leur notification au gouvernement de la province, pour les villes, et au commissariat d'arrondissement, pour les campagnes.

Loi comm. art. 87, § 3.

5° En tout cas, l'arrêté royal qui prononce l'annulation doit être motivé et contre-signé par le ministre auquel les affaires communales ressortissent, le ministre de l'intérieur.

Loi comm. art. 87, § 1er.

Enfin, il importe que l'autorité qui est chargée de la tutelle immédiate des conseils communaux puisse vaincre l'inertie calculée qu'ils pourraient lui opposer.

Ainsi, après deux avertissements constatés par la correspondance, la députation peut envoyer des commissaires sur les lieux, soit pour recueillir les informations demandées, soit pour mettre à exécution des mesures prescrites par les lois, les règlements d'administration générale ou provinciale.

Loi comm. art. 88, § 1er.[1] — Loi prov. art. 84, § 1er.

Pareille mesure peut être prise en cas de retard dans l'envoi des comptes et des budgets.

Loi comm. art. 142, § 3.

---

(1) Envoi de commissaires sur les lieux aux frais personnels des autorités communales en retard ou récalcitrantes.

Loi comm. art. 88, § 1er.

L'exécutoire est donné par le gouverneur ou la députation, et le recouvrement des frais s'opère, comme en matière d'impositions directes, par le receveur de l'Etat ou de la commune.

Loi comm. art. 88, § 2.

Dans tous les cas, le recours est ouvert auprès du gouvernement.

Loi comm. art. 88, § 3. — V. le décret du 16 février 1807. — Tielemans, *Répertoire de l'administration*, v° Exécutoire.

Ainsi, la députation peut porter d'office certaines dépenses au budget de la commune.

Loi comm. art. 133, § 1er.

Ainsi, s'il y a, de la part de l'autorité communale, refus ou retard d'ordonnancer le montant d'une dépense qui lui incombe en vertu de la loi, la députation, après l'avoir entendue, peut ordonner que cette dépense soit immédiatement acquittée. Sa décision tient lieu de mandat sur la caisse communale.

Loi comm. art. 147. — Ann. son art. 124, § 1er, concernant la nomination des commissaires de police. — La loi du 23 septembre 1842, art. 12, concernant la nomination des instituteurs communaux.

Remarquez : la tutelle administrative n'existe pas sur les citoyens individuellement. Elle ne s'exerce que sur des groupes de citoyens, que sur des masses formées par une circonscription légale du territoire, ou sur des institutions dont l'existence intéresse la société, parce que celle-ci en reçoit des services tantôt d'ordre moral, tantôt d'ordre matériel.

Telles sont les formes diverses sous lesquelles se manifeste la tutelle du gouvernement central et de la députation se combinant avec l'action du pouvoir communal.

Voyons ce pouvoir à l'œuvre et s'appliquant à la matière de ses attributions.

L'exercice de ces attributions suppose :

La délibération ;

L'action.

La délibération appartient au conseil communal.

L'action appartient au collége des bourgmestre et échevins.

Quelles sont les attributions du conseil communal?

Dans leurs luttes avec la féodalité, dans leur victoire sur elle, les communes ne s'étaient pas bornées à reprendre l'administration de leurs affaires intérieures, à ressaisir la gestion de leurs biens, l'administration de la police, la tutelle de leurs établissements;

Elles s'étaient emparées des principales attributions de la souveraineté; elles s'étaient érigées en souveraines, en républiques redoutables même pour les princes les plus puissants.

Ainsi que Guizot le fait remarquer, le régime municipal avait changé de caractère. Ce n'était plus un simple mode d'administrer la commune, il s'était transformé en gouvernement politique. Le gouvernement politique s'était, dit-il, municipalisé.

Ainsi, grand nombre de communes s'étaient donné le droit d'administrer la justice, celui de faire la guerre et la paix.

C'était, ajoute ce publiciste éminent, l'époque de la localisation des pouvoirs publics.

L'existence nationale s'était comme éteinte dans l'activité envahissante des communes, de même que plus tard nous avons vu les franchises communales se perdre également dans l'unité nationale devenue dévorante à son tour et comme par représailles.

On a voulu rendre au gouvernement ce qui est au gouvernement, et à la commune ce qui est à la commune.

La Constituante restitua à la souveraineté les prérogatives qui en avaient été détournées.

Elle conserva aux communes les prérogatives qui composent leur vie civile et politique et qu'elles peuvent exercer sans péril pour l'ordre général.

Elle leur abandonna le choix de leurs mandataires;

Elle confia à ceux-ci l'administration des affaires exclusivement communales.

C'est ainsi que la commune fut assise sur ses bases naturelles, le droit de la commune étant de rester maîtresse de ses intérêts particuliers, son devoir étant de se soumettre à l'Etat dans tout ce qui a rapport aux intérêts généraux.

Appliquée aux intérêts généraux, c'est-à-dire à ces intérêts qui sont communs à toutes les parties de la nation (ceux, par exemple, qui se lient aux rapports de la nation avec les peuples étrangers), la centralisation gouvernementale ne saurait être trop puissante. Sur elle reposent l'unité, la grandeur de l'Etat.

C'est le pouvoir fort à côté d'une liberté large, le grand besoin de notre époque.

Appliquée aux intérêts locaux, la centralisation administrative est subversive de l'esprit de cité. Tôt ou tard elle énerve l'esprit des populations, en en paralysant l'expansion.

On peut gouverner de loin; on n'administre bien que de près.

V. le décret impérial français du 25 mars 1852.

La loi du 14 décembre 1789, constitutive des municipalités, distingue, à leur égard, deux sortes de fonctions:

1° Les unes sont propres à l'administration générale de l'Etat. Si les officiers communaux les exercent, c'est par délégation.

V. ses art. 50 et 51. — Le § 3 de l'instr. annexée à cette loi. (Pasinomie t. 1er, p. 70.)

C'est ainsi que les conseils communaux concourent à la nomination des commissaires de police et des gardes champêtres;

Loi comm. art. 123, § 2 et 129, § 1er.

A la répartition de certains impôts.

Loi comm. art. 80. — Loi du 28 juin 1822, art. 58.

C'est ainsi qu'ils interviennent dans la fixation de la grande voirie.

Loi comm. art. 76, n. 7.

C'est ainsi qu'ils donnent des avis sur des matières d'intérêt général, quand elles leur sont soumises par l'autorité supérieure.

Loi comm. art. 75, § 1er.

Evidemment, les attributions de ce genre sont étrangères à l'autorité communale. On pourrait les lui retirer sans qu'elle en fût le moins du monde altérée.

Voici ce que le conseiller d'Etat Vivien disait, lors de la discussion de la loi française du 18 juillet 1837 : « Dépouillées de leurs anciennes prérogatives, les communes ne sont plus, quant à l'administration générale de l'Etat, qu'une simple division administrative du territoire; elles forment la dernière division où descend l'autorité publique. Elles contribuent à l'action de la couronne, à l'exécution des lois et règlements; mais les attributions dont leurs magistrats pourraient être investis à ce titre pourraient être placées en d'autres mains et ne leur sont confiées qu'à titre de délégation, ces délégations dépendant de l'administration générale et ne constituant pas l'administration communale. »

C'est d'ailleurs le collége des bourgmestre et échevins qui est particulièrement chargé, dans la commune, de l'exécution des lois, arrêtés et ordonnances de l'administration générale.

Loi comm. art. 90, n. 1er. — V. pour l'application, un arrêté du 20 juin 1855.

L'intervention des conseils communaux n'est donc autorisée, en principe, que dans les affaires exclusivement communales;

Et encore faut-il que l'appréciation n'en soit pas déférée, par la loi, à une autre autorité.

Ainsi, la police locale reste tout entière dans le pouvoir du bourgmestre.

Dès lors, le conseil communal commettrait un excès de pouvoir s'il délibérait sur des mesures de police locale qu'il ne lui appartient pas de prendre ou d'apprécier; s'il désapprouvait la conduite tenue par un commandant militaire, ou s'il voulait lui tracer le cercle d'action dans lequel il devait ou aurait dû se renfermer.[1]

V. un arrêté du 31 août 1857.

2° Les autres sont propres au pouvoir communal et lui appartiennent naturellement.

V. la loi comm. art. 50.

---

(1) Témoignage de regret au sujet de l'élimination d'un échevin. Semblable délibération doit être annulée comme sortant des attributions du conseil, et constituant un manque de respect envers l'autorité supérieure.

Blâme d'un acte attribué par la loi au collége échevinal.

Intervention officielle de l'autorité communale pour approuver les électeurs d'une opinion et blâmer ceux d'une autre, même indirectement. C'est contraire à l'intérêt général.

La plénitude en a été rendue à ce pouvoir par la constitution de 1831 et la loi communale du 30 mars 1836, sauf, bien entendu, l'approbation dont ses actes ont besoin dans certains cas; sauf encore l'annulation qui peut éventuellement les atteindre.

Les fonctions des conseils communaux embrassent:

La composition de l'autorité communale elle-même et son organisation intérieure.

Ils prononcent, en effet, sur les réclamations qui s'élèvent au sujet des listes électorales.

Loi comm. art. 15.

Ils ordonnent les convocations extraordinaires des électeurs.

Loi comm. art. 20, § 2.

Ils accordent les démissions offertes par leurs membres.

Loi comm. art. 57, § 1er.

Ils font leurs règlements d'ordre et de service intérieur.

Loi comm. art. 73.

Leurs attributions regardent encore les fonctionnaires et les employés de la commune.

La nomination, la suspension ou révocation leur en appartient, en général.

Loi comm. art. 84, 85, 90, n. 11, 109, 110, 114 et 128.[1]

Elles regardent l'administration des biens de la commune;

La police communale;

La tutelle des établissements d'utilité communale.

Telle est, réduite à son expression la plus simple, la matière des attributions qui ressortissent à l'autorité communale.

On le voit : elle remplit, dans l'enceinte de la commune, le rôle que le gouvernement central remplit sur un théâtre plus étendu.[2] L'analogie est parfaite; elle s'explique par l'intimité qui existe entre l'association communale et l'association nationale. Celle-ci n'étant que le développement de celle-là, il faut bien que leurs besoins soient les mêmes et que le gouvernement de l'une

---

(1) Ce principe souffre exception ou des restrictions en ce qui regarde les officiers des soldats de ville;

Loi comm. art. 128.

Les gardes des bois communaux;

Code forest. art. 8. — Loi comm. art. 130, § 1er.

Les instituteurs primaires.

Loi du 23 septembre 1842, art. 10, § 2 et 3, et art. 11.

(2) *Quibus permissum est corpus habere collegii, ad exemplum reipublicæ, habere res communes et actorem sive syndicum, per quem, tanquam in republica, quod communiter agi fierique oporteat, agatur, fiat.*

Loi 1re, § 1er, Dig., *Quod cujusque universitatis nomine agatur.*

ait, tant dans son organisation que dans ses attributions, de l'analogie et de l'affinité avec le gouvernement de l'autre. La société nationale est en grand l'image de la société communale qui lui est subordonnée. Elle reproduit, sur une échelle plus vaste, tous les éléments qui forment la vie de cette dernière.

L'administration communale administre donc le patrimoine de la commune. Elle prend les mesures réglementaires que le maintien du bon ordre dans la commune peut réclamer; et sa sollicitude s'étend sur les établissements dont l'utilité est plus particulièrement communale.

Suivons-la dans cette triple direction et tâchons de mettre en lumière quelques indications propres à éclairer sa marche.

TITRE II.

DU PATRIMOINE ET DES FINANCES DE LA COMMUNE.[1]

§ Ier. *Des biens communaux.*

Que faut-il entendre par biens communaux?

La loi de 10-11 juin 1793 déclare, article 1er, section 1re, que les biens communaux sont ceux sur la propriété ou le produit desquels les habitants d'une commune ont un droit commun.

L'article 542 du code civil en donne une définition analogue.

Le mot *biens* s'applique ici et aux immeubles, et aux

(1) A consulter : GUICHARD, *Biens, dettes et procès des communes.* — HENRION DE PANSEY, *Des biens communaux.* — ROY, *Traité de l'administration foncière des communes et des établissements de bienfaisance.* — LATRUFFE, *Du droit des communes sur les biens communaux.*

meubles, et aux choses incorporelles, comme les servitudes actives, les droits d'usage (le parcours, par exemple, et la vaine pâture), les droits d'usufruit, les actions, etc.

Quand plusieurs habitants d'une commune ont un intérêt qui leur est commun, comme tels, et qui ne l'est pas au surplus de la commune, ils forment, en ce qui concerne cet intérêt spécial, une section de commune. — L'objet de cet intérêt peut d'ailleurs varier à l'infini : ce peut être un bois, un pâturage, une église ; et le nombre des habitants qui y sont intéressés peut varier également, d'un jour à un autre il peut être plus restreint ou plus étendu ; et on conçoit, d'après cela, que le nombre des sections d'une commune n'a rien de fixe ; qu'il en est de même de l'étendue et des limites de ces sections.[1]

V. *Journal des fabriques*, t. 6. p. 116.

Une section de commune peut avoir des intérêts distincts des intérêts des autres habitants ; elle peut aussi posséder des biens qui ne sont pas la propriété de la commune entière.

Cela résulte implicitement des articles 149, 151 et 152 de la loi communale qui supposent, d'une part, que des contestations judiciaires peuvent s'élever entre une commune et une section de commune ; et, d'autre part, que la réunion de deux communes n'entraîne pas nécessairement la mise en commun de leurs biens.

---

(1) Section de commune. Voir *Journal des fabriques*, t. 25, p. 162. — Cabantous, p. 33. — Trolley, t. 1er, p. 59 et 60, et t. 4, p. 430.

Quelle est la nature du droit qu'ont les habitants sur les biens communaux?

Si l'on considère les sociétés ordinaires, on trouve que leurs membres peuvent les changer et même les rompre quand ils le veulent.

Il n'en est pas de même de la société naturelle que nous appelons la *commune*.

Comme tous les publicistes l'enseignent, celle-ci est perpétuelle de sa nature, et son existence est placée au-dessus de la volonté de ses membres.

Les biens de la commune n'appartiennent pas à tels ou tels habitants, ni à tous les habitants qui composent la commune actuellement.

Ils appartiennent à tous ceux qui habitent aujourd'hui le territoire de la commune et à tous ceux qui l'habiteront un jour.[1]

Ces biens sont grevés de substitution perpétuelle au profit des générations futures.

C'est un legs des générations passées qui doit être transmis aux générations futures.[2]

---

(1) Les habitants jouissent des droits communaux, *non jure proprio sed jure civitatis*.

(2) « Les usagers se succèdent, mais le droit ne périt pas ; il se transmet des

La commune, voilà le propriétaire ; les habitants ne sont qu'usufruitiers.

La commune, dit un publiciste, c'est un propriétaire de nom et de fiction : le fait, la réalité, c'est-à-dire la jouissance lui échappe et passe aux habitants.

Le titre de la jouissance des habitants est grevé de la condition de conserver et de rendre.

Ainsi, comme on l'a fort bien dit encore, partager les biens des communes entre les habitants de la commune, c'est déshériter l'avenir au profit du présent, c'est dévorer l'héritage des habitants futurs.

C'est un point de droit public que les biens communaux doivent rester dans l'indivision.

Les deux lois françaises du 14 août 1792 et du 10 juin 1793, article 3 et suivants, qui avaient autorisé le partage gratuit des biens communaux *par tête d'habitant* étaient des lois purement révolutionnaires qui n'avaient qu'un seul but, celui de faire de nouveaux propriétaires et des partisans de la révolution.

Elles blessaient les principes.

Leurs effets furent déplorables.

---

uns aux autres, et se perpétue de génération en génération. » (Dupin, *Lois des communes*, introd. p. 10.)

On ne put trop se hâter de les abroger.

V. les lois du 2 prairial an V, art. 1er; du 9 ventôse an XII, art. 5, et du 9 brumaire an XIII, art. 1er.

Telle est donc la nature des biens communaux qu'ils n'appartiennent qu'à l'être moral et permanent de la commune, et que les membres de l'association communale n'y ont qu'un droit de jouissance viagère et temporaire.

Ce sont des biens destinés à contribuer au bien-être de la génération présente et qui doivent assurer celui des générations futures.

Mais cette jouissance est plus ou moins directe, plus ou moins immédiate, selon l'espèce de biens auxquels elle s'applique.

De là, la classification des biens des communes en trois catégories.

Les biens des communes sont de trois sortes :

Les uns peuvent être compris sous la dénomination de domaine public communal ;

Les autres, sous celle de biens communaux proprement dits ;

D'autres enfin, sous celle de domaine ou patrimoine de la commune.

Le domaine public communal comprend les biens qui sont consacrés à un service public, qui sont asservis à l'usage de tous, tels que les hôtels-de-ville, les rues, les chemins.

Tant que leur destination dure, ces biens, comme ceux du domaine public national ou provincial, sont hors du commerce et imprescriptibles.

V. le code civ. art. 538.

Les biens communaux proprement dits sont ceux dont la jouissance en nature est laissée aux habitants; tels sont les pâturages où ils envoient leurs bestiaux, les bois dont les coupes leur sont distribuées en nature.

Ce sont des biens dont la propriété appartient à la commune, mais dont la jouissance directe et personnelle est attribuée aux habitants.[1]

Le domaine ou patrimoine de la commune se compose des biens qui se louent ou s'afferment au profit de la commune, tels que les maisons, les terres labourables, les bois aménagés en coupes réglées, les créances.

Ce sont là des biens, des revenus, dont les habitants des communes n'ont pas la jouissance immédiate, mais dont la jouissance ou les produits appartiennent à l'être collectif et moral, à la commune.

C'est le corps communal, représenté par ses administra-

---

(1) A consulter : Cauchy, *De la mise en culture des communaux*.

teurs, qui en recueille les produits pour les affecter aux besoins communs.

Les biens communaux proprement dits et les biens patrimoniaux des communes ne sont pas hors du commerce. La jouissance soit immédiate, soit indirecte dont ils sont l'objet de la part des habitants de la commune, n'est pas incompatible avec l'application des principes du droit commun en matière de prescription.[1]

Ces biens sont susceptibles d'être prescrits.

V. le code civ. art. 2227.

§ II. *Gestion des biens des communes.*

Les intérêts communaux sont réglés par les conseils communaux.

Const. art. 31.

La gestion des biens des communes appartient donc aux conseils communaux.

A ce point de vue, ils représentent légalement les communes à l'exclusion de tout autre pouvoir.

---

(1) Les étrangers à la commune ne participent pas à la jouissance des biens communaux et des biens patrimoniaux, mais ils peuvent user du domaine public communal; celui-ci ne forme qu'une fraction du domaine public national.

Cependant, les actes qui composent l'administration des biens des communes, indépendamment de l'approbation supérieure dont ils peuvent avoir besoin pour être exécutés légalement, sont soumis à des formalités particulières, analogues à celles que le code civil prescrit dans l'intérêt des mineurs. Elles ont pour but de garder le patrimoine communal contre la malversation, et varient suivant la nature des actes ou des choses auxquelles elles s'appliquent.

Les biens des communes, dit le code civil, sont administrés suivant les règles et dans les formes qui leur sont particulières.

V. son art. 537. — Cass. 8 juillet 1841. (B. 1841. p. 449.)

Parcourons les principaux actes de la vie civile des communes.

L'aptitude que les communes ont de devenir propriétaires est environnée de certaines précautions qui tendent à empêcher qu'un trop grand nombre de biens soient frappés d'immobilité et soustraits, soit au commerce, soit à l'action périodique des impôts qui grèvent les mutations, et à défendre les communes elles-mêmes contre les acquisitions qui pourraient être plus onéreuses que profitables.

Les communes peuvent acquérir à titre gratuit et à titre onéreux.

1° A titre gratuit.

Les délibérations qu'elles prennent à cet égard sont soumises à l'avis de la députation et à l'approbation du roi ou bien à l'approbation de la députation, suivant que la valeur de l'objet de la donation ou du legs excède trois mille francs ou non.

Code civ. art. 910 et 937. — Loi comm. art. 76, n. 3, § 1er et 2.

Les décisions de l'autorité provinciale sur la matière se notifient par voie administrative, soit à la partie opposante, soit à la commune.

Elles sont susceptibles d'appel auprès du roi, dans les trente jours, soit qu'elles contiennent approbation ou qu'elles contiennent refus d'approbation.

Loi comm. art. 76, n. 3, § 3 et 4.

Dans les cas d'appel, c'est le roi qui statue sur l'acceptation ou la répudiation de la libéralité.

Loi comm. art. 76, § dernier.

Evidemment l'autorisation administrative d'accepter ne préjuge rien, soit sur la légalité intrinsèque de la disposition, soit sur la capacité de recevoir dans la personne morale légataire.

Ces questions restent dévolues à l'autorité judiciaire.

Colmar, 31 juillet 1823.

2° A titre onéreux.

Les acquisitions d'immeubles ou de droits immobiliers sont soumises à l'approbation royale ou provinciale, selon encore que la valeur de l'objet excède ou n'excède pas trois mille francs.

Loi comm. art. 76, n. 4. — V. Liége, 12 février 1842. (J. 1842. p. 252.)

Les acquisitions de rentes sur l'État sont soumises à la sanction de l'autorité provinciale, ou du roi en cas de refus d'approbation.

Loi comm. art. 77, n. 3. — Arrêté du 18 février 1851, art. 88.

Les remplois en rentes sur particuliers sont soumis à l'approbation de l'autorité provinciale.

Décret du 16 juillet 1810. — Loi comm. art. 77, n. 3.

Les communes peuvent acquérir des meubles sans approbation supérieure, sauf le crédit qu'elles doivent obtenir à leur budget.

Loi comm. art. 75, § 1er, et art. 77, n. 8, combinés.

L'acquisition d'un usufruit est subordonnée à la restriction que le code civil, article 619, établit.

L'usufruit qui n'est pas accordé à des particuliers ne dure que trente ans.

Les contestations qui peuvent survenir, en matière d'acquisition, entre des communes et des particuliers, sont du ressort des tribunaux.

Const. art. 92.

Les communes sont propriétaires. Elles ont donc le droit de disposer soit par vente, soit par échange, soit par constitution d'hypothèque.

Dans les temps modernes, les communes ont été deux fois dépouillées de leurs biens.

Le décret du 24 août-13 septembre 1793 vint déclarer que tout l'actif des communes appartenait, dès ce jour, à la nation,[1]

V. son art. 91.

qui se chargeait de payer leurs dettes.

V. ses art. 82 et suiv.

Il ordonnait, en conséquence, que tous les biens des communes, meubles et immeubles, seraient régis, administrés et vendus comme les autres biens nationaux.

V. son art. 92.

Il n'exceptait de la nationalisation que les objets destinés aux établissements publics.

V. son art. 91.

Ces mesures désastreuses, momentanément suspendues en France par une loi du 2 prairial an V, article 1er, ne reçurent d'abord aucune exécution en Belgique.[2]

Mais elles y furent temporairement appliquées par l'effet de la loi du 5 prairial an VI, articles 1er et 2,

---

(1) Du moins jusqu'à concurrence de leurs dettes.

V. le décret du 24 août-13 septembre 1793, art. 91.

(2) Elles n'y avaient pas été publiées.

jusqu'à ce qu'un arrêté du 9 thermidor an XI décréta[1] (article 4) « que les communes des neuf départements conserveraient[2] leurs biens, à la charge de payer leurs dettes.[3] »

La loi du 5 prairial an VI a été mise à exécution en Belgique.

Cass. 2 mars 1848. (B. 1848. p. 430.)

Dans les derniers jours de l'empire français, parut la loi d 20 mars 1813 qui renouvela la spoliation des communes pour faire face aux besoins du moment.

V. son art. 1er.

Cette loi attribuait à la caisse d'amortissement les biens ruraux et les maisons possédés par les communes, lesquelles reçurent en échange, une rente cinq pour cent proportionnée au revenu des biens cédés.

V. son art. 3.

Les événements de 1814 ne permirent pas au gouvernement de consommer la spoliation.

---

(1) C'est une faveur que les communes françaises avaient vainement sollicitée.

(2) Le décret du 9 thermidor an XI n'a pas restitué aux communes les terrains de fortifications des places de guerre, par exemple, les remparts, fossés, glacis ou tous autres terrains faisant partie des moyens défensifs du royaume, lesquels avaient été déclarés *propriétés nationales* par le décret du 8-10 juillet 1791, titre 1er, article 13.

V. Bruxelles, 14 février 1859. (J. 1859. p. 165.)

(3) C'est une sorte de restitution en entier.

Le 27 mars 1814, le gouverneur général de la Belgique ordonna de verser les sommes provenant des ventes réalisées dans les caisses des monts-de-piété, à charge d'en payer l'intérêt aux communes ; il attribua aux communes les revenus de leurs biens non vendus, tout en en réservant la régie à l'administration de l'enregistrement et des domaines.

Le 7 avril 1814, arrêté qui ordonne aux adjudicataires des biens communaux de produire, dans le délai de trois jours, les procès-verbaux des adjudications leur faites.

Le 2 mai 1814, arrêté du gouverneur général qui remet les communes en possession de leurs biens non vendus et qui leur réserve telles actions que de droit contre les adjudicataires.

Ann. les arrêtés du 22 septembre 1814, du 19 janvier et du 24 février 1815.

Aujourd'hui, les biens des communes sont garantis contre des confiscations nouvelles.

Hors les cas d'utilité publique, l'aliénation d'un bien communal ne peut avoir lieu sans l'intervention de l'autorité communale.

Le pouvoir législatif lui-même serait impuissant pour opérer cette aliénation.

Cela résulte et de l'article 11 et des articles 31 et 108 de la constitution.

Ainsi, pour la validité de l'aliénation d'un bien communal, il est essentiel que les habitants y donnent leur consentement par l'organe de leurs mandataires.

Les communes peuvent aliéner.

Mais les habitants actuels ne possèdent qu'à charge de conserver et de transmettre.

De là les deux règles suivantes :

1° Les biens des communes ne peuvent être aliénés que pour juste cause.

Suivant Henrion de Pansey, l'aliénation n'est licite qu'à une double condition :

C'est qu'elle profite à tous les habitants de la commune, et que ses avantages s'étendent jusqu'aux générations futures.

Exemple. Le territoire d'une commune est divisé par une rivière ; la commune fait construire un pont et aliène un immeuble pour payer la dépense ; cette aliénation a une juste cause, parce que le pont doit profiter aux habitants actuels et aux habitants futurs. Il en serait de même, non pas des réparations d'entretien, mais des grosses réparations du pont.

Autre exemple. Une commune est frappée d'une contribution de guerre : pour y faire face, elle vend des biens communaux ; cette vente profitera aux habitants actuels de la commune, mais elle ne profitera pas aux habitants futurs; sa cause n'est pas juste.

2° L'aliénation doit être homologuée par l'autorité supérieure. Pourquoi?

Parce que, comme le dit encore Henrion de Pansey, les communes sont réputées mineures, et parce que cet état de minorité n'a même rien de fictif, attendu qu'il n'y a guère de commune qui ne compte des membres en dessous de majorité.[1]

V. Liége, 22 décembre 1842. (J. 1843. p. 31.)

Sous le régime de la loi du 14 décembre 1789, toute aliénation d'immeubles devait être approuvée par le directoire du département.[2]

V. ses art. 54 et 56.

Puis, l'assentiment du pouvoir législatif fut déclaré nécessaire.

Loi du 2 prairial an V, art. 2.

Les règlements du 19 janvier 1824, article 71, § 1er et 2, et du 23 juillet 1825, article 30, § 1er et 2, exigèrent l'avis de la députation et l'approbation du roi.

---

(1) Voir Dupin, *Lois des communes*, introduction, p. 11.

(2) Au pays de Liége, l'aliénation d'un bien de commune nécessitait l'autorisation du prince. (Sohet, *Instituts de droit*, liv. 1er, tit. 65, n. 37.)

La loi communale de 1836, article 76, n. 1, soumet les aliénations des biens et des droits immobiliers des communes, soit à l'approbation du roi, soit à l'approbation de la députation, suivant que la valeur excède ou n'excède pas mille francs ou le dixième du budget ordinaire des voies et moyens, à moins toutefois que ce dixième ne dépasse vingt mille francs.

Les aliénations qui ont pour objet des créances, des obligations ou des actions appartenant aux communes, sont approuvées, en toute hypothèse, par la députation.

Loi comm. art. 77, n. 3.

L'aliénation des choses mobilières peut généralement s'opérer sans approbation supérieure, sauf le contrôle de la députation sur le budget des communes, contrôle qui lui permet d'infirmer les aliénations de meubles, en rejetant du budget le produit de ces aliénations.

L'aliénation d'un bien de commune est précédée ou entourée de toutes les précautions nécessaires pour sauver les intérêts actuels et futurs des habitants.

Ainsi, la délibération du conseil doit être précédée d'une enquête *de commodo et incommodo*.[1]

---

(1) Pareille information doit précéder les délibérations des corps communaux, toutes les fois que les règlements ou le gouvernement l'exigent.

Loi comm. art. 75, § 2.

Ainsi, l'aliénation doit généralement se consommer par voie d'adjudication publique.

L'article 1596 du code civil fait obstacle à ce que les bourgmestre et échevins des communes intéressées se rendent adjudicataires des biens qu'elles aliènent.

Voici cet article du code civil : « Ne peuvent se rendre adjudicataires, sous peine de nullité, ni par eux-mêmes, ni par personnes interposées, les tuteurs, des biens de ceux dont ils ont la tutelle, les administrateurs des communes ou des établissements publics, des biens qui sont confiés à leurs soins.

Par la nature de leurs fonctions et par rapport aux habitants, les bourgmestres et les échevins sont ce que le tuteur est à son pupille, ce que le *negotiorum gestor* est à son maître.

Il implique que celui-là même qui est chargé de la défense d'un mineur ou de tout autre incapable, ait le moyen d'acquérir des droits contre lui.

Voilà pourquoi, aux termes de l'article 450 du code civil, le tuteur ne peut acheter les biens d'un mineur, ni accepter la cession d'aucun droit contre son pupille.

Une exception est établie par l'article 14 de la loi du 25 mars 1847, en ce qui regarde les biens communaux incultes dont la vente est ordonnée ou se fait par le gouvernement; sauf approbation par la députation provinciale.

Le partage fait cesser un droit indivis et le remplace par un droit de propriété complète ; il renferme une aliénation et une acquisition.

Il peut se faire que deux communes soient copropriétaires d'un même bien.

L'article 815 du code civil dispose que nul n'est tenu de demeurer dans l'indivision.

Elles peuvent en demander le partage.

Sur le refus de l'une des parties, l'intervention des tribunaux est de droit.

Il en serait de même si l'indivision existait entre une commune et un particulier.

L'article 76, n. 1, de la loi communale suppose le cas d'un partage qui s'opère à l'amiable.

Il en subordonne les effets à l'approbation de l'autorité supérieure.

V. un arrêté du 31 mai 1855.

Le gouvernement peut ordonner le partage entre les communes ou les hameaux appartenant à plusieurs communes, des biens qu'elles possèdent par indivis.

Loi du 25 mars 1847, art. 10. — V. sur le partage de biens indivis entre établissements publics, l'arrêté du 21 juillet 1818, et la circulaire du 17 novembre 1840.

Transiger, c'est renoncer à des droits contestés ou douteux.

Les transactions préviennent les procès ou les suivent.

Il est de leur essence de contenir des abandonnements de droits, et présentent un moyen indirect d'aliéner.

Pour transiger, il faut avoir la libre disposition de ses biens.

Les communes ne peuvent transiger au sujet de leurs créances ou obligations[1] que sous l'approbation de la députation, et, au sujet de leurs droits immobiliers, que sous l'approbation du roi ou de la députation, suivant les cas.

Loi comm. art. 77, n. 3, et 76, n. 1. — Ann. l'arrêté du 21 frimaire an XII. — Le code civ. art. 2045, § dernier.

Les tribunaux contreviendraient à ces dispositions, s'ils se fondaient sur un acte transactionnel, non revêtu de l'approbation supérieure, pour y puiser le principe d'une condamnation à charge d'une commune.[2]

Cass. 8 août 1851. (B. 1852. p. 122.)

Les communes ne peuvent faire juger leurs contestations par arbitre.

La voie du compromis leur est fermée.[3]

Procéd. civ. art. 1004 et 83, combinés.

---

(1) Les affaires des taxes sont exceptées.
Loi comm. art. 77, n. 3. — Rapp. la loi du 29 avril 1819, art. 16

(2) Ou d'un établissement public.

(3) Elle l'est également aux établissements publics.

Il n'appartient qu'aux tribunaux de connaître des questions de propriété qui les intéressent, soit qu'elles s'élèvent entre communes et particuliers, ou entre plusieurs communes ou sections de communes.

L'acquiescement, c'est le consentement donné par une partie à un acte de son adversaire ou à un jugement qu'il a obtenu.

C'est l'exécution volontaire[1] de ce qui a été ordonné par l'autorité compétente ou jugé par les tribunaux.

Il résulte, soit d'une déclaration émanée de la partie ou de son fondé de pouvoir : c'est l'acquiescement *exprès;* soit de son silence[2] ou d'un acte[3] qu'elle a posé : c'est l'acquiescement tacite.

L'acquiescement implique et produit le renoncement à un droit.

Pour être valable, il doit être fait librement, sans dol

---

(1) Elle contraste avec l'exécution forcée qui s'opère, soit à l'égard de la personne (contrainte), soit à l'égard des biens (saisie mobilière ou immobilière, même au moyen de la force publique.)

(2) Le silence vaut acquiescement, quand on laisse écouler le temps que la loi a marqué pour attaquer une décision.

(3) Les actes d'une partie équivalent à son adhésion, à une sorte de contrat judiciaire, lorsqu'ils sont inconciliables avec l'intention de faire réformer la procédure ou la décision (acceptation d'offres réelles, exécution quelconque d'un jugement.)

V. Bruxelles, 13 avril 1844. (J. 1845. p. 387.) — Cass. F. 27 janvier 1829.

ou erreur et par des personnes qui disposent librement de leurs biens.

Les communes, les établissements publics ne peuvent acquiescer sans que la députation intervienne, parce qu'il est de droit qu'elles ne peuvent se présenter en justice, si la députation n'y a consenti.[1]

Loi comm. art. 77, n. 1, et 148, § 1er. — Cass. 19 juin 1851. (B. 1851. p. 330.)

Il en est généralement de même d'un fait de désistement.

Procéd. civ. art. 402 et 403. — Bruxelles, 9 décembre 1856. (J. 1857. p. 62.)

Les communes peuvent posséder des biens patrimoniaux susceptibles d'être donnés à bail, pour le produit en être versé dans la caisse communale.

Le droit de faire des baux est une conséquence du droit d'administrer.

V. notamment le code civ. art. 1429.

Aussi l'article 81 de la loi communale attribue-t-il au conseil communal le droit d'arrêter les conditions de location, de fermage ou de tout autre usage des biens

---

(1) L'autorisation de plaider n'emporte pas la faculté d'acquiescer au jugement.

Colmar, 31 juillet 1823. (*Journal des fab.* t. 10, p 301.) — Cass. F. 6 février 1816.

ou produits communaux, sauf, pour les communes placées sous les attributions des commissaires d'arrondissement, l'approbation de la députation.

L'article 82 de la loi communale autorise même le conseil communal à faire des remises aux fermiers dans les cas prévus par la loi ou leur contrat.

Les baux emphytéotiques sont soumis à l'approbation royale,

Loi comm. art. 76, n. 1.

et les baux ordinaires, aux règlements que la loi ou la députation prescrit.

Code civ. art. 1712.

Les formalités n'étant d'ailleurs introduites que dans leur intérêt, il s'ensuit que les communes peuvent seules se prévaloir des irrégularités commises.

Gand, 5 juin 1838. (J. 1838. p. 374.)

La location des terrains communaux incultes peut être ordonnée par le roi, pour trente ans au plus, sous la condition, pour le preneur, de mettre ces terrains en culture dans un délai à déterminer.

Loi du 25 mars 1847, art. 11.

Rappelons-nous que parmi les biens des communes, il en est qui sont donnés à bail et dont le prix forme un revenu communal, que d'autres servent à l'usage personnel des habitants ou au pâturage de leurs bestiaux, ou bien ont reçu une affectation particulière d'utilité publique.

Il importait aux classes pauvres qu'il ne fût pas libre aux conseils communaux de substituer, sans motifs graves, un mode de jouissance à un autre, c'est-à-dire, il importait que l'autorité supérieure intervînt pour valider ou rejeter les changements proposés.

Tel est l'objet de la disposition limitative de l'article 76, n. 6. Elle s'oppose, par exemple, à ce qu'un cimetière soit mis en location, ou qu'un immeuble mis en location reçoive une destination d'utilité publique, à ce qu'un pâturage soit défriché et remplacé ainsi par des produits pécuniaires.

Il ne faut pas confondre le changement de jouissance avec la répartition et le mode de jouissance des fruits communaux.

Par la répartition, on fixe les droits de chacun à jouir d'un bien communal; on fixe, par exemple, le nombre de têtes de bétail que chacun peut envoyer au pâturage commun.

C'est le cas du n. 2 de l'article 77.

« La répartition, dit cet article, et le mode de jouissance du pâturage, de l'affouage, des fruits communaux, les conditions à imposer aux parties prenantes, nécessitent l'homologation de la députation, lorsque les délibérations de l'autorité communale ont donné lieu à réclamation. »

Cette répartition appartient donc à l'autorité communale, sauf recours vers la députation.

Ainsi, toutes les questions relatives au mode de distribution des fruits communaux, par exemple, à des bois d'affouage, et aux réclamations pour omission ou insuffisance, sont du ressort des conseils communaux en premier degré, et des députations en degré d'appel.

Ainsi, il appartient à l'autorité communale de soumettre l'exercice du pâturage sur un champ communal au paiement d'une taxe au profit de la commune, de le limiter à certaines époques de l'année, sauf recours vers la députation.

Cass. 8 septembre 1848. (B. 1849. p. 89.)

La cour de cassation avait précédemment confondu le changement de mode de jouissance avec le changement de jouissance.

V. ses arrêts du 3 mai 1838. (B. 1838. p. 406.), et du 29 novembre 1841. (B. 1842. p. 7.)

Au surplus, si des contestations s'élevaient entre des communes et des sections de communes sur la part d'affouage à laquelle chacune d'elles peut prétendre, elles seraient du ressort des tribunaux.

Const. art. 92.

Bâtiments communaux. — En ce qui regarde les monuments publics, les monuments de l'antiquité qui appartiennent aux communes, la démolition en est soumise à l'avis de la députation et à l'approbation du roi.

Il en est de même des réparations que l'on y fait, lorsqu'elles sont de nature à changer le style ou le caractère de ces monuments.

Loi comm. art. 76, n. 8.

En ce qui regarde les édifices communaux qui ne sont pas des monuments de ce genre, leur construction ou démolition, ainsi que les grosses réparations qu'ils nécessitent, doivent être approuvées par la députation.

Loi comm. art. 77, n. 7. [1]

Les officiers ou architectes qui sont chargés des travaux sont nommés par le conseil communal.

Loi comm. art. 84, n. 3.

La direction en appartient aux bourgmestre et échevins.

Loi comm. art. 90 n. 6.

Les frais en sont supportés par la commune.

Loi comm. art. 131, n. 7.

L'action d'un adjudicataire contre une commune, en paiement des travaux entrepris et achevés pour elle,

---

(1) L'approbation entraîne l'autorisation de faire la dépense.
Jugem. du trib. de Huy du 14 mai 1850. (J. des trib. t. 1. p. 114.) — V. encore, pour l'application, Liége, 11 novembre 1846. (J. 1847. p. 222.)

s'appliquant à des intérêts civils, est de compétence judiciaire.[1]

Toute stipulation contraire est nulle.

V. Bruxelles, 21 février et 25 septembre 1832 (J. 1832. 3me partie, p. 229 et 317.), et 16 février 1833. (J. 1833. p. 220.) — Cass. 9 décembre 1833. (B. 1834. p. 97.)

Bois communaux. — On entend par bois communaux ceux qui sont possédés à titre de propriété par une commune.

Comme celle de toutes les autres propriétés communales, l'administration des bois communaux revient de droit à l'autorité communale.

Loi comm. art. 83, § 1er.

Mais il convient que les intérêts de l'avenir ne soient pas trop sacrifiés aux besoins du moment.

Le droit d'administrer ne doit pas être celui d'abuser ou de détruire.

Il s'agit ici de sauvegarder l'intérêt général et l'intérêt bien entendu des communes elles-mêmes.

Les communes, ajoute cette disposition, administrent

---

(1) « Sont soumis à la contrainte par corps tous entrepreneurs, soumissionnaires et traitants qui ont passé des marchés ou traités intéressant les provinces, les communes, les établissements publics, pour le paiement des sommes reconnues en débet à leur charge par suite de leurs entreprises. »

Loi du 21 mars 1859, art. 7.

leurs bois, sous la surveillance de l'autorité supérieure.

C'est à la loi qu'il appartient de désigner cette autorité et le mode de son action.

Loi comm. art. 83, § 2.

Or la loi du 15-29 septembre 1791 avait perpétué, en ce qui concerne l'administration des bois communaux, le régime conservateur de l'ordonnance de 1669.

Après avoir posé en principe (titre 1er, article 1er) que les bois du domaine national continueront à faire l'objet d'une administration particulière, la loi forestière disposait (article 4) que les bois appartenant aux communautés d'habitants seraient soumis à la même administration;

Et l'arrêté du 19 ventôse an X statuait (article 1er) que les bois appartenant aux communes continueraient à subir le même régime que les bois nationaux.

Le code forestier du 19 décembre 1854 conserve cette législation.

Ainsi, l'administration forestière continue à s'occuper du bornage des bois communaux,

Code forest. art. 24 et suiv.

De leur aménagement,

Code forest. art. 31 et suiv.

De l'adjudication des coupes;

Code forest. art. 36 et suiv.

Sauf, suivant les cas, l'intervention du roi, de la députation, de l'autorité communale;

Sauf encore l'affranchissement que ce code prononce à l'égard des boquetaux et des arbres épars.

Code forest. art. 2, § 1er. — Ann. des arrêtés du 10 mai 1815 et du 27 mai 1819.

C'est le gouvernement qui nomme, suspend et révoque les gardes des bois des communes et des établissements publics, en règle générale, sur présentation des autorités communales et des administrateurs de ces établissements, quelquefois d'office.

Le nombre en est déterminé par les personnes civiles intéressées ou bien encore d'office par le gouvernement.

Celui-ci décide s'il y a lieu de confier à un seul garde la surveillance d'un canton de bois des communes ou établissements publics et d'un canton de bois de l'Etat.

Les gardes des bois des communes et des établissements publics sont assimilés aux gardes des bois de l'Etat et soumis à l'autorité des mêmes agents.

Les traitements des gardes forestiers chargés de la surveillance des bois des communes, des établissements publics, et des bois indivis sont avancés par le trésor qui se récupère sur les intéressés.

Code forest. art. 7, 8, 9, 12 et 20. — Ann. son art. 21. — La loi comm. art. 130, § 1er et 2. — V. l'arrêté du 22 janvier 1856.

Les bois communaux sont susceptibles d'un double mode de jouissance : ou bien la commune en vend les coupes, et alors le prix en est versé dans la caisse de la commune et doit être porté à son budjet de recettes ; ou bien les coupes en sont partagées en nature entre les habitants ; c'est ce qu'on appelle *bois d'affouage, coupes affouagères*. [1]

La loi laisse aux communes la faculté la plus large de disposer des *fruits* de leurs bois.

Quant à la propriété elle-même, elle ne peut jamais donner lieu à partage entre les habitants.

Code forest. art. 35, § 1er.

Les conseils communaux et les administrations des établissements publics décident si les coupes doivent être délivrées en nature pour l'affouage, ou bien si elles doivent être vendues en totalité ou en partie, sauf approbation de la députation ;

Code forest. art. 47.

et la répartition de l'affouage leur appartient, [2] sauf recours

---

(1) A consulter : Migneret, *Traité de l'affouage dans les bois communaux*. — V. la *Jurisprud. des trib.* t. 8. p. 288.

(2) Le partage et la distribution des bois d'affouage, de construction et d'agriculture, sont réglés d'après le nombre des feux, c'est-à-dire des chefs de famille tenant ménage à part et domiciliés * depuis un an dans la commune.

(*) Le code forestier laisse subsister les conditions auxquelles les lois et règlements en vigueur subordonnent la participation aux affouages.

des parties prenantes vers la députation.[1]

Loi comm. art. 77, n. 2 — Code forest. art. 69. — Ann. les lois du 10-11 juin 1793, sect. 5, art. 1er. — Un arrêté du 1er novembre 1826. — Cass. 8 juillet 1841. (B. 1841. p. 449.)

Le code forestier en dispose de même à l'égard de la glandée et de la paisson.

Code forest. art. 83. — Ann. son art. 50. — L'arrêté du 20 décembre 1854, art. 59.

Le défrichement d'un bois fait cesser la vente que la commune faisait périodiquement des coupes de ce bois, et en remplace le prix soit par un fermage, soit par la jouissance en nature.

Il opère un changement de jouissance.

Il ne peut donc se faire sans l'avis de la députation et l'autorisation du roi.

Loi comm. art. 76, n. 6. — Arrêté du 9 février 1832. — Code forest. art. 103 et 104.

---

(1) Les tribunaux sont sans compétence pour connaître de la demande d'un affouager qui tend à se faire adjuger une indemnité par la commune, pour lui tenir lieu de la portion affouagère qu'il prétend lui avoir été indûment refusée.

Jugem. du trib. d'Arlon du 24 juillet 1856. (J des trib. t. 5. p. 892.)

Le locataire ou le fermier, dès qu'il est domicilié dans la commune depuis plus d'un an, semble devoir être réputé habitant de la localité et participer, comme tel, à la distribution des fruits communaux.

V. une décis. du 22 août 1850.

Ainsi, la qualité d'étranger n'exclut pas, selon nous, du partage. Il doit supporter les charges de la commune dans laquelle il se trouve.

Indépendamment des bois à la propriété desquels les communes peuvent avoir des droits acquis, il en est dans lesquels les communes n'exercent que des droits d'usage.

Comme nous l'avons dit ailleurs, exercer un droit d'usage dans une forêt, c'est, à certains égards, en partager la jouissance avec le propriétaire.

En sommaire, ce droit consiste dans la faculté de prendre du bois dans la forêt, ou bien dans la faculté d'y envoyer paître ses bestiaux.[1]

Ce sont des servitudes réelles, ou plutôt des droits *sui generis* dont l'exercice est réglé par des lois particulières,[2]

Code civ. art. 636.

et qui sont concédés pour l'utilité des maisons situées dans la commune, c'est-à-dire, qui sont attachés à ces maisons et non aux personnes.

Dès-lors, elles ne peuvent être aliénées sans ces maisons et passent, de plein droit, dans les mains de leurs acquéreurs.

---

(1) Voir, sur l'origine des droits d'usage, Bruxelles, 12 juillet 1859. (J. 1859. p. 367.) — Voir aussi, *Le droit administratif belge*, t. 3. p. 337 et suiv.

(2) La mesure et l'étendue de ces droits sont déterminées par les besoins de la personne collective, c'est-à-dire, de la commune qui en est investie.

V. Bruxelles, 1er mai 1858. (J. 1859. p. 113.)

Aussi, comme Merlin le fait observer,[1] c'est improprement que l'on donne aux habitants qui exercent de pareils droits, la dénomination d'usagers ; ce sont plutôt leurs habitations qui devraient s'appeler usagères, et c'était ainsi que les qualifiaient les articles 5 et 14 du titre 19 de l'ordonnance de 1669.

Il n'existe, entre le propriétaire du fonds et les usagers, aucun lien d'obligation personnelle ; le fonds seul est obligé, la prestation est foncière. *Sic fit ut debeantur rei a re.*

V. Cass. 9 mai 1838. (B. 1838. p. 434.)

L'exercice de ces servitudes, en ce qui regarde le pâturage, est soumis aux restrictions établies par l'ordonnance de 1669, tit. 19, art. 1er et 3 ; l'arrêté du 5 vendémiaire an VI, art. 3, 4 et 5 ; le décret du 17 nivôse an XIII, art. 1er ; le code civil, art. 636, et le code forestier, art. 94 (sur la défensabilité).[2]

Et les usagers sont tenus, au prorata de leur jouissance, aux frais de garde,[3] de contribution foncière, de

---

(1) *Questions de droit*, V. USAGE.

(2) Les usagers, les communes et sections de communes répondent des condamnations pécuniaires prononcées contre leurs pâtres et gardiens, pour tous délits forestiers qu'ils commettent pendant le temps et l'accomplissement du service.

Code forest. art. 174.

(3) L'action en recouvrement des sommes avancées pour frais de garde est divisible ; elle peut exister pour une partie indivise du fonds.

Ainsi, lorsqu'une forêt est indivise entre l'Etat et un particulier, et, comme

réparation des chemins vicinaux ; et, s'il s'agit de droits d'usage en bois, ils sont tenus aux frais d'arpentage et d'exploitation. *Nulli fructus, nisi deductis impensis.*

Loi du 3 frimaire an VII, art. 3, 98 et 99. — Code civ. art. 635 et 698. — Code forest. art. 89. — Cass. 4 juin 1834 (B. 1834. p. 336.), 9 mai 1838 (B. 1838. p. 434), et 25 novembre 1839. (B. 1840. p. 96.) — V. cependant Metz, 7 mars 1837. — Cass. F. 30 juillet 1838.

Cette règle n'est pas d'ordre public ; il peut y être dérogé par le titre primitif ou par des conventions ultérieures.

Cass. 17 décembre 1842. (B. 1843. p. 106.)

Les communes qui prétendent avoir des droits d'usage dans une forêt ont dû produire leurs titres dans un délai fatal.

Lois du 28 ventôse-8 germinal an XI, art. 1er, et du 14-24 ventôse an XII, art. 1er et 3. — V. pour l'application : Liége, 10 janvier 1844. (J. 1844. p. 519.) — Cass. 7 janvier 1842. (B. 1842. p. 164.) [1]

De cette maxime : *Nulle terre sans seigneur,* on avait

---

telle, soumise au régime forestier, la chose jugée entre l'administration forestière et les communes usagères ne porte pas nécessairement sur l'intégralité du fonds. Dans l'instance, le copropriétaire n'est pas représenté par l'Etat.

V. cass 9 mai 1838. (B. 1838. p. 434.)

(1) Rappelons-nous que le code forestier interdit de nouvelles concessions de droits d'usage dans les bois de l'Etat, des communes et des établissements publics.

Code forest. art. 84.

fait dériver cette conséquence que les biens des communes (de même que les biens des particuliers) ne pouvaient être que des concessions faites par les seigneurs ;[1] que, dès lors, toute terre devait être attribuée au seigneur de la localité, aussi longtemps que l'on ne produisait pas un titre de concession émané de sa part.

C'est ainsi que les terres vaines et vagues, les bruyères étaient généralement réputées *biens féodaux*.[2]

De là, ces chartes par lesquelles les seigneurs octroyaient aux habitants des communes, tantôt le droit d'envoyer pâturer leur bétail dans telle bruyère, tantôt celui de récolter l'herbe de telle prairie ou bien de prendre leur chauffage dans tel bois, sous l'obligation de payer telles redevances déterminées.

Les seigneurs ne respectèrent pas leurs propres concessions.

A mesure que la propriété foncière gagna en valeur, la

---

(1) C'est-à-dire les officiers plus ou moins immédiats des rois francs qui avaient conquis la France et leur en avaient concédé le territoire sous promesse de la foi et du service militaire.

(2) Ainsi, le duc de Brabant avait droit aux bruyères de son duché, là où il avait la haute justice.

Stockmans, *Decisiones Brabantinæ*, p. 89.

Le seigneur haut justicier avait, en Campine, le droit d'extraire la tourbe, de concéder cette extraction, et de défricher ou de faire défricher sur les bruyères de sa seigneurie.

V. un arrêt de la cour de Bruxelles du 15 juin 1842 (*Journ. belge des fabriques*, tom. 2, page 129.) — Sohet, liv. 1er, tit. 60.

jouissance en fut de plus en plus disputée aux habitants, et les seigneurs cherchèrent, sinon à rétracter leurs concessions, du moins à en atténuer les effets.

De là, les *triages,* les *cantonnements.*

Le triage, c'est cette opération par laquelle le seigneur du territoire prélevait ou distrayait à son profit le tiers d'un bois ou d'un autre terrain communal, sous le prétexte qu'il avait été concédé gratuitement par l'un de ses auteurs.

V l'ordonn. de 1669, tit. 25.[1]

Le cantonnement,[2] c'est cette opération qui consiste à convertir un droit d'usage sur un canton, c'est-à-dire, un terrain boisé, en un droit de propriété sur une partie de ce canton.

C'est comme la capitalisation d'un droit d'usage, un resserrement des droits primitifs.

L'opération anéantit le fond du droit de l'usager et le remplace par un équivalent.

Cass. 16 mai 1846. (B. 1846. p. 653)

Le résultat du cantonnement consiste en ceci, qu'une portion d'un bois est livrée en propriété aux usagers pour

---

(1) Le droit de triage n'a pas existé dans nos anciennes provinces.

(2) Voir *Le droit administratif belge*, t. 3 (Régime forestier.), p. 353 et suivantes

remplacer le produit des droits qu'ils exerçaient antérieurement sur le bois tout entier.[1]

L'action en cantonnement était interdite à l'usager.

C'était la prérogative exclusive du seigneur propriétaire.[2]

Les communes, insurgées en 1789 sous le nom d'Etat-tiers, se considérèrent, à leur tour, comme propriétaires de toutes les portions du territoire qui n'avaient pas été séparées du fonds commun pour être converties en propriété privée.

La communauté, disait-on, a conservé dans son patrimoine tout ce qui n'en est pas sorti pour recevoir l'application du domaine privé.

L'article 7 de la loi du 13-20 avril 1791[3] déclara aboli le droit de s'approprier les terres vaines et vagues, les landes, les bruyères que l'on avait jusqu'alors reconnu en faveur des seigneurs ;

Et les biens de ce genre ne tardèrent pas à être réputés

---

(1) « Le principe fondamental, en cette matière, est que le cantonnement soit tel que les usagers ne souffrent pas de préjudice par suite de leur changement de position.

Cass. 8 juillet 1858. (B. 1858. p. 273.)

(2) On ne connaissait pas l'usage du cantonnement en Belgique ; comme le triage, il nous est venu de la France.

(3) Cette disposition a été publiée en Belgique le 7 pluviôse an V.

biens communaux de leur nature ; on les adjugea aux communes, alors même qu'elles ne justifieraient pas en avoir eu anciennement la possession, sauf, de la part des ci-devant seigneurs, à faire preuve du contraire par titre ou par possession paisible pendant quarante ans.

V. le décret du 28 août-14 septembre 1792, art. 9.[1] — Bruxelles, 15 juin 1842. (J. 1843. p. 514.)

Ajoutons : Sauf aussi les droits acquis à des tiers.

V. le décret du 28 août-14 septembre 1792, art. 13 et 15. — Bruxelles, 20 avril 1844. (J. 1845. p. 506.)

La loi du 10-11 juin 1793, plus réactionnaire encore, déclarait que la possession même de quarante ans ne pouvait suppléer, pour le ci-devant seigneur, l'absence du titre légitime.

V. la loi du 10-11 juin 1793, sect. 4, art. 1er et 8.

Elle n'a pas été publiée en Belgique.

Le droit de triage avait été aboli pour l'avenir.

Décret du 15-28 mars 1790, tit. 2, art. 30.

Une action en revendication fut ouverte aux communes pour les portions de leurs biens dont elles avaient été privées par des triages antérieurs ;

Décret du 28 août-14 septembre 1792, art. 1er et 8.

---

(1) Cette disposition a, de même, été publiée en Belgique le 7 pluviôse an V.

et la distinction qui existait entre le propriétaire et l'usager, sous le rapport du cantonnement, fut levée par l'article 5 du décret du 28 août-14 septembre 1792, disposant qu'il pourra être demandé tant par les usagers que par les propriétaires.

La révision des cantonnements anciens fut autorisée en déans les cinq années.

V. le décret du 28 août-14 septembre 1792, art. 6 — Liége, 28 juillet 1849. (J. 1850. p. 115.)

Le code forestier français (articles 63 et 118) fait retour aux anciennes règles, du moins en ce qui regarde les forêts, en déclarant que l'action en affranchissement d'usage, par voie de cantonnement, n'appartient qu'au gouvernement et aux propriétaires des forêts.[1]

Aux termes du code forestier belge, de même que l'action en rachat, l'action en cantonnement ne peut être exercée que par le propriétaire; seulement, l'action intentée ne peut être abandonnée que du consentement des usagers.

Code forest. art. 86, § 1er et 2.

Le cantonnement peut donc être demandé par le propriétaire.

Ceci est d'ordre public.

---

(1) Le décret du 28 août-14 septembre 1792 avait été inspiré par des idées réactionnaires contre la féodalité; l'usage forestier n'a d'autre objet qu'une perception de fruits; l'usager exerce un droit de servitude; il ne peut, comme tel, être réputé copropriétaire du fonds servant.

Le cantonnement a pour objet de mettre fin à une sorte d'indivision et à faire cesser les difficultés qui s'élèvent presque inévitablement entre propriétaires et usagers.

Bruxelles, 1er mai 1858. (J. 1859. p. 113.)

C'est un partage dont l'objet est d'attribuer à l'usager, dans le fonds soumis à l'usage, une quotité de terrain dont la valeur représente la somme des avantages qu'il retire de son droit d'usage, et de sublever ainsi le fonds de la servitude qui le grevait.

Bruxelles, 13 août 1846. (J. 1848. p. 419.)

Aucune clause, aucune prohibition ne saurait prévaloir contre cette faculté.

Code forest. art. 85 et 86.[1] — Code civ. art. 815. — Dijon, 8 mars 1827.

Une loi interprétative du 10 août 1842 déclare que, dans ce partage, il n'y a pas lieu de tenir compte de la dépréciation d'usage résultant de l'introduction des lois modernes sur la défensabilité.

Aucune disposition de loi ne trace de règles à suivre, soit pour l'appréciation des droits d'usage, soit pour le règlement du cantonnement.

Rien ne s'oppose au mode d'expertise par l'estimation

---

(1) On ne fait d'ailleurs, quant au droit de demander le cantonnement, aucune distinction entre les bois qui appartiennent à l'Etat et ceux qui appartiennent aux communes, aux établissements publics et aux particuliers.

des fruits que les usagers perçoivent et ceux qui restent au propriétaire.

Cass. 8 juillet 1858. (B. 1858. p. 273.)

La connaissance des actions en cantonnement appartient aux tribunaux, quand les propriétaires et les usagers ne parviennent pas à le faire à l'amiable. Les moyens propres à arriver au cantonnement, de même que la fixation du cantonnement lui-même, sont abandonnés aux lumières et à la prudence du juge.

Décret du 20-27 septembre 1790, art. 8. — Const. art. 92.

Il ne faut pas, du reste, confondre le cantonnement avec l'aménagement qui n'affecte que l'exercice du droit d'usage et qui a pour objet d'en diminuer les dommages autant que possible.

L'exercice des droits d'usage, etc., peut être réduit suivant l'état[1] et la passibilité[2] des forêts.

Là se trouve la limite des obligations du propriétaire.

V. le code franç. art. 65. — Code forest. art. 87. — Conf. cons. d'Etat, 28 janvier 1836, 5 septembre 1842, 17 février 1843, et 18 juillet 1844. — Besançon, 16 mai 1831. — Lyon, 13 avril 1832. — Cass. F. 23 février 1835, 11 mai 1841, et 12 avril 1848.

S'il y a litige sur la quotité des délivrances, l'examen et

(1) C'est-à-dire l'âge et la consistance du sol forestier et du bois.

(2) C'est-à-dire la quotité des produits qu'on peut en recueillir annuellement.

la décision doivent en être renvoyés devant les tribunaux,

Const. art. 92.

lesquels apprécient les faits qui sont invoqués par les parties ou s'éclairent par des expertises.

V. cons. d'Etat, 15 mai 1835.

Les terres vaines et vagues, les landes et autres biens de cette sorte, les bruyères, les sarts qui appartiennent aux communes ont été rendus passibles d'un genre particulier d'asservissement ou d'expropriation pour cause d'utilité publique.

Le gouvernement, après avoir entendu le conseil de la commune intéressée, si l'avis de la députation est conforme, agissant par arrêté royal, peut ordonner la vente de ces fonds (s'ils sont incultes), à la condition, par l'acquéreur, de les mettre en culture, dans un délai à fixer (sous peine de déchéance), et d'en payer le prix à la commune ou d'en consigner le prix à son profit.

L'adjudication doit s'en faire avec publicité et concurrence; elle a besoin, pour devenir définitive, d'obtenir la sanction du conseil communal, ou, sur son refus, du tribunal de première instance, qui, après avoir entendu le ministère public, s'assure de l'accomplissement des formalités prescrites par la loi et de la suffisance du prix offert.

Loi du 25 mars 1847, art. 1er et suiv.

Il y a plus : L'intérêt de l'agriculture a paru suffisant

pour donner lieu à une nouvelle cause d'expropriation pour cause d'utilité publique et la faire consacrer par la loi.

Les terrains incultes qui appartiennent à des communes peuvent être expropriés par le gouvernement (soit pour irrigation, soit pour défrichement), dans les limites des crédits ouverts par la loi au gouvernement (le conseil de la commune et la députation provinciale ayant été entendus), et ces terrains peuvent être aliénés par le gouvernement.

Loi du 25 mars 1847, art. 8 et 9.

§ III. *Procès des communes.*[1]

Les communes sont capables de posséder des biens; elles peuvent s'obliger; on peut s'obliger envers elles.

Dès lors, elles peuvent se trouver dans la nécessité d'ester en justice, soit pour faire valoir des droits contestés, soit pour repousser des prétentions injustes.

Les communes peuvent avoir à intenter ou à soutenir des procès.

Le conseil communal étant le seul, le vrai représentant de la commune, c'est à lui qu'il appartient, à l'exclusion de tout autre pouvoir, d'exercer les actions actives et passives de la commune.

---

(1) A consulter : Reverchon, *Des autorisations de plaider nécessaires aux communes et aux établissements publics.*

Mais : 1°) Il se peut que le conseil communal, méconnaissant les intérêts de la communauté dont il est le surveillant légal, néglige ou refuse de former une demande ou bien d'opposer une défense important au bien-être de la commune.

C'est un cas que la loi communale a prévu. Chaque habitant peut suppléer à l'absence d'action du conseil communal et ester en justice,[1] moyennant l'autorisation de la députation,[2] en offrant caution de se charger des frais du procès, et, en cas de refus de la députation,[3] le recours est ouvert auprès du roi.[4]

Loi comm. art. 150. — Cass. 7 juin 1850. (B. 1852. p. 461.)

Le procès peut donc tourner à l'avantage de la commune, jamais à son désavantage.

---

(1) Voir la *Jurisprudence des tribunaux*, tom. 7. p. 835.

(2) La première autorisation que l'habitant a obtenue lui suffit pour suivre, en cause d'appel, l'action qu'il a suivie devant les premiers juges, la loi n'exigeant pas une autorisation nouvelle.

Limoges, 6 juin 1849. — V. cependant : Metz, 31 mai 1842. — Poitiers, 16 août 1844.

(3) Il va de soi que les habitants d'une commune ne sont pas recevables à remettre en question, *ut singuli*, ce qui a été jugé souverainement entre leurs représentants légaux et des tiers.

Cass. 17 juillet 1851. (B 1854. p. 375.)

(4) La loi communale n'oblige l'habitant de la commune à se pourvoir de l'autorisation de la députation que lorsqu'il agit au nom de la commune. Chacun a le droit d'exciper d'un fait qui intéresse la généralité des habitants, par exemple, de la vicinalité d'un chemin, pour justifier un fait qui lui est reproché et dont un tiers lui demande la réparation.

Cass. 1er août 1852. (B. 1853. p. 74.)

2°) Une contestation peut s'engager entre une commune et une de ses sections, ou bien entre des sections de la même commune.

V. l'arrêté du 24 germinal an XI.[1]

Une commission[2] est désignée par la députation[3] parmi les notables de la commune.

Elle examine s'il convient ou non à la section qu'elle représente d'ester en justice, et, le cas échéant, elle suit l'action devant les tribunaux.

Loi comm. art. 149.

Il reste vrai, en règle générale, que le conseil communal décide et peut seul décider s'il y a lieu d'exercer une action, soit en demandant, soit en défendant, au nom et dans l'intérêt de la commune.

C'est à la députation qu'il appartient d'en apprécier les causes, les chances ou l'opportunité.[4]

---

(1) Cette hypothèse n'a rien d'étrange. Nous avons vu qu'une section de commune, bien qu'elle soit administrée par le conseil de la commune entière, jouit cependant d'une sorte d'individualité, en ce qu'elle peut avoir des intérêts séparés et non confondus avec ceux des autres sections.

(2) Il implique que le conseil communal gère des intérêts opposés.

(3) Les sections de communes n'ont pas d'existence constitutionnelle ; elles ne peuvent invoquer le principe de l'élection directe.

(4) Il importe que les communes ne soient pas engagées dans des procès téméraires ou injustes.

V. *Arrêts notables*, par Jacobs, p. 116.

Lois du 14 décembre 1789, art. 54 et 56 ; du 29 vendémiaire an V, art. 1, 2 et 3, et du 28 pluviôse an VIII, art. 4. — Procéd. civ. art. 1032. — Loi comm. art. 77, n. 1er et 148, § 1er. — Cass. 27 février 1847. (B. 1848. p. 33.)

La décision du conseil communal ne suffit pas pour ester en justice.

Cette décision doit être approuvée par la députation, c'est-à-dire, que l'action judiciaire suppose une décision préalable du conseil communal, et que celle-ci étant prise ne peut sortir ses effets sans une sanction ultérieure.

Le concours des deux autorités est nécessaire, sauf recours au roi.

Loi comm. art. 77, n. 1er et 148, § 1er.

Le refus de la députation doit donc être motivé.[1]

Elle peut en revenir après nouvel examen, les arrêtés qu'elle porte en cette matière ne constituant pas des jugements.

Liége, 26 novembre 1842. (J. 1843. p. 233.)

Règles du fond :

I. La défense faite aux communes de plaider sans autorisation ne les empêche pas :

1° De signifier tous actes conservatoires ;

---

(1) Pour que la commune puisse le combattre, et le gouvernement l'apprécier.

2° De donner des assignations pour interrompre la prescription de leurs droits ;

Loi comm. art. 148, § 2.

3° De former des appels pour ne pas encourir des déchéances, des expirations de délais, des péremptions ; [1]

Grenoble, 4 janvier 1830. — Liége, 26 novembre 1842. (J. 1843. p. 233.) — Cass. F. 14 novembre 1832 et 26 mars 1834.[2]

4° De soutenir des actions possessoires.

Loi comm. art. 148, § 2.

Aux yeux du législateur, l'action possessoire n'est qu'un préliminaire de l'action judiciaire, de l'action pétitoire pour laquelle l'autorisation est requise.

Le juge de l'action possessoire a moins à prononcer sur un litige qu'à ordonner le maintien ou le rétablissement du *statu quo ante spoliationem.*[3]

L'action possessoire est placée, ainsi que le jugement, dans la classe des actes conservatoires.

Rouen, 7 août 1840. — Cass. F. 2 février 1842 et 7 juin 1848. — Cass. B. 27 février 1847. (B. 1848. p. 33.)

---

(1) Cette défense n'existe que dans leur intérêt ; elle ne doit pas être rétorquée contre elles.

(2) Sauf désistement ultérieur.
Riom, 1er juin 1830. — Cass. F. 31 janvier 1837.

(3) C'est, en quelque manière, un juge de police.

L'article 148, § 2, de la loi communale nous semble comprendre les actions possessoires actives et passives exercées et suivies dans les deux degrés de juridiction, même le recours en cassation ; sa disposition est, en effet, des plus générales.

Cass. F. 2 février 1842.

Cette exception puise son principe dans le peu d'importance des frais que les actions possessoires occasionnent en général; et puis, le législateur a considéré que ces actions requièrent célérité.

V. cependant une décis. du juge de paix de Hasselt du 12 février 1850. (J. des trib. t. 2. p. 102.) — Un jugem. du trib. de Verviers du 12 décembre 1855. (J. des trib. t. 4. p. 712.)

Les actes conservatoires et les actions possessoires appartiennent au collége des bourgmestre et échevins.

Loi comm. art. 148, § 2.

11. L'autorisation de plaider obtenue par une commune est spéciale et ne peut être étendue d'un cas à un autre.

Cass. F. 3 mai 1832.

Ainsi, l'initiative du conseil communal s'exerce par délibération valant autorisation particulière pour chaque affaire; il ne peut procéder ici par voie d'autorisation générale.

Bruxelles, 7 février 1840. (J. 1840. p. 282.)

Ainsi, l'autorisation qui a été donnée à la commune

pour une instance qui est périmée ne suffit pas pour en intenter une nouvelle.

Procéd. civ. art. 397.

De même, l'autorisation de défendre à une demande dirigée contre la commune à fin de propriété exclusive d'un terrain dont elle possède une partie, ne suffit pas pour solliciter le partage du même terrain,

Colmar, 10 février 1824. — Cass. F. 16 prairial an XII.

ni pour former une demande réconventionnelle.

Grenoble, 2 août 1832.

III. D'un autre côté, l'autorisation s'étend à tous les accessoires d'une même affaire et à toutes ses conséquences.

Ainsi, la commune n'a pas besoin d'une autorisation particulière pour provoquer une enquête, pour former opposition à un jugement par défaut.

Bruxelles, 9 août 1853. (J. 1854. p. 7.) — Cass. F. 29 février 1832, 7 février 1835 et 13 novembre 1838.

On s'est demandé si l'autorisation de plaider accordée à une commune, embrasse les deux degrés de juridiction et lui suffit pour soutenir le procès en appel, comme en première instance.

Il est hors de doute :

1° Que l'autorisation peut être limitée au premier degré de juridiction ;

2° Que les autorisations accordées par la députation peuvent l'être jusqu'à fin de cause et embrasser les deux degrés de juridiction ;

Bourges, 7 janvier 1831. — Cass. 15 mai 1845. (B. 1845. p. 521.)

3° Que l'autorisation de plaider tant en première instance qu'en degré d'appel, de parcourir tous les degrés de juridiction ne peut dans aucun cas être restreinte par l'autorité judiciaire, alors même que la commune aurait succombé en première instance ; [1]

Liége, 6 janvier 1853. (J. 1853. p. 207.)

4° Qu'un arrêté de la députation, qui autorise à plaider tant en première instance qu'en appel, ne fait pas obstacle à ce que sur une nouvelle demande de la commune, pour plaider en appel, la députation refuse cette autorisation.

Cons. d'Etat, 2 mai 1837.

Mais, lorsque l'autorisation de plaider est conçue en termes généraux, lorsqu'elle est pure et simple, il faut distinguer si la commune a gagné son procès en première instance ou si elle l'a perdu.

Dans le premier cas, la commune intimée sur l'appel n'a pas besoin d'autorisation nouvelle.

---

(1) L'appréciation de l'intérêt communal excède la compétence judiciaire, à plus forte raison celle des particuliers.

L'autorisation de suivre l'appel se trouve tacitement comprise dans celle de plaider en première instance lorsque celle-ci donne gain de cause.

Cass. F. 4 mai 1840.

Le jugement de première instance ayant, en effet, reconnu que l'action était fondée, l'autorisation que la commune a obtenue se trouve justifiée et l'on ne voit pas quelle pourrait être l'utilité d'une autorisation nouvelle.

Cass. 8 mai 1833. (B. 1832-1833. p. 218.)

Mais, lorsque la prétention de la commune a été condamnée par un premier jugement, une nouvelle autorisation semble nécessaire.

C'est comme un nouveau procès qu'il s'agit d'entamer avec des chances moins favorables.

Les motifs invoqués par le juge détermineront peut-être un refus d'autorisation de la part de la députation.

V. cependant : Gand, 10 novembre 1842. (J. 1843. p. 140.) — Bruxelles, 9 décembre 1856. (J. 1857. p. 62.) — Cass. F. 11 janvier 1830, 1er mai 1832, 23 juin 1835. et 13 mars 1838.

Une commune autorisée à plaider sur appel, a-t-elle besoin d'une nouvelle autorisation pour se pourvoir en cassation?

En France, on fonde la négative sur un édit de 1764 qui dispose que l'autorisation n'est pas nécessaire.

Cet édit n'a pas été publié en Belgique.

L'opinion contraire a dû y prévaloir.

Le procès dont la cour de cassation est saisie n'a pas d'identité avec celui sur lequel l'autorisation est intervenue, puisque, devant la cour, ce n'est plus entre les parties que les débats s'agitent, mais entre le jugement ou l'arrêt dénoncé et la loi que l'on prétend violée. L'affaire prend une face nouvelle, un caractère d'ordre public.

Cass. 4 juin 1834. (B. 1834. p. 336.)

IV. *Quid*, s'il y a défaut d'autorisation?

Distinguons. Celui qui plaide contre une commune non autorisée, excipe du défaut d'autorisation en première instance.

Dans ce cas-là, la commune est déclarée non recevable, si elle est demanderesse, ou elle est condamnée par défaut, si elle est défenderesse.

Le refus d'autorisation n'empêche pas l'adversaire de la commune d'exercer son action.

Cass. F. 28 janvier 1838.

Le préalable administratif dont il s'agit ne change rien à l'ordre des juridictions et ne rend pas l'autorité administrative compétente pour juger la contestation.[1]

Le tribunal saisi de la contestation peut d'ailleurs fixer

---

(1) Voir Chauveau, n. 520 et 521.

un délai pour produire l'autorisation exigée ; il ne peut même refuser le sursis réclamé.

Cass. F. 16 avril 1834.

L'adversaire de la commune n'excipe du défaut d'autorisation ni en première instance, ni en degré d'appel.

Alors, ou la commune a succombé ou elle a obtenu gain de cause.

Dans le premier cas, la commune peut s'en prévaloir en tout état de cause, même en cassation.

Cass. F. 14 janvier 1840.

Dans le cas contraire, l'adversaire de la commune, fût-elle elle-même une commune, ne peut rétorquer contre elle une garantie qui n'a été établie que pour la conservation de ses droits.

Cass. F. 15 février 1841.

C'était avant d'engager le débat que son adversaire devait exiger la représentation de l'autorisation nécessaire.

S'il n'a pas usé de cette faculté, il ne peut se prévaloir d'une irrégularité provenant de son propre fait.

Les personnes capables de s'engager ne peuvent, dit l'article 1125 du code civil, opposer l'incapacité de celles avec lesquelles elles ont contracté.

Ainsi, le jugement rendu au profit d'une commune non autorisée, a l'autorité de la chose jugée contre l'adversaire de la commune.

Ainsi, le défaut d'autorisation n'entraine pas une nullité absolue, mais seulement une nullité relative que les communes ont seules le droit de faire valoir en cassation.

C'est dans cet esprit que la cour de cassation belge a jugé que la production, en degré d'appel, de l'autorisation de plaider couvre l'irrégularité qui de ce chef aurait pu exister en première instance.

Cass. 27 février 1847. (B. 1848. p. 33.)

C'est dans ce même esprit qu'elle a jugé que celui qui, devant le tribunal de première instance, n'a point excipé du défaut d'autorisation dans le chef de la commune, n'est pas recevable à exciper de cette incapacité sur l'appel, lorsque la commune a été autorisée à poursuivre cet appel.

Cass. 29 novembre 1838. (B. 1839. p. 101.)

La cour de cassation de France a longtemps suivi une jurisprudence contraire; elle en est revenue.

V. ses arrêts du 27 novembre et du 23 décembre 1828; du 14 juin 1832, du 15 avril 1833, du 23 juin 1835 et du 30 mai 1837. — V. cependant son arrêt du 17 novembre 1835.

V. De quelle manière les actions judiciaires des communes sont-elles suivies?

Deux exceptions se présentent ici; elles concernent les cas prévus aux articles 149 et 150 de la loi communale : celui où il s'agit d'une contestation judiciaire entre des sections de communes, et celui où le procès est entrepris par l'un ou quelques-uns des habitants au nom de la commune.

Hormis-là, l'exercice des actions judiciaires des communes appartient, non plus au bourgmestre seul, comme le voulait l'article 69, n. 5, du code de procédure civile, mais au collége des bourgmestre et échevins.

Loi comm. art. 90, n. 9, et 107. — V. pour l'application : Liége, 31 juillet 1843. (J. 1843. p. 525.) — Bruxelles, 31 juillet 1844. (J. 1845. p. 139) — Cass. 8 juillet 1841. (B. 1841. p. 449.)

Le collége des bourgmestre et échevins n'a pas le droit de se désister : ce droit n'appartient qu'à la partie qui a intenté l'action ;

Procéd. civ. art. 402.

ou de lier la commune par des aveux ;

Cass. 4 mai 1854. (B. 1854. p. 210.)

et lorsqu'ils compromettent les intérêts de la commune, ils courent le risque de se rendre passibles de dépens en nom personnel.

Procéd. civ. art. 132.[1]

Au surplus, les communes doivent être assignées en la

---

(1) Cette disposition s'applique à toutes les administrations qui ont besoin d'autorisation pour ester en justice.

Liége, 5 août 1840. (J. 1841. p 82.) — Gand, 10 août 1855. (J. 1856. p. 112. — Bruxelles, 9 décembre 1856. (J. 1857. p. 62.) — Cass. F. 31 août 1836.

Ainsi, le trésorier d'une fabrique, qui forme et suit un appel sans y avoir été autorisé ou malgré un refus d'autorisation, doit être condamné personnellement aux frais de cet appel.

Bastia, 13 novembre 1823 — Gand, 20 avril 1860. (J. 1860. p. 307.)

personne ou au domicile du bourgmestre, qui doit viser l'original de l'exploit.

Procéd. civ. art. 69, n. 5, et 70. — Cass. 6 février 1845. (B. 1845. p. 276.)

VI. A quelles règles de procédure les communes sont-elles soumises?

Les règles de la procédure relèvent ici, à certains égards, d'une législation toute exceptionnelle.

Tenons d'abord pour principe :

a) Que les affaires contentieuses des communes sont portées devant les tribunaux ordinaires.

b) Que ces affaires sont soumises aux règles ordinaires de la procédure, aux mêmes délais, aux mêmes péremptions, aux mêmes prescriptions que celles des particuliers, et qu'elles peuvent également les opposer.

Procéd. civ. art. 398. — Code civ. art. 2227, 2220 et 2222 combinés.[1]

---

(1) Ces prescriptions ne doivent s'entendre que des prescriptions opposées par des tiers autres que ceux qui sont chargés de défendre les communes, des prescriptions qu'elles ont pu empêcher, et non pas de celles contre lesquelles il leur a été impossible de protester.

Les administrateurs ne peuvent rien acquérir des administrés; et les règles de l'analogie amènent à conclure qu'ils ne peuvent, pendant la durée de leur administration, prescrire contre eux.

Ainsi, la prescription des droits d'une commune à l'égard d'un particulier qui est nommé bourgmestre ou échevin de cette commune, est suspendue pen-

Remarquons ici :

1° Les affaires qui concernent les communes ne sont pas assujetties au préliminaire de la conciliation.

Procéd. civ. art. 49, n. 1.

2° Elles doivent être communiquées au ministère public.

Procéd. civ. art. 83, n. 1. — Loi du 16-24 août 1790, tit. 8, art. 3.

3° Les créanciers chyrographaires des communes, avant de poursuivre leur action contre elles, sont tenus de prendre l'autorisation de la députation.

Arrêté du 17 vendémiaire an X.

Ce n'est pas que la députation puisse refuser cette autorisation ;

Mais l'intérêt bien entendu des communes et même celui des particuliers exige que ceux-ci, s'ils se prétendent créanciers, et avant toute poursuite judiciaire, soumettent les titres, en vertu desquels ils se proposent d'agir, à l'autorité qui a la tutelle de la commune débitrice.

Si la dette est exigible, si le titre n'en est pas contesté, la dépense peut être portée d'office au budget de la commune ;

Loi comm. art. 131, n. 4, et 133.

---

dant tout le temps qu'il reste bourgmestre ou échevin. *Contra non valentem agere non currit præscriptio.*

Code civ. art. 2251, et suiv. — V. Aix, 21 novembre 1841.

Et l'on évite des lenteurs et des frais inutiles.

Mais, ne confondons pas les actions de ce genre avec les actions réelles formées soit au pétitoire, soit au possessoire;

Cons. d'Etat, 3 juillet 1806. — Toulouse, 29 avril 1833.

Celles-ci ne doivent être précédées d'aucune autorisationp réalable. Ici l'autorité provinciale, n'ayant pas à s'immiscer dans l'exécution du jugement, son intervention n'aurait pas d'objet et ne ferait qu'entraver la marche de la justice.

L'arrêté du 17 vendémiaire an X a été rapporté par un arrêté du 18 juin 1815; mais celui-ci n'a reçu aucune publication et partant il ne peut être obligatoire.

V. cependant Liége, 24 décembre 1833. (J. 1834. p. 22.)

4° Les habitants d'une commune peuvent être produits, comme témoins, dans une cause où elle est partie, pourvu qu'aux yeux du juge, leur intérêt ne soit pas assez puissant pour faire rejeter leur témoignage; sinon, les communes seraient exposées à la perte des droits qui ne peuvent être justifiés que par la preuve testimoniale, puisque, en matière de prescription, les habitants sont presque toujours les seules personnes ayant connaissance des faits qui servent à l'établir. Ce sont des témoins nécessaires.

V. le code de procéd. civ. art 283. — Liége, 23 mars 1848 (J. 1848. p. 263.), 3 mars et 11 août 1859. (J. 1859. p. 218 et 309.) — Cass. F. 30 mars 1836. (Journ. des fabriq. t. 3. p. 47.)[1]

---

(1) De même, les commissaires de police, leurs adjoints, les agents de police

5° Il est de principe en matière de police simple ou correctionnelle que la partie civile, avant toutes poursuites, dépose au greffe la somme présumée nécessaire pour les frais de la procédure.

Les communes sont dispensées de la consignation.

Même faveur est accordée aux provinces, aux établissements publics et aux administrations qui relèvent du département des finances. (Douanes, accises, domaines, enregistrement.)

Loi du 1er juin 1849, art. 5, § 3. — Arrêté du 18 juin 1853, art. 134, § 3.

6° Il y a lieu à requête civile, outre les cas ordinaires, dans les trois cas suivants :

a) Lorsque la communication au ministère public n'a pas eu lieu et que la commune a perdu son procès ;

b) Lorsqu'elle n'a pas été défendue ;

---

ne peuvent être assimilés, lorsqu'ils sont appelés comme témoins dans un procès qui intéresse la commune auprès de laquelle ils exercent leurs fonctions, à des serviteurs reprochables, comme tels, aux termes de l'article 283 du code de procédure civile.

Ce sont des employés que le roi ou le conseil communal nomment et que la commune salarie ;

Ce ne sont pas des serviteurs.

Bruxelles, 8 novembre 1845. (J. 1847. p. 151.), et 26 novembre 1853. (J. 1854. p. 20.)

c) Lorsqu'elle ne l'a pas été valablement.[1]

Procéd. civ. art. 480, n. 8, et art. 481.[2]

7° Il n'est pas permis à celui qui a obtenu des condamnations pécuniaires contre une commune de procéder contre elle par voie quelconque d'exécution[3] mobilière, de saisie exécution, de saisie-arrêt entre les mains de son receveur ou de son débiteur, par voie d'expropriation immobilière, pour obtenir paiement de ce dont elle est redevable.

L'autorité judiciaire peut prononcer des condamnations pécuniaires contre une commune; elle est incompétente pour statuer de quelle manière elles seront supportées.

Cons. d'Etat, 12 août 1807 et 26 mai 1813. — Ann. l'arrêté du 12 brumaire an XI.

Il est constant que, pour l'obtention du titre, tout créancier peut s'adresser aux tribunaux.

---

(1) On doit entendre par défense non valable, celle qui a omis les principaux moyens de fait et de droit, lorsqu'ils étaient de nature à modifier la décision intervenue.

Cass. 15 mai 1845. (B. 1845. p. 521.)

(2) On décide aussi qu'il y a moyen fondé de requête civile, en faveur d'une commune, lorsque des pièces décisives, ignorées au moment du procès, ont été découvertes depuis le jugement attaqué.

Cass. F. 20 août 1840.

(3) Les voies d'exécution ne peuvent être suivies contre les communes. (V. *Revue des Revues de droit*, t. 4. p. 147.)

Le mode d'exécution des condamnations judiciaires contre les communes et les établissements publics est exclusivement du ressort de l'administration. (V. *Revue des Revues*, t. 5. p. 182.)

Le rejet par la députation d'une dépense portée au budget communal, du chef d'une dette contractée par la commune, n'enlève pas au particulier le droit de recourir à l'autorité judiciaire.

V. un jugem. du trib. de Huy du 14 mai 1850. (J. des trib. t. 1er. p. 114.)

Aux tribunaux seuls appartient l'examen de la question de savoir s'il est dû quelque chose par la commune et la fixation du chiffre de ce qui est dû.

Les dettes résultant de condamnations judiciaires à charge d'une commune *doivent* être portées à son budget.

Loi comm. art. 131, n. 4.

Ce qui revient à dire qu'après une condamnation judiciaire, l'administration n'a plus à rechercher si quelque chose est dû, ni à fixer la hauteur de la somme à payer.

Bruxelles, 15 janvier 1840. (J. 1840. p. 267.) — Liége, 27 juin 1840. (Bull. de cass. de 1841. p. 478.) — Cass. 23 octobre 1833 (B. 1834. p. 144.), et 3 juillet 1841. (B. 1841. p. 478.)

Mais pour obtenir un paiement forcé, le créancier d'une commune ne peut s'adresser qu'à la députation.

Cela est fondé sur ce que les communes ne peuvent faire aucune dépense sans y être autorisées par l'autorité qui leur est préposée comme tutrice légale; sur ce qu'elles n'ont que la disposition des fonds qui leur sont alloués par le budget, et que ces fonds ont tous une destination dont l'ordre ne peut être interverti sans mise en péril du service public et, par suite, sans danger pour l'ordre public.

Ces principes ont été reconnus dans les décisions judiciaires suivantes :

Liége, 19 novembre 1833 (J. 1834. p. 174.), 3 janvier 1835 (J. 1835. p. 105.), 1er août 1835 (J. 1836. p. 207.), 28 juin 1837 (J. 1838. p. 86.), 16 décembre 1843 (J. 1844. p. 121.), 21 mars 1850 (J. 1850. p. 220), et 29 juin 1854. (J. 1856. p. 331.) — Bruxelles, 25 juin 1836 (J. 1837. p. 82.), 9 mai 1837 (J. 1838. p. 48), 15 janvier 1840 (J. 1840. p. 267.), et 27 janvier 1841. (J. 1841. p. 470) — Cass. 27 mars 1851. (B. 1851. p. 204.)

Ainsi, quoique les biens des communes soient susceptibles du droit de privilége,[1] et qu'ils puissent être valablement grevés d'une hypothèque[2] conventionnelle,[3]

V. Bruxelles, 27 janvier 1841. (J. 1841. p. 470. — Cass. 30 décembre 1841. (B. 1842. p. 34.)

il n'en reste pas moins vrai que le créancier d'une commune qui a pris ces mesures conservatrices ne saurait agir contre elle par voie d'expropriation forcée.

L'hypothèque ne constitue à son égard qu'un gage passif et l'inscription n'a d'autre effet, à l'égard de la commune, que de conserver le rang du créancier, et d'empêcher que la commune ne puisse hypothéquer ou aliéner le bien, au mépris de l'hypothèque inscrite.

---

(1) Dans les cas que l'article 27 de la loi du 16 décembre 1851 détermine.

(2) Loi communale, article 76, n. 1er.

(3) Comme précédemment ils pouvaient être frappés d'hypothèque judiciaire.

L'effet utile de l'hypothèque existe ici abstraction faite de l'expropriation.

Tel est le privilége dont les communes jouissent à l'égard de leurs créanciers par la loi même et la nécessité de leur organisation.[1]

Du reste, il est bien entendu que ces restrictions ne sont pas applicables au cas où un jugement condamne une commune à délaisser un bien-fonds.

Il ne peut y avoir qu'une seule manière d'exécuter ce jugement et, si la commune refuse de le faire, rien ne peut empêcher son adversaire de se mettre en possession.

Mais, alors même, il faut observer, pour l'exécution de la condamnation aux dépens, les règles d'ordre public dont nous venons de parler.

§ IV. *Responsabilité des communes.*

Chacun répond du dommage qu'il cause à autrui par son fait, par son imprudence, par sa négligence, ou bien par les personnes, par les choses qu'il a sous sa garde.

L'action en réparation du dommage causé par un crime

---

(1) A ce point de vue, ce privilége est plus étendu que celui de l'Etat lui-même.

ne peut être intentée que contre les auteurs ou complices de ce crime.

Tels sont les principes du droit commun en matière de responsabilité.

Hors de là, il n'y a pas lieu à imputation, parce qu'il n'y a plus d'imputabilité personnelle.

La loi du 10 vendémiaire an IV fait peser sur les communes une responsabilité qui ne trouve sa justification dans aucun de ces principes.

Aux termes de cette loi, chaque commune répond des délits qui se commettent sur son territoire par violences et attroupements, en ce sens qu'elle répond du dommage auquel ces délits donnent lieu, alors même que l'autorité qui représente la commune, l'autorité communale, aurait usé de toutes les ressources que les lois mettent à sa disposition pour les empêcher.

V. ses tit. 1er, art. unique, et 4, art. 1er.

C'est comme une mutualité qui fait tomber sur la masse, sur la communauté, les dommages qui peuvent être causés à l'un ou à l'autre des habitants.[1]

---

(1) L'origine de cette mutualité n'est pas moderne ; au témoignage de Meyer (*Institutions judiciaires*, liv. 1er, chap. 8), les lois anglo-saxonnes obligeaient les hommes libres à faire partie d'une décanie et les rendaient solidaires ou cautionnaires pour la réparation des crimes qui se commettaient dans leur sein.

Il cite encore un décret de Clotaire II de l'an 595 qui ordonne la formation de centenies ou centuries, et leur impose un patronage, une garantie mutuelle analogue.

Quel est donc le but de cette loi?

Il a été de substituer la force individuelle à celle des pouvoirs publics, lorsque ceux-ci se trouvent désarmés par les factions et mis dans l'impuissance de protéger les personnes et les biens qui sont confiés à leur garde.

On a pensé qu'alors il fallait appeler les bons citoyens à leur aide.

Ainsi, la loi de vendémiaire a pour objet, non-seulement de détourner les citoyens de toute excitation secrète, de toute participation active aux attentats qu'elle punit, mais aussi d'assurer leur concours aux mesures ordonnées pour la répression des excès, et d'appeler les citoyens, en l'absence ou l'inaction de l'autorité ordinaire, à user des moyens qu'autorise la nécessité d'une légitime défense pour arrêter le cours du mal.

La loi combat ainsi cet esprit d'égoïsme qui porte les hommes à s'isoler les uns des autres et à ne s'émouvoir que du mal qui leur arrive individuellement.

Bruxelles, 15 juillet 1832. (J. 1832. p. 251.)

Elle a vu le jour à une époque où le gouvernement français, assailli par des ennemis extérieurs et intérieurs, s'épuisait en vains efforts pour réprimer les désordres qui désolaient la France.

Déjà, l'assemblée constituante avait proclamé la loi martiale en invoquant ce principe éternellement vrai « que la liberté affermit les empires, mais que la licence les détruit, et que, loin d'être le droit de tout faire, la liberté n'existe que par l'obéissance aux lois. »

V. la loi du 21-21 octobre 1789, préambule.

La loi martiale, remarquons-le, n'imposait aucune responsabilité aux communes.

Elle se bornait à établir des moyens de répression très-sévères, et à faire fonctionner, pour le maintien de l'ordre, toutes les forces disponibles.

Mais ces moyens n'arrêtèrent pas les dévastations.

Les communes elles-mêmes furent prises à partie.

Les municipalités, dit le décret du 23-26 février 1790, article 4, se prêteront mutuellement main-forte à leurs réquisitions respectives, et lorsqu'il aura été commis du dommage, elles en répondront, si elles ont pu l'empêcher.

Le décret du 2-3 juin 1790 ajoute, article 11, que les citoyens de chaque commune, qui auront pu empêcher les dommages causés par voie de fait ou violence, en demeureront responsables.

On le voit : ces dispositions déclarent les communes responsables du dommage causé sur leur territoire, mais dans le cas seulement où elles auraient pu l'empêcher.

Hors ce cas, il n'y avait plus de responsabilité.

Jusqu'ici, le législateur tenait compte des efforts faits

par les municipalités et les citoyens pour prévenir ou dissiper les attroupements.

La loi du 10 vendémiaire an IV a établi un régime beaucoup plus sévère.

Elle a transformé tous les habitants d'une commune, sans distinction d'âge ni de sexe, en officiers de police et les a contraints à s'armer contre les perturbateurs, sous peine de répondre civilement des crimes qu'ils n'empêchent pas.

Cette loi a été publiée en Belgique le 27 vendémiaire an IV.

Cass. 9 décembre 1833. (B. 1834. p. 89.)

Elle y a reçu plusieurs applications dans ces dernières années.

C'est en vain qu'on a voulu en faire dériver l'abrogation de la loi du 30 ventôse an XII.[1]

On a jugé, avec raison, que la loi du 10 vendémiaire an IV est une loi politique, qui, par des dispositions spéciales et tout-à-fait en dehors du droit commun, a réglé la responsabilité des communes; que l'objet de cette loi n'entre pas dans le cadre du code civil ; que les articles

---

(1) La loi du 30 ventôse an XII abroge toutes les dispositions préexistantes sur les matières traitées par le code civil.

1382 et suivants de ce code ne règlent que la responsabilité civile d'individu à individu.

Cass. F. 24 avril 1821 et 5 mars 1839. — Cass. B. 30 avril 1833 (B. 1833. p. 276.), et 29 octobre 1834. (B. 1835 p. 198)

Précisons l'étendue de la responsabilité que la loi de vendémiaire an IV fait peser sur les communes.

1° Chacun peut en invoquer l'application, l'étranger comme le Belge.

Const. art. 128. — V. cependant Metz, 1er août 1832.

2° Elle s'applique à toutes les communes, sans distinction des communes urbaines et des communes rurales.

Mais elle s'applique aux communes considérées dans leur totalité, et non pas aux sections, quartiers ou arrondissements dans lesquels elles sont divisées.

Avis du cons. d'Etat du 13 prairial an VIII et du 5 floréal an XIII.

3° La responsabilité qu'elle crée s'étend même aux communes qui n'ont pas été le théâtre des excès commis, mais dont les habitants ont concouru à la formation des attroupements dévastateurs ;

V. la loi du 10 vendémiaire an IV, tit. 4, art. 3. — Bruxelles, 12 août 1837. (J. 1839. p. 71.) — Liége, 7 mai 1838. (J. 1839. p. 69.)

Et la responsabilité est encourue de ce chef, alors même que les rassemblements qui ont perpétré le pillage se seraient formés en dehors du territoire de la commune ;

Cass. 17 juin 1835 (B. 1836. p. 28.)

Et les communes sont responsables solidairement, lorsque les attroupements ont été formés d'habitants de plusieurs communes.

Loi du 10 vendémiaire an IV, tit. 4, art. 3. — Code civ. art. 1202.[1]

4° Pour qu'une commune encoure la responsabilité dont nous parlons, il faut que les dommages aient été causés par des *attroupements* à force ouverte ou par violence, agissant dans un but arrêté de malveillance ou de désordre.

Loi du 10 vendémiaire an IV, tit. 4, art. 1er. — Jugement du tribunal de Bruges du 2 mai 1854. (Jurisp. des trib. t. 3. p. 416.) — Liége, 6 mars 1837. (J. 1837. p. 473.) — V. le code pén. art. 440. — Cass. 13 juillet 1847. (B. 1847. p. 643.)

Toute réunion tumultueuse constitue un attroupement.

Aucune loi n'a déterminé d'une manière rigoureuse, le nombre de personnes qu'il faut pour constituer un attroupement.

V. toutefois la loi du 26 juillet-3 août 1791, art. 9. — V. aussi l'arrêté du 13 floréal an VII, chap. 2.

L'appréciation des faits est donc laissée à la conscience du juge.

---

(1) On décide que, quant aux communes entre elles, les sommes à payer doivent être réparties d'après leur population, leurs richesses et leur importance respective. A cet égard les contributions directes payées par chaque commune peuvent fournir une base proportionnelle équitable.

Riom, 11 juin 1843. — Cass. F. 17 juillet 1838.

Evidemment, parler d'attroupement c'est parler d'un rassemblement en plein air avec certain tumulte, quand même les individus qui le composent n'auraient pas dessein de troubler l'ordre.

Toujours y a-t-il dans l'attroupement quelque chose d'inquiétant ou de menaçant pour l'ordre public.

L'émeute présente un caractère plus grave en ce que déjà elle y porte atteinte.

Celle-ci dégénère en rébellion, sédition, révolte ou révolution, lorsqu'à l'aide de l'attroupement, l'autorité soit législative, soit exécutive, soit judiciaire étant renversée, l'empire de la loi est détruit..

5° La loi de vendémiaire an IV ne cesse pas d'être applicable à la commune, si même, à l'époque du pillage, elle se trouvait dans un état complet d'anarchie.

Gand, 20 mars 1835. (J. 1835. p. 384.)— Bruxelles, 21 novembre 1835. (J. 1837. p. 489.)

Son but est même de suppléer à la force paralysée des lois et des autorités.

Ce sont les citoyens qu'elle appelle individuellement à la défense des personnes et des propriétés et qu'elle déclare responsables, pour stimuler l'énergie des uns et l'apathie des autres.

Bruxelles, 18 avril et 20 septembre 1831. (J. 1831. p. 71 et 257.) — V. *contra* Bordeaux, 19 mars 1834.

6° La responsabilité que la loi de vendémiaire prononce contre les communes et leurs habitants ne peut, dans aucun cas, être étendue à l'Etat, la force armée fût-elle restée passive pendant les pillages et n'eût-elle pas répondu aux réquisitions de l'autorité communale. Cette responsabilité étant exorbitante du droit commun, il ne peut lui être donné une extension d'autant moins admissible ici, que la loi de vendémiaire (titre 4, article 2) prononce même une amende contre les communes dont les habitants ont pris part aux pillages.

Bruxelles, 23 avril 1835. (J. 1836. p. 16.)

La loi du 10 vendémiaire indique (titre 4, article 4) la seule action récursoire que la commune puisse exercer; c'est contre les auteurs ou complices du crime ou délit.

7° La commune sur le territoire de laquelle les délits ont été commis n'est déchargée de sa responsabilité que dans le concours des deux circonstances suivantes:

a) Si les rassemblements ont été formés par des individus étrangers à la commune;[1]

b) Si la commune a pris toutes les mesures en son pouvoir à l'effet de les prévenir et d'en faire connaître les auteurs.

Loi du 10 vendémiaire an IV, tit. 4, art. 5. — Liége, 28 février

---

(1) Les militaires en garnison sont étrangers.

Aix, 2 juin 1832. — Nîmes, 3 août 1837. — V. au surplus Agen, 30 novembre 1830. — Cass F. 15 mai 1841.

1833. (J. 1833. p. 261.) — Bruxelles, 23 avril 1835. (J. 1836 p. 16.) — Orléans, 3 février 1838. — Cass. F. 24 juillet 1837 et 5 mars 1839. — Cass. B. 30 avril 1833 (B. 1833 p. 276.), et 29 octobre 1834. (B. 1835. p. 202.)

8° La responsabilité qu'elle établit s'étend, non-seulement aux choses, aux propriétés mobilières et immobilières, mais encore aux personnes.

Lorsque, dit son article 6, titre 4, par suite de rassemblements, un individu a été pillé, maltraité ou homicidé, la commune est tenue de lui payer ou à ses ayants-cause, des dommages-intérêts ;

Bruxelles, 9 décembre 1843. (J. 1844. p. 501.) — Cass. F. 8 brumaire an VII. — Cass. B. 22 février 1845. (B. 1845. p. 485.)

et ici la loi ne fait aucune distinction entre les personnes qui ont été les victimes de ces délits. Les habitants de la commune qui ont pris les armes pour empêcher le désordre et qui ont reçu des blessures dans la lutte peuvent demander indemnité de ce chef.

Bruxelles, 9 décembre 1843. (J. 1844. p. 501.) — Cass. 22 février 1845. (B. 1845. p. 485.)

9° Enfin, en consacrant le principe de la responsabilité des communes, l'article 1er du titre 4 de la loi de vendémiaire an IV l'a généralement renfermée dans les limites du préjudice souffert et de la réparation accessoire de ce préjudice, c'est-à-dire des dommages-intérêts. (*Damnum emergens, lucrum cessans.*)

Cette disposition accorde aux victimes des dévastations

une réparation complète du préjudice souffert ; elle n'accorde et ne devait rien accorder de plus.

Envisagée sous ce point de vue, la responsabilité à laquelle la loi de vendémiaire soumet les communes n'est autre que celle du droit commun.

Le législateur ne pouvait lui donner une extension plus grande sans violer cette règle du droit naturel qu'il n'est permis à personne de s'enrichir aux dépens d'autrui, et sans donner un aliment aux discordes et aux réactions civiles, en offrant une sorte de prime à ceux qui ont eu le malheur de provoquer les fureurs populaires.

La règle générale sur l'étendue et les suites de la responsabilité des communes c'est la réparation du préjudice et de ses accessoires conformément au droit commun.

Cependant, il est des choses dont la consommation et la libre disposition intéressent, non-seulement leurs propriétaires, mais la sûreté, la santé publique.

Ce sont les subsistances, les grains, farines et choses fongibles.

Le pillage des subsistances avait déjà fixé la sollicitude du législateur.

Les grains, farines ou subsistances, porte l'article 2 du décret du 16 prairial an III, qui auront été pillés, seront restitués en nature et en pareille quantité au propriétaire; sinon, dit l'article 3, le prix en sera payé sur le pied du double de leur valeur, au cours du jour où le pillage aura été commis....

Le législateur ajoute, article 4, que les dommages-intérêts résultant du délit ne pourront jamais être moindres que la valeur entière des grains, farines ou substances pillées.

Ce mode de réparation paraît d'abord d'une sévérité excessive; car, dans le cas de non restitution en nature, il rend la commune passible, non-seulement des réparations civiles en double, mais encore des dommages-intérêts équivalant au moins à la valeur des substances pillées.

V. Cass. F. 17 juillet 1838.

Mais, il ne faut pas perdre de vue qu'il s'agit ici de choses fongibles et que ces choses sont, en général, susceptibles d'une réparation prompte et en nature. Il est libre à la commune de s'affranchir de la valeur double en restituant en nature, c'est-à-dire que l'obligation de payer la valeur double des matières pillées ne constitue pas, pour elle, l'obligation principale, qu'elle est seulement *in facultate solutionis*.[1]

Il est vrai qu'en fixant à la valeur même des substances pillées le *quantum* des dommages-intérêts, le législateur a posé un principe exceptionnel au droit commun; mais

---

(1) La loi ne fixe d'ailleurs aucun délai pour opérer cette restitution.

Cass. 6 avril et 28 juin 1836 (B. 1837. p. 1re et 13.), 7 novembre 1840 (B. 1840. p. 580.), et 5 mars 1846. (B. 1847. p. 39.)

c'est là une pénalité particulière que des motifs d'ordre général l'ont porté à établir contre la destruction d'un genre de choses de première nécessité.

Ce mode de répression spéciale a reçu une consécration nouvelle dans la loi de l'an IV, titre 5, articles 1er et 6, qui *abrogent* le décret du 16 prairial an III.

Bruxelles, 17 juillet 1839. (J. 1839. p. 474.)— Cass. 4 juin 1838. (B. 1839. p. 446.)

Lorsque, porte l'article 1er, un citoyen aura été pillé, les habitants de la commune seront tenus de la restitution en même nature des objets pillés et choses enlevées, ou bien d'en payer le prix sur le pied du double de leur valeur, au cours du jour où le pillage aura été commis.

L'article 6 ajoute que les dommages-intérêts ne pourront jamais être moindres que la valeur entière des objets pillés et des choses enlevées.

Ces termes sont précis; ils ne s'appliquent qu'aux choses susceptibles d'être remplacées par d'autres de même qualité et quantité, qu'aux choses fongibles, les seules qui soient susceptibles de ce mode de restitution et du mode de fixation de prix établi par l'article 1er du titre 5, les seules qui puissent être restituées en nature par des choses du même genre et qui soient coursables, c'est-à-dire, dont le prix est fixé par l'administration et sous sa surveillance.

Or, le système de la loi repose sur des principes exceptionnels et partant ses dispositions ne souffrent pas d'extension; elles doivent plutôt être restreintes dans leurs termes précis ; et, dans le doute, si doute il y avait, il y aurait lieu de recourir au droit commun, ce recours étant toujours favorable.

Ainsi, la réparation due pour pillage d'objets mobiliers, de meubles garnissant une maison, pour attentats et dégradations commis sur les propriétés immobilières, d'objets enfin auxquels ne peuvent s'appliquer les termes de l'article 1er, titre 5, de la loi, restent réglés par la disposition générale de l'article 1er du titre 4, lequel s'en rapporte, pour la fixation du dommage, aux principes du droit commun.

Il en est de même du principe de l'allocation de la valeur simple pour dommages-intérêts, l'article 6 du titre 5 où ce principe est posé ne se rapportant qu'à l'article 1er du même titre dont il répète les termes. Il n'est donc applicable qu'au cas où l'article 1er peut lui-même recevoir application, c'est-à-dire, aux choses fongibles.

Hors ces cas, c'est le préjudice souffert qui est la mesure de l'indemnité.

Metz, 7 mars 1833. — Gand, 27 novembre 1840. (J. 1841. p. 168.)

Etendre la disposition de l'article 1er du titre 5 au pillage de tous les objets mobiliers indistinctement, ce serait donner lieu à une anomalie choquante.

Cette extension aurait pour résultat d'accorder une plus ample indemnité pour le pillage des meubles, tels que linges, habillements, objets d'art, que pour les subsistances. Celles-ci pouvant toujours être remplacées par d'autres, la restitution en sera généralement faite, pour éviter le paiement de la double valeur ; tandis qu'à l'égard des meubles en général, la restitution en même nature étant presque toujours impossible, il s'ensuivrait qu'on serait plus largement indemnisé du pillage du mobilier garnissant une maison qu'on ne le serait du pillage des subsistances, bien que celles-ci eussent plus particulièrement mérité la sollicitude du législateur, comme cela résulte de la loi du 16 prairial an III.

C'est ainsi qu'a jugé la cour de cassation belge par arrêts du 6 avril 1836, du 28 juin même année et du 9 janvier 1837 (B. 1837. p. 1.), qui cassent trois arrêts rendus en sens contraire par la cour de Bruxelles.

Ann. Cass. 5 mars 1846. (B. 1847. p. 39.)

C'est ainsi que la cour de Gand décide,

V. ses arrêts du 31 décembre 1835 (J. 1836. p. 101.), et du 19 novembre 1846. (J. 1846. p. 521.)

et cette jurisprudence est celle de la cour de Liége.

V. son arrêt du 17 novembre 1836. (J. 1837. p. 102.)

La cour de Bruxelles persévère dans une jurisprudence contraire, du moins en ce qui regarde les dommages-intérêts.

V. son arrêt du 19 mars 1845. (J. 1845. p. 371.)

La loi du 10 vendémiaire an IV ne s'était pas bornée à établir le principe de la responsabilité des communes.

Elle avait prescrit des moyens spéciaux d'exécution qui permettaient d'arriver promptement à constater les faits, à condamner la commune et à exécuter la condamnation.

C'est ainsi que les délits devaient être constatés dans les vingt-quatre heures par les officiers municipaux (Voir titre 5, article 2.); que le procureur du roi était chargé de poursuivre d'office la réparation du dommage (Article 3.); que la condamnation devait être prononcée dans les dix jours après l'envoi des pièces au procureur du roi (Articles 4 et 5.); et, pour éviter tout retard dans le paiement, la loi (Article 8.) faisait contribuer les vingt plus forts contribuables résidant dans la commune, sauf remboursement au moyen d'une contribution sur tous les habitants de la commune à raison de leurs facultés. (Article 9.)

Toutes ces dispositions en dehors du droit commun ont été abrogées par désuétude.

Les condamnations que les communes peuvent subir en vertu de la loi de vendémiaire an IV constituent une dette communale ordinaire.

V. des circ. du 5 juin 1838 (Pas. 1839. p. 481.), et du 12 novembre 1838. (Pas. 1839. p. 498)

Il n'est entré dans la pensée d'aucun législateur de placer les personnes morales, les communes, par exemple, au-dessus de la loi et en dehors du droit commun.

Les dispositions qui établissent la responsabilité du *maître* par rapport à ses subordonnés, s'appliquent aux communes, de même qu'aux particuliers, dans les fonctions qui appartiennent à la vie civile.

Rappelons-nous ici les principes généraux.

V. Cass. F. 22 février 1811.

Ainsi, les communes sont responsables à raison des actes de leurs magistrats, faits au nom des communes ou dans leur intérêt. Elles n'en sont pas responsables, lorsque ces magistrats n'ont pas agi au nom des communes et dans les limites de leurs attributions communales, ou lorsqu'ils ont agi seulement comme magistrats de police.

V. Bordeaux, 8 mai 1841.

De même une commune peut, comme tout particulier, être poursuivie du chef de contravention, par exemple, à un règlement de police provinciale qui prescrit aux propriétaires riverains le curage des petites rivières, et être rendue passible d'amende du chef de cette contravention.

Jugem. du trib. de simple police de Tongres du 3 juillet 1852. (J. des trib. t. 1er, p. 228.)

Une société, comme corps moral, peut être condamnée de même qu'un particulier.

Liége, 1er juin 1854. (J. 1854. p. 323.) — Bruxelles, 8 juin 1854. (J. 1854. p. 302.) — V. le code forest. art. 174.

En pareil cas, l'amende ne frappe que l'être moral; elle n'atteint pas ceux qui le composent individuellement.

Cass. F. 6 août 1829.

§ V. *Dettes des communes.*

Les biens des communes avaient été nationalisés.

Leurs dettes avaient été mises à la charge de la République, à laquelle incomba le soin de procéder à leur liquidation.

Décret du 24 août-13 septembre 1793, art. 82 et suiv. — Loi du 5 prairial an VI, art. 1 et 2. — Bruxelles, 24 juin 1844. (J. 1844. p. 437.)

Mais, l'arrêté du 9 thermidor an XI vint déclarer que les communes conserveraient leurs biens, à la charge de payer leurs dettes,

Bruxelles, 3 février 1844. (J. 1844. p. 306.) — Cass. 1er août 1846. (B. 1847. p. 323.)

après que la liquidation en aurait été arrêtée administrativement.

Arrêté du 9 thermidor an XI, art. 5. — Cass. 2 mars 1848. (B. 1848. p. 430.)

Cette disposition n'a pas été annulée, comme inconstitutionnelle, par le sénat conservateur.

Elle a force de loi.

Décret du 23 vendémiaire an XIII. — Liége, 19 décembre 1833. (J. 1834. p. 174.) — Gand, 2 janvier 1840. (J. 1841. p. 280.)

C'est comme une restitution en entier qui a effacé les

effets qu'avait eus la confusion momentanée des biens de l'Etat et de ceux des communes,

Bruxelles, 13 avril 1844. (J. 1845. p. 361.)

et qui a fait revivre leurs obligations anciennes envers d'autres établissements dont les biens avaient été également nationalisés, par exemple, les fabriques d'églises.

Liége, 27 janvier 1841. (J. 1841. p. 277) — Bruxelles, 16 février 1846. (J. 1846. p. 208.) — V. pour l'application : Gand, 2 janvier 1840. (J. 1841. p. 280.) — Bruxelles, 26 juin 1839 (J. 1848. p. 457.), et 27 mai 1840. (J. 1840. p. 328.) — Liége, 23 décembre 1840 (J. 1841. p. 304.), 19 janvier 1842 (J. 1842. p. 306), et 6 février 1846. (J. 1846. p. 341.) — Cass. 25 mars 1841. (B. 1841. p. 263.) [1]

Mais, la plupart des communes, appauvries par les désastres de la révolution et les guerres de l'empire, se trouvaient dans l'impuissance de remplir leurs anciennes obligations.

Le décret du 21 août 1810 leur vint en aide.

Il donna au gouvernement le droit de les décharger d'une partie de leurs dettes.

---

(1) Ainsi, il est aujourd'hui de principe certain et de jurisprudence constante que la confusion qui s'était opérée en la personne de l'Etat, par la réunion entre ses mains, par suite de confiscation, des biens d'établissements ou de particuliers créanciers et débiteurs les uns des autres, ne s'est opérée qu'en faveur de l'Etat et ne peut être invoquée que par lui ; qu'elle n'a aucun effet entre les établissements et les particuliers réintégrés dans leurs biens ; que, par conséquent, elle ne saurait être invoquée par eux. Aucun doute ne reste aujourd'hui sur ce point.

Cass. F. 6 décembre 1836. — Décis. du cons. d'Etat, du 22 mai 1813 et du 19 février 1823.

Le gouvernement déterminera, y est-il dit, la portion du revenu des communes qui sera mise à leur disposition pour être employée au paiement de leurs anciennes dettes.

V. ses art. 1er et 2.

Cette disposition exorbitante a été dictée par les nécessités de l'époque[1] et par des considérations d'ordre public.

Liége, 21 mars 1850. (J. 1850. p. 220.) — Cass. 27 mars 1851. (B. 1851. p. 204.)

Les communes étaient devenues insolvables; elles firent faillite légale.

Cass. 10 mars 1843. (B. 1843. p. 337.)

Les arrêtés de liquidation des dettes communales ont constitué des actes de haute tutelle administrative.[2]

Ils forment aujourd'hui preuve de ces dettes au profit des créanciers, et les dispensent de la reproduction de leurs titres primordiaux, nonobstant les articles 1337 et 1338 du code civil.

Cass. 29 janvier 1846. (B. 1846. p. 520.)

Les administrations communales, partiellement libérées,

---

(1) L'article 92 de la constitution en rend l'exécution impossible aujourd'hui.

(2) Ainsi, un arrêté royal, rendu par le gouvernement des Pays-Bas, et approuvant le plan de liquidation de la dette ancienne d'une commune, est obligatoire pour les créanciers.

Jugem. du trib. de Tournai du 14 août 1849. (J. des trib. t. 2. p. 627.)

durent proposer le mode d'acquitter la portion maintenue de leurs dettes,

Arrêtés du 30 septembre, et du 1er novembre 1814.[1]

et les intérêts de ces dettes échus antérieurement à la liquidation; car les communes n'ont pas été libérées de ces intérêts.

Cass. 1er août 1846. (B. 1847. p. 323.) — Rapp. Liége, 9 avril 1859. (J. 1860. p. 307.)

Ainsi, à part les effets de la réduction qui s'est opérée en vertu du décret du 21 août 1810, et les sursis qui leur furent accordés pour opérer leur liquidation,

Loi du 5 prairial an VI, art. 1er. — Arrêtés du 5 mai 1816, art. 2, et du 30 avril 1817. — Bruxelles, 23 mai 1857. (J. 1857. p. 187.)

aucune déchéance n'a été prononcée contre les créanciers des communes, c'est-à-dire que les dettes communales n'ont pas été enveloppées dans les déchéances prononcées pour les dettes de l'Etat.

Lois du 25 février 1808, art 3 et suiv.; du 9 février 1818, et du 30 novembre 1819. — Décret du 13 décembre 1809. — Cass. 23 octobre 1833 (B. 1834. p. 144.),[2] du 30 janvier 1837 (B. 1837. p. 257.), et du 29 juillet 1841. (B. 1841. p. 459)

---

(1) Cette dernière disposition est une instruction destinée à régulariser la position financière des communes. Elle a été publiée à Liége, le 8 juillet 1815 (V. le *Mémorial de Meuse et Ourthe*, tome 2, p. 610.); elle n'a pas été publiée au Bulletin officiel, et ne peut, dès lors, étayer un pourvoi en cassation.

Cass. 19 décembre 1856. (B. 1857. p. 143.)

(2) Sur le mode de paiement.

La prescription des capitaux et celle de leurs arrérages, ont même été suspendues pendant tout le temps que les créanciers des communes ont été mis dans l'impuissance d'agir contre elles, suivant cette maxime: *Contra agere non valentem non currit præscriptio.*

Liége, 27 janvier 1841 (J. 1841. p. 277), 13 juillet 1842 (J 1843. p. 412.), 21 mai 1843 (Ibid. p. 523), et 3 avril 1846. (J. 1846. p. 275.) — Bruxelles, 26 juin 1839 (J. 1848. p. 457.), 15 janvier 1840 (J. 1840. p. 267.), 4 août 1841 (J. 1842. p. 73.), et 30 juin 1852. (J. 1852. p 297.)

Cette impuissance a duré depuis la loi du 5 prairial an VI jusqu'au 1er janvier 1818.[1]

Liége, 9 avril 1859. (J. 1860. p. 307.)

En effet, la loi de l'an VI renvoyait les dettes des communes à la liquidation administrative, et de là il résultait, pour les créanciers des communes, un état de sursis et d'impossibilité d'agir contre elles qui empêchait le cours de la prescription. L'action des tribunaux s'en trouvait paralysée et cet état de choses n'a cessé qu'en 1818.

Arrêté du 5 mai 1816, art. 2. — Gand, 7 mars 1850 (J. 1850. p. 90.), et 2 mai 1851. (J. 1853. p 349.) — Cass. 2 mars 1848 (B. 1848. p. 430.), et 25 avril 1856. (B. 1857. p. 7.)

Remarquons:

1° Les communes ne sont pas sublevées des dettes

---

(1) Après le 31 décembre 1817, il a été libre aux créanciers des communes d'agir contre elles.

Cass. 19 décembre 1856. (B. 1857. p. 143.)

qu'elles ont contractées, ci-devant, pour la confection de certains ouvrages d'utilité publique qui sont passés dans les mains du domaine et dont l'Etat recueille aujourd'hui les produits.

Liége, 23 décembre 1840. (J. 1841. p. 304.) — Cass. 30 janvier 1837 (B. 1837. p. 257.), et 29 juillet 1841. (B. 1841. p. 459.)

Mais l'action en garantie contre l'Etat leur reste ouverte, c'est-à-dire que si elles sont redevenues débitrices, c'est avec le bénéfice de l'action récursoire contre l'Etat.

Bruxelles, 7 mars 1832 et 11 avril 1837 (Bull. de cass. de 1839. p. 25.), 10 février 1845 (J. 1845. p. 63.), et 3 mai 1854. (J. 1855. p. 49.) — Cass. 30 janvier 1837 (B. 1837. p. 257.), 6 mars 1837 (B. 1839. p. 19), 6 mars et 14 août 1838 (Ibid. p. 25 et 29.), 22 juillet 1842 (B. 1842. p. 497.), 2 juin 1843 (B. 1843. p. 297.), et 1er août 1846. (B. 1847. p. 323.)

Les créances de ce genre suivent le pays dont elles affectent le territoire.

Elles n'ont pas été atteintes par les déchéances et les prescriptions décrétées au profit de l'Etat.

Les dispositions qui les prononcent concernent uniquement les créances directes à charge de l'Etat qui pouvaient faire l'objet d'une réclamation actuelle et qui étaient de nature à être liquidées, sur des bases certaines, par des inscriptions au grand livre de la dette publique.

Les déchéances qu'elles établissent n'ont pu frapper une action en garantie qui n'était pas née.

Telles créances n'étant pas de nature à être soumises à liquidation sont restées hors des atteintes de ces dispositions ; elles étaient incertaines dans leur objet, éventuelles dans leur existence.

Voir, en sens contraire : Bruxelles, 11 novembre 1841. (Bull. de cass. de 1843. p. 299.) — Gand, 26 juillet 1845. (J. 1845. p. 345.) — Cass. 26 juin 1847. (B. 1847. p. 605.)

2° Les communes sont déchargées des dettes contractées soit envers le domaine, soit envers des corporations religieuses, soit envers des établissements de bienfaisance, aux dépenses desquels les communes pourvoient.

Décret du 21 août 1810, art. 8. — Arrêtés du 23 avril 1816, et du 20 juin 1822. — Liége, 3 janvier 1835 (J. 1835. p. 105.), 1er avril 1843 (J. 1844. p. 65.), et 4 mai 1844. (J. 1847. p. 278.) — Bruxelles, 31 juillet 1844. (J. 1845. p. 139.) — Cass. 18 février 1847. (B. 1847. p. 708.)

L'article 8 du décret de 1810 est une disposition contraire au droit commun, en ce qu'elle porte atteinte à des droits acquis.

Cass. 1er août 1846. (B. 1847. p. 323.)

Elle ne peut donc être étendue à d'autres catégories de dettes.

Ainsi, l'article 8 du décret de 1810 ne s'applique pas au cas où un établissement de bienfaisance ne ressortit pas à la commune débitrice.

Gand, 7 mars 1850 (J. 1850. p. 90.), et 2 mai 1851. (J. 1853. p. 349.)

L'article 8 du décret de 1810 ne peut être invoqué par une commune contre l'administration d'une bourse d'études, celle-ci n'étant ni le domaine, ni une corporation supprimée, ni un établissement de bienfaisance.

Bruxelles, 26 juin 1839 (J. 1848. p. 457), et 10 janvier 1849. (J. 1849. p. 187.)

Il n'a pas non plus prononcé l'extinction des dettes des communes envers les fabriques d'église.

Liége, 12 février 1838 (J. 1838. p. 445.), et 3 avril 1846. (J. 1846. p. 275.) — Bruxelles, 27 mai 1840. (J. 1840. p. 328.) — Cass. 13 février 1845. (B. 1845. p 244.) — V. cependant, Liége, 8 juillet 1843. (J. 1843. p. 71.)

§ VI. *Administration financière des communes.*

L'administration financière des communes embrasse leurs recettes, leurs charges ou dépenses, leurs budgets, leurs comptes.

Ressources des communes. — Les recettes ou revenus des communes sont extraordinaires ou ordinaires.

Les premières sont celles qui résultent de circonstances fortuites et qui ne sont pas de nature à se reproduire tous les ans.

Elles se composent : des contributions temporaires que les communes s'imposent ;

Des dons ou legs qui leur sont faits ;

Des subsides extraordinaires qui leur sont alloués par l'Etat ou la province;[1]

De la vente de leurs biens meubles ou immeubles;

Des coupes extraordinaires de leurs bois;

Des capitaux leur remboursés;

Des emprunts.[2]

Une société anonyme a été fondée par arrêté royal du 8 décembre 1860, sous la dénomination de Société de crédit communal.

Elle a son siége à Bruxelles.

Son but est de faciliter les emprunts des communes et des provinces ou ceux garantis par elles.

Ses opérations consistent, 1° à se charger de l'émission de ces emprunts et de la conversion des dettes antérieures;

---

(1) Subsides alloués aux communes par l'Etat ou la province. Acquit des ordonnances qui sont délivrées à leur profit.

V. des arrêtés du 22 décembre 1819, art. 8, et du 2 août 1860, art. 11.— Une circ. du 15 octobre 1840. (Pas. de 1840. p. 671.)

(2) C'est une ressource extraordinaire à laquelle les communes ne doivent recourir qu'en cas de nécessité bien reconnue.

La réalisation des emprunts est subordonnée à l'approbation du roi ou de la députation, suivant les distinctions établies par la loi communale, article 76, n. 1.

2° à créer des titres uniformes par la fusion de plusieurs emprunts.

Ann. la circ. du 5 janvier 1861.

Les recettes ordinaires des communes se composent : 1° du produit des biens des communes, de leurs rentes, du fermage de leurs biens ruraux et du loyer de leurs bâtiments.

2° De certaines perceptions autorisées par les lois pour des services que les communes rendent.

Ainsi, du prix de la location des places dans les halles, foires et marchés;

Arrêtés du 4 octobre 1816, art. 2, et du 9 avril 1819. — Cass. 24 mars 1851. (B. 1851. p. 202.)

— des droits de pesage, mesurage et jaugeage publics;

Arrêté du 7 brumaire an IX. — Loi. comm. art. 77, n. 5.

— des droits de péage ou passage établis dans la commune.

Loi comm. art. 76, n. 2.[1]

3° De certaines amendes.

Ainsi, les communes dans le ressort desquelles les délits

---

(1) La loi du 19 juillet 1832 qui autorise le gouvernement à établir des péages est applicable aux routes vicinales, aux ponts communaux.

Bruxelles, 3 mai 1854. (J. 1854. p. 246.) — Voir l'arrêté du 26 octobre 1850, sur le mode à suivre pour les demandes que font les communes d'autorisation de péages de ce genre.

ou les contraventions se commettent, jouissent intégralement du produit des amendes, ayant caractère pénal, qui se prononcent par voie de police rurale ;

Loi du 28 septembre-6 octobre 1791, tit. 1er, sect. 7, art. 3.

— des amendes de simple police ;

Code pén. art. 466.

— des amendes de police correctionnelle ;[1]

Loi du 11 frimaire an VII, art. 9, n. 2.

— du produit des amendes en matière de garde civique,

Loi du 8 mai 1848, art. 68.

en matière de milice ;

Loi du 8 janvier 1817, art. 54.

— du tiers des amendes en matière de grande voirie ;

Décret du 16 décembre 1811, art. 115. — Rapp. le décret du 29 août 1813.

— du tiers des amendes en matière d'impositions communales,

Loi du 29 avril 1819, art. 17.

de navigation,

Décret du 16 décembre 1811, art. 115.

---

(1) Elles en jouissent partiellement.

de chemins vicinaux.

Loi du 10 avril 1841, art. 35, § 1er. — Rapp. son § 2.

4° De certaines contributions.

Ainsi, les communes participent, à l'aide de centimes additionnels, au produit de l'impôt foncier, de l'impôt personnel.

Loi du 12 juillet 1821, art. 15 et 16. — Arrêté du 4 octobre 1816, art. 1er.

Ces centimes sont recouvrés conformément aux lois sur la matière.

Loi comm. art. 138. — Loi du 12 juillet 1821, art. 15 et 16.

Ils sont versés mensuellement dans la caisse communale, déduction faite des remises proportionnelles réservées aux receveurs.

Loi du 25 mai 1838, art. 1er. — Rapp. l'arrêté du 19 janvier 1833. — V. l'arrêté du 15 novembre 1849, art. 309 et suiv.

5° De certaines taxes locales.

L'autorité communale peut créer des taxes personnelles ou des capitations [1] à charge des habitants de la commune

---

(1) Il y a 2000 communes environ * qui sont assujetties à des capitations. On évalue à 4 millions de francs les sommes qu'elles leur procurent.

(*) Ce sont, en général, des communes rurales.

Sa prérogative s'exerce sous les restrictions ou les défenses qui leur sont faites par la loi,

Const. art. 108, n. 5. — Rapp. la loi du 18 juillet 1860, art. 1er, § 2.

et sous la réserve de l'approbation de ses actes par le roi.

Const. art. 108, n. 2. — Loi comm. art. 76, n. 5.[1]

A cela près, son pouvoir est souverain.

Const. art. 31, 108, n. 2, et 110, § 3.— Loi comm. art. 75, § 1er.

Ainsi, elle a l'initiative des impositions communales.

Ainsi, il lui appartient d'en apprécier l'opportunité, d'en déterminer l'assiette ou les bases,[2] le montant, la durée; de régler les conditions de leur redevabilité, les cas d'exemption, les causes de modération.

Les dispositions restrictives des arrêtés du 4 octobre 1816, du 25 novembre 1816, et du 16 août 1828 sont devenues incompatibles avec les principes constitutionnels qui gouvernent nos communes.

---

(1) Dès lors, il entre dans les attributions et le devoir du juge de rechercher si telle imposition communale est conforme à la loi, lorsqu'on lui demande de prêter son concours à l'exécution du règlement communal qui l'établit; peu importe que ce règlement ait reçu ou non la sanction du roi.

Const. art. 107. — V. Cass. 25 décembre 1845. (B. 1846. p. 183.)

(2) Ainsi, elles peuvent être purement personnelles; elles peuvent être établies proportionnellement aux impôts de l'Etat ou bien à raison du revenu présumé.

V. un jugem. du trib. de Bruxelles du 17 avril 1858. (J. des trib. t. 7. p. 212.) — Cass. 7 mars 1836 (B. 1836. p. 292.), 28 juillet 1842 (B. 1842. p. 510.), et 5 mai 1859. (B. 1859. p. 152.)

Les rôles de répartition des taxes communales s'arrêtent provisoirement par l'autorité communale; puis ils sont soumis à l'inspection des contribuables qui peuvent réclamer auprès de l'autorité communale elle-même et, en second degré, auprès de la députation.

Le pouvoir judiciaire est sans attribution pour relever et rectifier les erreurs prétendues pour le fait de la répartition.

Loi du 28 pluviôse an VIII, art. 4. — Arrêté du 24 floréal an VIII, art. 1er et suiv. — Règlem. du 1er décembre 1851, art. 114.

C'est la députation qui rend les rôles exécutoires, qui fixe l'époque de leur exigibilité, pour que le recouvrement s'en fasse d'après les règles établies par la loi.

Loi comm. art. 135, 136 et 137. — Liége, 14 août 1848. (J. 1849. p. 407.) — Bruxelles, 24 juin 1852. (J. 1852. p. 290.) — Cass. 30 novembre 1837. (B. 1838. p. 120.)

Les impositions communales directes sont recouvrées conformément aux règles établies pour la perception des impôts au profit de l'Etat.

Loi comm. art. 138, § 1er.

Les poursuites consistent dans le dernier avertissement, la sommation-contrainte, le commandement, la contrainte par voie de garnisaire, la saisie-exécution, la vente, la saisie-brandon, l'expropriation forcée des immeubles.[1]

Lois du 26 septembre-2 octobre 1791, art. 16; du 17 brumaire an V, art. 3; du 3 frimaire an VII, art. 146; du 22 pluviôse an VII, art. 2, 5, 6 et 7. — Arrêté du 16 thermidor an VIII, art. 41 et 43. — Règlem. du 1er décembre 1851, art. 61 et suiv.

Le recouvrement des impositions communales indirectes[2] est poursuivi conformément à la loi du 29 avril 1819,[3]

Loi comm. art. 138, § 2.

c'est-à-dire par voie de contrainte emportant exécution parée.

La contrainte ici est décernée contre les contribuables et leurs cautions, par le receveur, régisseur ou fermier de la taxe.

Elle est visée par l'administration communale.

Loi du 29 avril 1819, art. 1er, § 1er et 2.

Elle peut être lancée sans avertissement, sans sommation préalables.

Loi du 29 avril 1819, art. 2 et 3.

---

(1) Voir *Le droit administratif belge*, t. 2 (De la fortune publique.), p. 305 et suiv.

(2) Il en est de même du recouvrement des contributions communales directes à charge des receveurs, régisseurs ou fermiers.

(3) La loi du 29 avril 1819 a pour objet d'assurer le recouvrement des impositions communales.

Ann. l'arrêté du 16 juillet 1828.

Elle s'exécute de la manière déterminée par la loi.

V. le code de procéd. civ. art. 583 et suiv., 613 et suiv., 626 et suiv. — La loi du 15 août 1854.

Quant au mode des poursuites, c'est à l'autorité judiciaire et non à l'administration qu'appartient la connaissance des contestations relatives à la forme, à la régularité des actes de poursuites et d'exécution.

Const. art. 107. — Avis du cons. d'Etat du 31 mars-23 avril 1807. — Règlem. du 1er décembre 1851, art. 73 et 115. — V. Bruxelles, 11 février 1821, et 28 juillet 1823. (Arrêts rapportés dans le commentaire de M. Leloir, n. 2016.)

Ainsi, par exemple, à défaut de signification de la contrainte, le juge invoqué par le contribuable dont le mobilier est saisi par le receveur communal, peut défendre de passer outre à la vente.

V. Bruxelles, 14 mars 1840. (J. 1840. p. 307.)

L'opposition à la contrainte est portée devant le juge de paix du canton où siége l'administration communale.

Le juge de paix prononce sommairement, soit en dernier ressort, soit sauf l'appel, d'après la quotité des droits réclamés.

Loi du 29 avril 1819, art. 4 et 5. — Jugem. du trib. de Louvain du 29 janvrier 1859. (J. des trib. t. 9. p. 279.) — Cass. 8 août 1845. (B. 1846. p. 43.)

La commune ne peut renoncer à ce mode de procéder. L'incompétence du juge saisi par elle d'une action tendant au paiement de la cotisation est d'ordre public et peut, dès lors, être prononcée d'office par le juge.

V. un jugem. du juge de paix de Hollogne-aux-Pierres du 27 juin 1849. (J. des trib. t. 1er. p. 183.)

Toutes actions en recouvrement d'impositions communales se prescrivent par cinq ans.

Loi du 29 avril 1819, art. 7, § 2.

Il appartenait aux administrations communales[1] d'établir des taxes indirectes sur la consommation dans l'intérieur de la commune.[2]

Const. art. 31, 108, n. 2, et 110, § 3. — Loi comm. art. 75, 76 principio et n. 5.

Ces taxes étaient connues sous la dénomination d'*octrois communaux*.[3]

Elles sont abolies[4] et ne peuvent être rétablies.[5]

---

(1) On comptait 78 communes à octroi. 500 communes environ n'ont connu, jusqu'aujourd'hui, ni les capitations ni les octrois.

(2) Sous le contrôle de la députation et moyennant l'approbation du roi.

(3) Elles affectaient, notamment, les liquides, les comestibles, les combustibles, les fourrages, les matériaux de construction.

(4) Supprimés, une première fois, par la loi du 19-25 février 1791, les octrois avaient été rétablis par celles du 9 germinal an V, art. 6, et du 11 frimaire an VII, art. 11.

Les principes régulateurs des octrois se trouvaient déposés dans le décret du 17 mai 1809 et dans l'arrêté du 4 octobre 1816, art. 7 et 8.

(5) A moins que la loi n'en autorise le rétablissement.

Loi du 18 juillet 1860, art. 1er, § 1er et 2.[1]

Un fonds spécial a été constitué au profit des communes à octroi, pour leur tenir lieu d'équivalent.[2]

La loi fait entrer dans ce fonds:

1° Une part de quarante pour cent dans le produit brut des recettes du service des postes évaluée à 1,500,000 francs ;

2° Soixante-quinze pour cent dans le produit du droit d'entrée sur le café estimés à 2,000,000.[3]

3° Trente-quatre pour cent dans le produit des droits d'accise que l'Etat perçoit sur les vins et eaux-de-vie pro-

---

(1) Cette loi sera révisée dans les 4 ans, à compter du jour de sa promulgation, en ce qui concerne les voies et moyens qu'elle a substitués aux octrois.
Loi du 18 juillet 1860, art. 18.

(2) On a compris parmi les revenus de l'octroi : les droits d'entrée, d'expédition, de transit, sous le nom de passe debout ; les centimes additionnels aux droits d'octroi ; les droits d'entrepôt sur les objets soumis à l'octroi ; les droits d'octroi sur la fabrication ou l'extraction de certains produits dans l'intérieur de la commune ; les droits de timbre sur les quittances ; la partie des frais d'escorte, des amendes, des confiscations attribuée à la caisse communale.

Ont été laissés en dehors des revenus de l'octroi : les droits d'étalage, de place ou de station aux foires, halles et marchés, de jaugeage, de pesage, de mesurage et d'aunage, de quai, de bassin, de port, de carénage, de grue, de tonnage, de minque, d'abattoir, de pont, d'écluse, de barrière, de chausséage, etc.
Arrêté du 2 août 1860, art. 2 et 3.

(3) Ces deux sommes sont cédées aux communes sans compensation pour l'Etat.

venant de l'étranger, sur les bières et vinaigres, sur les sucres, évalués à 10,500,000 francs.[1]

Loi du 18 juillet 1860, art. 2. — Rapp. les dispositions transitoires des art. 13, § 1er, et 14, § 2.[2]

Le revenu que la loi attribue aux communes se répartit,[3] chaque année, entre elles, d'après les rôles de l'année précédente, au prorata de la contribution foncière sur les propriétés bâties, du principal de la contribution personnelle et des cotisations de patentes établies en vertu des lois du 21 mai 1819, 6 avril 1823, et 22 janvier 1849, articles 1er et 2.

Loi du 18 juillet 1860, art. 3, § 1er. — Ann. ses § 2, 3 et 4.

La quote-part assignée à une commune à octroi, par cette répartition, ne peut être inférieure au revenu qu'elle en a retiré pendant l'année 1859,[4] déduction faite des frais

---

(1) C'est le montant ou à peu près le montant de l'aggravation que la loi du 18 juillet 1860 a fait subir à l'accise de ces matières. L'Etat remet d'une main ce qu'il touche de l'autre.

(2) Voir *Le droit administratif belge*, t. 2 (De la fortune publique.), p. 327 et suivantes.

(3) Un compte est rendu, tous les ans, aux chambres, de la situation du fonds communal et de sa répartition.

Loi du 18 juillet 1860, art. 17.

(4) Dans chaque commune à octroi, le montant du revenu des droits d'octroi pendant l'année 1859 a été constaté par un membre de la députation permanente et par l'inspecteur en chef des contributions directes, douanes et accises.

Arrêté du 2 août 1860, art. 1er, n. 1er. — Rapp. ses art. 6 et 7.

de perception[1] et des restitutions allouées à la sortie de la commune.[2]

Loi du 18 juillet 1860, art. 13, § 2. — Rapp. l'arrêté du 2 août 1860, art. 8.

La loi assimile aux droits d'octroi, les taxes directes perçues, pour en tenir lieu, dans les parties *extra muros* de certaines villes.[3]

Loi du 18 juillet 1860, art. 13, § 3.

Des mesures transitoires ont été prises dans l'intérêt du personnel que la suppression des octrois a laissé sans emploi.

Loi du 18 juillet 1860, art. 14, § 1er et 2. — Rapp. l'arrêté du 2 août 1860, art. 9, 10 et 11.

On reproche, non sans raison, à la loi du 18 juillet 1860, abolitive des octrois, d'avoir méconnu le principe

---

Dans les communes où l'octroi était affermé, on a constaté le montant du produit net versé par l'adjudicataire à la caisse communale.

Arrêté du 2 août 1860, art. 5. — Rapp. ses art. 6 et 7.

(1) Notamment les frais de bureau, de registres, d'impression, les traitements des employés.

Arrêté du 2 août 1860, art. 4.

(2) Le surplus du fonds communal est affecté aux autres communes.

Rapp. la loi du 18 juillet 1860, art. 13, § 2, in fine.

(3) Le montant de ces taxes perçues pendant l'année 1859 a été constaté par un membre de la députation permanente et l'inspecteur en chef des contributions directes, douanes et accises.

Arrêté du 2 août 1860, art. 1er, n. 2. — Rapp. ses art. 6 et 7.

constitutionnel qui veut que les recettes d'ordre général soient dépensées dans l'intérêt du pays tout entier.

On lui reproche, avec plus de raison encore, d'avoir supprimé les charges *locales* de certaines communes, pour les faire supporter par toutes les communes, en augmentant la plupart des droits d'accise.

Elle a le défaut capital de prendre à tous les contribuables pour rendre à quelques-uns.

Charges ou dépenses des communes. — La loi du 14 décembre 1789, article 50, met au nombre des fonctions propres au pouvoir communal, celle de voter, sous l'approbation de l'autorité supérieure, les dépenses locales qui doivent être payées des deniers communaux.

Les dépenses des communes étant aussi variables, aussi mobiles que leurs besoins, et ceux-ci dérivant d'une infinité de circonstances dont l'appréciation ne peut convenablement être faite que par les communes elles-mêmes, il s'ensuivait que le vote des dépenses communales devait appartenir aux conseils communaux.

Tel est, en effet, le principe général que consacre l'article 110, § 3, de la constitution, conséquence immédiate de ses articles 31 et 108, n. 2.[1]

---

(1) Ainsi l'arrêté du 20 juin 1817 qui permettait au gouvernement de prélever 2 % sur les revenus des communes se trouve implicitement abrogé.

Cependant, parmi les charges ou dépenses qui incombent aux communes, il en est qui ne sont pas purement communales, c'est-à-dire, qui ont un caractère d'utilité générale et que l'on n'aurait pu, sans danger pour l'ordre général, leur permettre de supprimer.

Aussi, l'article 110, § dernier, de la constitution a-t-il réservé au pouvoir législatif la détermination de certaines dépenses auxquelles les communes ne peuvent se soustraire,[1] que les conseils communaux ne peuvent se dispenser de porter à leur budget, et qui sont susceptibles de leur être imposées d'office par l'autorité supérieure.

Cette disposition a reçu son développement dans l'article 131 de la loi communale qui énonce les charges que le conseil communal est spécialement tenu de porter annuellement au budget de ses dépenses.

L'article 131 de la loi communale est d'ailleurs purement énonciatif.

Il n'est pas exclusif des autres charges que les lois antérieures ont fait peser sur les communes.

Celles, par exemple, qui concernent le logement des gens de guerre ou les prestations militaires.

Cass. 9 janvier 1834. (B. 1836. p. 38.)

---

(1) Les communes ne peuvent s'y soustraire pour l'avenir par des conventions particulières.

Journ. des fabriq. t. 23. p. 254.

Cet article n'est pas non plus exclusif des charges dont des lois postérieures pourraient affecter les communes.

La loi communale prévoit le cas où un conseil communal chercherait à éluder, en tout ou en partie, une dépense que les lois mettent à sa charge.

La dépense peut être portée d'office, par la députation, au budget communal, sauf les observations préalables du conseil communal et son recours au roi, s'il se croit lésé.

Elle a même prévu le cas où la députation, contrairement au vœu du conseil communal ou d'accord avec lui, rejetterait ou réduirait une allocation légale.

Il y a lieu, dans ce cas, à intervention du pouvoir royal.

Loi comm. art. 133.

Son article 147 suppose refus ou retard d'ordonnancer le paiement d'une dépense légale.

La députation ordonne le paiement, et sa décision tient lieu de mandat pour le receveur communal.

Quid, si le conseil communal refusait d'imposer la commune pour payer une dépense obligatoire, par exemple, une dette reconnue en justice?

La députation a le droit, comme nous venons de le dire, de porter d'office la dette au budget communal.

D'un autre côté, rappelons-nous qu'aux termes de l'article 88 de la loi communale, la députation peut envoyer un ou plusieurs commissaires dans les communes pour y mettre à exécution les ordonnances qu'elle porte dans les limites de ses pouvoirs; et l'article 110 de la loi provinciale confirme pleinement cette prérogative.

Il est évident, pour nous, que ces commissaires, prenant la place du conseil communal, rebelle à la loi et oublieux de ses devoirs ainsi que des intérêts de la commune, pourraient créer une taxe locale et en opérer la répartition sur les habitants, sauf recours vers la députation.

Quid, si le receveur de la commune refusait d'acquitter, sur la caisse communale, le montant de l'ordonnance émanée de la députation?

Ce collége ayant agi en vertu de la curatelle administrative que la loi lui confère, les tribunaux devraient recevoir l'action que le créancier de la commune porterait devant eux pour faire condamner le receveur récalcitrant.

Cass. 4 novembre 1852. (B. 1853. p. 29.)

La sanction de l'article 147 de la loi communale est renfermée dans le texte même de cette disposition; elle déclare le receveur *personnellement responsable* des suites de son refus. La loi permet de l'attraire en justice, comme s'il avait lui-même contracté la dette; c'est un nouveau débiteur qui est substitué à l'ancienne débitrice, à la commune.

Evidemment, il ne suffit pas au receveur de prétendre qu'il n'y a pas de fonds dans sa caisse, pour se soustraire à l'obligation de l'article 147. Les termes de la loi sont absolus : le receveur est tenu de payer de ses propres deniers, comme dans tous les cas où un mandat régulier est délivré, par l'autorité communale, à la charge de la caisse communale.

V. un jugem. du trib. de Nivelles du 31 décembre 1857. (J. des trib. t. 6. p. 958.) — V. cependant un jugem. du trib. de Huy du 28 février 1856. (J. des trib. t. 7. p. 713.)

Ainsi, les dépenses communales sont de deux sortes :

Les unes sont relatives aux besoins et aux intérêts de la commune considérée en elle-même, comme corps distinct.

Les autres prennent leur source dans les rapports de la commune, considérée comme membre de l'État, avec le gouvernement du pays.

Les premières sont facultatives; leur réalisation appartient aux conseils communaux, soit quant à l'initiative des allocations, soit quant à leur quotité.

Les autres sont obligatoires et sont nécessairement comprises dans le budget des communes ou elles y sont introduites d'office.

Or, les dépenses obligatoires des communes peuvent se classer en diverses catégories :

Les unes affectent solidairement plusieurs communes ou plusieurs sections de communes.

C'est un chemin, par exemple, ou un pont dont l'existence intéresse plusieurs agglomérations dont les intérêts ne sont pas confondus.

V. par exemple, les articles 24 et 25 de la loi du 10 avril 1841.

Le montant s'en répartit entre elles, et elles y concourent proportionnellement à l'intérêt qu'elles peuvent y avoir.[1]

En cas de désaccord, la répartition en est faite par la députation, sauf recours au roi, à moins que les communes n'appartiennent à plusieurs provinces; car, dans ce cas, le roi statue directement.

Loi comm. art. 132, § 1er et 2. — Ann. l'arrêté du 4 thermidor an X, art. 22 et 23.

Les autres n'ont un intérêt direct que pour une commune.

Celles-ci:

1° Lui sont tout-à-fait propres :

Telles sont les contributions assises sur les biens communaux ;

Loi comm. art. 131, n. 3.

---

(1) Ainsi, les frais des conseils de prud'hommes sont supportés par les communes comprises dans le ressort du conseil, en proportion du nombre et de la quotité des patentes payées dans chaque commune. C'est la députation qui en établit la répartition.

Loi du 7 février 1859, art. 89. — Ann. son art. 91.

Les dettes des communes ;

Loi comm. art. 131, n. 4.

Les dépenses relatives à la police de sûreté, de salubrité communale ;

Loi comm. art. 131, n. 11.

par exemple, les frais de traitement des prostituées.

V. un arrêté du 9 octobre 1855.

Les dépenses de la voirie communale ; [1]

Loi comm. art. 131, n. 19.

Les dépenses des chemins vicinaux, des aqueducs, des ponts.

Loi comm. art. 131, n. 19.

2° Ou bien elles se lient aux intérêts généraux :

Tels sont les frais que les lois sur l'enseignement officiel mettent à la charge des communes ;

Lois du 23 septembre 1842, art. 20 et suiv.; du 1er juin 1850, art. 20, § 1er et 25, § 2, et du 15 juillet 1849, art. 7, § 2.

Le logement des ministres du culte ;

Loi comm. art. 131, n. 13.

---

(1) Bien entendu pour les parties qui ne sont pas grandes routes.

Loi du 11 frimaire an VII, art. 2. — Code civ. art. 588. — Loi du 18 mars 1833. — Liége, 3 avril 1837. (J. 1837. p. 438.)

Les dépenses de la garde civique ;

Loi comm. art. 131, n. 12. — Loi du 8 mai 1848, art. 67. — V. comme conséquence, ses art. 24, § 4, 75, 76 et 77.

Le loyer des locaux servant aux audiences des justices de paix,

Loi comm. art. 131, n. 8.

des conseils de prud'hommes.

Loi du 7 février 1859, art. 90, § 1er et 2.

Les communes doivent fournir un local aux conseils de guerre.

Arrêté du 9 novembre 1830, art. 4.

3° D'autres ont un caractère de subvention en faveur des établissements publics qui existent dans la commune :

Les secours aux fabriques d'église et aux consistoires, en cas d'insuffisance constatée des moyens de ces établissements ;

Loi comm. art. 131, n. 9.

Les frais d'instruction primaire des enfants pauvres ;

Loi du 23 septembre 1842, art. 5, § 1er, et 22, n. 4.

Les frais d'entretien des aliénés indigents, ceux des indigents retenus dans les dépôts de mendicité, s'il n'y est pourvu par les hospices ou les bureaux de bienfaisance ;

Loi comm. art. 131, n. 16. — Loi prov. art. 80, et 69, n. 15. — Loi du 13 août 1833.

Les secours aux monts de piété ;

Loi du 30 avril 1848, art. 10, § 3.

Les frais d'entretien des aveugles, des sourds-muets indigents ;

Loi comm. art. 131, n. 17.

Les frais d'entretien des enfants trouvés et abandonnés ;

Loi comm. art. 131, n. 18. — Loi du 30 juillet 1834.

Les frais des chambres de commerce.

Loi du 16 mars 1841, art. 1er. — Arrêté du 10 septembre 1841. (n. 758.)

Parmi ces dépenses subsidiaires, il y en a qui incombent aux communes exclusivement, sans partage.

Telles sont celles qui concernent les fabriques d'église.

Il y en a qui sont partiellement supportées par la province ou par l'Etat.

Telles sont celles qui concernent l'instruction primaire, l'entretien des aliénés indigents, les dépôts de mendicité, les monts de piété, les aveugles et les sourds-muets indigents, les enfants trouvés et abandonnés.

Loi comm. art. 131, n. 16 à 18.

Budgets et comptes des communes.[1] — L'état des

---

(1) A consulter : Durieu, *Code de la comptabilité des établissements publics.*

recettes et des dépenses d'une commune se discute publiquement par le conseil communal, chaque année aux époques que la loi détermine ; puis il est affiché et s'arrête par la députation.

Loi comm. art. 71, n. 1er, 77, n. 8, 139, § 2 et 3, 140, 141, § 1er, et 142, § 2.

Cet état s'appelle le budget de la commune.

Le budget enchaine l'avenir, en ce qu'il force l'autorité communale à prévoir et à déterminer d'avance le chiffre de ses recettes et celui de ses dépenses.

Il est utile, en ce qu'il fait obstacle à ce que les communes se laissent entraîner à des dépenses hors de proportion avec leurs ressources.

Voici les règles qui s'y rapportent :

1° Le conseil communal porte au budget, en les spécifiant, toutes les recettes de la commune et les excédants des exercices antérieurs.

Loi comm. art. 134.

2° Aucun paiement sur la caisse ne peut avoir lieu qu'en vertu d'une allocation portée au budget ; ce qui implique qu'aucun article de dépense ne peut être dépassé et aucun transfert avoir lieu sans le consentement de la députation.

Loi comm. art. 144.

3° Le receveur est seul[1] chargé, sous sa responsabilité, d'effectuer les recettes communales et d'acquitter les ordonnances émanées du collége des bourgmestre et échevins que le bourgmestre signe et que le secrétaire contresigne.

Loi comm. art. 121 et 146.

4° Les allocations pour dépenses facultatives, réduites par la députation, ne peuvent être dépensées sans une nouvelle autorisation du conseil communal, lequel reste maître de la refuser.

Loi comm. art. 141, § 2.

5° S'il arrive que, par suite de circonstances imprévues, le conseil communal ait reconnu la nécessité de faire une dépense qui n'est pas allouée à son budget, il en fait le sujet d'une demande spéciale à la députation.

Loi comm. art. 143.

6° Le conseil communal peut pourvoir à des dépenses réclamées par des circonstances impérieuses et imprévues.

Sa résolution doit être adressée à la députation sans délai, avec notification des motifs;

Et, dans le cas où le moindre retard occasionnerait un

---

(1) C'est un principe bien arrêté que tous les revenus quelconques, ainsi que les capitaux appartenant à une commune, doivent être compris à son budget et que la perception en appartient exclusivement au receveur communal; et ce principe est d'ordre public; aucune stipulation particulière ne peut y déroger.

V. une décis. du ministre de l'intérieur de France du 11 mai 1837.

préjudice évident, le collége des bourgmestre et échevins peut lui-même pourvoir à la dépense, sous sa responsabilité et à la charge d'en donner connaissance au conseil communal, qui admet la dépense ou la rejette, et à la députation qui l'approuve ou l'improuve.

Loi comm. art. 145.

7° A la clôture de chaque exercice, il y a règlement, en public, du compte des recettes et des dépenses communales.

Loi comm. art. 71, n. 1er.

C'est le conseil communal qui règle le compte de la commune tous les ans, à des époques fixes ;

Loi comm. art. 77, n. 9. — Rapp. l'arrêté du 4 thermidor an X, art. 16 et suiv.

et ce compte est publié et rendu accessible aux contribuables de la commune.

Loi comm. art. 140.

C'est la députation qui l'arrête définitivement.

Loi comm. art. 141, § 1er.

Le comptable d'une commune peut être condamné judiciairement à rendre compte de sa gestion administrativement.

Le règlement du compte d'une commune, ainsi que la fixation du débet du receveur, appartient à l'autorité administrative elle-même ;

Et le recouvrement du débet se fait par voie d'exécution sur les meubles et les immeubles de ce comptable.

Décret du 27 février 1811, art. 6. — Avis du cons. d'Etat du 25 thermidor an XII, du 12 novembre 1811 et du 24 mars 1812. — Const. art. 93. — Bruxelles, 18 février 1837. (J. 1837. p. 312.)

L'attribution de juridiction emporte, par voie de conséquence, de prononcer la contrainte par corps, la loi l'autorisant en matière de comptabilité publique.

La contrainte n'est d'ailleurs qu'un moyen de coaction, une mesure propre à assurer l'exécution de la condamnation ; elle doit être ordonnée par la décision administrative qui statue sur le sort de l'action principale dont elle n'est à vrai dire que l'accessoire.

Liége, 8 décembre 1848. (J. 1851. p. 78.) [1]

Le receveur de la commune est nommé par le conseil communal qui peut le suspendre[2] et le révoquer, sous l'approbation de la députation.

Loi comm. art. 114.

---

(1) « Sont soumis à la contrainte par corps : tous ceux qui, à titre de comptables ou autrement, ont perçu des deniers publics ou reçu des effets mobiliers appartenant aux provinces, aux communes, aux établissements de bienfaisance ou autres établissements publics, pour représentation ou justification d'emploi des dits effets mobiliers, et pour reliquat de comptes, déficit ou débet constatés à leur charge. »

Loi du 21 mars 1859, art 6.

(2) La suspension du receveur, comme celle du secrétaire, peut être proposée par le collége échevinal.

Loi comm. art. 99, § 2. — Rapp. son § 1er.

Il opère sous la garantie d'un cautionnement dont la quotité est graduée sur la moyenne de la recette ordinaire, dont le maximum est fixé à 100,000 francs, dont le montant et la nature sont réglés par le conseil communal sous l'approbation de la députation.

Loi comm. art. 115 et 116.

La commune a privilége sur le cautionnement fourni en numéraire.

Loi comm. art. 118. — Ann. ses art. 117 et 119.

Elle a hypothèque légale sur les biens actuels et futurs de son receveur, même sur les biens futurs de sa femme, à moins qu'elle ne les ait acquis soit à titre de succession, de donation, soit de ses deniers propres,

Loi du 16 décembre 1851, art. 47 et 48.

à la charge de l'inscription.

Loi du 16 décembre 1851, art. 81.

L'inscription se fait sur présentation de deux bordereaux contenant les qualités et désignations précises du créancier et du débiteur, la nature des droits à conserver, le montant de leur valeur déterminée ou éventuelle.

Loi du 16 décembre 1851, art. 89.

Les frais des inscriptions sont recouvrés par le conservateur sur le débiteur directement.

Loi du 16 décembre 1851, art. 91.

L'inscription conserve l'hypothèque pendant quinze années à compter du jour de sa date.

Loi du 16 décembre 1851, art. 90.

Le détournement des deniers communaux est punissable, même s'il a lieu avant la prestation du serment du receveur.

Liége, 27 mars 1850. (J. 1850. p. 247.)

TITRE III.

DE LA POLICE COMMUNALE.[1]

§ Ier. *Préliminaire.*

Le besoin de la conservation, dit Henrion de Pansey, commandait aux hommes réunis en commune, de prendre les mesures propres à écarter tout danger, tout attentat de leurs personnes, et de leurs habitations tout ce qui pourrait les rendre peu sûres, incommodes ou malsaines.

Quelles sont les matières qui se rangent dans les attributions de la police communale, soit par leur nature, soit par délégation ?

Le principe général fixant la compétence de l'adminis-

---

(1) A consulter : ALLETZ, *Dictionnaire de police*. — HENRION DE PANSEY, *Du pouvoir municipal et de la police intérieure des communes*. — MIROIR, *Police municipale*. — CHAMPAGNY, *Police municipale*.

tration communale en matière de police se trouve énoncé, pour la première fois, dans l'article 50 de la loi du 14 décembre 1789 :

« Les fonctions propres au pouvoir communal sont de faire jouir les habitants des avantages d'une bonne police, de la propreté, de la salubrité, de la tranquillité dans les rues, lieux et édifices publics. »

La loi du 24 août 1790, titre 11, article 3 et suivants, confirmée par la loi du 19-22 juillet 1791, titre 1er, articles 29 et 46, n. 1er, développe cette première base :

« Les objets de police confiés à la vigilance et à l'autorité des corps communaux, comprennent tout ce qui intéresse la sûreté et la commodité du passage dans les rues et places publiques. »

Il était dans la nature des choses que le conseil communal, qui gère le patrimoine de l'association communale, fût chargé du soin de prendre ou de prescrire les mesures nécessaires au maintien de l'ordre dans la commune, au double point de vue de la sécurité des membres de l'association, de la paisible possession de leurs demeures, de la libre jouissance de leurs biens.

C'est ce que la loi communale reconnait et déclare lorsqu'elle dit, dans son article 78, § 1er, que le gouvernement de la commune fait des règlements d'administration intérieure et des ordonnances de police.

Quels sont les objets que la loi confie à la vigilance de l'autorité communale ?

Quelle est, en d'autres termes, la matière qu'il lui appartient de réglementer ?

Fixons-nous d'abord sur quelques points fondamentaux.

Les règlements d'administration communale n'obligent les citoyens que pour autant qu'ils aient été publiés dans les formes déterminées par la loi.

Const. art. 129.

L'article 129 de la constitution trouve, en ce qui concerne les ordonnances communales, son corollaire dans l'article 102 de la loi communale.

« Les règlements et ordonnances du conseil communal, dit cet article, sont publiés par les soins des bourgmestre et échevins, par voie de proclamation et d'affiches,[1] sans distinction de communes ; et, dans les campagnes, la publication se fait à l'issue de l'office divin. »

---

(1) Il convient que l'affiche se fasse habituellement aux mêmes endroits, et il est du devoir de l'autorité communale de les faire connaître aux habitants.

Ce devoir entraîne, par voie de conséquence, le droit d'établir des peines pour en empêcher la lacération ou la maculation.

V. la Jurisprud. des trib. t. 7. p. 59.

A ce point de vue aussi, les propriétés privées et les édifices publics peuvent être désignés pour recevoir les affiches des actes de l'autorité. C'est une servitude d'utilité publique.

(Cass. 5 février 1855. (B. 1855. p. 105.)

Dans ces dernières communes, en cas d'urgence, le collége des bourgmestre et échevins est autorisé à adopter tel mode de publication qu'il croit convenable.

Ces règlements et ordonnances deviennent obligatoires le cinquième jour après leur publication, sauf le cas où ce délai aurait été abrégé par le règlement ou l'ordonnance.

Le fait de la publication par voie d'affiche ou de proclamation peut d'ailleurs être prouvé par attestation, témoignage, et par tous les moyens de droit ordinaires.

Cass. 28 mai 1849 (B. 1849. p. 243), et 6 octobre 1854. (B 1854. p. 432.) — Ann. la loi comm. art. 78, § 7. — V. quant au mode à suivre pour constater la publication des règlements de police communale, l'arrêté du 12 novembre 1849.

Avant 1830, aucune disposition n'avait réglé le mode de publication des ordonnances communales.

Cass. 16 mars 1833. (B. 1833. p 193.)

Les règlements de police ne tombent pas en désuétude par le seul effet de leur non application pendant un temps même très-long, à moins que, pendant ce temps, il ne se soit présenté des cas notoires, des actes publics et nombreux qui leur soient contraires, auxquels ils étaient applicables et n'ont pas été appliqués.

Cass. F. 23 juillet et 23 septembre 1836. — Cass. B 23 et 30 août 1833 (B. 1833. p 374 et 381.), et 17 octobre 1843. (B 1844. p 73.)

Les règlements de police communale sont obligatoires

pour tous les individus, même étrangers à la commune, qui se trouvent sur son territoire.

Cass. F. 24 février 1820, 15 février 1828, 23 avril 1842 et 27 février 1847.

Ils obligent tous les habitants de la commune, sans qu'aucun privilége puisse être invoqué ou soit possible.

Cass. F. 19 décembre 1833.

Les actes particuliers de faveur qui créeraient de pareils priviléges ne sauraient constituer pour les tribunaux une excuse légale des contraventions dont la répression est poursuivie devant eux. Ainsi, la permission du bourgmestre ou du collége des bourgmestre et échevins ne rendrait pas l'infraction excusable.

Cass. F. 1er juillet 1830, 12 décembre 1846, 8 novembre 1851.

Ainsi, lorsqu'un règlement de police défend de tenir les cabarets ouverts au delà d'une heure déterminée, sans autorisation du collége des bourgmestre et échevins, le bourgmestre ne pourrait, à lui seul, donner pareille autorisation.

Cass. 20 mars 1854.

La loi ne garantit l'exécution des règlements de police communale que quand ils statuent sur des objets qu'elle place dans les attributions de l'autorité communale.

Henrion de Pansey le dit fort bien : « Il ne pouvait entrer dans l'intention du législateur de sanctionner indistinctement et en aveugle, tout ce qu'il plairait à des officiers communaux d'ordonner ou de défendre. »

Le pouvoir réglementaire de la commune, comme celui de la province, comme celui du gouvernement central, prend sa source dans la loi; il s'exerce en vertu de la loi et en exécution de la loi; il expire où la loi cesse.

Cass. 9 décembre 1852. (B. 1853 p. 310.)

A plus forte raison, l'action réglementaire de l'autorité communale ne peut s'exercer à l'encontre des lois.

La loi refuse aux corps communaux la faculté de porter des ordonnances contraires aux lois et aux règlements d'administration générale ou provinciale;

Loi comm. art. 78, § 2.

et l'on ne doit pas distinguer si les règlements d'administration générale ou provinciale sont antérieurs ou postérieurs à ces ordonnances.

Cass. 17 octobre 1853. (B. 1853. p. 460.)

C'est sur le respect des lois que reposent l'unité nationale et l'ordre public.

Hors de là, tout devient confusion, désordre, anarchie.

Cass. 17 octobre 1853. (B. 1853. p. 460.)

La loi doit rester inviolable pour l'autorité communale comme pour les citoyens.

Le § 2 de l'article 78 de la loi communale a sa sanction, d'une part, dans les articles 86 et 87 de la même loi ;[1]

Au besoin, d'autre part, dans l'article 107 de la constitution.

Car, ainsi que nous l'avons dit souvent, il est du devoir des tribunaux d'examiner si la matière est soumise au pouvoir réglementaire de l'administration, et si le règlement qu'on invoque devant eux est ou non conforme à la loi.[2]

Cass. 25 décembre 1845. (B. 1846. p. 183.)

S'il contient des dispositions contraires à la loi et d'autres qui y soient conformes, la nullité des unes n'empêche pas la force obligatoire des autres.

Cass. 6 avril 1846. (B. 1846. p. 563.)

Dans ces limites-là, le législateur s'est, en quelque sorte, approprié les ordonnances de police communale et leur a donné l'efficacité des actes émanés de sa propre compétence.

Un règlement de police communale est une véritable loi

---

(1) Une expédition des ordonnances de police communale doit être adressée, dans les quarante-huit heures, à l'autorité provinciale.

Loi comm. art. 78, § 3.

(2) Sans qu'ils puissent annuler le règlement illégal.

Bruxelles, 16 juin 1852. (J. 1854. p. 16.) — Cass. 16 avril 1849. (B. 1849. p. 254.)

locale qui conserve son effet, malgré une circulaire ministérielle contraire.

Journ. des fabriques, t. 24. p. 43. — V. un jugem. du trib. de Namur du 2 juillet 1857. (J. des trib. t. 6. p. 775.)

Les conseils communaux peuvent statuer des peines contre les infractions à leurs ordonnances, si la loi elle-même n'a pas pourvu à l'établissement de ces peines.

Bruxelles, 19 novembre 1842. (J. 1844. p. 41.) — Cass. 8 janvier 1835. (B. 1835. p. 162.)

La loi du 6 mars 1818 permettait aux conseils communaux d'établir des peines correctionnelles.

Aujourd'hui, elles ne peuvent excéder les peines de simple police :

Loi comm. art. 78, n. 4.

la confiscation de certains objets saisis,[1] l'amende de un franc à quinze francs,[2] l'emprisonnement d'un jour à cinq jours.[3]

---

(1) Voir le code pénal art. 470. — Rapprochez son art. 11. — Voir la Jurisprud. des trib. t. 6 p. 775 — Cass. 19 avril 1858. (B. 1858. p. 149.) — Le code pénal art. 464, 465 et 466. — Le code d'instr. crim. art. 137.

(2) Les conseils communaux peuvent établir les peines de simple police, d'amende et d'emprisonnement, soit séparément, soit cumulativement.

L'article 467 du code pénal commine la contrainte par corps, comme voie d'exécution, pour le cas de non paiement de l'amende.

(3) Rien ne nous semble s'opposer à ce qu'ils comminent l'emprisonnement subsidiaire dans le cas de non paiement de l'amende. C'est alors une peine

Les conseils communaux ne peuvent subordonner les poursuites judiciaires à des conditions, en déclarant, par exemple, qu'aucune poursuite n'aura lieu avant que les contrevenants n'aient été invités à acquitter volontairement les amendes.

Cass. 3 janvier 1835 (B. 1835. p. 192.)

Les tribunaux ne peuvent se dispenser de les prononcer.

Elles ne sont dues qu'après qu'elles ont été prononcées par un jugement. Jusque-là, elles ne peuvent être l'objet d'aucune transaction.

Cass. F. 20 octobre 1831, 14 mars 1833, 13 novembre 1835, et 6 juillet 1837.

Il faut, du reste, pour que le juge les prononce, qu'elles soient comminées par le règlement lui-même, à la différence des règlements d'administration générale. Le seul fait de la violation de ceux-ci entraine l'application de la peine.

Les peines plus fortes qui sont portées par les ordonnances antérieures à la loi communale sont réduites de plein droit aux peines de simple police.

Loi comm. art. 78, § 5.

On s'est demandé si le roi peut porter des arrêtés sur

---

corporelle substituée à une peine pécuniaire, dans le cas où il n'est pas satisfait à celle-ci.

V. la Jurisp. des trib. t. 6. p. 991. — Cass. 7 janvier 1856. (B. 1856. p. 23.)

des objets que la loi place dans les attributions de la police communale.[1]

Distinguons :

---

(1) Voir Tielemans, *Répertoire de l'administration*, t. 7. p. 211. — *Revue des Revues de droit*, t. 5, p. 266 et t. 12. p. 402. — Voir le *Moniteur* du 25 novembre 1834.

Voici quelle est, sur cette question, l'opinion de Mr l'avocat général Dewandre : « D'après notre système d'organisation communale et provinciale, le pouvoir de faire des règlements de police se divise en trois branches : pouvoir royal ; conseils provinciaux ; conseil des communes. Ces trois pouvoirs sont soumis à la loi ; mais hors de la loi, les limites de chacun de ces pouvoirs varient et s'arrêtent où commencent celles du pouvoir qui lui est supérieur, lequel prend dans la loi l'autorité nécessaire pour mettre à néant les ordonnances de police du pouvoir inférieur, et en faire lui-même de nouvelles sur le même sujet.

» On ne trouve pas à la vérité dans l'article 78 de la loi communale que les règlements arrêtés par les conseils municipaux peuvent être abrogés par des ordonnances postérieures émanées, soit du pouvoir exécutif, soit des conseils provinciaux, mais peut-on révoquer en doute que telle ne soit la conséquence du système général de nos lois organiques des pouvoirs communaux et provinciaux ?

» Ne serait-il pas plus qu'étrange que le dernier conseil de la plus petite commune pût se mettre en dehors de l'action du pouvoir provincial, tandis que les règlements arrêtés par l'assemblée des conseillers de la province peuvent toujours être mis hors d'effet par les ordonnances postérieures du roi? N'est-il pas visible au contraire que, de même qu'en descendant du pouvoir exécutif jusqu'à la commune, chacun des trois pouvoirs, royal, provincial et communal, doit, d'après les termes exprès de la loi, obéissance aux arrêtés du pouvoir qui le précède dans l'ordre hiérarchique, et ne peut faire de règlements sur le même objet, de même aussi la raison indique qu'en remontant de la commune au pouvoir royal, ce qu'a fait la commune en matière de police, la province peut l'abroger par une mesure générale, comme ce qui a fait l'objet des ordonnances provinciales peut être changé par une mesure d'administration générale. » (Bulletin de cassation de 1840, p. 151.)

Cette opinion est d'une haute autorité pour la doctrine que nous professons.

1° S'agit-il d'un objet qui intéresse particulièrement, exclusivement la commune, qui se lie à son existence, à son bien-être, à ses besoins individuels, par exemple, de la police des rues, des marchés, de la vaine pâture, des incendies, des cimetières?

C'est à l'autorité communale qu'il appartient de le prendre en considération, d'y pourvoir, de prescrire les mesures ou les défenses de police qui s'y rattachent et qu'il peut réclamer.

Const. art. 31 et 108. — Loi comm. art. 75, § 1er et 78, § 1er.

C'est en cela que consiste la vie politique des communes.

Le pouvoir royal est sans attribution directe, sans initiative pour réglementer ces objets par voie de disposition de police ou autre.

2° S'agit-il d'un objet, d'une matière qui intéresse la société tout entière, l'ordre général?

Evidemment, par elle-même, l'autorité communale est, à son tour, sans compétence propre pour le réglementer, cette autorité ne trouvant dans son propre fonds, dans son essence, que le droit de pourvoir au règlement des affaires communales, étant limitée au règlement de ces affaires, devant se renfermer dans la gestion des intérêts communaux.

C'est au roi que le pouvoir exécutif appartient.

Const. art. 29.

C'est du roi qu'émanent, comme de leur source naturelle, légitime et constitutionnelle, les règlements qui sont nécessaires ou bien utiles pour l'exécution des lois.

Const. art. 67.

C'est le roi qui est investi du pouvoir réglementaire dans l'ordre des intérêts généraux.

Le pouvoir réglementaire est un attribut inaliénable, l'apanage de la royauté, de la couronne.

Il réside dans le chef de l'Etat.

Et si, dans un ordre d'intérêts supérieurs à ceux de la commune, dans la sphère des intérêts généraux, l'autorité communale a quelque fonction à remplir,[1] ce ne peut être qu'à titre de délégation spéciale de la loi, rien ne s'opposant à ce que des fonctions de ce genre soient confiées aux corps municipaux.

Loi du 14 décembre 1789, art. 51.

Mais, il va de soi que cette délégation ne peut, sous aucun prétexte, causer du préjudice ou porter atteinte aux pouvoirs, aux prérogatives que le roi tient de la constitution.

Dans cet ordre d'attributions, le gouvernement communal ne peut être et n'est en effet que le *mandataire subordonné* du pouvoir exécutif central.

---

(1) Par exemple, la police des lieux de débauche, la police des spectacles.

La division du pouvoir exécutif ne se peut concevoir autrement; ce n'est pas l'anarchie, c'est un partage hiérarchiquement organisé.

En d'autres termes, lorsque la loi charge le conseil communal ou bien le collége des bourgmestre et échevins de réglementer un principe d'ordre public, si ce principe se rattache *à l'ordre général,* s'il est placé au-dessus de la sphère des intérêts communaux, évidemment ces deux corps ne sont appelés à fonctionner qu'à titre de suppléants, que comme auxiliaires du pouvoir royal, le pouvoir réglementaire suprême, par excellence.

Il appartient donc au roi de réglementer les objets de police générale qui sont confiés à la vigilance des corps communaux; de suppléer, par des dispositions d'ordre général, à leur incurie, à leur indifférence, à leur inertie.

L'article 78, § 2, de la loi communale nous semble compléter la démonstration; car, s'il déclare « que le conseil communal fait les ordonnances de police communale, » il ajoute, que ces ordonnances ne peuvent être contraires aux règlements d'administration générale ou provinciale.

Cette disposition nous semble impliquer la reconnaissance du droit qu'a le pouvoir exécutif royal, de réglementer par arrêtés les objets de police générale qui sont confiés à la sollicitude des corps communaux.

La subordination est évidente.

Il était dans la pensée des auteurs de la loi de 1836 de

maintenir, de respecter, de justifier, de sauvegarder la règle constitutionnelle que l'article 67 de la constitution a consacrée.

Il suffit que l'un des organes du pouvoir réglementaire soit mis en œuvre par la loi, pour que les organes supérieurs et surtout l'organe suprême soient saisis, soient appelés à suppléer à leur apathie.

V. Cass. 24 mars et 4 août 1840. (B. 1840. p. 139 et 501.)

De sorte que le pouvoir exécutif a le droit de porter des arrêtés, chaque fois que l'exécution de la loi en nécessite, sur des objets qui affectent l'ordre général et qui sont confiés à la vigilance des autorités locales.

Notamment, la police des maisons de débauche, que l'article 96 de la loi communale attribue particulièrement à l'autorité communale, se range, à plus forte raison, dans les attributions de la police générale.

Nous ne pouvons admettre la doctrine contraire que la cour de cassation, abandonnant sa jurisprudence antérieure, a consacrée dans un arrêt du 16 juin 1841 (B. 1841. p. 278.) qui fait refus d'appliquer un arrêté du 20 août 1838 relatif aux maisons de débauche.

Annexez un arrêt conforme de la cour de Bruxelles, du 1er juin 1849. (J. 1849. p. 405.)

§ II. *Matières soumises à l'action de la police communale.*

Quelles sont les matières qui se rangent dans les attributions de la police communale, soit par leur nature, soit par délégation?

Le principe général fixant la compétence de l'administration communale en matière de police se trouve énoncé, pour la première fois, dans l'article 50 de la loi du 14 décembre 1789.

« Les fonctions propres au pouvoir communal sont de faire jouir les habitants des avantages d'une bonne police, de la propreté, de la salubrité, de la tranquillité *dans les rues, lieux et édifices publics.* »

La loi du 24 août 1790, titre 11, article 3 et suivants, confirmée par la loi du 19-22 juillet 1791, titre 1er, articles 29 et 46, n. 1er, développe cette première base.

« Les objets de police, confiés à la vigilance et à l'autorité des corps communaux, comprennent tout ce qui intéresse la sûreté et la commodité du passage *dans les rues et places publiques.* »

On donne le nom de chemins privés à ceux dont le fonds appartient à des particuliers et dont l'usage n'est pas libre à tout le monde.

Tout passage qui est destiné à l'usage de tous les citoyens appartient soit à la grande voirie, soit à la voirie urbaine, soit à la voirie vicinale, celle qui comprend toutes les autres voies de communication.

Tout passage ou impasse dont l'accès est ouvert au public se trouve, par le fait, soumis aux règlements de police en matière de voirie, n'importe que le fonds en appartienne à l'Etat, à une province, à une commune, ou à un particulier.[1]

Cass. 12 juillet 1841 (B. 1841. p. 432.), 15 février 1842 (B. 1842. p. 98.), 21 novembre 1842 (B 1843. p. 17.), et 28 mars 1848. (B. 1848. p. 242.)

Les sentiers publics qui sont établis pour l'utilité des citoyens, ne fût-ce que pendant une partie de l'année, en hiver, par exemple, constituent des servitudes d'utilité publique qui, aux termes de l'article 650 du code civil, sont régies par des lois particulières ou des règlements particuliers.

Cass. 16 avril 1849. (B. 1849. p. 254.)

La voirie urbaine et rurale prend la dénomination de petite voirie et comprend les communications qui sont d'un intérêt particulièrement communal, comme sont les rues des villes, bourgs ou villages, qui ne font pas partie de la

---

(1) Est légale l'ordonnance communale qui détermine la largeur des impasses que des particuliers construisent sur leur propriété.

Cass. 16 mars 1833. (B. 1832-1833. p. 193.)

grande voirie, ainsi que les chemins qui conduisent d'une commune à une autre.

Voirie urbaine. — La voirie urbaine comprend les rues, ruelles, passages et impasses aboutissant à la voie publique, qui sont établis dans les villes et dans les portions agglomérées des communes rurales de 2000 habitants et au-dessus. Elle s'étend aux habitations isolées qui, par leur voisinage, doivent être considérées comme faisant partie de ces agglomérations.

C'est le roi qui, sur l'avis de la députation permanente, le conseil communal entendu, désigne ces agglomérations et ces habitations.

Loi du 1er février 1844, art. 1er.[1]

Comment ces voies de communication s'établissent-elles?

C'est l'autorité communale qui les établit, sous l'approbation supérieure,

Loi comm. art. 76, n. 7.

ou qui en autorise l'établissement dans l'enceinte de la commune, sous la même approbation.

Loi du 1er février 1844, art. 2, § 1er. — Ann. la loi du 19 juillet 1832. — L'arrêté du 26 octobre 1850.

Qui peut les supprimer?

---

(1) C'est celle qui régit la voirie urbaine.

C'est l'autorité communale qui en ordonne la suppression, lorsqu'elles sont établies sans son autorisation,

Loi de 1844, art. 2, § 2.

et lorsqu'elles ont cessé d'être utiles.

Loi comm. art. 76, n. 7. — Cass. 16 mars 1833 (B. 1832-1833 p. 193.)

Quelles servitudes imposent-elles aux propriétés riveraines?

La construction des bâtiments qui les bordent intéresse la sûreté, la commodité de la voirie.

Le conseil communal est compétent pour régler l'alignement de ces constructions. Il doit veiller à ce qu'il ne soit pas commis d'anticipation sur la voie publique. Il peut ordonner l'élargissement d'une rue jugée trop étroite,

Loi comm. art. 76, n. 7.

c'est-à-dire que des règlements de police, ayant pour but de rendre les communications régulières et commodes, peuvent prescrire l'obligation de demander l'alignement et de se conformer aux *alignements donnés*.

C'est le collége des bourgmestre et échevins qui les donne.

Loi comm. art. 90, n. 7.

Sur quelle base?

Conformément aux anciennes fondations ou limites

qui séparent le terrain à bâtir de la voie publique;

Loi comm. art. 90, n. 7.

ou bien conformément au plan préalablement arrêté par le roi, sur proposition du conseil communal.

Loi du 16 septembre 1807, art. 52. — Loi comm. art. 76, n. 7. — Loi du 1er février 1844, art. 4. — Cass. F. 18 septembre 1828, 18 juin 1831, 10 mai 1834 et 6 juillet 1837. — V. un jugem. du trib. de Huy du 11 avril 1855. (J. des trib. t. 5. p. 534.)

Aucune construction ou reconstruction, aucun changement[1] aux bâtiments existants sur la voirie urbaine,[2] sur des terrains destinés à reculement[3] (d'après les plans d'ali-

---

(1) Les menus travaux, ceux de conservation, d'entretien sont exceptés de la défense.

Loi de 1844, art. 4, § 1er.

Cependant des dispositions de police locale peuvent prescrire aux particuliers, par mesure d'ordre, d'en donner avis préalable à l'administration, alors même qu'il s'agirait de bâtiments non sujets à reculement.

(2) L'action de l'autorité communale embrasse, non-seulement les constructions que l'on élève à la limite de la voie publique, mais encore celles que l'on élève à l'intérieur dans le voisinage de la voie publique, à la distance fixée par les règlements communaux.*

(3) Bien que la propriété ne soit pas sujette à reculement et que, par suite, l'administration n'ait pas le droit d'en empêcher la construction ou reconstruc-

---

(*) Le règlement de la ville d'Anvers qui fixe cette distance à vingt mètres de la voie publique a été appliqué par la cour de cassation.

Cass. 14 mars 1854. (B. 1854. p. 147.)

Il faut, du reste, que ces constructions aient quelque rapport avec la voie publique.

Cass. 2 août 1854. (B. 1854 p. 348.)

gnement approuvés), ne peuvent donc être faits sans l'autorisation de l'administration communale.[1]

Loi de 1844, art. 4, § 1er.

L'administration communale doit donner récépissé de la demande.

Loi de 1844, art. 4, § 2.

C'est que la loi lui enjoint:

1° De se prononcer dans le délai de trois mois, à dater de la réception de cette demande;

Loi de 1844, art. 5.

2° D'intenter l'action en expropriation, dans le délai d'un mois, à dater de la décision négative d'autorisation.

Loi de 1844, art. 6.

---

tion, elle n'en a pas moins le droit d'imposer aux particuliers telles conditions que les règlements locaux édictent quant à la solidité des constructions, la sûreté de la voie publique, etc.

(1) L'autorisation peut être subordonnée à des conditions, mais seulement à des conditions de police.

L'obligation de réparer le pavé de la voie publique ou d'y construire un trottoir serait fiscale et, dès lors, arbitraire ici.

V. Bruxelles, 19 juillet 1838. (J. 1839. p. 223.)

« Les frais soit d'entretien, soit d'amélioration des rues incombent à la caisse communale. Ayant pour objet l'intérêt de tous ils ne peuvent être mis exclusivement à la charge des propriétaires riverains. Ils ne peuvent l'être comme condition imposée à l'autorisation de bâtir : ils n'ont rien de commun avec les précautions de police qui peuvent affecter le droit de bâtir et les bâtisses.

V. un jugem. du trib. de simple police de Bruxelles du 5 mars 1858. (J. des trib. t. 7. p. 394.) — Namur, 24 novembre 1860. (J. des trib. t. 9 p. 554.) — Rapp. la Jurisp. des trib. t. 7. p. 394, et t. 8. p. 1.

Ainsi, pour la voirie urbaine,[1] il n'y a plus d'expropriation tacite résultant de la défense de consolider par des travaux confortatifs.

L'administration communale n'a d'autre alternative que celle d'autoriser les travaux, même confortatifs, ou de procéder à expropriation immédiate ;

Ce qui la placera désormais dans la nécessité de payer, non-seulement la valeur du terrain à incorporer à la voie publique, mais aussi la valeur des bâtiments.[2]

Le jugement qui intervient sur la poursuite éventuelle en expropriation fixe le délai en déans lequel l'administration doit payer l'indemnité ou la consigner.

Loi de 1844, art. 6, § 2.

A défaut, par l'administration communale, soit de se prononcer sur la demande d'autorisation, soit d'intenter l'action en expropriation (dans le délai fixé par la loi), soit d'acquitter ou de consigner l'indemnité (dans le délai fixé par le jugement), le propriétaire peut faire telles constructions qu'il juge convenir.

Loi de 1844, art. 7.

---

(1) Celle que la grande voirie ne traverse pas.

(2) Ce régime bouleverse toute l'économie de la législation antérieure sur la matière ; il aggrave considérablement la condition des communes, et fera désormais obstacle à l'amélioration des communications urbaines.

Seulement, quinze jours avant, il doit mettre l'administration communale en demeure de se prononcer et dénoncer cette mise en demeure à la députation.

Loi de 1844, art, 7.

Un recours est d'ailleurs ouvert au propriétaire auprès de la députation et auprès du roi, contre les décisions de l'administration communale sur la matière.

Loi de 1844, art. 8.

La loi a une double sanction pénale :

L'amende;

Loi de 1844, art. 9.

Le rétablissement des lieux dans leur état primitif. Ce rétablissement doit être prononcé d'office par le juge.

C'est la réparation du dommage.

Cass. B. 16 mars 1833. (B. 1832-1833. p. 193.) — Cass. F. 29 mars 1821, 22 mars et 12 avril 1822, 7 août 1829, 8 janvier et 20 mars 1830, 10 mai 1834.

On ne peut invoquer la bonne foi.

Cass. F. 6 juillet 1837.

Nous disons : Doit être prononcé d'office;

Ajoutons : *S'il y a lieu;* c'est-à-dire que la démolition n'est pas une suite nécessaire et inévitable de la contravention, et qu'il reste libre au juge de l'ordonner ou de ne pas l'ordonner, suivant que la démolition paraît, ou non, réclamée par l'intérêt public.

Cass. 3 octobre 1856. (B. 1856. p. 443.)

Cet alignement est exécuté, soit par le propriétaire lui-même,[1] soit, à défaut, par l'administration elle-même agissant aux frais du contrevenant.

Loi de 1844, art. 10, 11 et 12.

S'il s'élève une question de propriété, celle-ci devient préjudicielle, et le renvoi à fins civiles est de droit.

Loi de 1844, art. 13. — Ann. la loi comm. art. 90, n. 7.

Pour le surplus, les effets de l'alignement, notamment en ce qui concerne l'avancement sur la voie publique et la liquidation des indemnités, sont réglés d'après les principes que l'on observe pour la grande voirie.

La loi du 1er juillet 1858 a pour objet de faciliter l'assainissement des localités qui sont soumises au régime de la loi du 1er février 1844.

Lorsque, dans l'intérêt de l'hygiène publique, le conseil communal juge qu'il est nécessaire d'ouvrir des rues ou des impasses, d'élargir, de redresser ou de prolonger celles qui existent, d'établir ou d'agrandir des places publiques, ou bien de creuser, d'approfondir ou voûter soit des canaux, soit des cours d'eau, le gouvernement auto-

(1) Car celui-ci exerce un droit d'option dans un délai que le juge lui assigne.

rise l'expropriation des terrains destinés à la voie publique et aux constructions comprises dans le plan des travaux projetés.

Loi du 1er juillet 1858, art. 1er. — Rapp. son art. 11.

Des formalités tutélaires, analogues à celles que la loi du 8 mars 1810 prescrit, doivent précéder la déclaration d'utilité publique.

Loi du 1er juillet 1858, art. 3 et 5.

Une commission spéciale que la députation nomme, apprécie, préalablement à cette déclaration, la nécessité et le plan des travaux projetés.

Loi du 1er juillet 1858, art. 2.

Les propriétaires des immeubles frappés d'expropriation[1] peuvent réclamer la préférence pour l'exécution des travaux.

Elle ne peut leur être refusée si, dans le délai fixé par la loi (articles 5 et 7 combinés), ils se soumettent à les exécuter conformément au plan approuvé par le gouvernement, et s'ils justifient d'ailleurs des ressources nécessaires.

Loi du 1er juillet 1858, art. 6, § 1er. — Rapp. la loi du 2 mai 1837, art. 11, § 1er et 2.

---

(1) Cette préférence peut être accordée aux propriétaires qui possèdent en superficie plus de la moitié des terrains à exproprier.

Loi du 1er juillet 1858, art. 6, § 2.

L'arrêté royal qui approuve les travaux fixe alors le montant des indemnités à payer par les propriétaires aux demandeurs en concession auteurs du plan, du chef des dépenses qu'ils ont faites.

Loi du 1er juillet 1858, art. 6, § 3. — Rapp. la loi du 2 mai 1837, art. 11, § 4.

S'il y a concession, les propriétaires doivent être indemnisés conformément aux règles admises en matière d'expropriation.

L'indemnité se règle, d'ailleurs, abstraction faite de la plus value que les travaux projetés ont pu donner aux immeubles.

Elle est déterminée selon la valeur vénale qu'ils avaient avant l'adoption du plan par l'autorité communale.

Loi du 1er juillet 1858, art. 9.

Il importe que les immeubles expropriés ne reçoivent pas une destination autre que celle qui a légitimé l'expropriation.

L'arrêté qui l'autorise détermine les conditions de la revente des immeubles qui ne sont pas empris pour les travaux d'assainissement.

Loi du 1er juillet 1858, art. 10.

Voirie vicinale.[1] — Les chemins vicinaux facilitent l'exploitation des terres, les relations des villages entre eux, l'accès des grandes routes.

Etablissement et suppression des chemins vicinaux. — C'est au conseil communal et, à son défaut, à la députation qu'incombe le soin d'établir des chemins vicinaux, de les redresser, de les élargir, moyennant expropriation, partout où le besoin s'en fait sentir,

Loi du 9 ventôse an XIII, art. 6. — Loi comm. art. 77, n. 6. — Loi du 10 avril 1841, art. 27 et 28.

de déclarer la vicinalité d'un chemin,

Bruxelles, 8 mai 1840 (J. 1843. p. 5.), et 23 janvier 1841. (J. 1843. p. 7.) — Gand, 22 avril 1852. (J. 1853. p. 162.)

sans préjudice des questions de propriété et d'indemnité élevées par des tiers.

Ordonn. françaises du 4 mars 1829 et du 26 février 1833.

Car l'inscription d'un chemin au tableau officiel n'est pas constitutive, mais seulement déclarative de vicinalité; elle ne tranche aucunement la question de propriété.

Bruxelles, 3 octobre 1840 (J. 1840. p. 450.), 26 juillet 1843 (J. 1843. p. 472.), 10 janvier 1846 (J. 1847. p. 22.), 15 juin 1847 (J. 1849. p. 151.) et 18 juin 1849. (J. 1850. p. 11.) — Liége, 8 fé-

---

(1) A consulter : Delebecque, *Commentaire législatif de la loi du 10 avril 1841 sur les chemins vicinaux.* — Herman, *Code des chemins vicinaux.* — Demilly, *Administration des chemins vicinaux.*

vrier 1843 (J. 1843. p. 315.), 4 août 1849 (J. 1849. p. 404.), et 26 janvier 1859. (J. 1859. p. 192.) — Gand, 20 juin 1843 (J. 1843. p. 273.) — Cass. 22 mai 1846 (B. 1846. p. 472.), et 26 décembre 1848. (B. 1849. p. 118.)

La loi permet à la députation d'ordonner le pavement ou l'empierrement des chemins vicinaux[1] quand ils intéressent plusieurs communes, et ont ainsi le caractère d'une grande communication ;

Loi du 10 avril 1841, art. 24.

Et le gouvernement peut rendre applicables aux routes vicinales pavées ou empierrées les dispositions qui régissent la police du roulage et l'impôt des barrières sur les routes de l'Etat et des provinces.

Loi du 24 mars 1838, art. unique. — Cass. 28 mars 1839. (B. 1839. p. 229.)

L'administration communale et, à son défaut, la députation, peut supprimer un chemin vicinal, sous l'approbation du roi.

Loi de 1841, art. 27 et 28.[2]

Quid, si la suppression a pour effet d'enlever à un

---

(1) Les chemins vicinaux pavés, empierrés ou ensablés, construits depuis 1830 jusqu'en 1860 présentent ensemble une longueur de 2993 lieues. Avant 1830, ces mêmes chemins ne présentaient qu'une longueur de 299 lieues.

(2) L'autorité judiciaire est sans compétence pour connaître d'une demande ayant pour objet le rétablissement d'un chemin vicinal supprimé.

Gand, 23 janvier 1857. (J. 1858. p. 15.)

bâtiment voisin certaines utilités, certaines aisances dont il jouissait antérieurement? une indemnité est-elle due de ce chef?[1]

On a dit que les rues et les places publiques font partie du domaine public, qu'elles sont placées hors du commerce, hors des règles de la propriété, que, dès lors, elles ne sauraient être passibles de servitudes qui les feraient, jusqu'à certain point, rentrer sous le régime de la propriété privée.

Distinguons :

Les utilités dont il s'agit sont-elles contraires à la destination du chemin?

C'est un banc, par exemple, un escalier, un balcon, un étage, qui sont placés en saillie sur la voie publique.

L'administration communale peut les faire supprimer;[2] son droit est imprescriptible.

Les permissions ne peuvent même être que le fondement d'une possession précaire.

Les utilités de ce genre constituent des anticipations

---

(1) Voir *Le droit administratif belge*, t. 2. p. 62 et suiv.

(2) Il faut décider de même à l'égard d'une porte qui s'ouvrirait en dehors, d'une cave, d'un canal construits sous le sol de la rue.

sur la voie publique ou elles en diminuent la sûreté.[1]

S'agit-il d'usages qui s'accordent avec la destination du chemin? par exemple, de la faculté d'entrer dans la maison ou d'en sortir, de prendre des jours et des fenêtres d'aspect direct?

S'agit-il d'un chemin qui sert à l'exploitation d'un fonds?

Pareils avantages ne sont pas accordés à titre de simple tolérance et d'une manière précaire.

Les chemins publics sont, par destination, asservis à ces charges-là.

Par cela seul qu'un terrain est une rue, un chemin, les propriétaires des fonds adjacents qui veulent construire sur ses bords, sont assujettis à l'obligation de demander l'alignement et de s'y conformer.

L'assignation de cet alignement a pour effet nécessaire d'accorder le droit[2] de placer une porte, de prendre des jours.[3]

---

(1) Il est évident, du reste, que si l'avancement de la cave avait eu pour cause le reculement de la maison pour l'élargissement de la rue, une seconde expropriation devrait se faire, moyennant nouvelle indemnité.

(2) Le riverain a le droit d'y passer pour l'exploitation de sa terre, et ce droit constitue une servitude résultant de l'état des lieux.

Jugem. du trib. de Huy du 4 juin 1857. (J. des trib. t. 6. p. 377.)

(3) Comme on l'a dit, ce n'est pas le droit d'établir un cachot.

Il y a là un vrai contrat constitutif du droit de servitude. C'est un contrat synallagmatique.

L'administration communale peut donc supprimer un chemin, mais il y a lieu pour elle de compenser la perte de certaines servitudes, celles qui dérivent de la destination même du chemin.

Décision du conseil d'Etat du 21 novembre 1808. — Jugem. du trib. de Dinant du 14 février 1854. (J. des trib. t. 3, p. 233.) — Bruxelles, 9 mars 1853. (J. 1853. p. 222.) — Cass. F. 11 février 1828, et 5 juillet 1836. — V. sur ce point, Proudhon, *Domaine public*, t. 1. p. 363 et suiv.[1]

Les mêmes principes doivent, à cet égard, être suivis pour la grande voirie et pour la voirie urbaine.

En toute hypothèse, les difficultés sont portées en justice ordinaire.

En cas d'abandon d'un chemin vicinal, les riverains ont le droit, pendant six mois, à dater de la publication de l'arrêté qui approuve la suppression, de se faire autoriser à disposer, en pleine propriété, du terrain devenu libre, en s'engageant à payer, à dire d'experts, soit la propriété, soit la plus value dans le cas où ils seraient propriétaires du fonds.[2]

---

(1) « La construction de la rue ayant eu lieu, entre autres, pour l'usage et l'exploitation des propriétés particulières qui la bordent implique, de la part de l'administration, l'engagement tacite de ne pas rendre cette exploitation impossible. »

Cass. 7 novembre. 1856. (B. 1857. p. 94.)

(2) On conçoit ce qu'il y aurait de fâcheux à ce qu'un tiers pût l'acheter et venir ainsi se placer au centre d'une propriété.

Loi du 10 avril 1841, art. 29.

C'est une sorte d'expropriation que les particuliers exercent à l'égard de la commune.[1]

Les experts sont nommés par les tribunaux, en cas de dissentiment ; s'ils ne s'accordent pas sur l'évaluation, ils nomment un tiers-expert ; s'ils ne s'entendent pas sur le choix, les tribunaux interviennent de nouveau.

De qui émane l'autorisation dont il s'agit ici?

De la députation ou du roi, suivant la valeur.

Quid, si la commune refusait de vendre ou si l'autorité supérieure refusait son approbation?

Les riverains pourraient recourir aux tribunaux; il s'agit bien ici d'un droit résultant de la propriété.

Quid, si les deux riverains invoquent le droit qui leur est ouvert par la loi?

En cas de concours, la cession doit être faite à chacun, pour moitié, de la largeur du chemin, sur la longueur de sa propriété; et, si la commune est aussi propriétaire riveraine, elle a le droit de conserver la partie du terrain qui se trouve de son côté.

---

(1) Il va de soi que le riverain doit prouver que le terrain qu'il veut s'approprier ainsi faisait partie du chemin vicinal abandonné.

Jugem. du trib. d'Arlon du 13 juin 1855. (J. des trib. t. 4. p 768.)

Jugem. du trib. d'Arlon du 13 juin 1855. (J. des trib. t. 4. p. 768.)[1]

Chaque commune fait lever un plan général de délimitation de ses chemins vicinaux,

Arrêté du 23 messidor an V, art. 1er. — Loi du 10 avril 1841, art. 1er, § 1er.

sous la direction d'un bureau spécial qui est institué au ministère de l'intérieur.[2]

Arrêté du 21 avril 1841. (Pas. de 1841. p. 273.) — Circ. du 26 octobre 1841. (Pas. de 1841. p. 877.)

Ce travail est dressé administrativement comme il est voulu par les articles 1, 6, 7 et 9 de la loi de 1841;

Selon les formalités que déterminent ses articles 4, 5, 6, 7 et 8.

Il indique la largeur *actuelle* de ces chemins;

Loi de 1841, art. 2.

Celle qu'ils *doivent* avoir, par suite de *reprise* sur les riverains,

Loi de 1841, art. 2.

---

(1) Les chemins vicinaux qui sont abandonnés par suite de la construction d'une route de l'Etat, ne peuvent être revendiqués par celui-ci à titre de compensation; ils restent propriétés communales.

Liége, 4 décembre 1851 (J. 1852. p. 242.), et 26 février 1852. (J. 1852. p. 230.)

(2) Il convient que ce travail s'exécute partout d'une manière uniforme.

sauf recours de ces derniers vers les tribunaux ;

Const. art. 92. — Loi de 1841, art. 10 et 11, § 1er, 33, § 2 et 3. — Liége, 8 février 1832. (J. 1832. p. 74.) — Bruxelles, 3 octobre 1840. (J. 1840. p. 450.) — Cass. 25 janvier et 22 février 1836. (B. 1836. p. 256 et 281.)

Ou par suite d'*emprise* sur les riverains ;

Loi de 1841, art. 2.

sauf, dans ce cas, accomplissement des dispositions prescrites en matière d'expropriation,

Loi comm. art. 77, n. 6. — Loi de 1841, art. 11, § 2.

sans préjudice de l'application, en faveur des communes, des articles 30 et 54 de la loi du 16 septembre 1807, c'est-à-dire, de la compensation de l'indemnité due au propriétaire exproprié et de la plus value acquise à ses propriétés restantes ;

Bruxelles, 20 juillet 1838. (J. 1838. p. 439.)

sans préjudice encore, pour la commune, de la prescription acquisitive à laquelle donne ouverture l'ordonnance provinciale qui arrête le plan de ses chemins vicinaux.

Loi de 1841, art. 10, § 2. — V. pour l'application : un jugem. du trib. d'Arlon du 14 août 1850. (J. des trib. t. 1er. p. 103.) — Liége, 2 février 1852.) (Ibid.)

Constatons ici que le territoire est libre comme les personnes qui l'habitent ;

Loi du 28 septembre-6 octobre 1791, tit. 1er, art. 1er.

— que cette liberté subsiste aussi longtemps qu'elle n'a

pas été aliénée par le propriétaire ayant la libre disposition de ses biens ;

— que les servitudes, celle de passage notamment, peuvent être établies par tous les moyens qui sont habiles à transférer la propriété ;

— que les servitudes continues et apparentes s'acquièrent par titre et par la possession de trente ans;

Code civ. art. 690.

— que les servitudes discontinues, le droit de passage, par exemple, apparentes ou non apparentes ne peuvent s'établir que par titre.

Code civ. art. 691.[1]

On a dû en conclure que, sous l'empire du code civil, le fait habituel du passage des habitants d'une commune sur le sol d'un particulier n'opère aucune prescription contre ce particulier, alors même que le chemin se trouverait annoncé par des signes extérieurs et apparents.

Liége, 10 juillet 1844. (J. 1847. p. 162.) — Gand, 20 juin 1843 (J. 1843. p. 273.), et 12 janvier 1846. (J. 1846. p. 159.) — Bruxelles, 15 juin 1847 (J. 1849. p. 151.), et 27 juillet 1855. (J. 1857. p. 166.) — Cass. F. 27 mai 1834.

En vain a-t-on objecté qu'il ne s'agit pas ici d'une ser-

---

(1) Toute l'économie de nos lois atteste qu'un passage est toujours présumé s'exercer *à titre de tolérance*.

vitude telle qu'elle est définie par l'article 637 du code civil, puisqu'il n'y a pas de fonds dominant.

Ce n'est pas tant en faveur des habitants personnellement que la charge est imposée, qu'en faveur des chemins vicinaux de la commune. Le fonds dominant, c'est le chemin pour l'usage et la circulation duquel il existe un autre chemin ou passage.

Liége, 6 juillet 1842. (J. 1842. p. 475.) — Cass. 3 juin 1843. (B. 1843. p. 292.) — V. cependant : Bruxelles, 19 décembre 1853 (J. 1854. p. 304.), 2 mai 1855 (J. 1856. p. 203.), et 21 décembre 1857. (J. 1858. p. 205.) — Cass. 25 février 1841 (B. 1841. p. 189.), et 28 juillet 1854. (B. 1854. p. 421.)

Nous reconnaissons toutefois que, si la commune se disait propriétaire *du sol même* sur lequel le passage existe, il y aurait lieu d'examiner si elle se trouve ou non dans les conditions exigées par la loi pour acquérir la propriété d'un fonds au moyen de la prescription ; si, par exemple, les faits de passage s'appuient sur des actes caractéristiques de la propriété.

V. Bruxelles, 18 juillet 1849. (J. 1856. p. 201.)

C'est en ce sens que l'on peut dire qu'un chemin public peut s'acquérir par prescription.

Nous reconnaissons également que le législateur a respecté le principe salutaire qui défend de faire produire aux lois un effet rétroactif, et qu'il a maintenu les droits de passage déjà acquis par la prescription à l'époque de la publication du code civil.

Code civ. art. 691 et 2. — V. Bruxelles, 2 mai 1855. (J. 1856. p. 203.)

Le cas échéant d'un litige en cette matière délicate, il convient de rechercher quelle est l'importance du chemin, si on le considère dans son tracé matériel ; à quoi il sert ; s'il est empierré ; si l'entretien s'en fait par la commune ; si le cadastre le signale comme chemin communal ; s'il figure sur le plan des chemins qui a été dressé en vertu de la loi de 1841 ; depuis quand il a subi l'usage public.[1]

Propriété des chemins vicinaux. — L'ancienne jurisprudence et la plupart des coutumes réputaient les seigneurs propriétaires des chemins vicinaux.

On supposait que le roi les leur avait cédés à titre de fief.

La loi du 26 juillet-15 août 1790 a déclaré que personne ne peut prétendre, à titre féodal, un droit de propriété sur les chemins publics.

La loi du 22 novembre-1er décembre 1790, article 2, avait rangé les chemins publics, sans aucune distinction, parmi les dépendances du domaine public national.

En réalité, les chemins vicinaux, comme les rues des villes, se rangent, de plein droit, parmi les biens communaux.

---

(1) La commune qui veut raccorder un chemin vicinal sans issue à un autre chemin vicinal, ne peut réclamer le passage sur des propriétés privées, aux termes de l'article 682 du code civil qui s'occupe du cas d'enclave ; elle doit recourir à l'expropriation pour cause d'utilité publique.

Liége, 12 juin 1839. (J. 1839. p. 461.)

Les uns, en effet, ont été acquis des deniers des communes; les autres sont devenus communaux, du moins comme voies de communication, par l'usage, séculaire parfois, des habitants des communes.

La loi du 10-11 juin 1793 suppose ce principe et le consacre d'une manière implicite.

V. la loi du 10-11 juin 1793, sect. 1re, art. 5.

Et puis, l'article 538 du code civil est venu déclarer que le domaine public national ne comprend que les routes qui sont à la charge de l'État.

Aussi, c'est sur les communes que la loi a fait peser l'obligation d'entretenir les chemins vicinaux.

Loi de 1841, art. 13, § 1er. — Loi comm. art. 131, n. 19.

Les chemins vicinaux sont généralement réputés[1] la propriété des communes, quoique, dans beaucoup de localités, ils n'existent qu'à titre de servitude.

Il va de soi que celui qui conteste à une commune la vicinalité d'un chemin non inscrit parmi les chemins vicinaux n'a aucune preuve à administrer. C'est à la commune qui prétend qu'un chemin est public à prouver qu'il l'est.

Bruxelles, 18 juillet 1849. (J. 1856. p. 201.)

---

(1) Voir un arrêt de la cour de Liége du 14 mai 1859. (J. 1860. p. 112.)

Les chemins vicinaux constituent, pour les communes, une propriété *improductive de revenus,* consacrée à l'usage de tous et ne comportant aucune servitude contraire à leur destination.

Loi de 1841, art. 12.

Ils ne sont autre chose, à ce point de vue, qu'une fraction du domaine public national.

V. Bruxelles, 3 mai 1854. (J. 1854. p. 264.)

Les seigneurs propriétaires du sol des chemins avaient seuls le droit d'y faire des plantations.

Cette prérogative leur a été enlevée par l'article 2 de la loi du 26 juillet-15 août 1790.

Elle n'appartient plus à personne, si ce n'est à la commune elle-même; car, d'après la disposition de l'article 552 du code civil, pour pouvoir planter sur un sol quelconque, il faut être propriétaire de ce sol.

Le droit de planter suppose la propriété du sol.

Les communes sont présumées propriétaires des arbres qui s'y trouvent.

Cette présomption fléchit d'ailleurs devant la preuve contraire.

V. le code civ. art. 553.

Au surplus, les riverains qui sont propriétaires du fonds sur lequel le chemin est établi commettraient une contravention à la police des chemins vicinaux s'ils y plantaient sans y avoir été autorisés.

Ce qui importe ici c'est que le chemin reste viable et que la largeur en soit conservée.

V. la loi du 9-19 ventôse an XIII, art. 7.

La loi du 28 août-14 septembre 1792, dont on a argumenté pour prétendre qu'ils ont le droit de planter sur les chemins vicinaux, ne concerne que les plantations existantes à l'époque de sa publication.

V. ses art. 14 et suiv. — Bruxelles, 4 mai 1841 (J. 1842. p. 128.), et 13 mars 1845. (J. 1846. p. 105.) — V. cependant : Gand, 30 juin 1843. (J. 1843. p. 390.) — Bruxelles, 31 mai 1856. (J. 1856. p. 332.)

A quelles conditions la prescription d'un chemin devient-elle possible?

Dès que l'abandon du chemin par le public devient constant.

Mais cet abandon doit être suivi d'actes de jouissance posés par le particulier et continués pendant trente ans.

Ces deux périodes ne courent pas simultanément.

La prescription du possesseur ne peut commencer que lorsque le chemin a perdu son caractère de chose publique ; tant que ce caractère n'est pas effacé, la prescription est impossible.

C'est trente ans après ce moment initial que la prescription peut s'accomplir.

Bruxelles, 15 mars 1855. (J. 1856. p. 133.)

Les chemins vicinaux sont imprescriptibles, aussi longtemps qu'ils servent à l'usage public, tels qu'ils sont reconnus par les plans généraux d'alignement.

Loi de 1841, art. 12.

Ainsi, ce sera en vain qu'un riverain empiètera sur la largeur pendant dix, vingt ou trente ans; tant qu'une partie du chemin sert à l'usage du public, les communes, invoquant le plan, peuvent réclamer le chemin dans toute sa largeur.

C'est le cas de la reprise.

Quid, si l'autorité communale n'exerçait pas ses droits?

Chacun des habitants pourrait les exercer à ses risques et périls.[1]

Quid, des simples servitudes de passage?

Elles sont ici comprises, comme dans le reste de la loi, sous l'expression *chemins vicinaux.*

---

(1) Jugé, avec raison, que, quand des habitants d'une commune réclament l'exercice d'une servitude de passage, non pour l'exploitation d'une propriété ou de plusieurs propriétés particulières, mais pour la facilité des communications existant entre les divers hameaux de la commune, ils n'agissent pas *ut singuli,* et doivent se conformer à l'article 150 de la loi communale.

Jugem. du trib. de Tournai du 5 mai 1856. (J. des trib. t. 7. p. 855.)

Ici, l'abandon du passage par le public suffit pour amener son affranchissement et la prescription.

C'est, du reste, aux tribunaux qu'il appartient de connaître des contestations qui s'élèvent entre l'administration et les riverains sur le point de savoir s'il y a prescription ou non.

Loi de 1841, art. 10, § 1er. — Cass. F. 1er décembre 1835, et 7 mars 1837.

Entretien des chemins vicinaux. — Il est de règle que celui qui a la jouissance d'une chose doit avoir la charge de son entretien.

Il est de règle, en matière de voirie, que le soin de réparer les routes doit particulièrement peser sur ceux qui s'en servent et qui les dégradent.

Les dépenses relatives aux chemins vicinaux devaient donc, en général, être mises à la charge de la commune sur le territoire de laquelle ils sont établis.

De là les dispositions suivantes qui sont unanimes sur ce point :

Lois du 28 septembre-6 octobre 1791, tit. 1er, sect. 6, art. 2 et 3, et du 11 frimaire an VII, art. 4, § 2. — Arrêté du 4 thermidor an X, art. 6, § 1er. — Loi comm. art. 131, n. 19. — Loi du 10 avril 1841, art. 13, § 1er. — Loi comm. art. 90, n. 12.

Nous disons : *En règle générale.*

Il est des cas exceptionnels où cette obligation, si elle était absolue, deviendrait fort onéreuse et manquerait de justice.

Parmi les chemins ruraux, il en est qui intéressent plusieurs communes et qui ont un caractère de grande communication.

Il ne serait pas juste que chaque commune dont le territoire est traversé par ce chemin fût chargée de l'entretenir dans la proportion de son parcours sur son territoire.

Il se peut que l'utilité qu'elle en retire ne soit pas en proportion avec l'étendue de ce parcours.

Chacune d'elles doit subvenir à l'entretien en proportion de son intérêt.

Loi de 1841, art. 24, § 2, et 25.

C'est une application de l'article 132 de la loi communale.

Il est d'autres chemins qui intéressent plus particulièrement certains établissements industriels établis dans une commune et qui les dégradent par l'usage habituel qu'ils en font; telles sont les exploitations de tourbières, de carrières, de mines; les exploitations de forêts que l'on défriche.

Il était juste que les propriétaires de ces établissements, que les propriétaires ou les usagers de ces forêts fussent appelés à subvenir à l'entretien de ces chemins.

Tel est le vœu de la loi.

V. la loi de 1841, art. 23. — V. la Jurisp. des trib. t. 5. p. 1009. — V. aussi, pour l'application : un jugem. du trib. de Charleroi du 17 décembre 1859. (J. des trib. t. 9. p. 172.)

Il est un troisième cas exceptionnel dont il a été tenù compte par la loi.

C'est celui où l'usage aurait mis l'entretien des chemins vicinaux à la charge des propriétaires riverains de ces chemins, à cause de l'utilité toute particulière qu'ils en retirent.

L'article 13, § 2, de la loi permet à l'autorité provinciale de respecter et de faire respecter cet usage dans les localités où il existe.

Il est évident d'ailleurs que l'obligation qui incombe à la commune d'entretenir ses chemins ne lui impose pas celle d'entretenir les bords d'une rivière navigable qui coule à côté de ces chemins.

Gand, 3 mars 1854. (J. 1854. p. 238.)

Il reste vrai, en général, que les chemins vicinaux sont à la charge des communes, et les communes y pourvoient, soit à l'aide de leurs revenus ordinaires, soit à l'aide de prestations de travail rachetables ou exigibles en argent, soit à l'aide de centimes additionnels aux contributions qui se paient dans la commune,

Loi du 10 avril 1841, art. 14 et suiv.[1]

soit à l'aide des subventions que les communes peuvent recevoir sur les fonds de la province,

---

(1) Ces dispositions trouvent leur sanction dans l'article 22 de la loi.

. Loi du 10 avril 1841, art. 26.

soit à l'aide du concours financier de l'Etat.

Rappelons-nous ici que l'autorité administrative a seule attribution pour prononcer sur les contestations relatives à la perception des impôts directs ; et les impôts qui se perçoivent par un rôle nominatif sur les personnes qui en sont passibles présentent tous les caractères d'une contribution directe.

Liége, 14 août 1848. (J. 1849. p. 407.) — Cass. 30 novembre 1837. (B. 1838. p. 120.)

Les travaux d'entretien des chemins vicinaux, comme ceux de la voirie urbaine ou de la grande voirie, se faisant en exécution des devoirs qui sont imposés à l'administration et constituant des actes administratifs, c'est-à-dire, des actes posés par l'administration agissant dans l'intérêt du domaine public, comme pouvoir souverain placé au-dessus des atteintes du pouvoir judiciaire, ne peuvent donner lieu à une action en réintégrande tendant à la suppression de ces travaux ; pareille action n'est pas recevable par les tribunaux.

Toutefois, l'existence du trouble ayant été constatée par le juge, rien ne s'oppose à ce qu'il l'admette comme base d'une demande de dommages-intérêts.

Jugem. du trib. de Louvain du 22 janvier 1852. (J. des trib. t. 1er. p. 503.) — Cass. 19 juin 1851. (B. 1851. p. 330.) — V. également, Liége, 17 juillet 1834 (J. 1835. p. 96 et 329.), et 31 janvier 1835. (J. 1836. p. 501.)

Car, il est de principe que, si par les travaux qu'elle fait exécuter à un objet du domaine public, l'administration cause du dommage matériel à une propriété riveraine, elle est tenue d'indemniser le propriétaire.

Liége, 31 janvier 1835. (J. 1836. p. 501.) — Bruxelles, 5 novembre 1844. (J. 1845. p. 50.) — Cass. F. 18 janvier 1826 et 30 avril 1838. — Cass. B. 9 janvier 1845. (B. 1845. p. 293.)

D'un autre côté, un habitant de la commune n'a pas, comme tel, le droit de contraindre judiciairement l'autorité communale à exécuter les travaux administratifs qui lui incombent à l'égard des chemins vicinaux.

Gand, 22 avril 1852. (J. 1853. p. 163.)

Police des chemins vicinaux. — La police des chemins vicinaux et des fossés qui les bordent est placée sous la tutelle des conseils provinciaux.

Loi du 28 septembre-6 octobre 1791, tit. 1er, sect. 6, art. 2 et 3.

Elle est placée sous la protection des ordonnances de police provinciale et des peines de simple police qu'elles prononcent en cette matière;

Loi du 10 avril 1841, art. 32, 36, 37 et 39. — Loi prov. art. 85 et 86, n. 6.

sans préjudice 1° des réparations civiles (la suppression des travaux) que les contraventions peuvent entraîner,

Loi de 1841, art. 33, § 1er, et art. 12.

et que le juge peut prononcer sans que l'administration se porte partie civile;

Cass. 8 mai 1843 (B. 1843. p. 280.), et 20 juillet 1846. (B. 1846. p. 695.) [1]

Sans préjudice 2° des réparations que les particuliers peuvent demander pour le dommage que les contraventions ont pu leur causer ;

Nîmes, 25 mars 1829.

Sans préjudice 3° du renvoi à fins civiles, s'il y a, de la part du contrevenant, prétention à la propriété ;

Loi de 1841, art. 10, § 1er, et 33, § 2 et 3. — Bruxelles, 8 mai 1840. (J. 1843. p. 5.) — Liége, 3 mars 1859. (J. 1859. p. 218.) — Cass. 21 juillet 1836 (B. 1837. p. 73.), 9 décembre 1844 (B. 1845. p. 337.), et 26 décembre 1848. (B. 1849. p. 118.) — V. sur la nature des questions préjudicielles, le Bull. de Cass. de 1837, p. 73 et suiv.

le juge de police ne pouvant, sans excéder les bornes de sa compétence, décider lui-même la question préjudicielle, lorsque le délit portant sur un immeuble, le prévenu se dit propriétaire de cet immeuble, ou prétend qu'il a sur l'immeuble un droit réel légitimant le fait qui lui est reproché.

V. une dissertation sur cette matière dans la Jurisprudence des tribunaux, t. 5. p. 229.

---

(1) La réparation en matière de voirie et de cours d'eau s'entend de la suppression de la contravention et du rétablissement des lieux dans leur ancien état.

« Les tribunaux appelés à prononcer la réparation, ne peuvent la modifier ni la limiter sans empiéter sur les attributions de l'autorité administrative. »

Cass. 25 mai 1858. (B. 1858. p. 193.)

Ce qui ne veut pas dire qu'il doive prononcer le renvoi à fins civiles lorsqu'il estime celui-ci inutile et frustratoire,

Cass. 9 décembre 1844. (B. 1845. p. 337.)

ou bien lorsque l'exception n'est pas personnelle à celui qui l'invoque,

Cass. F. 25 janvier 1855.

ou n'est accompagnée d'aucun commencement de preuve.

Cass. F. 14 septembre 1855.

Sinon, la règle que le juge de l'action est le juge de l'exception reprend son empire.

Rien d'ailleurs ne peut empêcher l'autorité communale de réprimer les usurpations, les dégradations, ou de faire cesser les embarras sur-le-champ;

Cass. F. 4 août 1836.

un chemin qui se range parmi les voies ouvertes au public ne pouvant, en effet, être barré par un particulier, sous prétexte que le sol de cette voie est sa propriété.

Bruxelles, 29 janvier 1842. (J. 1843. p. 7.) — Cass. F. 10 septembre 1840.

Pour assurer la liberté de la circulation sur des sentiers grevés de la servitude légale du passage, au profit de la commune, pendant une partie de l'année, le conseil communal peut enjoindre aux propriétaires d'ouvrir le passage, et faire de leur refus d'obtempérer une contravention de police.

Cass. 16 avril 1849. (B. 1849. p. 254.)

Les contraventions à la police des chemins vicinaux se résument dans les faits suivants :

Usurpations, dégradations ;

Lois de 1841, art. 32, et du 28 septembre-6 octobre 1791, tit. 2, art. 40. — Code du 3 brumaire an IV, art. 605, n. 2. — V. pour l'application, Cass. 1er août 1842. (B. 1853. p. 455.)

Embarras ;

Code pén. art. 471, n. 4.

Comblement de fossés.

Code pén. art. 456.

Lesquelles contraventions ne constituent pas des délits successifs permanents.

Gand, 8 juin 1836. (J. 1841. p. 141.) — Bruxelles, 29 juillet 1840. (J. 1841. p. 141.) — Cass. F. 10 et 23 mai 1825. — Cass. B. 4 novembre 1840. (B. 1841. p. 139.) — V. cependant un avis du cons. d'Etat du 16 juillet 1840. — V. aussi la Jurisp. des trib. t. 1er. p. 583.

La police des chemins vicinaux s'exerce :

Par les gardes champêtres,

Loi de 1841, art. 31.

dont les procès-verbaux doivent être affirmés, dans les vingt-quatre heures, devant le juge de paix, le bourgmestre ou l'un des échevins ;

Loi de 1841, art. 31, § 3. — Cass. 3 décembre 1842. (B. 1842 p. 539.)

Par les bourgmestre et échevins;

Loi comm. art. 90, n. 12. — Loi de 1841, art. 31. — Cass. 11 septembre 1835. (B. 1836. p. 151.)

Par les commissaires d'arrondissement;

Loi de 1841, art. 31.

Par des officiers spéciaux portant dénomination de commissaires-voyers.

Loi de 1841, art. 30, § 1er, et 38.

Ces officiers ne sont pas des agents de la force publique; car ils n'ont pas de mission coercitive, comme les militaires, les gendarmes;

Ils ne sont pas dépositaires de la force publique; car ils n'ont pas charge d'exécuter les mandats de justice, ni qualité pour requérir la force publique.

Liége, 3 décembre 1851. (J. 1852. p. 122.) — Cass. 8 mars 1852. (B. 1852. p. 201.)

Ce sont des agents de police administrative. Les actes de rébellion qui se commettent envers eux sont réprimés par l'article 209 du code pénal.

Gand, 16 avril 1856. (J. 1857. p. 380.)

Les procès-verbaux de ces officiers font foi jusqu'à preuve contraire.

Loi de 1841, art. 31.

Ils doivent être suivis, quant à l'application de la peine,

non pas dans le mois, comme l'avait jugé la cour de cassation de Belgique,

V. son arrêt du 14 mai 1835 (B. 1835. p. 267.), qui assimilait les délits sur la matière aux délits ruraux.

mais dans l'année.

Loi de 1841, art. 32, § 3, et 34. — Instr. crim. art. 640.

La prescription de l'action publique court, non à partir du jour de la constatation de l'empiétement, mais du jour de l'empiétement.

Jugem. du trib. de simple police d'Alost du 25 février 1854. (J. des trib. t. 2. p. 982.)

La loi permet de bâtir, de planter le long des chemins vicinaux et n'a rien prescrit sur les distances.

On a dû en conclure que les règles qui concernent les constructions et les plantations qui se font le long des grandes routes ou de la voirie urbaine ne sont pas applicables.

Ainsi, le propriétaire peut planter et bâtir sans autorisation et sans alignement.

Cependant les règlements provinciaux et communaux peuvent en disposer autrement.

Cass. 23 août 1844 (B. 1844. p. 462.), et 9 février 1852. (B. 1852. p. 228.) — Ann. son arrêt du 7 décembre 1837. (B. 1838. p. 159.)

L'inspection centrale des chemins vicinaux relève du ministère de l'intérieur.

Elle se rattache à l'inspection agricole.

Arrêté du 25 novembre 1850.

Bâtisses.[1] — L'intervention de l'autorité communale, soit urbaine, soit rurale, en matière de bâtisse, se légitime, comme toutes ses attributions relatives à la voirie, par des motifs qui se rattachent à la sûreté, à la commodité du passage dans les rues et les chemins vicinaux.

Cass. 5 juin 1854. (B. 1854. p. 346.)

Ainsi, l'autorité communale reste dans les bornes de sa compétence lorsqu'elle défend d'excéder, pour les bâtisses, telle hauteur déterminée;[2]

Cass. 24 janvier 1853. (B. 1853. p. 344.)

d'établir des saillies, soit au pied, soit à d'autres parties du bâtiment, par exemple, des corniches, des entablements; de placer des auvents;

Cass. F. 9 février 1833.

---

(1) A consulter : Desgodets, *Lois des bâtiments.*

(2) Les règlements de police communale ne peuvent être pris dans l'intérêt privé de la commune (comme personne civile), par exemple, dans l'intérêt d'un bâtiment dont elle est propriétaire.

Spécialement, le règlement par lequel le conseil communal défendrait, dans l'intérêt de l'une des propriétés bâties de la commune, d'élever les maisons voisines au delà d'une hauteur déterminée, n'ayant pour objet que l'intérêt privé de la commune, la contravention ne saurait être rendue passible d'aucune peine.

Cass. F. 23 mai 1846.

ou bien lorsqu'elle prescrit la manière de placer les enseignes.

Cass. F. 20 septembre 1839.

Peu importe que le bâtiment appartienne à la petite ou à la grande voirie.

Cass. F. 25 avril 1839.

Et lorsqu'en exécution de ses règlements, l'autorité communale réclame la démolition de l'œuvre élevée sans autorisation préalable et qu'elle refuse d'approuver, elle ne fait que poursuivre la réparation du préjudice que cette construction lui cause ; cette réparation ne peut lui être refusée par le juge.

Cass. 9 août 1839. (B. 1839. p. 548.)

L'autorité communale cesse d'ailleurs de trouver appui dans la loi lorsqu'elle prescrit le badigeonnage des murailles ou détermine la couleur, la teinte du badigeon ;

Cass. F. 25 août 1832, et 20 juillet 1838. — Cass. B. 7 mars 1853. (B. 1853. p. 310.)

ou bien la distribution intérieure, les formes extérieures des bâtiments, dans leurs rapports avec les règles de l'art.

Cass. F. 13 janvier 1844.

Est légale l'ordonnance de police communale qui défend d'habiter des maisons infectes, insalubres.

L'expulsion des lieux, la mise des meubles sur le carreau ne peut fonder une action ou complainte possessoire.

Cass. 11 mars 1850 (B. 1850. p. 315.), et 6 février 1851. (B. 1851. p. 287.)

Est légal l'arrêté qui défend de conserver, dans les propriétés particulières, des amas de matières produisant des exhalaisons infectes ;

Cass. F. 6 février 1823. — Cass. B. 6 juillet 1846. (B. 1846. p. 650.)

— de jeter des immondices dans les cours des maisons ;

Cass. F. 21 juillet 1838.

— d'établir des écuries le long de la voirie.

Cass. F. 1er mars 1851.

Est légal l'arrêté qui détermine l'emplacement des fosses d'aisance, comme celui qui réglemente leur vidange.

Cass. F. 4 août 1832, 27 février 1832, 19 juillet 1833, 23 août 1839, 4 février 1841, 13 août 1847, et 21 décembre 1849. — Cass. B. 26 avril 1841 (B. 1849. p. 246.), 28 mars 1843 (B. 1843. p. 200.), 13 décembre 1852 (B. 1853. p. 45.), et 2 mars 1857. (B. 1857. p. 157.) — V. encore Cass. B. 17 octobre 1853. (B. 1853. p. 457.)

En ce qui concerne les fosses d'absorption,

V. la loi du 21 janvier 1852. — Cass. F. 18 floréal an XI, et 2 juin 1838. — Cass. B. 10 février 1851 (B. 1851. p. 150.), et 2 août 1851. (B. 1852. p. 13.)

— les matières en putréfaction,

V. Cass. 17 mai et 14 juin 1838. (B. 1838. p. 426 et 510.)

— les conduits pour l'écoulement des eaux pluviales et autres.

Cass. F. 14 octobre 1813, 6 janvier 1821, et 28 octobre 1824.

Est légal l'arrêté qui prescrit la clôture d'un terrain ouvert,

Cass. F. 2 février 1837, et 3 mai 1850.

— la suppression des entrées des caves à l'extérieur,

Cass. F. 20 février 1847.

— la fermeture des maisons.

Cass. F. 31 mars 1815, 18 décembre 1840, et 27 août 1842. — V. cependant Cass. F. 27 novembre 1846.

Bâtiments qui menacent ruine. — L'autorité communale s'étant assurée, sur rapport de gens experts, que la sûreté publique est compromise par l'existence d'un bâtiment quelconque, peut en prescrire directement la démolition ;

Lois du 14 décembre 1789, art. 50; du 16-24 août 1790, tit. 11, art. 3, n. 1 et 5, et du 19-22 juillet 1791, tit. 1er, art. 46, n. 1er.

Peu importe que le péril provienne de la vétusté du bâtiment, ou bien d'un vice de construction, ou bien d'un accident ;

Sauf, à défaut d'exécution ou en cas de refus d'exécution, à traduire le propriétaire du bâtiment qui menace ruine, devant les tribunaux qui nomment des experts, comme il est dit aux articles 302 et suivants du code de procédure civile;[1]

Montpellier, 25 mai 1830.

Sauf, dans les cas d'urgence, à procéder par voie de référé ou par voie d'exécution sur l'heure.

Cass. 9 août 1839. (B. 1839. p. 548.)

S'il y a lieu, autorisation est donnée par le juge, à la commune, de faire faire la démolition ou la réparation d'office, aux frais du propriétaire récalcitrant,

Liége, 11 août 1859. (J. 1859. p. 320.) — Cass. F. 26 avril 1834.

sans préjudice de la peine que prononce l'article 471, n. 5, du code pénal ;

Sinon, il condamne la commune aux dépens.[2]

La démolition ou réparation forcée ne donne ici ouverture à aucune indemnité ; personne ne peut jouir de son bien d'une manière préjudiciable pour le public, ou dans un état menaçant pour la sûreté commune.

---

(1) Voir, dans le sens de l'inadmissibilité de la preuve contraire, un jugement du tribunal de Nivelles du 24 mai 1856. (J. des trib. t. 5. p. 1019.) — Cass. F. 13 octobre 1820, 30 janvier 1836 et 14 août 1845. — V. Chauveau, n. 4130.

(2) Dans le premier cas, si le propriétaire veut reconstruire, il est tenu de demander l'alignement ; et, s'il y a lieu de sa part à reculement, il n'a droit à indemnité que pour le terrain qu'il abandonne à la voie publique.

Dans le cas de démolition d'un bâtiment qui menace ruine, les locataires n'ont pas non plus d'action en indemnité contre l'administration. Ils en auraient une contre le propriétaire si l'état de délabrement, de ruine ou de vétusté résultait du défaut d'entretien ou de réparation.

Les sommations d'un commissaire de police ne peuvent suffire ici ; une ordonnance de l'autorité communale, c'est-à-dire, du bourgmestre est nécessaire.

Loi du 30 juin 1842. — Cass. 7 avril 1838. (B. 1838. p. 311.) [1]

Il importe peu que le bâtiment appartienne à la petite ou à la grande voirie.

Cons. d'Etat, 1er septembre 1832, et 1er juin 1843.

L'administration communale peut défendre d'exécuter la démolition des bâtiments sans autorisation.

Cass. 30 juillet 1849. (B. 1849. p. 469.)

Police des rues. [2] — La loi du 16-24 août 1790 confère encore à l'autorité communale des villes ou des campagnes la police des rues.

---

(1) « Le conseil communal n'a pas à intervenir dans un cas particulier de police, et, partant, son approbation n'est pas nécessaire. »

Liége, 11 août 1859. (J. 1859. p. 320.)

(2) L'auteur se proposait de donner à cette matière toute l'étendue qu'elle comporte, et il avait rassemblé, à cette fin, de nombreuses indications ; mais, vu leur extrême concision, nous n'avons pu en faire usage. Ce n'est donc qu'une simple ébauche que nous livrons au public.

(Note des Éditeurs.)

L'administration communale peut prescrire le numérotage des maisons.

Cass. 12 juillet 1841 (B. 1841. p. 432.), et 5 février 1855. (B. 1855, p. 105.)

Il importe que la demeure de chaque citoyen puisse être signalée.

Objets perdus sur la voie publique. — L'autorité communale peut, selon nous, sans excéder les bornes de sa compétence, comminer des peines contre ceux qui, ayant trouvé un objet perdu, n'en ont pas fait la déclaration ou le dépôt à la police.

Pareil règlement atteste la sollicitude de l'autorité locale pour la sûreté du passage dans les rues.

Ainsi qu'on l'a dit, la sûreté s'attache, non-seulement à la personne, mais aux objets dont elle est nantie.

V. cependant un jugem. du trib. de simple police de Liége du 12 février 1858. (J. des trib. t. 7. p. 340.)

Est légale et obligatoire l'ordonnance communale qui défend qu'aucune affiche soit posée dans la commune sans l'autorisation du bourgmestre ;

V. un jugem. du trib. de Bruxelles du 12 juillet 1858. (J. des trib. t. 8. p. 568.) — V. Cass. F. 17 février 1849.

— celle qui réglemente le placement des inscriptions sur les enseignes ;

Cass. F. 25 mars 1830, 13 février 1834, et 26 février 1842.

— celle qui règle le mode de transport des boues, cendres et immondices qui sont déposées sur la voie publique ;

V. un jugem. du trib. de simple police de Liége du 27 mai 1857. (J. des trib. t. 7. p. 574.) — Un jugem. du trib. correctionnel de Liége du 9 juin 1860. (J. des trib. t. 9. p. 57.) — Cass. 14 juin 1838 (B. 1838. p. 510.), et 6 août 1860. (B. 1860. p. 348.)

— celle qui interdit la divagation des chiens ;

Cass. F. 19 août 1819, 11 novembre 1824, 7 mai 1825, 16 décembre 1826, 15 novembre 1827, 10 janvier et 3 mai 1834, 30 juin et 1er juillet 1842, et 8 août 1846.

— celle qui interdit l'élève et la divagation des animaux nuisibles à la propreté ou salubrité ;

Cass. F. 6 février 1807, 20 juin 1812, 2 juin et 11 octobre 1821.

— celle qui interdit la divagation des femmes prostituées ;

Jugem. du trib. de Namur du 31 mars 1854. (J. des trib. t. 2. p. 1054.) — Cass. F. 23 avril 1842.

— celle qui prescrit des patrouilles de nuit.

C'est la garde civique qui les fait lorsque l'autorité communale les juge nécessaires.

Les anciens règlements communaux sur la matière sont abrogés, et les conseils de discipline connaissent seuls des contraventions.

Lois du 31 décembre 1830, art. 38, du 8 mai 1848, et du 13 juillet 1853, art. 3, § 3, 79, 93, et 95. — Instr. du 28 janvier et du

8 décembre 1831 et du 23 novembre 1854. — Cass. 31 décembre 1855. (B. 1856. p. 38.) — Rapp. Cass. 9 février et 23 mars 1846 (B. 1846. p. 202 et 512.), et 22 novembre 1847. (B. 1847. p. 743.)

Est légale l'ordonnance communale qui défend le dépôt dans les rues, de matières qui nuisent à la propreté.

Cass. F. 19 prairial an XII, 6 février 1823, 26 juillet 1828, et 3 janvier 1835. — Cass. B. 10 janvier 1834 (B. 1834. p. 153.), et 6 juillet 1846 (B. 1846. p. 650.)

L'autorité communale peut réglementer la boucherie au point de vue de l'abattoir des bêtes, du colportage, de l'étalage de la viande.

V. la Jurisp. des trib. t. 5. p. 1060. — Cass. F. 3 mai 1811, 5 juin 1823, 18 février, 19 avril et 24 juin 1831, 1er juin 1832, 22 septembre 1836, 7 avril 1837, 11 septembre 1840, 17 mars 1841, 11 août 1842, 18 mai 1850, 25 juin et 20 septembre 1851. — Cass. B. 30 juin 1851 (B. 1851. p. 351.), 7 juin 1852 (B. 1852. p. 348.), 3 juin 1856 (B. 1856. p. 334.), et 16 mars 1857. (B. 1857. p. 141.)

Elle peut réglementer les établissements dangereux, insalubres, incommodes;

Cass. F. 14 février 1833, 11 février 1837, et 12 août 1839.

— la boulangerie, le débit de pains;

Gand, 2 mars 1853. (J. 1853. p. 237.) — Cass. F. 25 novembre 1812, 1er avril 1830, 9 juin 1832, et 1er juillet 1842.

— le balayage.

Cass. F. 7 avril 1809, 12 novembre 1813, 28 août 1818, 16 mars 1821, 28 mai 1825, 7 novembre 1826, 15 novembre 1827, 9 juin 1832, 6 avril 1833, 13 février et 24 avril 1834.

L'autorité communale peut défendre à toute personne

étrangère à l'adjudication des boues, d'enlever les immondices des rues.

Cass. F. 31 mars 1848.[1]

Elle peut prescrire l'enlèvement de l'herbe croissant devant les maisons.

Cass. F. 17 novembre 1824.

Elle peut réglementer les ventes publiques d'effets mobiliers.

Jugem. du trib. de Bruxelles du 12 juillet 1858 (J. des trib. t. 8. p. 568.), et 17 janvier 1859. (J. des trib. t. 8. p. 15.) — Bruxelles, 2 août 1834. (J. 1834. p. 337.) — Cass. 12 septembre 1834 (B. 1834. p. 210.), et 31 août 1838. (B. 1839. p. 7.) — V. la loi du 24 mars 1838.[2]

---

(1) Les obligations qu'elle impose relativement au balayage frappent le propriétaire et non le locataire.

Cass. F. 6 septembre 1822, 6 avril et 10 août 1833, 13 février et 13 novembre 1834, 6 mars 1845.

Elles l'atteignent alors même qu'il n'habite pas sa maison.

Cass. F. 1er mars 1851.

Elles incombent à tout concierge d'établissements publics.

Cass. F. 30 mai 1846.

Et, s'il y a faillite, elles incombent au syndic.

Cass. F. 30 mai 1846.

(2) Aucune loi d'ailleurs n'autorise les communes à faire des règlements de police sur le commerce.

Ainsi, l'autorité communale dépasserait ses attributions si elle imposait aux marchands l'obligation de faire connaître la provenance de leurs marchandises, et cela dans le but de faire découvrir les voleurs.

La base légale fait défaut à une pareille prescription.

Cass. F. 27 septembre 1851. — Cass. B. 26 janvier 1857. (B. 1857. p. 74.)

Embarras de passage.

Cass. 30 août 1833. (B. 1833. p. 379.)

Trottoirs.

Bruxelles, 19 juillet 1838 (J. 1839. p. 81.), et 9 mars 1849. (J. 1850 p. 309.) — V. la Jurisp. des trib. t. 7. p. 394, t. 8. p. 1, et t. 9. p. 554.

Echoppes.

Cass. F. 11 germinal an XI.

Suppression de bornes.

Cass. F. 30 juin 1836.

Etalage.

Cass. F. 24 février 1820. 15 juillet 1830, 17 septembre 1836, et 22 décembre 1838. — Cass. B. 12 septembre 1834 (B. 1835. p. 210.), et 1er mai 1849. (B. 1849. p. 452.)[1]

Déchargements.

Cass. F. 28 août 1809.

Boules de neige.

Cass. F. 17 mars 1808.

— Rapp. la loi du 19-22 juillet 1791, tit. 1er, art. 29, et la loi du 19 brumaire an VI, art. 74 — L'arrêté du 16 prairial an VII, concernant le commerce de l'or et de l'argent.

(1) En vain se prévaudrait-on de sa patente et du principe de la liberté du commerce.

Jugem. du trib. de simple police de Beaumont du 23 mars 1854. (J. des trib. t. 3. p. 519.)

Jeux sur la voie publique.

Cass. F. 5 mars 1818. — V. des ordonn. franç. du 1er et du 23 octobre 1844.

Usage d'armes à feu, pétards, feux d'artifice.

V. un jugem. du trib. de simple police de Huy du 30 janvier 1858. (J. des trib. t. 6. p. 859.) — Un jugem. du trib. de Charleroi du 1er juin 1858. (J. des trib. t. 7. p. 876.) — Cass. F. 22 septembre 1836, et 12 décembre 1846.

Voitures, conducteurs.

Cass. F. 25 ventôse an XII.

Voitures de place.

Cass. 15 février 1841 (B. 1842. p. 52.), et 19 octobre 1846. (B. 1847. p. 291.)

Eclairage des maisons, des voitures. [1]

Cass. F. 13 juin 1811, 14 février 1834, 12 juillet 1838, et 2 juin 1848. — V. la Jurisp. des trib. t. 6. p. 483.

Police des marchés, etc. — L'autorité communale est chargée de maintenir le bon ordre :

1° Dans les marchés ou foires.

Par rapport : *a*) à leur emplacement;

---

(1) L'obligation de laisser appuyer sur son héritage les poteaux des réverbères ou de souffrir que des lanternes soient apposées aux façades des maisons, est une servitude légale. (Voir Pardessus, n. 141.)

Cass. F. 8 juin 1810, 10 octobre 1823, 6 octobre 1832, 19 avril 1834, 31 mars 1838, et 17 avril 1841.

— *b*) à la fixation des heures d'ouverture ;

Cass. F. 18 octobre 1816, 6 mars 1821, 25 septembre et 13 novembre 1847. — Cass. B. 2 février et 23 août 1833. (B. 1833. p. 45 et 374.)

— *c*) à la bonne qualité des comestibles[1] et boissons, des denrées ou substances alimentaires.

Cass. F. 20 avril et 20 juin 1828, 20 et 29 février 1829, 14 décembre 1832, 15 et 23 juillet 1836. — V. la loi du 17 mars 1856, sur la répression de la falsification des comestibles, boissons, et substances alimentaires.

2° Dans les halles publiques.

Elle peut défendre d'étaler et de vendre certaines marchandises ailleurs que là, et y déterminer le nombre des étaux.

Jugem. du trib. de simple police de Mons du 10 janvier 1856. (J. des trib. t. 7. p. 666.) — Cass. F. 3 mai 1811, 7 décembre 1826, 19 avril 1831, et 10 juin 1836. — Cass. B 11 novembre 1844. (B. 1845. p. 7.)

3° Dans les ports.

---

(1) Le mot *comestible* s'applique ici à toutes les denrées qui servent à la nourriture de l'homme, particulièrement aux farines, qui forment la base de l'alimentation publique.

Cass. F. 2 juin 1810, 21 mai 1829, 20 avril 1830, 4 avril 1835, et 11 juillet 1840.

Est légal l'arrêté communal qui défend de faire opérer par d'autres personnes que par des portefaix de la ville, le chargement et le déchargement des marchandises sur les ports.

Cass. F. 29 novembre 1841, 16 septembre 1847, et 22 août 1848.

Chacun peut d'ailleurs faire ce service par lui-même ou le faire exécuter par ses domestiques.

Cass. F. 16 avril 1819, 11 septembre 1840, 27 novembre 1841, 16 septembre 1847, 4 mars 1848, et 3 juillet 1852.

4° Dans les lieux publics.

Qu'est-ce qu'un lieu public?

On donne le nom de lieu public à celui qui est livré à l'usage de tout le monde : tels sont les chemins, les rues, les places.[1]

Est encore public le lieu qui est accessible au public, soit de jour, soit de nuit, soit librement, soit moyennant l'accomplissement de certaines conditions. Tels sont les cafés, les cabarets, les auberges, les salles de spectacle, les salles d'audience des tribunaux.

Parmi les lieux publics, il y en a qui ont un caractère permanent de publicité : tels sont les cabarets ; il y en a qui perdent ce caractère quand ils cessent de remplir leur

---

(1) Ils sont essentiellement, absolument publics.
Cass. F. 26 mars 1813, et 10 mars 1814.

destination ; par exemple, les salles où les conseils communaux tiennent leurs séances, celles où l'on rend la justice, les salles de spectacle.

Ainsi, sont des lieux publics :

Le bureau d'un commissaire de police;

V. cependant Liége, 5 juillet 1826.

Les salles de la maison commune consacrées à la réception des actes de l'état civil, ou aux rapports de police entre l'administration et les citoyens ;

La salle des délibérations du conseil communal;

Orléans, 18 juillet 1833.

Les bureaux des employés des chemins de fer et les stations qui en font partie.

Cass. F. 28 avril 1843.

On décidait de même à l'égard des bureaux des receveurs de l'octroi, aux heures fixées par les règlements, pour l'admission du public.

Bruxelles, 24 novembre 1842. (J. 1842. p. 540.) — Cass. F. 2 juillet 1812, 26 mars 1813 et 2 août 1816. — Cass. B. 16 mars 1842. (B. 1842. p. 235.)

Sont encore des lieux publics :

Le bureau d'un commissaire d'arrondissement ;

Cass. F. 4 août 1826.

Le greffe d'un tribunal, d'une cour ;

Cass. F. 22 août 1828.

L'étude d'un notaire, quand le public y est appelé pour une adjudication ;

Bourges, 22 juillet 1836.

Les hôpitaux, quant à la partie des bâtiments destinés aux malades ;

Angers, 4 janvier 1824.

Les auberges, à l'exception des chambres qui peuvent être retenues par les propriétaires ou qui peuvent être louées privativement.

Cass. F. 24 décembre 1824, 19 février 1825, 11 juin 1832, et 20 janvier 1837. — Ann. Colmar, 24 janvier 1816. (J. des trib. t. 4. p. 225 et 455, et t. 5. p. 314.)

Les réunions publiques sont assimilées, par la loi, aux lieux publics.

Une réunion, quoique formée dans un lieu non public, peut devenir publique, par le concours d'un grand nombre de personnes que rassemble, ou l'intérêt, ou la curiosité, ou un danger commun.

Cass. F. 26 janvier 1826.

L'appréciation des faits appartient, du reste, aux tribunaux.

Cass. F. 4 août 1832. — Cass. B. 3 août 1846. (B. 1847. p. 70.)

On conçoit que tel lieu puisse avoir, aux yeux du juge,

le caractère d'un lieu public, au point de vue de la calomnie, sans que pour cela, ce caractère puisse lui être donné en ce qui concerne la police communale et la compétence de cette police.

L'intérêt de l'ordre et de la moralité exige que la police communale s'exerce tout particulièrement dans les cafés et cabarets,

Bruxelles, 8 décembre 1848. (J. 1848. p. 534.) — Gand, 28 février 1849. (J. 1849. p. 57.)

sous le rapport des visites domiciliaires,

Cass. 8 avril 1844. (B. 1844. p. 256.)

— des jeux,

Cass. F. 19 janvier et 22 avril 1837, et 3 juin 1848. — Ann. Cass. F. 28 mai 1841.

— des musiciens ;

Cass. F. 7 juillet 1838, 12 juin et 5 décembre 1846.

sous le rapport de leur fermeture.

Jugem. du trib. de Namur du 3 novembre 1859. (J. des trib. t. 9. p. 22.) — Cass. F. 17 février 1814, 11 juin 1818, 10 avril 1819, 29 mars 1821, 8 et 28 mars et 5 octobre 1822, 4 avril et 7 novembre 1823, 3 décembre 1825, 12 janvier et 12 juin 1828, 8 décembre 1832, 19 avril 1833, 10 mars et 2 décembre 1848, 12 septembre 1851, et 6 janvier 1853. — Cass. B. 29 mars 1841 (B. 1849. p. 212.), 1er avril 1844 (B. 1844. p. 253.), 15 janvier 1855 (B. 1855. p. 70.), 26 janvier et 9 mars 1857. (B. 1857. p. 77 et 191.)[1]

---

(1) On décide, avec raison, que les infractions aux règlements sur la

C'est à tort que l'on a prétendu que les cafés et cabarets perdaient leur caractère de lieux publics après l'heure indiquée pour leur fermeture, dans le règlement de police.

En conséquence, les éléments de la calomnie existent, si les propos qui la constituent ont été tenus dans une pareille circonstance.

C'est ainsi que les rues et places publiques conservent leur caractère de lieux publics, alors même que des dispositions de police y interdiraient momentanément la circulation.

Jugem. du trib. de Mons du 2 février 1853. (J. des trib. t. 2. p. 198.)

La police communale porterait d'ailleurs atteinte à la liberté du commerce, si elle subordonnait l'ouverture des cafés à une autorisation.

Cass. F 6 février 1847.

La police communale s'exerce dans les bals, dans les concerts publics.

Ils peuvent être soumis à l'autorisation préalable de l'administration.

Paris, 6 janvier 1834. — Cass. F. 11 mai 1832, 13 avril et 7 no-

---

fermeture des cabarets ne peuvent être excusées sous aucun prétexte.

V. notamment Cass. F 6 mars 1845, 5 février 1846, et 15 juillet 1852.

Le règlement communal peut d'ailleurs autoriser le bourgmestre à accorder des dispenses dans des cas particuliers.

Cass. 20 mars et 6 novembre 1854. B. 1854. p. 145 et 466.

vembre 1833, 2 mai 1835, 19 janvier 1837, 7 juillet 1838, 25 septembre 1841, et 30 avril 1846. — Cass. B. 19 septembre 1833 (B. 1833. p. 389.), et 16 mars 1846. (B. 1846. p. 540.)

Elle est sans action en ce qui regarde les bals particuliers.

Cass. F. 16 août 1834.

Les logeurs publics sont aussi soumis à l'action de la police communale ;

Paris, 6 janvier 1834. — Cass. F. 30 août 1833, 24 avril, 12 juin et 1er août 1845, et 14 octobre 1847.

par exemple, en ce qui regarde le délai pendant lequel ils doivent déclarer les personnes reçues en logement.

Cass. 13 juillet 1846. (B. 1846. p. 693.)

Les dispositions de police qui défendent aux hôteliers de se refuser, sans cause légitime, à recevoir des voyageurs dans leur hôtellerie, n'ont d'appui dans aucune loi en vigueur.

Elles sont contraires à la liberté du commerce, et ne sont obligatoires ni pour les particuliers, ni pour les tribunaux.

V. Cass. F. 4 août 1846, 2 juillet et 3 octobre 1857.

La loi confie aussi à la police communale le soin de réprimer les attroupements nocturnes, les charivaris.

Loi du 16-24 août 1790, tit. 11, art. 3, n. 2. — Const. art. 19. — Cass. 21 décembre 1838. (B. 1839. p. 96.)

Incendies. — C'est sur l'autorité communale que pèse le soin de prévenir les incendies. Elle peut défendre de fumer dans les rues, les granges, les écuries, etc.

Lois du 14 décembre 1789, art. 50 ; du 16-24 août 1790, tit. 11, art. 3, n. 5, et du 19-22 juillet 1791, tit. 1er, art. 46, n. 1er. — V. la Jurisp. des trib. t. 6 p. 859.

Elle peut interdire l'usage des pans de bois pour les bâtiments ;

Cass. F. 29 décembre 1820.

Et réglementer tout ce qui concerne l'établissement, l'entretien, la visite des cheminées,

Cass. F. 3 septembre 1807, 5 septembre 1812, 16 novembre 1837.

les couvertures des maisons.

Sans doute, le règlement qui ordonnerait la destruction des toitures en paille ou chaume, et leur remplacement immédiat par des toitures en ardoises ou en tuiles, dépasserait les limites du pouvoir que la loi attribue ici à l'autorité communale ;

Cass. F. 3 décembre 1840.

Mais, les dispositions de police saisissant les faits existants comme les faits futurs, le règlement peut interdire, non-seulement l'emploi de la paille ou du chaume pour les toitures, mais encore la réparation des toitures de ce genre qui existent dans la commune.

La propriété elle-même ne résiste pas à l'empire des

lois sur l'expropriation, comment le mode de jouissance des choses pourrait-il faire obstacle à l'application des règlements de police?

V. Cass. F. 23 avril 1819, 19 août 1828, 12 décembre 1835, 19 mars 1836, et 11 septembre 1840.

Il appartient à la police communale de déterminer les distances ou les précautions qui doivent être observées pour certains ouvrages, et les conditions d'entretien de ceux-ci.

Code civ. art. 674.

C'est une servitude d'utilité publique.

L'autorité communale peut défendre de faire des meules de grains, de fourrages, de paille et autres matières inflammables, à une certaine distance des habitations, des granges, n'importe que les lieux soient clos ou ouverts;

Cass. F. 20 septembre 1822, 18 avril 1828, 26 septembre 1845, et 7 septembre 1848.

— de porter, dans les rues, des morceaux de bois allumés.

Cass. F. 6 juin 1807.

Elle peut prescrire l'usage de lanternes à ceux qui approchent du foin.

Cass. F. 5 décembre 1833. — Ann. une ordonn. franç. du 24 décembre 1843.

Sont légales, à plus forte raison, les dispositions que

l'autorité communale prend pour faire cesser les incendies qu'elle n'a pu prévenir.

Nul doute 1° que les propriétaires des lieux voisins du lieu incendié ne soient tenus de livrer passage aux agents de l'autorité qui apportent des secours; 2° que les habitants du voisinage ne soient tenus de laisser puiser de l'eau à leurs pompes ou puits, pour le service de l'incendie; 3° que les habitants ne puissent être requis de porter secours ou de fournir des moyens de secours;

Nul doute 4° qu'il n'appartienne à l'autorité, pour couper le feu, d'abattre les édifices à l'aide desquels il peut se propager;[1]

Sauf indemnité à répartir ultérieurement sur les propriétaires des maisons ou bâtiments préservés.

V. le code de commerce, art. 410 et suiv.

La loi du 19-22 juillet 1791 étend encore le cercle, déjà si vaste, de ces attributions.

Elle y comprend : la taxe des subsistances,[2]

V. son titre 1er, art. 30 et 31. — Cass. F. 29 prairial an IX, et 5 pluviôse an XIII.

notamment la taxe du pain ;

---

(1) *Salus populi suprema lex.*

(2) Voir *Le droit administratif belge*, t. 3 (De la police.), p. 746 et suiv.

Cass. 3 août 1838 (B. 1838. p. 562.), et 18 mars 1844. (B. 1844. p. 145.) — V. pour l'application, Gand, 7 août 1854. (J. 1854. p. 332.)

Et la faculté de rappeler les citoyens à l'observance des lois de police générale, sans toutefois pouvoir en restreindre ou en étendre l'application.

V. la loi du 19-22 juillet 1791, tit. 1er, art. 46, n. 2. — Cass. F. 16 février 1833.

Le code rural du 28 septembre-6 octobre 1791, titre 1er, section 5, article 1er, § 3, y fait entrer le ban de vendange ;[1]

Cass. F. 16 août 1810, 3 février 1827, et 6 mars 1834.

— le règlement de la vaine pâture ;[2]

V. son tit. 1er, sect. 4, art. 3. — Ann. la loi comm. art. 77, n. 4.

— le glanage, ratelage, grappillage ;[3]

Cass. F. 25 mai 1848.

— la divagation des chiens dans les vignes ou récoltes ;

Cass. F. 10 janvier, et 3 mai 1834.

— la divagation des pigeons.

Loi du 4-11 août 1789, art. 2. — Ann. la loi rurale, tit. 2, art. 1er et 9. — Cass. F. 5 décembre 1834, 29 septembre 1837, et 14 mars 1850. — V. la Jurisp. des trib. t. 3. p. 670 et t. 4, p. 855.

---

(1) Voir *Le droit administratif belge*, t. 3 (De la police.), p. 196.

(2) Ibid. p. 202. (3) Ibid. p. 199.

La loi du 26 ventôse an IV, l'échenillage des arbres.

V. *Le droit administratif belge*, tome 3 (Police générale), p. 173 et suiv.

L'arrêté du 27 brumaire an VII place les bureaux de poids publics sous l'action de l'autorité communale.

Le décret du 23 prairial an XII, article 16, lui confie la police des cimetières.

Le décret du 18 mai 1806, article 9, lui confie la charge de régler le mode du transport des corps dans les communes populeuses.

Cass. 2 février 1854. (B. 1854. p. 75.) — V. la loi du 31 décembre 1854.

La loi communale, article 96, lui confie la police des maisons de débauche.

V. pour l'application : Cass. F. 3 juillet 1835, 11 septembre 1840, 23 avril et 23 juillet 1842, 29 mars 1844, 19 juin 1846, et 3 décembre 1847. — Gand, 14 janvier 1840. (J. 1840. p. 113.) — Cass. B. 24 mars et 4 août 1840 (B. 1840. p. 139 et 501.), et 16 juin 1841. (B. 1841. p. 278.)

Annexez l'arrêté du 12 messidor an VIII, pour l'assemblage de toutes ces matières.

En résumé, nous disons : De même qu'en vertu de l'article 75 de la loi communale, l'autorité communale règle tout ce qui est d'intérêt communal, de même, en vertu de son article 78, elle fait des ordonnances de police communale et statue des peines contre les infracteurs.

Mais cette dernière prérogative ne saurait être illimitée. D'abord elle se trouve restreinte à la police communale proprement dite; et c'est la loi du 16-24 août 1790 qui définit ce qu'il faut entendre par police communale. Elle énumère, sous une forme limitative, les objets de police qui sont confiés à la vigilance et à l'autorité des corps communaux. Ainsi, pour qu'une ordonnance de police communale soit légale et applicable par les tribunaux, il faut qu'elle ait sa base dans cette loi, ou bien qu'elle porte sur un objet que l'une des lois postérieures, que nous avons fait connaître, y a ajouté.

Cass. 7 mars 1853 (B. 1853. p. 310), 2 août 1854 (B. 1854. p. 373.), et 26 janvier 1857. (B. 1857. p. 74.)

§ III. *Le Bourgmestre et les Echevins.*

Indépendamment des attributions d'ordre général qu'il est appelé à remplir, le collége des bourgmestre et échevins est chargé des attributions suivantes qui sont d'ordre communal :

1° Il publie et exécute les résolutions du conseil communal et surveille les employés salariés par la commune.

Loi comm. art. 90, n. 2 et 11.

Il peut suspendre temporairement les employés de la commune, le secrétaire et le receveur exceptés.

Loi comm. art. 99, § 1er. — Ann. son § 2.

2° Il gère les revenus et ordonnance les dépenses de

la commune; il administre ses propriétés; il dirige ses actions judiciaires; il veille à l'entretien des chemins vicinaux et des cours d'eau; il dirige les travaux communaux;[1] il donne les alignements de la grande et de la petite voirie, même en l'absence d'un règlement local;[2] il approuve les plans de bâtisse sur la grande et la petite voirie, dans les parties agglomérées des communes de deux mille habitants et au-dessus;[3] il garde[4] les archives de la commune.[5]

Loi comm. art. 90, n. 5, 10, 12, 98 et 100. — V. pour l'application, Cass. 5 juin 1854. (B. 1854. p. 346.)

3° Il exerce la surveillance des hospices, des bureaux de bienfaisance, des monts-de-piété; il visite ces établissements et veille à l'accomplissement de la volonté des fondateurs; il provoque, de la part du conseil, les améliorations dont ces établissements sont susceptibles; il veille à l'établissement des bureaux de bienfaisance, à la

---

(1) Voir la *Jurisprudence des tribunaux*, t. 8 p. 638.

(2) Sauf, pour la grande voirie, approbation de la députation.

(3) Sauf recours à la députation.

(4) Le collége échevinal, responsable de la conservation des archives, peut seul prendre les mesures nécessaires pour couvrir cette responsabilité. Les dépenses qu'elles occasionnent sont dès lors obligatoires en vertu de la loi communale.

(5) Les colléges des bourgmestre et échevins sont compétents pour délivrer des extraits authentiques des anciens registres reposant dans leurs archives, notamment de ceux qui servaient à constater la réalisation des actes translatifs de propriété.

Cass. 17 décembre 1858. (B. 1859. p. 7.)

création de comités de charité pour distribution de secours à domicile, à l'établissement de caisses d'épargnes, dans les villes manufacturières.

Loi comm. art. 91 et 92.

4° Il veille à la garde des insensés et des furieux pour les colloquer dans les établissements d'aliénés ;

Loi comm. art. 95. — Loi du 18 juin 1850, art. 7, n. 3.

Il prend les résolutions propres à assurer la moralité publique ;

Loi comm. art. 96. — Ann. l'arrêté du 20 août 1838. — Bruxelles, 1er juin 1849. (J. 1849. p. 405.) — Cass. 16 juin 1841. (B. 1841. p. 278.)

Il est chargé de la police et de la censure des spectacles.[1]

Loi comm. art. 97. — Ann. la loi du 16-24 août 1790, tit. 11, art. 3, n. 3, et art. 4. — Décret du 13-19 janvier 1791. — Cass. F. 10 avril 1806, 3 janvier 1834, 4 avril 1835, 18 octobre 1839, 14 novembre 1840, 6 août 1841, et 11 avril 1844. — Cass. B. 14 février 1843 (B. 1843. p. 88.), et 16 mars 1846. (B. 1846. p. 549.)[2]

Avant l'émanation de la loi du 20-25 septembre 1792, c'étaient les curés qui dressaient les actes de l'état civil,

---

(1) La convention par laquelle un artiste s'engage à remplir tel ou tel rôle est un louage de service.

Bruxelles, 26 juin 1860. (J. 1860. p. 252.)

(2) A consulter : VIVIEN, *Administration des théâtres*. — LACAN et PAULMIER, *Législation des théâtres*. — VULPIAN, *Code des théâtres*.

et ils sont restés compétents pour les recevoir, aussi longtemps que les fonctionnaires civils institués à cette fin n'ont pas été installés.

Bruxelles, 9 mars 1844. (J. 1845. p. 254.) — Liége, 27 avril 1850. (J. 1850. p. 259.)

La tenue et la garde des registres de l'état civil sont confiés aux colléges des bourgmestre et échevins.

Loi comm. art. 93. — Ann. le décret du 20-25 septembre 1792, art. 1er. — La loi du 28 pluviôse an VIII, art. 13. — Le code civ. liv. 1er, tit. 2. — La const. art. 109.

C'est le bourgmestre ou l'un des échevins qui est délégué pour remplir les fonctions d'officier de l'état civil et de recevoir, comme tel, les actes de naissance, mariage et décès.

Loi comm. art. 93, § 2 et 3.

Ces actes ont pour objet de consacrer les droits que l'homme acquiert, les obligations qu'il contracte ou qu'il transmet par la naissance, le mariage ou la mort.

Chacun peut s'en faire délivrer des extraits.

Code civ. art. 45.

Les commissaires d'arrondissement inspectent périodiquement les registres de l'état civil dans les communes rurales.

Loi prov. art. 135.

C'est aux procureurs du roi qu'en appartient la vérification.

Code civ. art. 53.

Ils peuvent se transporter sur les lieux et se faire représenter les registres de l'état civil.

Ils sont autorisés à se faire remplacer par les juges de paix.

Arrêté du 10 juillet 1847, art. 1er, § 2.

Indépendamment de la responsabilité civile qui pèse sur les dépositaires et les rédacteurs des actes de l'état civil, des peines sont édictées contre les infractions à la loi.

Voici les contraventions les plus habituelles qui se rapportent à la tenue des actes de l'état civil :

Omission de l'âge de ceux qui sont dénommés dans ces actes, de leurs prénoms, profession ou domicile ;

Code civ. art. 34.

Défaut de signature de l'officier de l'état civil, des parties ou des témoins, ou de la mention de la cause qui a empêché les comparants ou les témoins de signer ;

Code civ. art. 39.

Blancs dans les actes, ratures, surcharges, etc. ;

Code civ. art. 42.

Registres non clos ou arrêtés, dépôt du double au greffe du tribunal de première instance, après le mois de janvier ;

Code civ. art. 43.

Omission d'annexer certaines pièces requises ou de les parafer ;

Code civ. art. 44.

Admission des pièces non légalisées ;

Code civ. art. 45. — Loi du 25 ventôse an XI, art. 28.

Omission, dans les actes de naissance, de l'heure, du mois et de l'année de la naissance ;

Code civ. art. 57.

Omission, dans les actes de mariage, de l'âge des futurs, des prénoms, profession et domicile des pères et mères, de la mention du consentement de la mère, des aïeuls et aïeules, lorsque les père et mère sont décédés ou dans l'impossibilité de manifester leur volonté ;

Code civ. art. 34, 76, n. 1, 3, 4, et art. 150. — Ann. l'avis du cons. d'Etat du 4 thermidor an XIII.

Omission ou irrégularités des certificats de publication dans les domiciles où elles sont requises ;

Code civ. art. 63, 64 et 76.

Défaut de production du certificat de milice litt. LL, exigé par l'article 197 de la loi du 8 janvier 1817, et l'article 5 de la loi du 8 mai 1847 ;

Omission, dans les actes de décès, des prénoms et noms de l'époux de la personne décédée, des prénoms, noms, profession et domicile des père et mère du décédé et du lieu de sa naissance ;

Code civ. art. 79.

Omission, dans les actes de mariage et de décès, de la mention relative au degré de parenté entre les époux et les témoins, entre les déclarants et les défunts.

Code civ. art. 76, n. 9, et 79. — V. pour les peines, le code civ. art. 50, et le code pén. art. 145, 192 et suiv.

Toute rectification des actes de l'état civil est essentiellement judiciaire.

Code civ. art. 99 et suiv. et art. 52. — Code pén. art. 145.[1]

L'article 90, n. 4, de la loi communale chargeait le collége des bourgmestre et échevins de l'exécution des lois et des règlements de police générale ;

Son article 94 l'autorisait à porter des ordonnances de police dans les cas extraordinaires qu'il prévoit ;

Ces attributions lui ont été retirées.

Elles sont remises au bourgmestre seul.

Loi du 30 juin 1842.

Le bourgmestre embrasse seul la police administrative qui a un caractère d'ordre général.

Ainsi, il veille à l'exécution des dispositions en vigueur concernant le recensement de la population, les inscriptions et radiations au tableau des habitants,[2] la sûreté du

(1) A consulter : Brixhe, *Manuel raisonné de l'officier de l'état civil.* — Vervloet, *Code ou bibliothèque complète de l'officier de l'etat civil en Belgique.* — Huteau d'Origny, *De l'état civil.* — Majorel, *Traité des actes de l'état civil.* — Lem..t et Garnier, *Manuel des officiers de l'état civil.*

(2) Le changement de domicile se constate par une déclaration faite de la

passage dans les voies publiques, l'éclairage public, le nettoiement, l'enlèvement des encombrements, la démolition des bâtiments menaçant ruine, la répression des ameutements dans les rues, les bruits et attroupements nocturnes, le maintien du bon ordre dans les foires, les marchés, les réjouissances publiques, les poids et mesures, les mines, les comestibles, les inhumations, le service des pompiers, les incendies, les inondations, les épidémies, les épizooties, les établissements industriels, les messageries, les voitures de place.

Instr. du 14 juillet et du 10 septembre 1842.

Les attributions du bourgmestre comprennent en outre:

La direction du personnel de la police; la police des étrangers et des passe-ports; la police des ouvriers, des domestiques; la répression de la mendicité et du vagabondage; la police des détenus libérés; celle des cafés et des auberges, des poudres à tirer, de l'épreuve des armes à feu; la divagation des chiens; l'abattage des animaux atteints de maladies contagieuses; les jeux prohibés; la natation; le patinage; l'échenillage; l'élagage des haies, des arbres.

Le collége échevinal n'a plus d'autres attributions que celles qu'il tient de la loi communale et que la loi du 30

---

manière que le gouvernement détermine et que l'autorité communale réglemente en sous-œuvre.

Loi du 2 juin 1856, art. 4.

juin 1842 lui a conservées; par exemple, la surveillance de la prostitution et la police des théâtres.

Remarquez : Le bourgmestre peut déléguer ses attributions de police, en tout ou en partie, à l'un des échevins; mais l'acceptation de cette délégation n'est pas obligatoire pour ceux-ci. En cas de refus de tous les échevins, le bourgmestre est tenu de les exercer seul et entièrement.

Instr. du 19 janvier 1843.

La délégation acceptée n'enlève pas au bourgmestre le caractère d'officier de police, même pour la partie déléguée de ce service; il peut toujours, il doit même, le cas échéant, suppléer l'échevin qui ne peut s'acquitter des devoirs résultant de la délégation ou qui s'en acquitte mal.

Instr. du 14 juillet 1842.

Une copie de l'acte de délégation est envoyée au gouverneur.

Instr. du 14 juillet 1842.[1]

---

(1) Le bourgmestre est aussi chargé de la police judiciaire dans la commune. Il l'exerce sous l'autorité du procureur du roi.

Arrêté du 19 août 1819. — Circ. du 14 décembre 1836 et du 14 avril 1837.

Il peut la déléguer à l'un des échevins, sous l'approbation du même magistrat.

Circ. du 14 juillet 1842.

Nous disons : La *police judiciaire* et non les fonctions de *juge de police*.

Les tribunaux de police municipale établis par le code d'instruction criminelle (Voir ses articles 166 et suiv.) n'ont plus d'existence légale en Belgique.

Le jugement des contraventions de simple police est exclusivement réservé au juge de paix du canton.

L'article 94 de la loi communale suppose deux ordres d'événements extraordinaires :

Les uns *criminels,* troublant la paix publique : des attroupements hostiles, des atteintes à l'ordre légal (Une *émeute*.), à la sûreté des habitants dans leurs personnes ou leurs biens. (Un *pillage*.)

Toute sentence judiciaire, soit en matière civile, soit en matière pénale émane, chez nous, de magistrats inamovibles.

(Const. art. 8, 30, et 100 combinés — Cass 10 août 1840. (B. 1840. p. 503.)

Ce principe ne comporte que deux exceptions et c'est la constitution elle-même qui les a faites.

Elles se rapportent aux tribunaux militaires et aux tribunaux de commerce ;

Const. art. 105.

et puis, la constitution exige que les traitements de l'ordre judiciaire soient fixés par *la loi*.

Const. art. 102.

et les traitements des bourgmestres peuvent être supprimés ou modifiés par *la députation du conseil provincial*.

Loi comm. art. 103.

Les bourgmestres jouissent d'ailleurs de leur traitement en leur qualité d'administrateur et la constitution ne permet pas aux juges d'accepter du gouvernement des fonctions salariées

Const. art. 103.

L'article 49 de la loi communale suffirait pour empêcher le cumul des fonctions de juge avec celles de bourgmestre.*

(*) Aux termes de l'article 144 du code d'instruction criminelle, les fonctions du ministere public près le tribunal de simple police sont remplies par le commissaire de police du lieu où siege le tribunal, et, en cas d'empêchement du commissaire de police, elles sont remplies par le bourgmestre qui peut se faire remplacer par un échevin.

V. des circ du 13 avril 1849 (Pas. de 1849. p. 403.), et du 11 janvier 1837. (Pas. de 1837. p. 14.) — Kirsch, *Des fonctions de l'officier du ministère public près les tribunaux de simple police*, p. 4, 7, 8 et 9.

Les autres simplement *désastreux :* un incendie, une inondation.

Ces cas ont cela de commun qu'ils sont extraordinaires et échappent à toute prévision.

Le moindre retard, comme la loi le dit, peut occasionner des dommages pour les habitants et même pour la commune.

Des mesures promptes sont nécessaires.

Elles appartiennent, il est vrai, au corps communal tout entier ; mais ce corps, plus ou moins nombreux, a besoin d'être convoqué et ne peut se réunir instantanément.

Il fallait bien qu'en pareille circonstance, la loi revêtit le bourgmestre d'une sorte de dictature momentanée et le substituât au conseil communal.

Elle l'a fait, sous une double condition :

C'est que le bourgmestre notifie son ordonnance au gouverneur de la province, qui peut en suspendre l'exécution ;

C'est qu'il réunisse sur-le-champ le conseil communal et lui en donne communication.

Il arrive alors de deux choses l'une :

Le conseil ne confirme pas l'ordonnance du bourgmestre ; elle cesse, dans ce cas, d'avoir effet ;

Ou bien il la confirme, et dans ce cas il la fait sienne.

Telle est donc la mission grave qui incombe aujourd'hui au bourgmestre: c'est de maintenir la paix publique dans la commune par voie de règlements extraordinaires de police que la loi sanctionne par des peines;

Et si l'emploi de ce moyen *administratif* reste inefficace contre la violence, la loi met une ressource extrême à la disposition du même magistrat.

Le bourgmestre ou son remplaçant peut requérir la force publique.

Décrets du 10-14 août 1789, art. 1er, et du 14 décembre 1789, art. 52. — Loi du 8 mai 1848, art. 82. — Loi comm. art. 105.[1]

Il le peut directement, c'est-à-dire que le bourgmestre saisit la force armée partout où elle est disponible, sans avoir besoin de parcourir les degrés de la hiérarchie militaire;

Loi comm. art. 105, § 1er.

et *par écrit;* il faut que les contestations et les doutes soient rendus impossibles.

Loi comm. art. 105, § 2. — Ann. le décret du 26 juillet-3 août 1791, art. 22.

L'État, la province, la commune subissent l'application de l'article 1384 du code civil et répondent de leurs agents,

---

(1) Ces dispositions trouvent leur sanction dans l'article 234 du code pénal.

quand ceux-ci font acte de la vie civile pour l'Etat, la province, la commune.

Les fonctionnaires publics ne peuvent engager la responsabilité civile de l'Etat, de la province, de la commune, quand ils agissent pour remplir des charges nées de la souveraineté, nées des lois d'ordre public et intéressant l'ordre public.

Nous ajoutons ici que les bourgmestre et échevins, quand ils agissent, non pas comme représentants de la commune, mais comme agents du pouvoir exécutif, ne peuvent, en aucun cas, donner naissance à une action en dommages-intérêts contre la commune.

Bruxelles, 21 mai 1853. (J. 1854. p. 97.)

§ IV. *L'Arrondissement.*

L'arrondissement a possédé jusqu'à la fin du gouvernement impérial une existence civile et politique analogue à celle dont les départements et les provinces jouissaient alors.

Il la tenait de la loi du 22 décembre 1789-7 janvier 1790, article 6.

Depuis lors, l'arrondissement n'a plus formé, chez nous, qu'une circonscription du territoire national ayant pour objet de faciliter l'action du gouvernement et la surveillance des communes.

Il est dépourvu d'intérêts propres, il n'a plus d'administration particulière.

L'existence de l'arrondissement se révèle : dans les opérations électorales ;

— dans l'ordre judiciaire, par l'institution des tribunaux de première instance ;

— dans l'organisation militaire, par l'institution des conseils de milice ;

— dans la régie des bois et forêts, par l'établissement des inspecteurs et sous-inspecteurs forestiers.

Il tient un rang parmi les circonscriptions administratives figurées sur la carte du pays, par l'institution des commissaires d'arrondissement.

Mais, nous le répétons, l'arrondissement n'a pas, comme la province et la commune, d'existence propre, individuelle.

Ainsi, l'arrondissement ne peut ni acquérir, ni posséder ; il n'a pas de police particulière ; il n'est doté d'aucun établissement administratif qui lui soit propre.

Nous l'avons dit ailleurs,[1] s'il existe un commissaire d'arrondissement, c'est qu'il convient de lier, par un organe d'impulsion, de surveillance et de communication réciproques, l'unité trop vaste de la province aux communes qui forment les éléments de cette unité.

---

(1) Voir *Le droit administratif belge*, t. 1er (De l'organisation etc.), p. 86.

TITRE IV.

LA PROVINCE.[1]

§ Ier. *Préliminaire.*

Avant les révolutions de 1789, les provinces belges formaient des corps politiques, de petits Etats presque souverains, possédant des institutions, des lois particulières, leurs officiers, leurs chartes, usages et priviléges, vivant dans une sorte de fédération sous le gouvernement central de Bruxelles.[2]

---

(1) A consulter : BOURIAUD, *Traité de l'administration départementale* — AUBIER, *Manuel des préfets et sous-préfets.* — BIVORT, *Commentaire sur la loi provinciale de la Belgique.* — DUMESNIL, *Attributions des conseils généraux de département.* — *Revue des revues de Droit*, t. 9, p. 148.

(2) Les Etats des provinces des Pays-Bas autrichiens étaient investis d'attributions diverses dans l'ordre politique et administratif.

Ils veillaient à la conservation des lois fondamentales du pays, des priviléges qui lui avaient été octroyés, de ses franchises et coutumes.

Depuis lors, elles furent dépouillées de leurs priviléges et durent subir le droit commun de la France.

Loi du 4-11 août 1789, art. 10.

Ils votaient des aides ou subsides, et les impôts étaient levés à la demande du souverain, par l'autorité des Etats.

Dans plusieurs provinces, les délibérations sur les subsides devaient être unanimes ; deux Etats, disait-on, pas d'Etats ; ou bien, à condition que le troisième Etat suive ou autrement pas.

Les domaines ne pouvaient être vendus ni hypothéqués sans leur consentement.

Ils avaient l'initiative en matière d'administration. Ainsi, ils ordonnaient la création des routes, des canaux, des établissements publics; toutefois aucun impôt ne pouvait être établi à charge de la province sans le consentement du gouvernement.*

Le pouvoir exécutif des Etats résidait dans les mains d'une députation dont les membres étaient choisis dans leur sein.

Ce collége, qu'on appelait *députation des Etats*, répartissait les subsides, surveillait les recettes, régularisait les comptes, dirigeait les travaux publics, veillait à l'entretien des édifices et à toutes les matières administratives qui exigeaient une surveillance continue.

Il rendait compte de sa gestion à l'assemblée générale des Etats.

Les fonctions des membres députés cessaient au bout de trois ans ; ils pouvaient être réélus.

Son secrétaire, greffier ou référendaire était nommé tous les trois ans par l'assemblée générale des Etats.

Chaque province avait son receveur général.

V. Steur, *Précis de l'administration des Pays-Bas autrichiens, sous Charles VI et sous Marie-Thérèse.*

(*) Dans le pays de Liége, le prince n'avait pas le pouvoir législatif. Il ne pouvait établir d'impôt intérieurement sans le concours des États et, s'il s'agissait d'impositions extérieures, sans le concours et l'autorisation de l'empire. Le pouvoir législatif résidait donc dans les trois Etats et le prince. Celui-ci avait le pouvoir exécutif; il donnait le mandement d'exécution. L'initiative était exercée indifféremment par le prince ou les Etats. Aucune ordonnance du prince ne pouvait être exécutée si elle n'était contresignée ou vidimée par le chancelier. Celui-ci devenait

Elles furent même privées de toute individualité et perdirent les biens qu'elles possédaient anciennement.

En effet, les anciennes administrations belges furent remplacées par des administrations nouvelles dont le gouvernement disposa à son gré,

V. les arrêtés du 24 et du 26 brumaire an III.

et les propriétés immobilières appartenant aux provinces conquises, furent acquises et confisquées au profit de la république.

Arrêté du 29 brumaire an III, art. 1er.

La personnalité des provinces se trouva donc absorbée par celle de l'Etat et leur domaine se trouva réuni au domaine de l'Etat.

Sous la constituante, sous le directoire, sous le consulat et l'empire, la province ne forma guère, comme aujourd'hui l'arrondissement, qu'un moyen d'administration placé sous l'impulsion et l'action discrétionnaire du gouvernement pour l'aider à remplir la mission d'ordre général qui incombe à celui-ci, sous la dénomination successive d'administration de département,

Décret du 22 décembre 1789-7 janvier 1790, art. 5.

---

responsable de même que les agents particuliers mis en œuvre pour l'exécution. Le tribunal des 22 intervenait sur la plainte des citoyens lésés.

Les trois États étaient : l'Etat primaire, c'est-à-dire sacerdotal (il était composé de 59 membres du chapitre), l'Etat noble, l'Etat tiers qui était composé des bourgmestres de Liége et de ceux des autres villes qui formaient la confédération.

Les Etats avaient une députation chargée de l'administration ordinaire. Cette députation s'assemblait trois fois par semaine. On avait admis la maxime : *Deux Etats, pas d'Etats*, principe sagement établi.

d'administration centrale,

Const. du 5 fructidor an III, art. 174, et du 22 frimaire an VIII, art. 59.

de préfecture.

Loi du 28 pluviôse an VIII, art. 2.

Le pouvoir législatif avait perdu de vue que, dans une sphère supérieure à celle des intérêts communaux et en-dessous des intérêts nationaux, il y a des intérêts d'un ordre moyen qui méritent bien que l'on s'en occupe.

Rien ne s'opposait à ce que l'on conservât à l'administration de la province la mission auxiliaire dont on l'avait investie à l'égard de l'administration générale et des intérêts généraux.

C'est ce que la loi fondamentale du 24 août 1815 fit par son article 145.

Mais elle alla plus loin ; elle leur rendit la vie qui leur était propre, en déclarant, article 146 :

« Les Etats provinciaux sont chargés de tout ce qui tient à l'administration et à l'économie intérieure de leur province ; ils portent, sous l'approbation du roi, les règlements qu'ils jugent nécessaires ou utiles dans l'intérêt de la province. »

Voilà la province rendue à la vie civile et à la vie politique.

La constitution belge a consacré cette double existence d'une manière plus nette et plus absolue encore.

« Les intérêts exclusivement provinciaux sont réglés par les conseils provinciaux. »

Const. art. 31.

« Les institutions provinciales sont réglées par des lois qui attribuent aux conseils provinciaux tout ce qui est d'intérêt provincial. »

Const. art. 108, n. 2.

L'article 85 de la loi provinciale, achevant cette restauration du gouvernement des provinces, ajoute :

« Les conseils provinciaux font des ordonnances de police. »

Ainsi, la mission essentielle, principale, nécessaire de l'autorité provinciale consiste à administrer les affaires de la province, comme la mission de l'autorité communale consiste à administrer les affaires de la commune, ce qui n'enlève pas à la loi la faculté de confier, soit à l'une, soit à l'autre, la gestion de certains intérêts qui ne sont ni provinciaux ni communaux.[1]

---

(1) En votant l'article 31 de son œuvre, le pouvoir constituant n'a pas entendu limiter les attributions des conseils provinciaux ou communaux au règlement des intérêts exclusivement provinciaux ou communaux ; il a voulu empêcher que ce règlement fût confié à aucune autre autorité. Mais la constitution ne restreint pas les attributions de ces conseils au droit de réglementer des objets intéressant exclusivement la province ou la commune.

V. Cass. 7 février 1857. (B. 1859. p. 115.)

Les provinces jouissent donc, comme l'Etat et les communes, d'une existence qui est civile tout à la fois et politique.

Elles ont la faculté d'acquérir et de posséder.

Elles exercent aussi certaines prérogatives qui sont l'apanage de la souveraineté.

La personnalité des provinces, nous le répétons, dérive de la constitution qui fait de la province une subdivision de l'Etat; qui reconnaît à cette subdivision des intérêts propres, et qui pourvoit à la tutelle de ces intérêts.

§ II. *Le Conseil provincial.*

Le conseil d'une province exerce trois genres d'attributions : 1° Quelques-unes sont d'ordre général.

Il les exerce par délégation, comme auxiliaire du gouvernement.

C'est ainsi qu'il présente des candidats pour les cours d'appel, pour la présidence et la vice-présidence des tribunaux de première instance;

Loi prov. art. 64. — Ann. la loi du 26 mai 1848, art. 3, § 2. — V. la Jurisp. des trib. t. 7. p. 381.

— qu'il nomme les membres de la députation;

Loi prov. art. 3.

— qu'il correspond avec les fonctionnaires de l'Etat ;

Loi prov. art. 84, § 2.

— qu'il peut faire des proclamations avec l'assentiment du gouverneur ;

Loi prov. art. 91, § 2.

— qu'il donne son avis sur tout changement à la division du territoire,

Loi prov. art. 83.

sur le classement des routes de l'Etat ;

Loi prov. art. 78.

— qu'il veille à la libre circulation des denrées.

Loi prov. art. 82, § 2.

2° Quelques-unes sont d'ordre communal.

Comme pouvoir tutélaire des communes, il détermine la part contributive des communes dans la dépense occasionnée par l'entretien des aliénés indigents ;

Loi prov. art. 80.

Il prononce sur l'exécution des travaux qui intéressent à la fois plusieurs communes de la province et sur la part afférente à chacune d'elles ;

Loi prov. art. 79.

— sur l'établissement et le changement des foires et marchés.

Loi prov. art. 82, § 1er, et 86, n. 5.

3° Les autres sont d'ordre provincial.

Il les puise dans la compétence qui lui est essentiellement propre.

Règle générale :

Le conseil provincial prononce sur toutes les affaires provinciales, sauf, pour certains actes, l'approbation du roi.

Const. art. 31, et 108, n. 2. — Loi prov. art. 65, § 1er.

Il nomme les employés provinciaux, à l'exception de ceux dont il attribue la nomination à la députation ; il fixe leurs traitements.

Loi prov. art. 65, § 2, et 71.

Il fait les règlements d'administration intérieure.

Loi prov. art. 85, § 1er.

Il autorise les acquisitions, les aliénations, les échanges des biens de la province ;

Loi prov. art. 73, et 86, n. 3.

— les actions en justice ;

Loi prov. art. 74, et 106, § 3.[1]

— les transactions ;

Loi prov. art. 86, n. 3.

---

(1) C'est, du reste, le gouverneur qui les dirige au nom de la députation. Loi prov. art. 124, § 2.

— les emprunts provinciaux.

Loi prov. art. 86, n. 1er. — Ann. son alin. 2.

Il crée les établissements que l'utilité provinciale peut réclamer.

Loi prov. art. 72, et 86, n. 2.

Il statue sur la construction des routes, des canaux et des autres ouvrages à exécuter aux frais de la province.

L'établissement des routes provinciales est proposé au gouvernement par le conseil provincial, qui vote en même temps les fonds nécessaires pour leur établissement et leur entretien, sauf à recueillir le produit des barrières à placer sur ces routes.

Loi prov. art. 75, 77, 78, et 86, n. 1er et 4, combinés. — Rapp. la loi fondamentale de 1815, art. 150. — La const. art. 110, § 2. — La loi du 19 juillet 1832, art. 5.

Il s'occupe des travaux qui intéressent solidairement la province et des provinces voisines, sauf décision du gouvernement en cas de difficultés.

Loi prov. art. 76.

Il correspond avec les conseils des autres provinces sur des objets d'attributions provinciales.

Loi prov. art. 91, § 1er.

Il vote le budget des recettes provinciales,

Loi prov. art. 66.

sauf approbation du roi.

Loi prov. art. 86, n. 1er.[1]

Les recettes provinciales se composent : 1° De six centimes additionnels sur les contributions directes ;

Loi du 12 juillet 1821, art. 14. — Loi prov. art. 113. — Ann. la loi du 25 mai 1838. — L'arrêté du 15 novembre 1849, art. 301 et suiv.

2° De centimes additionnels extraordinaires que le conseil vote et que le roi accorde ;

Loi prov. art. 86, n. 1er. — Const. art. 110, § 2.

3° Du produit des barrières établies sur les routes provinciales ;

Loi du 18 mars 1833 (n. 262.), art. 6.

4° De taxes particulières autorisées par le gouvernement.

Loi prov. art. 86, n. 1er. — V. jugem. du trib. correct. de Tongres du 23 juillet 1852 (Jurisp. des trib. t. 2. p. 207); du trib. correct. de Nivelles du 15 juin 1855 (Jurisp. des trib. t. 5. p. 704.), et du 16 août 1855. (Jurisp. des trib. t. 8. p. 387.) — V. aussi un jugem. du trib. de simple police d'Etalle des 22 et 28 décembre 1858. (Jurisp. des trib. t. 8, p. 383 et 386.)

Le conseil vote le budget des dépenses provinciales.

Loi prov. art. 66 et 86, n. 1er.

---

(1) Le roi peut refuser son approbation à un ou à plusieurs articles du budget et l'approuver pour le surplus ;

Loi prov. art. 87, § 2.

et les budgets se publient dans le mois qui suit leur approbation.

Loi prov. art. 68.

Elles sont de deux sortes :

1° Les unes sont propres à chaque province, en tant qu'elle constitue un être moral ayant sa vie propre : le mobilier provincial, l'entretien des édifices provinciaux, les contributions qui peuvent les affecter, etc.

Loi prov. art. 69.

2° Les autres se rattachent à des besoins d'un ordre plus élevé.

C'est la loi qui les lui impose.

Les menues dépenses des cours d'assises ; les réparations d'entretien des maisons d'arrêt, les frais de casernement de la gendarmerie, etc.

Loi prov. art. 69.

De même que l'article 131 de la loi communale, l'article 69 de la loi provinciale n'a rien de limitatif; il n'est qu'énonciatif; il peut être étendu, comme il peut être restreint, par le pouvoir législatif.

Il trouve sa sanction dans l'article 87, § 3, de la loi.

A défaut par le conseil de porter les allocations nécessaires au budget, le gouvernement y pourvoit lui-même dans la proportion des besoins ; et dans ce cas-là, si les fonds provinciaux sont insuffisants, il y est pourvu par la loi.

Aucun transfert ne peut avoir lieu d'une section ou d'un article à un autre, sans l'approbation du roi.

Loi prov. art. 67.[1]

Le conseil provincial arrête, chaque année, les comptes des recettes et des dépenses de l'exercice.

Loi prov. art. 66, et 115, § 2. — Arrêté du 15 novembre 1849, art. 297.

Les comptes sont déposés au greffe de la province et se publient par la voie du mémorial administratif.

Loi prov. art. 68, § 2 et 3.

Ils sont également déposés aux archives des deux chambres, comme les budgets.

Loi prov. art. 68, § 1er.

C'est la cour des comptes qui les règle et qui les apure.

Loi du 29 octobre 1846, art. 10, § 1er, et art. 5, § 4.[2]

Elle vise également les mandats que la députation délivre sur les fonds de la province.

---

(1) Quant aux traitements et frais de route du gouverneur et de la députation, aux traitements du greffier provincial et des employés des bureaux de la province, aux frais de ces bureaux, au loyer et à l'entretien de l'hôtel du gouvernement provincial, à l'entretien et au renouvellement de son mobilier, ils sont à la charge de l'Etat.

Loi prov. art. 70, n. 1er — Ann. son art. 105, en ce qui regarde la députation.

(2) Les articles 34, 35, 36, 37, 39 et 40 de la loi du 15 mai 1846, les règles établies pour la durée des budgets et pour la reddition des comptes des fonds de l'Etat, sont applicables aux provinces.

Loi du 15 mai 1846, art. 53. — Arrêté du 15 novembre 1849, art. 291 et 292.

Loi prov. art. 112, § 2. — Ann. l'arrêté du 15 novembre 1849, art. 294, 295 et 296.

Les fonds provinciaux sont gérés avec ceux de l'Etat, dans les provinces dont les conseils n'ont pas fait usage de la faculté que leur confèrent les articles 65 et 114 de la loi provinciale, de nommer des receveurs particuliers pour la gestion de leurs fonds.

Arrêté du 15 novembre 1849, art. 293.

La comptabilité des fonds provinciaux est centralisée. Elle est confiée aux agents du trésor dans les chefs-lieux de province.

Arrêté du 28 octobre 1850, art. 10.

Un compte particulier en est alors tenu dans les écritures de la comptabilité publique.

Arrêté du 15 novembre 1849, art. 293, § 2.

Le conseil provincial détermine les garanties à exiger de la part de son comptable.

Loi prov. art. 114.

La province a une *hypothèque légale* sur ses biens,

Loi du 16 décembre 1851, art. 47 et 48.

à la charge de l'inscription.

Loi du 16 décembre 1851, art. 81. — Ann. ses art. 89 et 90.

Au gouverneur incombe le soin de vérifier la caisse provinciale.

Loi prov. art. 131.

Les comptables des provinces sont d'ailleurs justiciables de la cour des comptes.

Lois du 25 mai 1838, art. 5, et du 29 octobre 1846, art. 10.

§ III. *Police provinciale.*

Les conseils provinciaux font des ordonnances de police.

Loi prov. art. 85, § 1er.

Ainsi que nous l'avons vu ailleurs, le pouvoir réglementaire n'appartient à la royauté qu'en partie.

Il s'exerce, dans les localités, par les conseils provinciaux et communaux. Le pouvoir de faire des règlements de police se fractionne, dans notre régime constitutionnel, en trois branches : le pouvoir royal, les conseils provinciaux, les conseils communaux.

Const. art 67. — Loi prov. art. 85. — Loi comm. art. 78. — V. le Bull. de cass. de 1840, p. 151.[1]

Quelle est la compétence des conseils provinciaux en matière de police?

Rappelons-nous ici que la loi du 14 décembre 1789,

---

(1) Voir, sur l'étendue de l'autorité royale, provinciale et communale, sous le régime de la loi fondamentale de 1815, le Bull de cass. de 1839, p. 102, et de 1848, p. 451.

constitutive des municipalités, article 50, a chargé les corps municipaux de faire jouir les habitants des avantages d'une bonne police, notamment de la propreté, de la salubrité, de la sûreté, de la tranquillité dans les rues et les édifices publics, tout en les plaçant, pour l'exercice de ces attributions, sous la surveillance et l'inspection de l'autorité départementale.

Le décret du 22 décembre 1789-7 janvier 1790, constitutif des corps administratifs des départements, vint à son tour confier à ceux-ci toutes les parties de l'administration qui sont relatives au maintien de la salubrité, de la sûreté et de la tranquillité publique, en les plaçant aussi, de ce chef, sous l'inspection et l'autorité du roi, chef suprême de l'administration générale du royaume.

V. sa sect. 3, art. 2.

L'article 85, § 1er, de la loi provinciale leur a confirmé cette attribution et se réfère, par sa généralité, non-seulement aux termes de cette disposition fondamentale, mais aux lois particulières qui confient certains objets, les rivières, par exemple, les chemins vicinaux, les mines, à la sollicitude de ces conseils.

Ainsi, les ordonnances de police provinciale peuvent porter :

1° Sur tout objet d'intérêt public qui est susceptible d'être réglementé par la police communale;[1]

---

(1) Le droit conféré aux conseils communaux de faire des règlements com-

2° Sur certaines matières que des lois particulières confient à la sollicitude de l'autorité provinciale.

Il y a plus:

Ces ordonnances peuvent embrasser toutes les matières d'intérêt général sujettes à être réglées par la loi ou par une disposition d'administration générale.

V. un jugem. du trib. de Liége du 3 mai 1860. (J. des trib. t. 8. p. 1111.)

En consacrant, comme elle l'a fait, selon le vœu de l'article 108, n. 2, de la constitution, l'attribution aux conseils provinciaux de tout ce qui est d'intérêt exclusivement provincial, la loi provinciale (article 65, § 1er) n'est pas exclusive, pour eux, du droit de réglementer des matières qui peuvent intéresser la généralité du royaume ou d'autres provinces.

Cass. 28 mai 1845. (B. 1846. p. 301.)[1]

Le domaine réglementaire de l'autorité provinciale est donc le même que celui du pouvoir législatif sur le royaume tout entier.

---

munaux est subordonné à l'exercice du droit plus général, mais analogue, de l'autorité provinciale.

V. la loi comm. art. 78, § 2.

(1) L'article 78 de la loi communale reconnaît aux conseils communaux le droit de faire des ordonnances de police *communale*. L'article 85 de la loi provinciale dit que les conseils provinciaux peuvent faire des ordonnances de police, et n'y ajoute pas le mot restrictif *provinciale*.

Cela revient à dire que, tout en supposant que la matière des ordonnances de police provinciale n'est pas étrangère à l'intérêt provincial, l'article 85, § 1er, de la loi provinciale n'exige pas que cet intérêt soit purement, exclusivement provincial.

Il suffit que l'intérêt provincial y soit lié, mêlé ou engagé.[1]

Cette prérogative est soumise aux restrictions suivantes :

1° L'action réglementaire de l'autorité provinciale ne s'étend pas au delà des limites territoriales de la province.

2° Elle ne comprend pas les matières qui, aux termes de la constitution, ne peuvent être réglées que par des lois générales : le système électoral, la comptabilité de l'Etat, le recrutement de l'armée, etc.

3° Les règlements provinciaux d'administration intérieure, les ordonnances provinciales doivent être nouvelles, c'est-à-dire qu'elles ne peuvent porter sur des objets déjà réglés par des lois ou des règlements d'administration générale.

Loi prov. art. 85, § 2. — Cass. 26 mai 1852 (B. 1852 p. 361.), et 9 janvier 1854. (B. 1854. p. 46.)

---

(1) Les articles 65-69, 71-77 de la loi provinciale sont relatifs à des matières qui intéressent exclusivement les provinces ; les articles 78-83 sont relatifs à des objets qui intéressent les provinces d'une manière moins spéciale ; l'article 85 élargit sans mesure l'action réglementaire de l'autorité provinciale.

4° A plus forte raison, ces règlements ou ordonnances ne peuvent-ils être contraires ou déroger aux dispositions générales existantes.

Cass. 14 mai 1835. (B. 1835. p. 267.) — Rapp. la loi comm. art. 78, § 2.

5° Ils se trouvent abrogés, de plein droit,[1] si, dans la suite, il est statué sur les mêmes objets par des lois ou des règlements d'administration générale.[2]

Loi prov. art. 85, § 3.

Ce qui démontre que jusque-là la légalité ne peut en être contestée.

Cass. 28 mai 1845 (B. 1846. p. 301.), et 26 mai 1852. (B. 1852. p. 301)

6° L'intervention du roi, comme pouvoir modérateur, doit bannir la crainte de voir détruire l'unité de législation, et reparaître la diversité de nos anciennes ordonnances provinciales.

V. le Bull. de cass. de 1852, p. 366.

Les règlements sont soumis à l'approbation du roi.[3]

---

(1) Sans préjudice de l'exécution qui leur aurait été donnée.
Loi comm. art. 107, § 3.

(2) De sorte qu'il dépend, soit du gouvernement, soit du pouvoir législatif de ramener l'unité et l'harmonie entre les ordonnances de police qui gouvernent les provinces.

(3) Les règlements communaux et les ordonnances de police communale ont

Loi prov. art. 86, n. 6. — Cass. 26 mai 1852. (B. 1852. p. 361.)

Ils sont approuvés, s'il y a lieu, tels qu'ils ont été votés par le conseil et sans modification.

Loi prov. art. 87, § 1er.

Pour obliger les citoyens, les règlements d'administraton ou de police provinciale doivent être publiés dans les formes déterminées par la loi.

Ils doivent être insérés au *Mémorial administratif* de la province, lequel remplace, à cet égard, le *Moniteur* pour la province et en tient lieu ;

Sans préjudice du mode particulier de publication qui peut être prescrit supplémentairement par l'autorité provinciale.

Ils deviennent obligatoires le huitième jour après celui de leur insertion au *Mémorial administratif.*

Loi prov. art. 117, 118, et 85, § dernier.

Et ces principes sont communs aux ordonnances de police qui émanent du conseil et à celles qui émanent de la députation.

---

une existence *propre,* parce que c'est le principe d'une localisation absolue qui a prévalu pour ces dispositions.

Les règlements provinciaux n'ont qu'une existence conditionnelle et précaire, car ils ne deviennent définitifs que pour autant que le roi y ait attaché son approbation, et, d'autre part, ils ne subsistent que pour autant qu'une loi ou un acte d'administration générale ne les absorbent pas, en réglant la matière qu'ils réglementent.

Jugem. du trib. de simple police de Tongres du 4 juillet 1852. (J. des trib. t. 1er. p. 408.)

Pour en assurer le respect, le conseil peut établir des peines qui d'ailleurs n'excédent pas huit jours d'emprisonnement et deux cents francs d'amende.

Loi prov. art. 85, § 4.

Ce sont les juges de paix qui connaissent des infractions aux règlements provinciaux,

Loi du 1er mai 1849, art. 1er, n. 5.

disposition qui proroge ainsi leur juridiction et l'étend à des faits qui rentrent dans la classe des délits, et auxquels reste inapplicable la prescription introduite par l'article 640 du code d'instruction criminelle en matière de contravention de simple police.

Jugem. du trib. de Huy du 12 décembre 1851. (J. des trib. t. 1er. p. 365.)

§ IV. *Députation permanente du conseil provincial.*

Ce collége remplit trois ordres d'attributions qui correspondent aux trois ordres de rapports dans lesquels il est placé, vis-à-vis du gouvernement central, vis-à-vis de la province, et vis-à-vis des communes de la province.

1° Vis-à-vis du gouvernement central.

La députation donne son avis sur les affaires qui lui sont soumises par le gouvernement.

Elle délibère sur les réquisitions qui lui sont faites par le gouvernement.

Elle délibère sur l'exécution des lois et des dispositions d'ordre général pour lesquelles son intervention est requise.

Loi prov. art. 106, § 1er et 2.

Notamment:

En matière de contributions,

Lois du 28 pluviôse an VIII, art. 4, et du 21 mai 1819, art. 28.— Arrêté du 24 floréal an VIII.

— de voirie,

Loi comm. art. 90, n. 7 et 8. — Arrêté du 29 février 1836, art. 1er.

— de fabriques et manufactures,

Arrêté du 12 novembre 1849, art. 1er, alin. 3.

— de mines,

Arrêté du 18 septembre 1818, art. 2.

— de commerce;

Loi prov. art. 116, et 82, § 2.

En ce qui regarde les dépôts de mendicité,

Loi du 3 avril 1848, art. 1er, § 4, et art. 7, § 3.

— les monts de piété;

Loi du 30 avril 1848, art. 2, 7, et 10, § 2.

En matière de loterie;

Loi du 31 décembre 1851, art. 7, § 3.

En matière criminelle ;

Loi du 15 mai 1838, art. 3.

En ce qui concerne la milice ;

V. notamment la loi du 8 janvier 1817, art. 137 et suiv. — Ann. la loi du 18 juin 1849, art. 1er, § 2.

En ce qui concerne la garde civique.

V. notamment la loi du 8 mai 1848, art. 18, et la loi modificative du 13 juillet 1853, art. 19, § 2 et suiv. — V. encore la loi du 8 mai 1848, art. 16, 52, 71, § 2, et 107, § 3.

La députation intervient en matière électorale.

V. notamment la loi du 3 mars 1831, art. 12. — La loi comm. art. 17.

2° Vis-à-vis de la province.

Elle délibère sur tout ce qui concerne l'administration journalière de la province, tant en l'absence du conseil que pendant ses sessions.

Loi prov. art. 106, § 2.

Elle exerce l'initiative près du conseil provincial.

Loi prov. art. 115, § 3.

Elle prend même la place du conseil, lorsque celui-ci n'est pas assemblé, c'est-à-dire qu'elle prononce sur des affaires qui sont réservées au conseil, lorsqu'elles ne sont pas susceptibles d'être remises, à charge d'en donner connaissance au conseil à sa première réunion, avec faculté, pour celui-ci, d'en faire cesser les effets pour l'avenir ; les budgets, les comptes, les nominations et les présentations de candidats restant d'ailleurs dans les attributions du conseil exclusivement.

Loi prov. art. 107 et 116.

Elle soumet au conseil les comptes des recettes et dépenses de l'exercice précédent avec le projet du budget des dépenses et des voies et moyens pour l'exercice suivant.

Loi prov. art. 115, § 2. — Ann. l'arrêté du 15 novembre 1849, art. 308.

Elle exerce les actions judiciaires de la province.

Loi prov. art. 106, § 3, et 124, § 2.

Elle vérifie, au moins une fois chaque année, l'état des recettes et des dépenses de la province.

Loi prov. art. 111.

Elle dispose, par voie de mandats, des fonds de la province, dans les limites des crédits ouverts au budget de la province et sauf l'intervention de la cour des comptes.

Loi prov. art. 112 et 113.

Elle peut charger un ou plusieurs de ses membres des missions exigées par l'intérêt du service.

Loi prov. art. 109 et 110.

Elle rend annuellement compte de sa gestion, dans un exposé fait au conseil de la situation de la province.

Loi prov. art. 115, § 1er.

3° Vis-à-vis des communes de la province.

Elle détermine, dans les communes qui se composent de plusieurs sections ou hameaux détachés, le nombre de conseillers à élire dans chacun d'eux.

Loi comm. art. 5. — Loi du 5 mars 1848.

Elle participe aux opérations préliminaires des élections communales.

Loi comm. art. 17.

Elle peut, dans certains cas, diriger l'opération électorale.

Loi comm. art. 25.

Les bourgmestres peuvent être pris en dehors du conseil communal, si tel est l'avis de la députation.

Loi du 1er mars 1848.

Les échevins peuvent être révoqués de leurs fonctions sur l'avis conforme et motivé de la députation.

Loi comm. art. 56.

La députation peut annuler les élections communales pour irrégularité grave.

Elle agit ici d'office ou sur réclamation dans les trente jours à dater de l'élection.

Loi comm. art. 46, § 1er.[1]

---

(1) Ce délai est fatal; lorsqu'il est passé, dit la loi, l'*élection est réputée valide*.

Toutefois, si la décision de la députation donne lieu à réclamation de la part

L'arrêté d'annulation doit être motivé et le recours est ouvert au gouverneur auprès du roi.

Loi comm art. 46, § 2.

La députation statue sur les difficultés que fait naître la démission des conseillers communaux.

Loi comm. art. 57, § 3.

Elle prononce dans les cas ou pour les objets suivants :

Séparation, réunion de communes ; règlement des intérêts auxquels ces éventualités donnent naissance.

Loi comm. art. 151, § 2 et 3, et art. 152.

Procès.

Loi comm. art. 77, n. 1er, et art. 148 et suiv.

Constructions.

Loi comm. art. 77, n. 7.

Locations, fermages.

Loi comm. art. 81 et 82.

---

des intéressés ou bien à une opposition de la part du gouverneur, elle est tenue de prononcer dans le même délai, c'est-à-dire dans les trente jours.

Loi comm. art. 46, § 3.

Un recours est ouvert au gouverneur auprès du roi ; il l'exerce à bref délai, c'est-à-dire dans les huit jours, et le gouvernement statue dans la quinzaine.

Loi comm. art. 46, § 4. — Rapp. son § 5.

Traitements des bourgmestres et des échevins.

Loi comm. art. 103, § 1er.

Nomination, révocation, traitement des secrétaires et des receveurs communaux.

Loi comm. art. 109, § 2, 111, 114, § 1er et 3, et 122.

Règlement des dépenses qui incombent à plusieurs communes.

Loi comm. art. 132.

Cas de refus d'allocation, de paiement des dépenses obligatoires des communes.

Loi comm. art. 133, § 1er, et 147, § 1er.

Réclamations en matière de taxes communales.

Loi comm. art. 136 et 137.

Règlement des budgets et comptes.

Loi comm. art. 77, n. 8, 141 et suiv.

Elle émet des avis sur les actes de l'autorité communale que détermine l'article 76 de la loi communale : aliénations, etc.

En cas de suspension prononcée par le gouverneur d'un acte de l'autorité communale, la députation intervient de la manière déterminée par l'article 86, § 2, de la loi communale.

§ V. *Contrôle des actes du conseil provincial et de la députation permanente.*

Nous venons de voir quelles sont les attributions des conseils provinciaux et de leurs députations ; voyons en quoi consiste le contrôle de leurs actes :

1. Du conseil provincial.

1° Il s'exerce par le pouvoir législatif :

Sous le rapport des charges provinciales ;

Il y en a qui incombent aux provinces en vertu de la loi.

Const. art. 110, § 4. — Loi prov. art. 69.

— Sous le rapport de l'annulation des actes dont le roi aurait prononcé la suspension pour un temps indéfini, ou que le roi aurait négligé d'annuler lui-même.

Loi prov. art. 89, § 3.

2° Il s'exerce par le roi :

Par le droit qu'il a de nommer des commissaires près des conseils provinciaux [1] et de les révoquer ;

Loi prov. art. 4.

---

(1) Ce sont les gouverneurs.

— de convoquer le conseil ailleurs qu'au chef-lieu de la province ;

Loi prov. art. 42.

— de le convoquer en session extraordinaire ;

Loi prov. art. 44, § 2.

— d'approuver le règlement d'après lequel il exerce ses fonctions ;

Loi prov. art. 50, § 2.

— d'approuver les principaux actes des conseils des provinces : budgets, acquisitions, aliénations, qui excèdent certaine valeur ; travaux dont la dépense s'élève au-dessus de 50,000 frs., ou bien qui intéressent plusieurs provinces, s'il y a contestation entre elles ; transfert de dépenses ; ordonnances de police ;

Loi prov. art. 86, 67, 76, 79, et 87.

— de proroger la suspension dont le gouverneur a frappé les actes du conseil, à la charge par le gouvernement d'en référer aux chambres dans le cours de la session, si elles sont assemblées, sinon, dans leur première session ;

Loi prov. art. 125 et 89, § 2.

— d'annuler, dans les trente jours, les actes du conseil qui blessent l'intérêt général ou sortent de leurs attributions.

Loi prov. art. 89, § 1er, et 125, § 2.

Remarquez:

Les arrêtés royaux doivent être motivés, soit qu'ils suspendent, soit qu'ils annulent.

Loi prov. art. 89, § 4.

Obéissance leur est due et ne peut leur être refusée sous aucun prétexte.

Loi prov. art. 89, § dernier.

Enfin, le roi peut porter d'office au budget les allocations nécessaires pour le paiement des dépenses obligatoires.

Loi prov. art. 87, § 3.

3° Il s'exerce par le gouverneur:

Sous le rapport de l'ouverture et de la clôture des sessions du conseil.

Les sessions du conseil sont ouvertes et closes au nom du roi par le gouverneur, qui peut toujours prononcer la clôture d'une session extraordinaire, ou même d'une session ordinaire prorogée de son consentement.

Loi prov. art. 43, 45 et 46.

— Sous le rapport de la tenue des séances, en ce qui regarde leur publicité, le temps et le lieu.

Le gouverneur peut demander le comité secret. Il prend les mesures nécessaires pour que le conseil se sépare immédiatement, lorsqu'il s'est constitué hors le lieu et le temps déterminé par la loi.

Loi prov. art. 51 et 90, § 2.

Sous le rapport des proclamations ou adresses aux habitants ;

Elles exigent l'assentiment du gouverneur.

Loi prov. art. 91, § 2.

— de l'instruction des affaires qui sont soumises au conseil ;

Loi prov. art. 122.

— du droit qu'a le gouverneur d'assister aux délibérations du conseil, de s'y faire assister, d'y être entendu quand il le demande, de requérir ses délibérations et de les exécuter ;

Loi prov. art. 123.

— de prendre son recours auprès du roi, dans les dix jours, quand le conseil a pris une délibération qui sort de ses attributions ou qui blesse l'intérêt général, et de suspendre ainsi l'exécution de cette délibération pendant trente jours.

Loi prov. art. 125, § 1er et 2.

Si, dans ce délai, le gouvernement n'a pas prononcé, la délibération devient exécutoire.

Loi prov. art. 125, § 3. — Rapp. la loi comm. art. 86.

C'est le gouverneur qui dirige les travaux des bureaux de la province, qui en nomme les employés, qui leur donne des ordres et les révoque.

Loi prov. art. 126, § 2.

II. De la députation permanente.

1° Il s'exerce par le pouvoir législatif :

Sous le rapport de l'annulation des actes que le roi aurait négligé d'annuler.

Loi prov. art, 89, § 3, 116 et 125.

2° Il s'exerce par le roi :

En ce qu'il approuve les actes énumérés dans l'article 86 de la loi provinciale, lorsque ces actes, en l'absence du conseil, sont posés par la députation ;

Loi prov. art. 107 et 116.

En ce qu'il approuve le règlement d'ordre intérieur de la députation ;

Loi prov. art. 104, § 2.

En ce qu'il a le droit d'annuler les actes de la députation qui sortent de ses attributions ou blessent l'intérêt général.

Loi prov. art. 89 et 116.

3° Il s'exerce par le conseil provincial.

Les membres de la députation sont éligibles par le conseil.

Loi prov. art. 3.

Elle lui rend annuellement compte de sa gestion.

Loi prov. art. 115, § 1er.

Le conseil peut rapporter ou modifier les décisions que

la députation porte sur les affaires qui sont réservées au conseil, sans préjudice de l'exécution qui leur aurait été donnée.

Loi prov. art. 107, § dernier.

4° Il s'exerce par le gouverneur.

Ce commissaire préside la députation avec voix délibérative.

Loi prov. art. 104.

Il fait instruire les affaires qui doivent lui être soumises.

Loi prov. art. 122.

Il requiert la députation de délibérer sur les affaires qu'il lui soumet.

Loi prov. art. 106, § 2.

Il exécute ses délibérations.

Loi prov. art. 124, § 1er.

Il exerce un recours légal contre les actes de la députation.

Loi prov. art. 125, § 1er.

Il donne son assentiment aux proclamations de la députation et à sa correspondance avec d'autres députations sur des objets étrangers à ses attributions.

Loi prov. art. 91, § 2, et art. 116.

Enfin, une garantie commune et de la plus haute

importance résulte de l'article 107 de la constitution pour les actes du conseil et de la députation.

Rappelons-nous ici que les cours et tribunaux n'appliquent les règlements qui émanent des autorités locales que pour autant qu'ils sont fondés sur la loi et qu'ils sont conformes à la loi.

DEUXIÈME PARTIE.

DE L'ADMINISTRATION DES ÉTABLISSEMENTS PUBLICS.

« Les établissements publics se lient d'une manière intime aux intérêts de la société ; l'administration les protége à raison même de leur objet, mais elle les surveille de manière à ce que, par leur nombre et les conditions de leur organisation, de leur fortune, ils ne puissent pas se former aux dépens de la société et vivre en quelque sorte de sa substance. »

SOLON.

DE L'ADMINISTRATION

DES ÉTABLISSEMENTS PUBLICS.

TITRE Ier, PRÉLIMINAIRE.

§ Ier. *Les établissements publics.*

Nous avons vu que les éléments constitutifs de la société ne sont pas des unités simples, des individus; que l'élément primordial de la société est une unité composée, la famille; que celle-ci engendre d'autres unités également composées, la commune, la province, l'Etat lui-même.

Celles-ci se décomposent en unités nouvelles que l'on appelle les établissements publics.

Ce sont des institutions diverses que la Providence a créées, ou que l'homme a fondées pour les besoins des sociétés civiles ou les aggrégations sociales qui vivent dans leur sein.

Il y en a de deux sortes:

1° Il y a des établissements qu'on peut appeler privés.

Ceux que des particuliers créent, soit individuellement, soit de concert avec d'autres, en vue de servir leurs intérêts ou de remplir des devoirs qu'ils acceptent ou qu'ils s'imposent.

Tels sont les établissements industriels, les sociétés littéraires ou scientifiques, les sociétés de charité, les corporations religieuses.

Les institutions de ce genre, celles même qui sont réglées par le code civil, sont en général dépourvues de la qualité de personnes civiles, c'est-à-dire, qu'elles n'ont pas d'existence indépendante de celle des individualités qui les ont fondées.[1]

---

(1) Les associations littéraires ou scientifiques, les associations politiques, les associations de charité, les corporations religieuses, les sociétés d'agrément ne sont pas même des sociétés dans le sens que la loi attache à ce mot, attendu qu'il est de l'essence de toute société (civile ou commerciale) qu'elle ait pour objet une chose commune à faire fructifier, qu'elle ait en vue de faire ou de partager des bénéfices.

V. le Bull. de cass. de 1853, p. 464.

Ce sont des contrats innommés.

Code civ. art. 1882. — J. des trib. t. 7. p. 107. — V. un jugem. du trib. de Termonde du 18 décembre 1851. (Belg. jud. t. 10. p. 93.) — Un jugem. du trib. de Liége du 21 décembre 1858. (J. des trib. t. 8. p. 973.) — Liége, 14 mars 1859. (J. des trib. t. 8. p. 983.)

Elles sont incapables de contracter.

Bruxelles, 5 juin 1858. (J. 1859. p. 133.)

Celui qui contracte en leur nom s'oblige personnellement.

Pareils établissements ne peuvent pas non plus posséder soit des meubles, soit des immeubles, abstraction faite des personnes qui les composent.

Celles-ci sont les véritables propriétaires de ces meubles, de ces immeubles, comme elles sont les seules créancières, les seules débitrices vis-à-vis des tiers.

V. une circ. du département des finances du 13 janvier 1848.

Il est vrai que, pour distinguer les biens qui appartiennent aux associés par indivis de ceux qui leur sont exclusivement propres, on a imaginé que l'acte constitutif d'une société donne naissance à un être moral ; mais cela n'empèche pas que la propriété de l'avoir social ne réside en réalité *dans la personne des associés, chacun pour sa part.*

Il n'oblige les autres associés que pour autant que ceux-ci lui aient accordé le pouvoir de les obliger ou que l'objet de son engagement ait tourné à leur profit.

Ainsi, s'il s'oblige, c'est pour le tout à l'égard des tiers, ou bien c'est pour sa part, s'il a agi en vertu du mandat de ses coassociés.

V. pour l'application, Liége, 14 mars 1859. (Rapporté dans la Jurisprud. des trib. t. 8. p. 983.)

S'il y a des statuts, il faut les appliquer ; c'est la loi des parties.

Gand, 28 juillet 1855. (J. 1858. p. 108.)

A moins d'engagement spécial pris par eux, les membres de ces associations n'y ayant qu'un intérêt personnel et passager, ne jouant aucun rôle actif dans la gestion des affaires sociales, il semble que leur obligation vis-à-vis de leurs coassociés et vis-à-vis des tiers se renferme dans les limites de leur cotisation annuelle, moyennant laquelle les sociétaires qui forment l'élément actif de l'association pourvoient aux dépenses sociales.

A ce point de vue, une société d'agrément présente de l'affinité avec la société anonyme.

Cass. 22 juin 1855. (B. 1855, p. 346.)[1]

Les institutions privées sont incapables de recevoir par donation ou testament.

Toute disposition faite par personnes interposées, en faveur d'un incapable, contient d'ailleurs une fraude à la loi et cette fraude peut être prouvée par des présomptions graves, précises et concordantes ;

Code civ. art. 910 et 911.

Et la nullité d'un legs au profit d'un incapable étant d'ordre public, puisqu'elle pourrait rendre illusoires certaines prohibitions de la loi, n'est pas couverte par l'exécution volontaire du testament.

Paris, 20 mai 1831. (Journ. des fabriq. t. 19. p. 238.) — Agen, 12 mai 1842. (Journ. des fabriq. t. 9. p. 141.) — Caen, 31 mars 1846. (Journ. des fabriq. t. 13. p. 141.) — Orléans, 3 avril 1846. (Journ. des fabriq. t. 14. p. 356.) — Bordeaux, 8 décembre 1847. (Journ. des fabriq. t. 15. p. 374.) — Montpellier, 3 mars 1853. (Journ. des fabriq. t. 19. p. 242.) — Bruxelles, 8 août 1853. (B. 1854. p. 336.) — Cass. F. 5 août 1841 (Journ. des fabriq. t. 8. p. 140.), 26 avril 1842 (Ibid. t. 9. p. 116.), 5 juillet 1842 (Ibid. t. 9. p. 109.), 2 décembre 1845 (Ibid. t. 19. p. 212.), et 20 avril 1847. (Ibid. t. 15. p. 367.) — Cass. B. 30 juin 1854. (B. 1854. p. 336.)

---

(1) Aux yeux de la loi, il n'y a point de personne morale, pas de masse ou de patrimoine pour des associations qui se forment dans des vues scientifiques, morales ou religieuses, et cependant il y a unité collective ; aucune des personnes qui les composent ne se considère comme propriétaire pour elle-même, ni de la totalité, ni de la moindre partie des objets qui leur servent en commun.

Quelle est donc cette situation ?

V. le *Nouveau journal des fabriques*, t. 5. p. 1.

Quant à l'interposition des personnes, c'est évidemment une question de fait, qui rentre dans le pouvoir d'appréciation des juges.

V. cependant : Un jugem. du trib. de Nevers du 14 janvier 1846. (Journ. des fabriq. t. 12. p. 149.) — Arrêts : Toulouse, 23 juillet 1836. (Journ. des fabriq. t. 4. p. 136.) — Grenoble, 13 janvier 1841. (Ibid. t. 8. p. 90.) — Cass. F. 11 décembre 1832 (Journ. des fabriq. t. 8. p. 136.), 21 août 1838 (Ibid. t. 9. p. 107.), et 3 juillet 1841. (Ibid. t. 8. p. 19.)

L'article 911 du code civil suppose d'ailleurs un être moral ou physique incapable, mais néanmoins existant d'une manière quelconque, et à qui la personne interposée sera dans la possibilité de faire parvenir le bénéfice du legs. (Ancienne abbaye dont les membres dispersés ne se sont plus réunis pour former de nouveau une communauté. Legs fait dans la prévision de son rétablissement de fait ou de droit.)

V. Bruxelles, 3 mai 1854. (J. 1855. p. 288.)

Personne n'étant admis à plaider par procureur,[1] il s'ensuit que l'action qui émane d'une association privée, doit être exercée personnellement par tous les membres de la société.

V. un jugem. du trib. de Marche du 18 novembre 1858. (J. des trib. t. 7. p. 571.) — Gand, 27 mai 1857. (J. 1859. p. 260.)

---

(1) La loi prononce des exceptions à l'égard des communes, des établissements publics et de certaines sociétés.

Elle ne peut, en principe, agir collectivement en justice soit en demandant, soit en défendant.

Elle doit être représentée par ses membres individuellement dénommés ou qualifiés comme tels.

V. le code de procéd. civ. art. 61. — Des jugem. du trib. de Liége du 26 mai 1849, et du 16 juin 1857. (J. des trib. t. 7. p. 107.)

Cependant, rien ne s'oppose à ce que ses administrateurs assignent ou soient assignés, non pas comme administrateurs, mais en leur nom personnel, s'ils ont agi comme délégués au nom de ceux qui la constituent, en vertu d'un mandat exprès ou même tacite;

V. Aix, 2 juillet 1844. — Cass. F. 29 juin 1847.

Sauf à eux à mettre les autres membres en cause.

Bruxelles, 8 août 1849. (J. 1850. p. 136.)[1]

La règle: *Nul ne plaide par procureur*, ne peut recevoir alors son application.

---

(1) Voici l'espèce de cet arrêt :

Deroover avait donné en location à la société d'harmonie d'Ixelles un local situé en cette commune. Assignation est donnée par lui à la personne des membres composant le conseil d'administration en paiement de l'annuité échue et en résiliation du bail. — Jugement du 30 mai 1849 qui condamne. — Appel. — La société conclut devant la cour à ce qu'avant faire droit il fût ordonné à l'intimé de mettre en cause *tous les membres de la société*. — Rejet. Attendu que s'il était vrai que les appelants ne fussent pas qualifiés, à l'effet de représenter la société, il est au moins certain que l'action a été bien dirigée contre eux, en tant qu'ils sont membres de la société; que s'ils croient avoir intérêt à mettre en cause les autres membres de la société, il leur est libre de le faire.

« Il est rationnel que les tiers qui ont des prétentions à charge de la société intentent leur action aux sociétaires qui constituent ou constituaient la partie active de l'association, sauf à ceux-ci à exercer leur recours contre les autres sociétaires, s'ils s'y croient fondés. »

V. des jugem. du trib. de Liége du 29 juillet et du 21 décembre 1858. (J. des trib. t. 8. p. 965 et 973.)

« Les sociétaires, sans distinction, ont d'ailleurs qualité pour réclamer, en nom personnel, l'accomplissement d'une obligation indivisible contractée au profit de la société, pour en obtenir l'exécution intégrale. »

V. le code civ. art. 1217, 1218, 1222 et 1224. — Bruxelles, 27 juillet 1855. (J. 1856. p. 195.)

Ainsi, il appartient à chacun de fonder des établissements privés dans les limites de sa capacité individuelle et de sa responsabilité individuelle.

2° Il y a des établissements qu'on doit appeler publics.

Ceux qui se rapportent à des services d'utilité générale, provinciale ou communale et qui sont réclamés ou commandés, soit par les besoins de l'intelligence, soit par les misères de l'humanité, soit par les rapports nécessaires qui existent et se manifestent entre l'homme et Dieu.

Il y en a parmi ceux-ci qui ne jouissent pas de l'existence civile, et qui ne sont que des moyens, des instruments d'administration assujettis à la personnalité de l'Etat, de la province ou de la commune.

Telles sont les commissions d'agriculture, d'industrie, de commerce.

Ce sont des institutions d'utilité publique, ce ne sont pas des établissements publics.

V. le Bull. de cass. de 1849, p. 362.

Il y en a d'autres qui sont dotés de la vie civile, comme les citoyens en sont dotés individuellement, c'est-à-dire, dont la personnalité plane au-dessus de la personnalité de l'Etat, de la province, de la commune, des particuliers;

— dont la vie n'est absorbée par aucune autre vie ;

— qui, par suite, ont des devoirs, des droits, des intérêts qui leur sont propres.

Ce sont des établissements dont la durée n'a pas de limites.

On les appelle ***Gens de main-morte,*** c'est-à-dire dont l'existence se perpétue par la subrogation toujours successive des personnes qui les composent ou les administrent.

V. Merlin, *Répertoire*, v. Main-Morte.

Voici la définition que Guyot en donne dans son ***Répertoire:***

« Ce sont des corps ou communautés perpétuels qui, par une subrogation de personnes, sont censés toujours les mêmes et ne produisent aucune mutation par décès. »

Parmi les établissements de cette catégorie, viennent se ranger :

Les fondations de bourses, les hospices, les bureaux de bienfaisance, les églises.

§ II. *Conditions et titre d'existence des établissements publics. — Leurs caractères.*

Quelles sont les conditions qui doivent se réunir pour qu'un établissement puisse revendiquer la personnalité civile ?

Nous en comptons trois :

1° Il faut qu'une loi en proclame ou en exige l'existence d'une manière générale ou particulière ;[1]

2° Qu'il puisse acquérir des biens ;

3° Qu'il soit doté d'une administration ayant mission de remplir les obligations qui lui incombent, d'exercer les droits qui lui appartiennent, et qui ne se confonde ni avec l'administration de l'État, ni avec celle de la province, ni avec celle d'une commune ;

Gand, 13 mars 1848. (J. 1848. p 105.)

---

(1) Voir le *Nouveau journal des fabriques*, t. 5, p. 1

conditions qui subsistent et se concilient avec la surveillance soit de l'Etat, soit de la province, soit de la commune.

Où les établissements doués de vie civile trouvent-ils le titre de leur existence?

Les uns le trouvent dans la constitution elle-même :

La province, la commune.

Const. art. 1er, 2, 3, 31 et 108.

Nous ne parlons pas ici de l'Etat, parce que la capacité juridique lui est essentielle et que, dès lors, il n'a pas besoin de texte pour l'établir.

D'autres le trouvent dans la loi :

La banque nationale;

Loi du 5 mai 1850.

La caisse générale de retraite.

Loi du 8 mai 1850.

— ou bien dans un arrêté royal pris en vertu de la loi :

Les églises cathédrales, paroissiales et autres.

Loi du 18 germinal an X, art. 60 et suiv.

D'autres peuvent être l'œuvre des conseils provinciaux, sauf l'approbation du roi;

Loi prov. art. 72 et 86, n. 2.

— ou des conseils communaux, sauf l'avis de la députation et l'approbation du roi ;

Tels sont les bureaux de bienfaisance.

Loi comm. art. 92.

— ou même des particuliers, mais par exception, moyennant l'approbation du roi ;[1]

---

(1) Les particuliers peuvent bien prendre l'initiative d'une fondation; ils peuvent ainsi concourir à l'œuvre d'une fondation, mais ils n'ont pas le droit de fondation.

Un individu meurt laissant un testament ainsi conçu :

Je déclare ériger telle fondation de charité, par exemple, ou d'instruction publique, et je l'institue héritière universelle.

Pareille disposition doit rester inopérante.

En effet :

La loi exige que l'on existe au moment du décès du testateur pour pouvoir succéder ou recueillir par testament.

Code civ. art. 725 et 906.

La fondation dont il s'agit, pour avoir une existence civile ou fictive, nécessitait un acte du pouvoir exécutif; la volonté du défunt est restée, par elle seule, impuissante pour lui donner cette existence, pour créer la fondation.

Cet acte n'était pas posé au jour du décès du testateur en question.

La fondation projetée était donc incapable de recueillir le legs universel qui lui était fait et l'arrêté d'approbation, posé ultérieurement par l'administration, a dû être considéré comme tardif et ne l'a pas relevée de son incapacité.

Bruxelles, 26 juillet 1848. (J. 1848. p. 435.) — V. aussi Bruxelles, 11 août 1854. (J. 1855. p. 388.) — Un avis du cons. d'Etat du 4 mars 1841. — Le Journ. des fabriq. t. 7, p. 304, et t. 23, p. 282.

Toutefois, il importe peu que lors de la confection du testament qui fait un legs à un établissement public, celui-ci n'existait qu'en projet et n'avait encore ni existence matérielle ni existence morale. Cette existence, lors de la confection du testament, n'est pas requise pour la validité du legs, le testateur ne disposant que pour le temps où il ne sera plus, le testament n'étant qu'un

Telles sont les sociétés de commerce.[1]

Code de commerce, art. 29 et suiv.

C'est un principe traditionnel, dans le droit, qu'une corporation quelconque ne devient *personne morale* qu'en vertu d'une reconnaissance légale, ayant spécialement pour but de lui conférer ce caractère.

Il en est de même pour les aggrégations d'habitants correspondant à des circonscriptions territoriales.

Les établissements publics étrangers, les communes par exemple, les hospices, les fabriques d'églises, faisant partie de l'existence même des Etats dont elles sont des unités constitutives, ont le cachet de la reconnaissance officielle, sont reconnus comme personnes civiles en Belgique, par cela même que ces Etats y sont eux-mêmes reconnus par les relations d'amitié et d'affaires que l'Etat belge entretient avec eux ; principe qui n'est pas applicable aux établissements privés, tels que les sociétés anonymes, l'existence de celles-ci ne pouvant se confondre avec celle des Etats étrangers dans lesquels elles sont établies.

De sorte que, pour ester en justice, les sociétés anony-

---

simple projet qui se réalise au moment de son décès, il suffit que l'établissement existe au moment du décès.

Gand, 3 août 1849. (J. 1849. p. 339.)

(1) Voir ce que nous avons dit sur les sociétés anonymes, dans *Le droit administratif belge*, t. 3. p. 752 et suivantes.

mes qui ont leur siége à l'étranger, ont besoin de l'approbation du gouvernement belge.

Aux termes de l'article 37 du code de commerce, une société anonyme ne peut, en effet, avoir, comme telle, d'existence en Belgique qu'avec l'autorisation du roi ;

Et cette disposition est absolue : elle ne distingue pas si la société a son siége dans le pays ou à l'étranger.

Cass. 8 février 1849 (B. 1849. p. 221.), et 30 janvier 1851. (B. 1851. p. 307.) — V. cependant un jugem. du trib. de Liége du 24 juin 1848. — Cass. 22 juillet 1847. (B. 1847. p. 584.)

Toutefois, les sociétés anonymes commerciales, industrielles ou financières qui ont obtenu l'autorisation du gouvernement français peuvent exercer tous leurs droits, notamment ester en justice, en Belgique, à charge de réciprocité en France ;

V. le traité de commerce conclu avec la France, le 27 février 1854.

Et le bénéfice de cette disposition peut être étendu aux autres pays, par arrêté royal, toujours à charge de réciprocité.[1]

Loi du 14 mars 1855.[2]

---

(1) La loi similaire française du 30 mai 1857 accorde la personnification civile aux compagnies belges qui sont soumises à l'autorisation du gouvernement belge et qui l'ont obtenue.

(2) Voir un arrêté du 15 mars 1859, qui l'accorde aux sociétés anonymes espagnoles.

Aux termes de l'article 1er de cette loi, les sociétés anonymes étrangères, habiles à exercer leurs droits en Belgique, sont, de plein droit, soumises à la condition d'observer les lois du royaume où ces droits sont pratiqués.

Jugé, avec raison, que la loi du 14 mars 1855 n'autorise pas ces sociétés à faire, en Belgique, des opérations prohibées par les lois belges, celles, par exemple, qui doivent être réputées loteries.

V. la loi du 31 décembre 1851, sur les loteries. — Gand, 27 juin 1860. (J. 1860. p. 268.)

On s'est demandé si les sociétés anonymes françaises ou espagnoles ont qualité pour ester en justice en Belgique, bien que leur action ait pour base des contrats antérieurs à la loi du 14 mars 1855.

Pour la négative, on a dit que cette loi reste soumise à la rigueur du principe de la non rétroactivité des lois, puisqu'elle n'y déroge par aucune de ses dispositions; qu'elle ne dispose que pour l'avenir et n'a conféré la qualité dont il s'agit aux sociétés étrangères qu'à raison des contrats à naitre sous l'empire de cette loi ; que les contrats que ces sociétés ont pu passer antérieurement sont dépourvus de la condition vitale nécessaire pour créer le lien de droit, l'existence des deux contractants, et restent ainsi affectés d'une cause de nullité radicale et de rescision ; que la loi nouvelle ne les ayant pas validés, l'exécution ne peut en être réclamée devant nos tribunaux.

V. un jugem. du juge de paix de Bouillon du 10 juillet 1855. (J. des trib. t. 4. p. 742.)

Pour l'affirmative, on a dit que la loi du 14 mars 1855 est générale et ne distingue pas entre le cas où l'origine des droits à poursuivre en justice est antérieure ou postérieure à sa promulgation ; que son objet immédiat est d'établir la plus parfaite réciprocité, notamment entre la France et la Belgique ; que c'est en vertu de cette réciprocité que les sociétés anonymes belges peuvent exercer tous leurs droits en justice en France, pour toutes les stipulations faites en leur faveur, sans distinction ; que les sociétés anonymes françaises dûment autorisées en France, y avaient la qualité et la capacité requises pour y contracter valablement ; que l'incapacité d'ester en justice qui résultait de l'article 37 du code de commerce ne renferme pas celle de contracter et qu'on ne peut en induire que les conventions faites en Belgique par les sociétés en question sont radicalement nulles, sans créer une nullité que la loi n'a pas établie.

Ces dernières considérations nous paraissent décisives.

Elles ont été accueillies par nos cours et tribunaux.

V. un jugem. du trib. de commerce de Gand du 7 mars 1857. (J. des trib. t. 6. p. 104.) — Des jugem. du trib. de commerce d'Anvers des 5 et 16 mai 1856. (J. des trib. t. 6. p. 300.) — Bruxelles, 4 juillet 1857 (J. 1857. p. 397.), et 13 janvier 1858. (J. des trib. t. 6. p. 987.)

Au surplus, une société étrangère qui n'est pas anonyme, peut, comme toute société belge, faire valoir ses droits devant nos tribunaux.

Bruxelles, 24 janvier 1855 (J. 1855. p. 403.)

Qu'est-ce qui caractérise les établissements publics?

Trois choses :

1° Chacun d'eux a une mission particulière, sa destination, son objet.

Ainsi, les bureaux de bienfaisance ont mission de distribuer des secours à domicile.

Ainsi, les fabriques d'églises ont mission de veiller à la conservation des temples, et de régler les dépenses de l'exercice du culte, d'administrer certaines aumônes.

Les services qui leur incombent sont d'ordre public.

Il n'appartient pas aux particuliers de les étendre, de les restreindre, de les altérer, de les enlever à l'un de ces établissements pour les attribuer à un autre.

En d'autres termes, il n'est pas facultatif à un particulier de charger un établissement public de fonctions ou de services qu'il n'est pas appelé à exercer ou à rendre par l'objet de son institution.

Les clauses de ce genre doivent être réputées non écrites.

Cela revient à dire que leur capacité ou personnalité civile ne s'étend pas au delà de l'objet de leur mission.

Code civ. art. 900. — V. une instr. du ministre de la justice du 10 avril 1849.

2° Chacun est dans une dépendance plus ou moins étroite de l'Etat, de la province ou de la commune qui les a créés.

C'est l'Etat qui a institué les fabriques d'églises; c'est la loi qui a déterminé les règles de leur administration.

3° Les préposés de ces établissements ne sont pas des autorités publiques.

Ce sont plutôt des agents que la loi charge d'une gestion économique, sous la surveillance des autorités ou des fonctionnaires qui exercent les attributions de la souveraineté.

Ainsi, les établissements publics ont une existence civile, comme l'Etat, la province et la commune, mais, à la différence de l'Etat, de la province, de la commune, ils n'ont pas d'existence politique.

§ III. *Fondations.*

Le mot *fondation* peut s'entendre de deux manières :

Il se dit de la formation ou institution de l'un ou de l'autre des établissements qui ont pour objet des services d'utilité générale, provinciale ou communale.

Dans ce sens, à la loi seule il appartient de fonder, ou bien à l'administration agissant comme pouvoir exécutif, en vertu de la loi ou suivant ses prescriptions.

Le mot *fondation* s'emploie aussi pour exprimer les libéralités qui sont faites avec charge ou sans charge aux établissements existants.

Pareilles libéralités peuvent être faites [1] par les citoyens, en faveur des services d'utilité publique qui incombent aux établissements fondés par la loi ou en conséquence de la loi.

Or ces services se rapportent à l'instruction, à la bienfaisance, ou à la religion.

Il y a des *écoles;*

Il y a des *établissements de bienfaisance;*

Il y a des *églises.*

Il se fait donc des fondations, des libéralités, en faveur:

Des écoles instituées,

Des établissements de bienfaisance,

Des églises;

Et les citoyens peuvent ainsi concourir aux services d'utilité publique que ces établissements sont appelés à rendre à la société, et à la satisfaction des besoins moraux

---

(1) Sous l'adhésion du gouvernement et sous les conditions non contraires aux lois.

ou matériels que ces établissements doivent procurer, en dégrèvement des dépenses que ces établissements font peser sur le budget de l'Etat, des provinces ou des communes.

Les administrations que la loi prépose à ces établissements acceptent les libéralités qui leur sont faites.

En ce qui concerne les legs, l'acceptation, c'est la demande en délivrance d'après les règles tracées aux articles 1004 et suivants du code civil.

En ce qui concerne les donations, l'acceptation s'en fait dans un acte authentique qui, pour les établissements publics, est nécessairement postérieur à l'acte constitutif de la donation, puisque cette acceptation suppose l'autorisation préalable.

Circ. du 30 germinal an XII. — Code civ. art. 932.

De sorte que l'acceptation provisoire émanée des administrateurs avant l'autorisation du gouvernement ne lie pas le donateur.

Remarquez :

1° L'acte d'acceptation doit ensuite être notifié au donateur par exploit d'huissier.

Code civ. art. 932.

2° Lorsqu'il y a donation de biens susceptibles d'hypothèque, la transcription de la donation doit se faire à la diligence des administrateurs, pour rendre la disposition opérante à l'égard des tiers.

Loi du 16 décembre 1851, art. 1er. — Code civ. art. 939, 940 et 941.

3° L'acceptation ne se fait que sous les conditions légales.

Dans toute disposition entre vifs ou testamentaire, les conditions, clauses ou charges impossibles, celles qui sont contraires aux lois ou aux mœurs, doivent être réputées non écrites.

Code civ. art. 900 et 6.

Ainsi, le gouvernement peut et doit même réputer non écrites les charges, clauses ou conditions qui s'écartent des lois organiques de ces établissements ou qui les contrarient, les conditions dont l'accomplissement est hors des limites des services qui leur sont confiés.

Exemple. Lorsqu'un legs est fait à un bureau de bienfaisance à la charge de le consacrer, par lui-même, à l'entretien des malades dans un hôpital, ce bureau peut bien solliciter et obtenir l'autorisation d'accepter ;

Code civ. art. 910 et 902. — Loi du 30 mars 1836, art. 76, § 3.

car la nullité de la charge, en ce que cette charge serait contraire aux lois sur l'administration des biens des hospices, n'entraine pas la nullité du legs en lui-même.

Code civ. art. 900. — Gand, 3 août 1849. (J. 1849. p. 339.) — Cass. 8 juin 1850. (B. 1850. p. 297.)

Il en serait de même si une donation était faite à une fabrique d'église, à l'effet d'établir, par elle-même, une école ou de former d'autres entreprises étrangères à ses attributions.

V. des avis du cons. d'Etat du 12 avril 1837 et du 4 mars 1841.

Mais la disposition doit rester à l'état de lettre morte en tant qu'elle appelle le bureau de bienfaisance ou la fabrique d'église à rendre un genre de services qui ne ressortissent pas à la spécialité de leur institution.

Cependant, rien ne s'oppose à ce que le bureau de bienfaisance soit institué légataire, à condition qu'il fondera tel nombre de lits dans tel hospice, ou bien tel nombre de messes dans telle église, ou bien qu'il paiera telle somme à tel autre établissement.

L'acquit de pareilles obligations ou prestations n'a rien de contraire à la loi ou à l'ordre public.

V. Liége, 10 mars 1858. (J. 1858. p. 141.)

4° L'acceptation doit être autorisée.

Les établissements publics en général, sont, de droit, incapables de recevoir des dispositions.

Cette incapacité ne peut être levée que par l'autorité qui en a la haute tutelle.

Si elle ne l'est pas, l'établissement reste incapable.

Code civ. art. 910.

Les dons et legs au profit des établissements publics n'ont d'effet qu'autant que l'acceptation en a été autorisée par le gouvernement.

V. notamment : Bruxelles, 1er février 1854. (J. 1856. p. 273.) — Le Journal des fabriques, t. 23. p. 314. — Grenier, *Des donations*, n. 70.

Ce contrôle a pour objet d'assurer la volonté des bienfaiteurs, de prémunir les établissements publics contre des acceptations irréfléchies et contraires à leurs intérêts, d'empêcher qu'un trop grand nombre de biens-fonds ne soient mis hors du commerce, de sauvegarder l'intérêt des familles. [1]

Nous l'avons dit ailleurs, l'autorisation administrative donnée à un établissement public pour l'acceptation d'un legs ou don ne juge et ne préjuge rien, soit sur la capacité de recevoir dans la personne morale du légataire, soit sur la légalité intrinsèque de la disposition.

Ces questions restent essentiellement dévolues à l'autorité judiciaire, l'administration n'ayant qu'à permettre, refuser ou restreindre l'acceptation de l'établissement public.

Colmar, 31 juillet 1823. — V. le Journal des fabriques, t. 10. p. 301, et t. 23. p. 303.

En ce qui regarde les établissements publics, l'effet des

---

(1) Dons et legs. Recours. — Voir le *Journal des fabriques*, t. 20. p. 122.

dons et legs est donc toujours subordonné à l'autorisation d'accepter, donnée par le gouvernement ou la députation.

Quel est cet effet au point de vue des fruits ou intérêts de la chose donnée ou léguée?

Distinguons, avec le code civil:

S'il s'agit d'une donation, les intérêts ne courent que du jour où l'acceptation, dûment autorisée, est notifiée au donateur.

Code civ. art. 932

S'il s'agit d'un testament, il n'y a pas de demande en délivrance possible et efficace, tant qu'il n'y a pas autorisation du gouvernement ou de la députation;

V. Paris, 27 janvier 1851. — Cass. F. 13 novembre 1849, et 24 mars 1852.

Et cette autorisation existant, distinguons, toujours avec le code, les legs universels, les legs à titre universel, et les legs particuliers.

A l'égard des legs universels, deux circonstances sont à remarquer :

S'il existe des héritiers à réserve, le légataire universel doit demander la délivrance aux héritiers réservataires. S'il forme sa demande dans l'année du décès, il a la jouissance à compter du jour du décès; sinon, la jouissance ne commence que du jour où sa demande en délivrance est formée, ou du jour où la délivrance lui est volontairement consentie.

Code civ. art. 1004 et 1005.

Mais lorsqu'il n'y a pas d'héritier réservataire, le légataire universel est saisi de plein droit par la mort du testateur, sans être tenu de demander la délivrance.

Code civ. art. 1006.

Dans ce cas, par la force des choses, les biens passent à l'établissement légataire universel en totalité avec fruits et intérêts.

Quant aux legs à titre universel, la loi ne s'explique pas en ce qui regarde les fruits et les intérêts ; mais la jurisprudence les assimile aux legs universels.

Enfin, quant aux legs particuliers, la loi est précise.

Le légataire particulier n'a droit aux intérêts qu'à compter du jour de la demande en délivrance ou du jour où cette délivrance lui a été volontairement consentie, à moins que le testateur n'ait voulu faire courir les intérêts du jour du décès et qu'il n'ait manifesté sa volonté à cet égard.

Code civ. art. 1014 et 1015.

Ainsi, en thèse générale, il y a nécessité pour les administrateurs des établissements publics de se faire autoriser aussitôt que possible pour former leur demande en délivrance, de manière à faire courir les intérêts.

L'arrêté du 27 octobre 1825 exige que ces sortes d'affaires soient traitées d'urgence.

Qui sollicite l'autorisation?

C'est l'établissement qui est préposé au service public auquel la libéralité s'adresse qui sollicite cette autorisation.

Code civ. art. 937.

Ainsi, l'autorité communale sollicite l'autorisation d'accepter les donations ou legs qui se font aux écoles communales.

Loi comm. art. 76, n. 3.

Ainsi, les monts-de-piété, les bureaux de bienfaisance, les hospices, les fabriques d'églises acceptent les libéralités qui les concernent respectivement.

Dans le cas où une disposition intéresse les services publics qui sont confiés à des établissements divers, chacun de ceux-ci doit intervenir pour solliciter l'autorisation d'accepter et pour accepter.

Ainsi, en cas de legs fait à un bureau de bienfaisance, aux charges de payer telle somme à telle fabrique d'église, ou de fonder tels services religieux dans telle église, il y a nécessité de l'intervention de la fabrique de l'église dans laquelle les services religieux doivent être exécutés.

V. un avis du cons. d'Etat du 4 mars 1841.

Quand l'autorisation doit-elle être demandée?

C'est pendant la vie des donateurs que l'autorisation

d'accepter une donation doit être demandée et obtenue.

C'est dans les trente ans que doit s'exercer l'action en délivrance d'un legs.

La prescription ne peut d'ailleurs être admise dans le cas où la disposition aurait été cachée à l'établissement intéressé, celui-ci ayant alors été mis dans l'impossibilité de faire les diligences nécessaires.

Gand, 25 juillet 1853. (J. 1854. p. 121.)

Qui accorde l'autorisation?

C'est, en général, la députation ou le roi qui accorde l'autorisation, suivant la valeur de la libéralité qui se fait à un établissement d'ordre communal ;

Loi comm. art. 76, n. 3.

disposition qui modifie les articles 910 et 937 du code civil qui exigeaient, dans tous les cas, l'intervention du gouvernement.

Ann. les arrêtés du 4 pluviôse an XII et du 21 octobre 1818. — Le décret du 12 août 1807.

En ce qui regarde les établissements d'un ordre plus élevé, les séminaires, les cathédrales, c'est le gouvernement seul qui reste compétent pour les autorisations.

Décrets du 30 décembre 1809, art. 113 ; du 26 décembre 1810, art. 4, et du 6 novembre 1813, art. 67.

Le gouvernement peut répudier les libéralités.

Il n'appartient pas à l'établissement intéressé de répudier par lui-même, l'acte de répudiation devant, comme l'acte d'acceptation, recevoir l'autorisation de l'autorité supérieure.

Le gouvernement peut les réduire.

Dans ce cas, les biens donnés restent au donateur, les biens légués restent dans la succession et sont recueillis d'après les règles du droit commun.

Le gouvernement ne peut disposer de la libéralité qui est répudiée ou de la portion de la libéralité qui est réduite, ou lui donner une destination autre que celle que son auteur a entendu lui donner.

Ainsi, supposons cette clause: « Si telle institution ne recueille pas le legs, je lui substitue telle ou telle personne déterminée. »

S'il y a refus d'autorisation, quel que soit le motif de ce refus, le substitué prend la place de l'institué.

L'article 898 du code civil ne nous semble pas tolérer le moindre doute sur ce point.

Le droit du substitué s'ouvre dès que l'institué ne peut ou ne veut pas recueillir. *Casus noluntatis, casus impotentiæ.*

D'Anethan, *Lettres sur l'existence légale des institutions charitables,* etc. p. 3, 31 et suiv. — Grenier, *Donations,* n. 70.

C'est comme une disposition subsidiaire qui doit être exécutée à défaut de l'autre.

Liége, 10 mars 1858. (J. 1858. p. 141.)

Les legs qui sont faits aux établissements publics sont passibles du droit proportionnel qui frappe les legs faits à des personnes non parentes.

Loi du 27 décembre 1817, art. 17.

Mais les donations qu'on leur fait ne sont passibles que d'un droit fixe modéré.

V. notamment, un arrêté du 15 brumaire an XII. — La loi du 7 pluviôse an XII.

TITRE II.

L'INSTRUCTION.

§ 1er. *Préliminaire.*

La liberté de la pensée est un de ces biens qui existent indépendamment de la formation de l'état social. La pensée est la chose la plus libre du monde. Mais pour devenir fécondes, les pensées ont besoin de s'émettre, de se communiquer, de s'échanger.

C'est par la manifestation de ses pensées que l'homme les conserve, les agrandit, en recueille les fruits.

La vie de l'intelligence, l'essor des facultés intellectuelles de l'homme serait donc paralysé, si l'homme n'avait le droit de manifester ses pensées, c'est-à-dire de dévoiler à ses semblables ce qu'il pense, ce qu'il juge.

De là la liberté de la presse,

Const. art. 18.

— la liberté de manifester ses opinions,

Const. art. 14.

— la liberté de l'enseignement.

Const. art. 17.

L'enseignement est libre :

Toute mesure préventive est interdite.

Les mesures préventives des abus de la presse, de la parole, de l'écriture, ne sont pas plus rationnelles que celles que l'on pourrait prendre à l'égard de la liberté des bras sous le prétexte du mauvais usage que l'on en peut faire et des attentats dont ils peuvent devenir l'instrument.

L'enseignement est libre;

Mais la pensée manifestée par des actes peut être réprimée, si les actes sont prévus et définis par la loi.

La parole, les écrits surtout, peuvent constituer des attentats ou des excitations à commettre des attentats, et tomber ainsi dans le domaine de la loi.

La loi réprime les délits qui se commettent à l'occasion de l'usage de la liberté de la presse, de la liberté de l'enseignement.

Const. art. 14, 17, 18.

L'enseignement est libre;

Mais les établissements qui sont érigés par des citoyens en vertu de cette disposition constitutionnelle ne constituent pas des personnes civiles.

Ce sont des établissements tout à fait privés, placés en dehors de toute action du pouvoir et sans autorité dans l'Etat.

Bruxelles, 13 juillet 1844. (Bull. de cass. de 1847. p. 409)

L'enseignement est libre;

Mais encore, l'Etat n'est pas mis en dehors du droit commun.

L'enseignement est libre pour l'Etat, comme pour les citoyens. [1]

L'instruction publique se range parmi les services que le gouvernement est appelé à rendre à la société. [2]

C'est une dette de la société envers chacun de ses membres.

---

(1) C'est la loi du 15 mars 1850 qui a organisé la liberté de l'enseignement en France et qui a enlevé à l'Université le caractère corporatif qu'elle avait possédé jusqu'alors.

Elle a institué un conseil supérieur (aujourd'hui le conseil impérial de l'instruction publique) que le gouvernement compose et dont la présidence appartient au ministre de l'instruction publique.

V. le décret du 9 mars 1852.

(2) « L'instruction publique, objet constant des soins du gouvernement. »
Loi fond. de 1815, art. 226.

Const. du 3-14 septembre 1791, tit. 1er, n. 3, in fine.

Elle est organisée d'une manière hiérarchique, dans des rapports combinés avec la division du territoire.

Elle se compose de trois degrés: l'instruction supérieure, l'instruction moyenne, l'instruction primaire.

C'est la loi qui la règle; c'est le budget de l'Etat, de la province ou de la commune qui en fournit les frais.

Const. art. 17, § 2.

§ II. *Les Universités.*

Pour satisfaire aux besoins de l'instruction supérieure, deux universités sont instituées par la loi, aux frais de l'Etat: l'une à Liége, l'autre à Gand.

Chaque université comprend les facultés de philosophie et lettres, des sciences mathématiques, physiques et naturelles, de droit et de médecine.

Loi du 15 juillet 1849, art. 1er. — Ann. le règlem. du 25 septembre 1816. — La loi du 27 septembre 1835.

Une école des arts et manufactures et des mines est annexée à la faculté des sciences de l'université de Liége. [1]

---

(1) Voir la loi du 27 septembre 1835, art. 2. — L'arrêté du 25 septembre 1852, organique de cette école. — Annexez les dispositions du 6 mai 1842, du

Une école des arts, des manufactures, d'architecture civile et des ponts et chaussées est annexée à la faculté des sciences de l'université de Gand.

Loi du 15 juillet 1849, art. 2.[1]

C'est le gouvernement qui est chargé de la surveillance et de la direction des universités de l'Etat.

Loi du 15 juillet 1849, art. 28 et suiv.

C'est le roi qui fait les règlements nécessaires pour l'exécution de la loi.

Loi du 15 juillet 1849, art. 17 et 29. — Ann. l'arrêté du 9 décembre 1849, contenant le règlement organique des universités de l'Etat.

Un conseil, dit de perfectionnement, est institué auprès du ministre de l'intérieur.[2]

Loi du 15 juillet 1849, art. 28, § 2. — Arrêté du 6 octobre 1852.

C'est le roi qui nomme les professeurs des universités le l'Etat et qui détermine la science qu'ils sont appelés à enseigner.

---

0 avril 1850 et du 30 mars 1859, concernant l'institution, la composition et es attributions du conseil de perfectionnement établi auprès de cette école. — oir aussi la disposition ministérielle du 30 novembre 1857, contenant le proramme des conditions exigées pour l'admission. — L'arrêté du 1er octobre 338 qui a mis l'institution du corps des mines en rapport avec l'enseignement supérieur.

(1) Voir l'arrêté du 1er octobre 1838. — Les règlements organiques des 26 27 septembre et 18 octobre 1838, du 12 mars 1852, et du 10 janvier 1859. - La disposition ministérielle du 30 novembre 1857.

(2) Les frais de route et de séjour sont réglés par l'arrêté du 31 octobre 1854.

Ils portent le titre de professeurs ordinaires ou extraordinaires.

Hors les cas de dispense, ils doivent avoir le grade de docteur ou de licencié dans la branche qui leur est confiée.

Loi du 15 juillet 1849, art. 9 et suiv.

Le gouvernement peut appeler au professorat des étrangers d'un talent éminent, lorsque l'intérêt de l'instruction publique le réclame.

Loi du 15 juillet 1849, art. 31.

Les professeurs prêtent le serment politique.[1]

Arrêté du 9 décembre 1849, art. 33.

Le traitement dont ils jouissent est réglé par la loi.

Loi du 15 juillet 1849, art. 9. — Ann. son art. 12.

La loi admet deux cas d'éméritat et en fait deux causes d'admission à la pension :

1° L'éméritat à raison de la durée des services académiques. Trente années de services universitaires donnent l'éméritat, quel que soit l'âge de celui qui les a rendus ;

Loi du 21 juillet 1844, art. 15, § 1er. — Rapp. le règlem. du 25 septembre 1816, art. 83, n. 2.

---

(1) Leur serment d'entrée en fonction n'est pas assujetti au droit d'enregistrement fixé par la loi du 22 frimaire an VII, article 68, § 6, n. 4.

Cass. 1er décembre 1833. (B. 1836. p. 148.)

2° L'éméritat à raison de l'âge : soixante-dix ans, pourvu que le professeur ait fonctionné pendant vingt-cinq années.

Loi du 21 juillet 1844, art. 15, § 1er. — V. le règlem. du 25 septembre 1816, art. 85.

Les droits acquis antérieurement à 1844 sont restés saufs.

Loi du 21 juillet 1844, art. 61, § 1er.

Les professeurs sont admis à la pension, quand, par suite d'infirmités, ils sont reconnus hors d'état de continuer leurs fonctions.

Loi du 21 juillet 1844, art. 16, § 1er.

Les droits acquis antérieurement à 1844 sont restés saufs.

V. le règlem. de 1816, art. 83, n. 1er. — La loi du 21 juillet 1844, art. 61, § 1er.

Le régime des pensions des professeurs de l'enseignement supérieur, de leurs veuves et orphelins se résume dans les dispositions précitées, dans l'arrêté du 29 décembre 1844, la loi du 17 février 1849, article 1er, § 4, et l'arrêté interprétatif du 24 septembre 1850.

Ann. l'arrêté du 10 février 1858.

Des agrégés peuvent être attachés aux universités.

C'est le roi qui les nomme.

Ils sont appelés à donner soit des répétitions, soit des cours nouveaux, soit des leçons sur des matières déjà enseignées.

Ils remplacent les professeurs en cas d'empêchement.

Loi du 15 juillet 1849, art. 14 et 15. — Arrêté du 22 septembre 1845. — Ann. l'arrêté du 16 septembre 1853 (n. 498).

Les autorités académiques sont : le recteur de l'université, le secrétaire du conseil académique, les doyens des facultés, le conseil académique et le collége des assesseurs.

Loi du 15 juillet 1849, art. 16, § 1er.

C'est le roi qui règle leurs attributions.

Loi du 15 juillet 1849, art. 17. — Ann. l'arrêté organique du 9 décembre 1849, art. 16 et suiv.

Le conseil académique se compose des professeurs assemblés sous la présidence du recteur.

Le collége des assesseurs se compose du recteur, du secrétaire du conseil académique et des doyens des facultés.

Loi du 15 juillet 1849, art. 16, § 2 et 3.

C'est le roi qui nomme le recteur pour un terme de trois années.

Le recteur peut être révoqué.

Loi du 15 juillet 1849, art. 17, § 2. — Arrêté du 9 décembre 1849, art. 12.

Le secrétaire du conseil est nommé, chaque année, par le roi, sur présentation du conseil académique.

Arrêté du 9 décembre 1849, art. 16, § 2. — Ann. son art. 21. — L'arrêté du 8 décembre 1857.

Les doyens et les secrétaires des facultés sont choisis annuellement par les professeurs de chaque faculté.

Arrêté du 9 décembre 1849, art. 17. — Ann. son art. 21.

Le recteur convoque le conseil académique et le collége des assesseurs.

Arrêté du 9 décembre 1849, art. 13. — Ann. ses § 2 et 3.

Il donne avis du jour, de l'heure et de l'objet de la réunion à l'administrateur-inspecteur de l'université.

Arrêté du 9 décembre 1849, art. 22.

Il est chargé de toutes les affaires académiques et personnifie l'université.

Arrêté du 9 décembre 1849, art. 26, 23 et 24.

Il a la direction supérieure de la police académique.

Il surveille la conduite des étudiants.

Arrêté du 9 décembre 1849, art. 29 et 30. — Ann. son art. 28.

Le conseil académique délibère sur toutes les questions qui intéressent l'enseignement supérieur.

Arrêté du 9 décembre 1849, art. 16, § 1er. — Ann. son art. 15, § 1er et 2.

Le secrétaire du conseil académique tient les procès-verbaux des séances. Il est chargé de la garde du sceau et des archives académiques, des expéditions, communications et envois de pièces.

Arrêté du 9 décembre 1849, art. 19 et 20. — Ann. son art. 22.

Le conseil des assesseurs forme le conseil particulier du recteur.

Il reçoit les lettres d'excuses des professeurs empêchés.

Arrêté du 9 décembre 1849, art. 26 et 27, § 2.

Il partage l'autorité paternelle du recteur sur les étudiants.

Arrêté du 9 décembre 1849, art. 30.

Il surveille la perception du minerval et en homologue la répartition.

Arrêté du 9 décembre 1849, art. 37 et 40. — Ann. ses art. 34 et suiv. — Rapp. la loi du 15 juillet 1849, art. 18 et suiv.

Le droit de convoquer les facultés appartient au doyen.

Arrêté du 9 décembre 1849, art. 18, § 1er. — Rapp. son § 3.

Le recteur et le conseil académique prononcent les peines académiques.

Loi du 15 juillet 1849, art. 24.

Les professeurs et les agrégés ont la police de leur classe.

Arrêté du 9 décembre 1849, art. 8 et suiv.

Un commissaire du gouvernement est institué auprès des universités de l'Etat.

Il réside dans la ville où se trouve l'université. Il porte le titre d'administrateur-inspecteur de l'université.

Il remplace les colléges des curateurs et les secrétaires inspecteurs qui fonctionnaient sous l'ancien gouvernement.

Une gestion individuelle est ainsi substituée à une gestion collective.

La responsabilité qui pèse sur une seule personne donne plus de force à l'action administrative et plus d'activité à la surveillance.

L'administrateur-inspecteur sert d'intermédiaire pour les relations du gouvernement avec le personnel enseignant ou administratif.

Comme administrateur, il veille à la conservation du matériel de l'université et au bon emploi des sommes qui y sont affectées; il surveille les fonctionnaires et les employés de l'université.

De concert avec l'autorité communale, il veille à la conservation et à l'entretien des bâtiments.

Sa qualité d'inspecteur lui donne la mission de signaler au gouvernement les infractions aux lois et règlements qui constituent le régime universitaire, et de redresser tous les abus.

Loi du 15 juillet 1849, art. 25 et suiv. — Ann. l'arrêté du 10 février 1853.

L'administrateur-inspecteur, organe de communication, de surveillance ou d'impulsion, maintient ainsi la dépendance nécessaire dans laquelle les universités sont placées vis-à-vis du gouvernement et sans laquelle elles pourraient dégénérer en corporations exemptes de tout contrôle.

Ann. l'arrêté du 9 décembre 1849, art. 25.

Il est astreint au serment politique.

Arrêté du 9 décembre 1849, art. 32.

La loi détermine les matières de l'enseignement supérieur.

Loi du 15 juillet 1849, art. 3.

Le programme des cours est soumis annuellement à l'approbation du gouvernement.

Loi du 15 juillet 1849, art. 5, § 2. — Arrêté du 9 décembre 1849, art. 1er et suiv. — Ann. son art. 27.

Il y a deux grades pour chacune des branches de l'enseignement supérieur; celui de candidat, celui de docteur.

Il y a de plus un grade de docteur en sciences politiques et administratives,[1] un grade de candidat en

---

(1) Voir sur l'utilité de l'enseignement du droit public et administratif, la *Revue des revues de droits*, t. 4. p. 301.— Mallein, *Considérations sur l'enseignement du droit administratif*, p. 1 et suiv., p 49 et 54.

La loi du 22 ventôse an XII, relative aux écoles de droit, prescrivit l'ensei-

pharmacie, de pharmacien et de candidat-notaire.

Loi du 1er mai 1857, art. 1er.

Un diplôme scientifique spécial est institué en faveur des personnes qui, après avoir obtenu le grade légal de docteur, se sont appliquées à certaines spécialités de la science, par exemple, à celle du droit administratif.

Ce sont les universités de l'Etat qui le confèrent. C'est une simple attestation de capacité qui ne confère aucun droit ni prérogative dans l'Etat.

Loi du 15 juillet 1849, art. 6. — Ann. l'arrêté du 16 septembre 1853. — La dispos. minist. du 17 septembre 1853.

Elles peuvent également conférer des diplômes honorifiques et scientifiques, en observant les conditions qui sont prescrites par les règlements.

Ces diplômes ne confèrent aucun droit en Belgique.

Loi du 15 juillet 1849, art. 6. — Ann. l'arrêté du 12 octobre 1838.

---

gnement du droit public et administratif. Une disposition finale de cette loi (l'article 38) portait qu'il serait pourvu à son exécution par des règlements d'administration publique, notamment en ce qui concernait l'organisation de ces écoles.

Cette organisation fut l'objet d'un décret impérial du quatrième jour complémentaire an XII. (21 septembre 1804.)

V. ses art. 10 et 11. — Voir aussi les ordonnances du 24 mars 1819, art. 3; du 4 octobre 1820, art. 1er, n. 3 et 4, et du 19 juin 1828, art. 1er. — V. enfin l'Exposé des motifs du projet de loi présenté à la chambre des Pairs, le 9 mars 1847, par M. de Salvandy. (Moniteur français du 10 et 12 mars 1847.)

Toute personne peut solliciter les grades académiques, sans distinction du lieu où elle a étudié et de la manière dont elle a étudié.

Loi du 1er mai 1857, art. 5.

Ils se confèrent par des jurys dont l'organisation et la composition appartiennent au gouvernement.

Les établissements officiels et les établissements libres doivent y être représentés d'une manière égale.

Ces jurys siégent dans les villes d'université.

Pour chaque grade, il y a un jury central siégeant à Bruxelles et spécialement institué en faveur de ceux qui font des études privées.

Lois du 15 juillet 1849, art. 40 et suiv; du 1er mai 1857, art. 22 et 24, § 1er et 2, et du 27 mars 1861, art. 1er.— Arrêtés du 10 juin 1857, et du 12 mars 1861. — Rapp. l'arrêté du 10 août 1849.

Il y a annuellement deux sessions des jurys.

Elles sont ouvertes par arrêté royal.

Loi du 1er mai 1857, art. 23. — Ann. l'arrêté du 10 juin 1857, art. 23 et suiv.

Il y a, pour chaque jury, un président ou vice-président choisi en dehors du corps enseignant.

Loi du 1er mai 1857, art. 24, § 3. — Ann. l'arrêté du 10 juin 1857, art. 20. — La circ. du 11 juillet 1857.

Il veille à l'exécution de la loi et de la régularité de l'examen.

Il a la police de la séance.

Loi du 1er mai 1857, art. 25.

Il y a, pour chaque jury ou section de jury, un secrétaire choisi par le ministre de l'intérieur parmi les membres du jury.

Arrêté du 10 juin 1857, art. 21. — V. sur la constitution des jurys, ses art. 5 et suiv., 14 et suiv.[1]

Les diplômes se confèrent au nom du roi.

Loi du 1er mai 1857, art. 26. — V. les formules de ces diplômes qui sont annexées à la loi. — V. pour les indemnités de vacation des présidents, secrétaires et membres des jurys, la loi du 1er mai 1857, art. 27, et l'arrêté du 10 juin 1858, art. 38 et 39.

Pour être admis à l'examen de candidat en philosophie et lettres, de candidat en sciences, il faut avoir obtenu le titre de gradué en lettres.

Nul n'est admis à l'examen de candidat en pharmacie ou de candidat-notaire, s'il n'a obtenu le titre de gradué en lettres ou subi avec succès un examen qui en tient lieu.

Loi du 27 mars 1861, art. 2 et 3. — Rapp. la loi du 1er mai 1857, art. 2 et 6. — V. les circ. des 24 juillet et 6 novembre 1857, et du 21 juin 1858.

Pour être admis aux grades académiques, il faut justifier par certificats que l'on a fréquenté un cours d'humanités jusqu'à la rhétorique inclusivement, ou subi avec

---

(1) Voir aussi, pour le vote des jurys d'examen, l'arrêté du 23 août 1849.

succès l'examen supplémentaire déterminé par la loi du 27 mars 1861, articles 4 et 5.

Rapp. la disposition transitoire de son art. 9.

Le gouvernement détermine la durée et le mode de ces examens.

Loi du 27 mars 1861, art. 6.

Il prend les mesures réglementaires que nécessite l'organisation des jurys chargés des examens et de la vérification des certificats susmentionnés.

Loi du 27 mars 1861, art. 7, § 2.

Il procède à la formation de ces jurys.

Loi du 27 mars 1861, art. 7, § 1er. — Rapp. ses § 3 et 4.[1] — V. sur les inscriptions aux examens, les frais, la forme, la durée de ces examens ou épreuves, la loi du 1er mai 1857, art. 17 et suiv., 32 et suiv., et la loi du 27 mars 1861, art. 8. — V. sur l'affectation du produit des inscriptions, l'arrêté du 18 juin 1857, art. 38 et suiv.

Nul n'est admis aux fonctions qui exigent un grade, s'il n'a obtenu ce grade.

Nul ne peut pratiquer en qualité d'avocat, de médecin, de chirurgien, d'accoucheur ou d'oculiste, s'il n'a été reçu docteur conformément à la loi.

Nul ne peut être nommé juge de paix, greffier ou commis greffier près la cour de cassation, s'il n'a obtenu le grade de docteur en droit.

Loi du 1er mai 1857, art. 35 et suiv. — Rapp. les dispositions transitoires de son tit. 3.

Le gouvernement peut accorder certaines dispenses.

Loi du 1er mai 1857, art. 36, § 2 et 3, et art. 37. — Ann. la loi du 25 mai 1847.

Des subsides sont accordés aux universités pour les bibliothèques, les jardins botaniques, les cabinets et collections.

Les dépenses pour l'agrandissement, l'amélioration et l'entretien des bâtiments affectés aux universités, sont à la charge des villes où sont fondés ces établissements.

En cas de contestation, la députation décide, sauf recours au roi.

Loi du 15 juillet 1849, art. 7.

Le gouvernement décerne annuellement des bourses à de jeunes belges peu favorisés de la fortune et qui, se destinant aux études supérieures, font preuve d'une aptitude dûment constatée.

Elles sont décernées ou maintenues sur l'avis du jury d'examen.

Elles n'astreignent pas les titulaires à suivre les cours d'un établissement déterminé.

C'est le roi qui les confère.

Loi du 1er mai 1857, art. 40. et suiv. — Ann. l'arrêté du 10 juin 1857, art. 40 et suiv.

Le gouvernement décerne, chaque année, des médailles

aux élèves belges, quel que soit le lieu où ils font leurs études, qui sont auteurs des meilleurs mémoires en réponse aux questions mises au concours.

Les élèves étrangers qui font leurs études en Belgique sont admis à concourir.

L'objet et la forme de ces concours sont réglés administrativement.

Loi du 1er mai 1857, art. 39, § 1er et 3. — V. les dispos. du 13 octobre 1841, du 12 août 1842 et du 22 juillet 1847.

Il est fait tous les trois ans un rapport aux chambres sur la situation des universités de l'Etat.

Loi du 15 juillet 1849, art. 30.

§ III. *Les Athénées et les Écoles moyennes.*

L'enseignement dit *moyen* a également reçu son organisation. C'est l'objet de la loi du 1er juin 1850.[1]

Les établissements du gouvernement sont de deux degrés :

---

(1) L'organisation générale des athénées royaux est réglée par l'arrêté du 30 juillet 1860; celle des écoles moyennes inférieures par l'arrêté du 10 juin 1852 (n. 266).

Les écoles moyennes supérieures ; elles portent la dénomination d'*Athénées royaux ;*

Les écoles moyennes inférieures, auxquelles sont assimilées les écoles primaires supérieures, les écoles industrielles et commerciales ; elles portent le titre d'*Ecoles moyennes*.

Loi du 1er juin 1850, art. 2, § 1er et 2.

Il y a dans chaque athénée deux enseignements :

Loi du 1er juin 1850, art. 21.

L'enseignement des humanités ; l'enseignement professionnel.[1]

La matière en est réglée par la loi,

V. ses art. 22 et 23. — Le programme des cours annexé à l'arrêté du 30 juillet 1860.

et peut être modifiée ou étendue par le gouvernement selon les besoins du temps et des localités.

Loi du 1er juin 1850, art. 24, § 1er. — V. l'arrêté du 30 juillet 1860, art. 13 et 14.[2]

---

(1) La section des humanités comprend sept classes, y compris une classe préparatoire ; la section professionnelle comprend une classe préparatoire et deux divisions : la division inférieure correspond à trois années d'études ; la division supérieure se partage en deux sections : la section commerciale et industrielle, la section scientifique ; chacune d'elles comprend deux années d'études.

Arrêté du 30 juillet 1860, art. 1er et 2.

(2) Le nombre et la répartition des heures assignées, par semaine, aux di-

C'est un règlement d'administration qui détermine les conditions d'admission dans les athénées et le passage d'une classe à l'autre.

Loi du 1er juin 1850, art. 24, § 2. — V. l'arrêté du 30 juillet 1860, art. 5 et suiv.

Il y a un athénée par province.

Il y en a deux dans le Hainaut.

V la loi du 1er juin 1850, art. 3, § 1er. — Arrêté du 3 septembre 1850 (n. 434).

Le local et son matériel sont fournis et entretenus par les villes où les athénées sont établis ; elles subviennent à leurs frais concurremment avec l'Etat, leur subvention ne pouvant d'ailleurs être inférieure au tiers de la dépense.

Loi du 1er juin 1850, art. 20. — Rapp. l'arrêté du 30 juillet 1860, art. 3 et 4.

Les écoles moyennes du gouvernement embrassent un cadre d'études moins étendu que les établissements du premier degré.

Loi du 1er juin 1850, art. 26.

---

verses matières de l'enseignement, dans les deux sections, sont fixés conformément aux tableaux annexés à l'arrêté organique.

V. l'arrêté du 30 juillet 1860, art. 8 et 9.

Des études en commun sont tenues par les maîtres d'études ou surveillants, sous la direction du préfet des études.

Arrêté du 30 juillet 1860, art. 31 et 32. — Rapp. l'arrêté du 16 juin 1850.

Le programme[1] peut en être étendu ou modifié par le gouvernement,

Loi de 1850, art. 27, § dernier.

et doit s'exécuter de manière à ce que les études soient terminées dans deux années ou trois années au plus.

Loi de 1850, art. 27, § 1er.[2]

Le gouvernement peut élever à cinquante le nombre des écoles moyennes.

Loi de 1850, art 3, § 2.[3]

Il peut les annexer à l'athénée.

Loi de 1850, art. 2, § dernier.

Les communes fournissent le local et le mobilier, et pourvoient à leur entretien.

---

(1) Voir, pour la distribution des heures et des matières, l'arrêté du 10 juin 1852, articles 5, 6 et 7. — Voir aussi son article 27, et le tableau litt. A annexé à l'arrêté.

Des études en commun sont tenues par les régents et les instituteurs, sous la surveillance du directeur.

Arrêté du 10 juin 1852, art. 23.

(2) L'école moyenne comprend trois classes qui correspondent à trois années d'études.

Une section préparatoire peut être annexée à l'école.

Arrêté du 10 juin 1852, art. 1er. — Ann. son art. 2. — V. pour le programme d'admission, ses art. 3 et 4.

(3) Elles sont divisées en trois catégories, sous le rapport du personnel et des traitements.

Arrêté du 10 juin 1852, art. 8 et 9. — Ann. le tableau litt. B. annexé à l'arrêté.

En cas de besoin, elles subviennent à la dépense concurremment avec l'Etat.

Loi de 1850, art. 25, § 2.

Les dispositions qui suivent sont communes aux athénées et aux écoles moyennes :

L'enseignement religieux fait partie de l'instruction qui se donne dans les athénées et les écoles moyennes.

Les ministres des cultes sont invités à donner ou à surveiller cet enseignement.

Loi de 1850, art. 8.[1]

C'est au gouvernement qu'appartient la direction des athénées et des écoles moyennes.

Loi de 1850, art. 11. — V. les arrêtés organiques du 30 juillet 1860, et du 10 juin 1852.

Pour l'exercer, il s'éclaire des avis que lui donne un conseil, dit de perfectionnement, qui est institué auprès du ministre de l'intérieur.

Ce conseil est composé de dix membres au plus.

V. l'arrêté du 10 avril 1849.

Le ministre le préside par lui-même ou son délégué.

---

(1) Voir l'arrêté du 5 avril 1854, portant approbation des règlements d'ordre intérieur de l'athénée royal et de l'école moyenne d'Anvers, lesquels doivent assurer le concours du clergé pour l'enseignement religieux à donner dans ces établissements.

Il a pour mission de délibérer sur tous les objets qui intéressent le progrès des études.

Loi de 1850, art. 33. — V. l'arrêté du 16 février 1852 (n. 57).

Les ministres des cultes peuvent lui communiquer leurs observations concernant l'enseignement religieux.

Loi de 1850, art. 8, § dernier.

C'est au gouvernement qu'appartient la surveillance de ces écoles.

Il l'exerce par le ministère de deux inspecteurs qui visitent ces établissements au moins une fois l'an.

Loi de 1850, art. 11, § 2, et art. 34.

Ils peuvent, au besoin, être subordonnés à un inspecteur général.

Loi de 1850, art. 35. — V. l'arrêté du 7 juillet 1851, organique du service d'inspection.

Le gouvernement l'exerce aussi par les soins d'un conseil administratif qui est institué dans la localité,

Loi de 1850, art. 11, § 2.

que le bourgmestre préside,

Loi de 1850, art. 12, § 1er.

que le gouverneur ou le commissaire d'arrondissement, suivant les localités, peut présider,

Loi de 1850, art. 12, § 3.

qui se renouvelle tous les trois ans,

Loi de 1850, art. 12, § 2.

et dont les fonctions sont gratuites.

Loi de 1850, art. 12, § dernier.

Ce bureau fait ses observations sur le choix des livres, sur le choix du personnel, sur les budgets et les comptes de l'établissement.

Ses attributions sont susceptibles d'être étendues par des règlements généraux ou particuliers.

Loi de 1850, art. 13. — V. les arrêtés du 3 septembre 1850 (n. 435), du 7 juillet 1851 (n. 252), et du 10 juin 1852 (n. 264).[1]

Le gouvernement nomme le personnel des athénées et des écoles moyennes.

Loi de 1850, art. 11, § 1er.

Ce personnel se divise en personnel enseignant et en personnel administratif.

Loi de 1850, art. 14, § 1er.

Le personnel enseignant se compose d'un préfet des

---

(1) Voir d'ailleurs pour connaître les éléments dont se compose le budget des recettes et des dépenses des établissements de l'instruction moyenne, les articles 18 et 19 de la loi de 1850. — Annexez son article 10, § 2.

L'exercice financier des athénées royaux et des écoles moyennes correspond à l'année financière de l'Etat.

Arrêtés du 30 juillet 1860, art. 33, et du 10 juin 1852 art. 24

études, pour les athénées;[1] d'un directeur,[2] pour les écoles moyennes,

Loi de 1850, art. 14, § 2.

dont les attributions sont l'objet de règlements généraux ou particuliers;

Loi de 1850, art. 15. — Arrêtés du 12 août 1851 et du 10 juin 1852 (n 265).

— de professeurs,[3] de régents,[4] et de maîtres.[5]

Loi de 1850, art. 14, § 2.

Ces fonctions ne peuvent plus être confiées qu'à des belges de naissance ou par naturalisation.

Loi de 1850, art. 10, § 5.

A moins de dispense, elles nécessitent l'obtention préalable d'un diplôme de professeur agrégé de l'enseignement

---

(1) Les préfets des études sont nommés par le roi.
Arrêté du 30 juillet 1860, art. 12, § 1er.

(2) Les directeurs sont nommés par le roi.
Arrêté du 10 juin 1852, art. 10, § 1er.

(3) Les professeurs sont nommés par le roi.
Arrêté du 30 juillet 1860, art. 12, § 1er.

(4) Les régents sont nommés par le roi.
Arrêté du 10 juin 1852, art. 10, § 1er.

(5) Les maîtres de dessin, etc., des athénées et des écoles moyennes sont nommés par le ministre.
Arrêtés du 30 juillet 1860, art. 12 § 2, et du 10 juin 1852, art. 10, § 2.

moyen du degré supérieur ou inférieur, selon les cas.

Loi de 1850, art. 10, § 1er, 2 et pénultième. — V. les dispositions de l'arrêté royal du 15 mai 1857.

C'est un jury spécial qui délivre ce diplôme, après examen dont le programme et les frais sont réglés par arrêté royal.

Loi de 1850, art. 37, § 1er. — V. les arrêtés du 16 avril 1851 (n. 139 et 140), du 3 septembre 1852, du 9 juillet et du 2 octobre 1854, du 30 juin 1855, et des 20 mai et 31 décembre 1859.[1]

Toute personne peut se présenter aux examens et obtenir le diplôme sans égard au lieu où elle a fait ses études.

Loi de 1850, art. 37, § 2.

Ainsi que les inspecteurs, ils prêtent le serment prescrit par le décret du 20 juillet 1831.

Loi de 1850, art. 39. — V. l'arrêté du 11 novembre 1850, sur le mode de prestation de ce serment.

Les obligations des professeurs, régents ou maîtres sont réglées par le gouvernement.

Loi de 1850, art. 11. — Arrêtés du 11 juin 1853 et du 23 décembre 1856.

Le personnel administratif se compose des membres du

---

(1) La disposition du 15 mars 1851 qui fixe le tarif des frais de route et de séjour des membres des jurys universitaires, s'applique au jury de l'enseignement moyen.

Arrêté du 10 mars 1853.

conseil administratif local, d'un secrétaire-trésorier[1] qui surveille le matériel de l'établissement et en tient la comptabilité.

Loi de 1850, art. 14, § 3, et art. 16.

Il rend compte de sa gestion dans la même forme que les autres agents comptables de l'Etat.

Loi de 1850, art. 19, § dernier.

Il se compose de surveillants ou maîtres d'études.

Loi de 1850, art. 14, § 3, et art. 16, § 2.

Ceux-ci doivent être munis d'un diplôme d'instituteur primaire,

Loi de 1850, art. 10, § 3.

sauf exception ou dispense.

Loi de 1850, art. 10, § 4 et pénultième.

Ils prêtent également le serment prescrit par la loi.

Loi de 1850, art. 39.

C'est le gouvernement qui règle leurs obligations.

Loi de 1850, art. 11. — Arrêté du 11 juin 1853.

C'est le gouvernement qui fixe les traitements du personnel des athénées et des écoles moyennes.

Loi de 1850, art. 17, § 1er.

---

(1) C'est le ministre qui le nomme.
Arrêté du 30 juillet 1860, art. 12, § 3.

Ils se composent, quant au personnel enseignant, d'une partie fixe[1] et d'un casuel minerval.[2]

Loi de 1850, art. 17, § 2.

Ils ont titre, ainsi que leurs veuves et orphelins, à des pensions sur la caisse de l'Etat, d'après les bases fixées par les lois sur la matière.

Loi de 1850, art. 9.[3] — Ann. les lois du 21 juillet 1844, et du 17 février 1849 — L'arrêté du 29 décembre 1852, qui approuve les statuts organiques de la caisse des pensions des veuves et orphelins des membres du corps administratif et enseignant des établissements d'instruction moyenne dirigés par l'Etat. — Ceux du 24 septembre 1853, du 8 décembre 1855, du 8 décembre 1856 et du 31 janvier 1857, qui interprètent ou modifient cette disposition.

Remarquez : les établissements d'instruction moyenne ne reçoivent que des externes, mais l'autorité communale peut y annexer des pensionnats.

Loi de 1850, art. 4. — V. les arrêtés du 30 juillet 1860, art. 35, et du 10 juin 1852, art. 26.

---

(1) Voir, sur les traitements fixes du corps enseignant des athénées, l'arrêté du 30 juillet 1860, articles 15 et suivants. — Voir, en ce qui regarde les écoles moyennes du second degré, les articles 11 et suivants de l'arrêté du 10 juin 1852.

(2) Voir, sur le minerval, les arrêtés du 30 juillet 1860, articles 23 et suivants et du 10 juin 1852, article 19.

(3) C'est l'arrêté du 9 novembre 1857 qui fixe le taux moyen du casuel et des émoluments attribués aux préfets des études et aux professeurs des athénées, pour la liquidation de leurs pensions.

Rapp. l'arrêté du 10 mai 1859, qui le modifie.

Les provinces et les communes peuvent aussi créer des écoles d'instruction moyenne,

Loi de 1850, art. 1er et 30.

sauf, pour les communes, approbation de la députation ou du roi.

Loi de 1850, art. 6, § 1er.

Elles portent la dénomination de colléges ou d'écoles moyennes provinciales ou communales.

Leur organisation est analogue à celle des établissements de l'Etat.

Loi de 1850, art. 5, § 1er.

Mais, quant à l'intervention de l'autorité supérieure, le régime de ces établissements diffère suivant qu'ils sont subventionnés par le trésor public, ou qu'ils sont exclusivement provinciaux ou communaux, ou bien qu'ils ne jouissent que du patronage de la commune par l'allocation que celle-ci leur fait d'un subside ou la concession d'un immeuble qui lui appartienne.

Loi de 1850, art. 5, § 2, n. 1er, 2 et 3.

Les établissements provinciaux et communaux subsidiés par l'Etat sont soumis au programme d'études qui est arrêté par le gouvernement, et les livres qui sont employés dans l'établissement, le programme des cours, les budgets et les comptes sont soumis à l'approbation du gouvernement.

Loi de 1850, art. 29, n. 1er et 2.

Les professeurs en sont d'ailleurs nommés par les provinces et les communes, conformément aux lois provinciales et communales.

Loi de 1850, art. 31.

Les établissements exclusivement provinciaux ou communaux sont librement administrés par les provinces et les communes.

Loi de 1850, art. 30.

La nomination des professeurs leur en appartient.

Loi de 1850, art. 31.

Cependant elles doivent se conformer aux prescriptions de la loi, en ce que : 1° elles ne peuvent déléguer à des tiers, en tout ou en partie, l'autorité que les lois leur confèrent sur leurs établissements d'instruction moyenne ;

Loi de 1850, art. 7.

2° En ce que les membres du corps administratif ou enseignant doivent prendre part soit à une caisse de retraite locale, soit à la caisse centrale de prévoyance qui est fondée par la loi du 23 septembre 1842, article 27, sur l'enseignement primaire ;

Loi de 1850, art. 9.

3° En ce qu'ils doivent réunir les conditions voulues par l'article 10 de la loi ;

4° En ce que l'enseignement religieux fait également

partie du programme des études qui se font dans ces établissements.

Loi de 1850, art. 8.

Les communes qui ne possèdent ni athénée royal, ni collége communal, peuvent, avec l'autorisation du roi, la députation ayant été entendue, accorder, pour dix ans, leur patronage à un établissement d'instruction moyenne privé, c'est-à-dire, lui accorder des subsides ou la jouissance de certains immeubles.

L'établissement est alors soumis au régime d'inspection établi par la loi.

Loi de 1850, art. 32, § 1er.

En cas d'abus grave ou de refus de se soumettre aux prescriptions de la loi, les subsides et la jouissance des immeubles sont retirés par arrêté royal, le conseil communal entendu, et sur l'avis conforme de la députation.

Loi de 1850, art. 32, § 2.

Les communes ont eu, du reste, à décider, dans les six mois, si elles entendaient maintenir les établissements d'instruction moyenne dans lesquels elles intervenaient alors, et dans quelle catégorie elles voulaient les faire rentrer.

Ces résolutions ont dû être soumises à l'avis de la députation et à l'approbation du roi.

Loi de 1850, art. 6, § 2.

Le gouvernement est autorisé à entretenir, en employant, s'il y a lieu, les ressources que présentent les universités de l'Etat, un enseignement normal pédagogique destiné à former des professeurs pour les athénées, les colléges et les écoles moyennes.

Loi de 1850, art. 38, § 1er, 2 et 5 — Arrêtés du 16 avril 1851 (n. 139 et 140), du 1er et du 2 septembre 1852, du 9 juillet 1854, du 30 juin 1855 (n. 386 et 387), et du 1er juillet 1855 (n 388 et 389).

Un concours général est institué, chaque année, aux frais de l'Etat, entre les établissements d'instruction moyenne.

Loi de 1850, art. 36, § 1er.

La participation au concours est obligatoire pour tous les établissements soumis au régime d'inspection établi par la loi.

Loi de 1850, art. 36, § 2.

Elle est facultative pour les établissements privés.

Loi de 1850, art. 36, § 3.

Un règlement d'administration organise ce concours, sur l'avis du conseil de perfectionnement.

Loi de 1850, art. 36, § 4. — V. les dispos. du 30 juillet 1853, des 10 et 31 mai, et du 15 juin 1854.

Vingt bourses de cinq cents francs chacune sont créées en faveur des élèves de l'école normale; elles sont conférées par arrêté royal.

Loi de 1850, art. 38, § 3 et 4.

C'est le gouvernement qui règle d'ailleurs, pour ses écoles, le taux de la rétribution des élèves.

Loi de 1850, art. 18, § pénultième.

Des admissions gratuites peuvent être accordées dans les établissements d'instruction moyenne de l'Etat.

Un règlement intérieur détermine pour chaque établissement les conditions d'admission gratuite ou à des prix réduits.

Loi de 1850, art. 18, § dernier.

Des allocations de 300,000 et de 200,000 francs sont portées dans le budget de l'Etat, en faveur des dix athénées royaux et des écoles moyennes.

Loi du 1er juin 1850, art. 18, n. 1er et art. 20, § 2. — Arrêtés du 10 juin 1852, art. 20, et du 30 juillet 1860, art. 28.

La différence entre le subside de l'Etat et le montant des dépenses est couverte par le produit des fondations ou par le budget de la commune siége de l'établissement.

Arrêté du 30 juillet 1860, art. 29 et 30. — Rapp. ses art. 24 et 25. — Arrêté du 10 juin 1852, art. 21 et 22. — Rapp. son art. 19, § 2.

Des subsides peuvent être accordés par le gouvernement à des établissements provinciaux ou communaux.

Loi de 1850, art. 28.

La commune peut patroner des établissements privés.

Loi de 1850, art. 32.

Des donations, des legs, des fondations, peuvent être affectés aux établissements de l'Etat, des provinces et des communes.

Loi de 1850, art. 18, n. 4.

Tous les trois ans un rapport sur l'état de l'enseignement moyen est présenté par le gouvernement à la législature.

Loi de 1850, art. 40, § 1er.

§ IV. *Les Écoles primaires.*

L'instruction dite primaire fait l'objet de la loi du 23 septembre 1842,[1] de la disposition générale du 15 août 1846, des arrêtés royaux portés en vertu de l'article 19 de la loi, et des règlements communaux portés en vertu de ses articles 7 et 15.

Ann. la circ. du 14 mars 1850.

Une école primaire au moins est établie dans chaque commune.

Ce n'est qu'en cas de nécessité que deux ou plusieurs communes voisines peuvent être autorisées à se réunir pour fonder ou entretenir une école.

---

(1) Voir la loi du 23 septembre 1842, annotée dans la *Pasinomie* de 1842, p. 677.

L'enseignement officiel n'a d'autre but ici que de venir en aide à l'enseignement libre ; aussi, lorsque dans une localité, il est suffisamment pourvu aux besoins de l'enseignement primaire par les écoles privées, la commune peut être dispensée de l'obligation d'établir elle-même une école, ou bien peut être autorisée à adopter une ou plusieurs écoles privées de la localité.

Loi de 1842, art. 1er, 2 et 3.

C'est la députation qui statue sur les demandes de dispense ou d'autorisation, sous le contrôle du gouvernement.

Loi de 1842, art. 4.

C'est l'autorité communale, le conseil communal, qui nomme les instituteurs communaux.

Loi de 1842, art. 10 et 12. — Loi comm. art. 84, n. 6.

Elle les nomme parmi les candidats qui ont fréquenté les cours de l'une des écoles normales de l'Etat, ou les cours de l'une des écoles normales privées qui ont accepté le régime d'inspection établi par la loi.

Loi de 1842, art. 10, § 2 et 3. — V. l'arrêté du 17 décembre 1843, portant agréation des écoles normales d'élèves instituteurs fondées par les Evêques de Bruges, Gand, Liége, Tournai et Namur, dans leurs diocèses respectifs. — Les dispositions réglementaires de ces écoles du 15 décembre 1860.

La justification d'avoir suivi avec fruit les cours d'une école normale se fait par la production d'un diplôme d'aspirant instituteur délivré par un jury d'examen et visé par le ministre de l'intérieur.

Arrêté du 29 octobre 1846.

L'autorité communale peut les suspendre;

Elle peut les révoquer ;

Sauf intervention du gouvernement qui peut d'ailleurs les suspendre et les révoquer d'office, le conseil communal, les inspecteurs et l'instituteur entendus.

Loi de 1842, art. 11.

C'est l'autorité communale qui a la surveillance des écoles primaires *quant à l'instruction*,

Loi de 1842, art. 7, § 1er.

et *quant à l'administration*.

Ainsi, c'est elle qui détermine la rétribution des élèves, les jours et les heures de travail, les vacances, le mode de punition et de récompense, sous l'approbation de la députation, et sauf recours au roi.

Loi de 1842, art. 15.

Ce sont les délégués des chefs des diocèses qui en ont la surveillance, en ce qui regarde l'enseignement de la morale et de la religion, et l'approbation des livres employés pour cet enseignement ;

Loi de 1842, art. 7, § 2.

Car la religion et la morale se rangent parmi les éléments nécessaires de l'enseignement primaire.

Loi de 1842, art. 6, § 1er. — V. les instructions générales que les chefs des diocèses ont adressées à leurs subordonnés en juin 1846. — V. la *Pasinomie* de 1846, p. 496.

Et cette partie de l'enseignement primaire est donnée sous la direction des ministres du culte professé par la majorité des élèves de l'école.

Loi de 1842, art. 6, § 2.

Les ministres du culte et les délégués des chefs du culte ont, en tout temps, le droit d'inspecter l'école.

Loi de 1842, art. 7, § 3.

Des inspecteurs cantonaux que le gouvernement nomme pour cinq ans, et qu'il révoque, sur l'avis de la députation, se mettent en rapport avec l'administration communale, visitent les écoles de leur ressort, au moins deux fois l'an, réunissent les instituteurs en conférence, au moins une fois par trimestre, et sont rétribués sur les fonds provinciaux.

Loi de 1842, art. 13 et suiv.

Les délégués des chefs du culte peuvent diriger cette conférence sous le rapport de l'instruction morale et religieuse.

Loi de 1842, art. 7, § 4. — V. l'instruction du 15 janvier 1859, qui révise l'arrêté du 20 juin 1854, sur la circonscription des ressorts d'inspection cantonale. — L'arrêté du 22 mars 1847, qui organise les conférences trimestrielles des instituteurs primaires. — L'arrêté du 25 septembre 1843 (n. 799), qui réglemente l'inspection cantonale de la province de Liége.

Des exercices théoriques et pratiques sur l'agriculture, l'horticulture et l'arboriculture peuvent être compris dans le programme des matières de ces conférences.

Arrêté du 3 juillet 1854.

Des inspecteurs sont institués dans chaque province, nommés et révoqués par le roi, et rétribués sur le trésor public.

Ils inspectent, au moins une fois l'an, les écoles communales de leur ressort, se mettent en rapport avec les inspecteurs cantonaux, et se réunissent, tous les ans, en commission centrale, sous la présidence du ministre de l'intérieur.

Loi de 1842, art. 16 et suiv.

Chaque inspecteur provincial soumet à cette commission un rapport sur les écoles primaires de son ressort, les maîtres, les élèves, l'usage des méthodes.

Loi de 1842, art. 18.

Cette commission provoque les améliorations et les réformes jugées nécessaires.

Loi de 1842, art. 18. — V. sur les attributions de cette commission, le règlement du 3 décembre 1843.

Les délégués des chefs des cultes peuvent y assister et y ont voix consultative.

Loi de 1842, art. 7, § 5.

Une inspection ecclésiastique est organisée pour l'enseignement primaire et s'exerce, à deux degrés, par des inspecteurs diocésains et des inspecteurs ecclésiastiques cantonaux.

V. sur le mode de nomination de ces fonctionnaires et les indemnités dont ils jouissent, l'arrêté du 7 février 1843. — La loi de 1842, art. 7, § 6.

Elle s'exerce par un inspecteur général dans les écoles primaires appartenant au culte protestant et au culte israélite.

Arrêtés du 30 mars 1844, et du 14 février 1845.

Les frais de l'instruction primaire sont à la charge des communes,

Loi de 1842, art. 20.

et se rangent parmi les dépenses obligatoires dont il s'agit dans l'article 131 de la loi communale.

Loi comm. art. 131, n. 10.

Ils se rapportent :

A la construction, à l'entretien du bâtiment d'école ;

A l'achat des meubles et livres nécessaires ;

Au traitement et au logement de l'instituteur ;

Et, subsidiairement, à la rétribution qui lui est due par es enfants indigents.

Loi de 1842, art. 21 et 22.

Les enfants pauvres reçoivent, en effet, l'instruction prinaire gratuitement.

Loi de 1842, art. 5, § 1er.

u moyen des subventions du bureau de bienfaisance et, u besoin, de la commune.[1]

---

(1) Ce n'est pas de la part de l'instituteur que les enfants pauvres reçoivent nstruction gratuite.

D'un autre côté, il n'appartient pas au conseil communal de la leur pro-

Loi de 1842, art. 5, § 2 et suiv., et art. 22, n. 4. — V. l'arrêté du 26 mai 1843.

Les parts contributives sont réglées par la députation, sauf recours au roi ; et, s'il le faut, elles sont portées d'office à leurs budgets respectifs.

Loi de 1842, art. 5, § 4.

Des fondations en immeubles et en rentes peuvent venir en aide à la commune.

Loi de 1842, art. 23.

Des subsides peuvent leur être accordés, sous les conditions que la loi détermine, par la province et par l'Etat.

Loi de 1842, art. 23, § 2 et 3, et art. 24 et 25. — Arrêté du 24 janvier 1852. — V. pour l'application, un arrêté du 28 octobre 1857.

Au surplus, l'obtention de ces subsides suppose que l'autorité qui dirige l'école accepte le régime d'inspection établi par la loi.

Loi de 1842, art. 26.

Des caisses de prévoyance sont établies en faveur des instituteurs et de leurs veuves.

Loi de 1842, art. 27. — Arrêtés du 31 décembre 1842, des 10 et 27 février 1843, et du 10 décembre 1852. — V. aussi les arrêtés du 8 octobre 1858 et du 12 juillet 1859.

---

curer, si ce n'est dans l'école communale ou dans celle qui en tient lieu, en conformité des articles 3 et 4 de la loi.

Loi de 1842, art. 5, § 2 — V. Cass. 22 mai 1857. (B. 1857. p. 280.)

Des bourses sont affectées à l'enseignement primaire.

Loi de 1842, art. 28.

Des concours sont institués soit par ressort d'inspection, soit par canton.

Loi de 1842, art. 29 et suiv. — Arrêté du 26 avril 1852.

Une école primaire supérieure peut être établie par le gouvernement et entretenue par l'Etat, avec le concours des communes, dans chaque arrondissement judiciaire.

Loi de 1842, art. 33. — Arrêté du 10 avril 1843 (n. 326), organique de ces écoles. — Arrêté du 1er mars 1846, organique des commissions administratives de ces écoles. — Règlement d'ordre intérieur du 1er mars 1846.

Elles comprennent, non-seulement la matière de l'enseignement primaire, mais des objets d'un ordre plus élevé qui sont en rapport avec la destination de ces établissements.

Loi de 1842, art. 34.

Des cours normaux peuvent y être attachés.

Loi de 1842, art. 35, § 2. — Arrêté du 3 août 1843.

Les écoles primaires supérieures se rangent aujourd'hui parmi les établissements d'instruction moyenne du second degré et sont, par suite, soumises au régime de la loi sur l'enseignement moyen du 1er juin 1850.

Loi du 1er juin 1850, art. 2, § 1er et 2.

Une école normale pour l'enseignement primaire est établie par le gouvernement pour les provinces wallonnes et pour les provinces flamandes.

Loi de 1842, art. 35, § 1er.

Le siége en est fixé à Nivelles et à Lierre.

Arrêtés du 10 avril 1843 (n. 327), et du 20 novembre 1843 (n. 982). — V. l'arrêté du 11 novembre 1843, organique de ces écoles. — Les dispos. réglementaires du 28 et du 30 juin 1854, et du 18 juillet 1855. — Ann. les arrêtés du 3 juillet 1854 (n. 326), et du 31 décembre 1856. — Les dispos. du 15 décembre 1856.

Une disposition ministérielle du 1er février 1861 règle le plan d'études de ces écoles.

Le ministre de l'intérieur peut, sur l'avis de la députation permanente, adopter, dans chaque province, une ou plusieurs écoles de filles pour la formation d'institutrices primaires.

L'enseignement normal des élèves institutrices est organisé par l'arrêté du 30 août 1854.

Ann. l'arrêté du 2 novembre 1848.

Les écoles normales sont soumises à la direction et à la surveillance particulière du gouvernement ;

A la direction et à l'inspection ecclésiastique, en ce qui regarde l'enseignement religieux.

Loi de 1842, art. 6, § 2, 7, § 2 et suiv., 8 9, et 36, § 1er, combinés. — V. l'arrêté du 25 octobre 1855, qui réglemente l'inspection des écoles normales et des écoles primaires de filles.

C'est le gouvernement qui nomme et qui révoque les

professeurs des écoles normales et des écoles primaires supérieures.

Loi de 1842, art. 36, § 2. — Ann. son art. 37.

Tous les trois ans, un rapport sur l'état de l'instruction primaire est présenté par le gouvernement au pouvoir législatif.

Loi de 1842, art. 38.

Des bourses sont attachées aux écoles primaires supérieures et aux écoles normales.

Loi de 1842, art. 28.

Les universités, les écoles moyennes, les écoles primaires, ne jouissent pas de la personnalité civile.

Cependant, ces divers établissements peuvent acquérir par dispositions entre vifs et testamentaires, en ce sens que les libéralités qu'on leur fait peuvent être acceptées soit par l'Etat, soit par les provinces ou les communes, selon qu'il s'agisse d'un établissement qui dépend de l'Etat, d'une province ou d'une commune ;

Les particuliers pouvant ainsi atténuer les charges que l'instruction qui se donne officiellement impose à la société, pouvant alléger les dépenses qu'elle lui cause.

« Le gouvernement, dit l'article 43 de la loi du 11 floréal an X, autorise l'acceptation des dons et fondations des particuliers en faveur des écoles ou de tout autre établissement d'instruction publique. »

Ann. le règlem. du 25 septembre 1816, art. 158 et suiv. — Les lois du 1er juin 1850, art. 18, n. 4, et du 23 septembre 1842, art. 23, § 1er.

Les anciennes écoles, les corps d'instruction ou d'éducation publique furent provisoirement maintenus par les lois de la révolution française.

V. les décrets du 13-19 février 1790, art. 2 ; du 20-22 avril 1790, art. 8 ; du 28 octobre-5 novembre 1790, tit. 1er, art. 13 ; du 3-10 décembre 1790 ; du 26 septembre 1791, et du 12 octobre 1791, art. 1er.

Ils ne tardèrent pas à être définitivement supprimés.

Décret du 18-18 août 1792, tit. 1er, art. 4. — Rapp. son art. 6.

Les biens qui formaient la dotation de ces établissements, devenus par là vacants et sans maîtres, se trouvèrent ainsi frappés de la main-mise nationale, quoique l'article 1er du décret du 8-10 mars 1793, qui prescrivait que ces biens seraient administrés ou vendus comme biens nationaux, n'ait pas été publié en Belgique.

Cass. 26 janvier 1850. (B. 1850. p. 182.) [1]

---

(1) Les maisons de religieuses dont l'institut avait pour objet l'éducation publique ou le soulagement des malades avaient été exceptées de l'application des lois révolutionnaires.

Loi du 15 fructidor an IV, art. 20.

Mais ce privilége ne fut pas de longue durée.

V. la loi du 5 frimaire an VI, art. 12.

§ V. *Bourses pour études.**

Les bourses particulières pour études ont pour objet de propager l'instruction à tous ses degrés et d'en procurer le bienfait gratuitement, soit aux membres pauvres de certaines familles, soit, à leur défaut, aux enfants pauvres de certaines localités.

Comme les biens des pauvres, comme ceux des fabriques d'églises, ces fondations si utiles et si populaires en Belgique, si propres en même temps à maintenir les familles et l'esprit de famille, subirent l'effet des lois révolutionnaires, non pas en ce sens qu'elles auraient été réunies d'une manière expresse au domaine national,[1] mais, en fait, elles tombèrent dans les mains du gouvernement qui s'en arrogea la disposition.

Bruxelles, 11 août 1847 (J. 1847. p. 445.), et 11 janvier 1848. (J. 1848. p. 452.)

---

(1) La loi du 23 messidor an II, article 2, dont on a argumenté pour le prétendre, ne concernait que les établissements de bienfaisance.

(*) Voir, dans l'Appendice à la fin du volume, la loi du 19 décembre 1864, sur les bourses d'études, qui modifie complétement ce paragraphe.

Cette loi, on l'a dit avec raison, fait tache dans la législation belge où elle a introduit le principe odieux de la rétroactivité. C'est une œuvre de parti; c'est une loi révolutionnaire, un attentat aux droits sacrés de la propriété, ainsi que l'honorable président du sénat l'a fait remarquer. Elle déshonore la législature qui l'a votée.

Si cette loi eût paru du vivant de l'auteur, il n'aurait pas manqué de la stigmatiser avec sa franchise accoutumée.

(*Note des Editeurs.*)

Les bourses d'études furent, en effet, conférées aux enfants des citoyens qui avaient pris les armes pour la défense de la patrie.

Décret du 5-8 mai 1793, art. 1er et 2 [1]

Les directoires de département furent substitués, pour la collation de ces libéralités, aux collateurs désignés par le fondateur ;

Décret du 5-8 mai 1793, art. 7.

Et l'administration des bourses particulières passa dans les mains des établissements de bienfaisance.

Loi du 25 messidor an V, art. unique. — V. le décret du 27 prairial an IX, art. 2.

La loi du 25 messidor an V était, du reste, une loi réparatrice, car elle vint consacrer le maintien des bourses à leur ancienne destination, en déclarant communes à leurs biens les dispositions de la loi du 16 vendémiaire an V qui maintenait les hospices dans la jouissance de leurs biens.

V. la loi du 16 vendémiaire an V, art. 5.

Car, encore, elle proclama cette vérité incontestable « qu'un des moyens les plus efficaces de rétablir l'instruction publique était de rendre aux titulaires des bourses la jouissance des bourses dont ils étaient dotés ; que l'humanité et la justice concouraient pour le réclamer. »

V. Cass. 26 janvier 1850. (B. 1850. p. 182.)

---

(1) Ils remplacèrent les parents ou les autres ayants-droit aux termes des actes de fondation.

De sorte que les administrations de bienfaisance se trouvèrent investies de la possession des biens consacrés à l'instruction publique sous la dénomination de bourses,

Bruxelles, 3 mai 1854. (J. 1855. p. 49.)

Et en payaient le revenu aux jeunes gens que le directoire du département continuait à désigner en vertu du décret du 5-8 mai 1793.

Bruxelles, 11 août 1847. (J. 1847. p. 445.)

Puis les bourses furent successivement placées sous la haute tutelle du prytanée et de l'école de Saint-Cyr,

Arrêtés du 1er germinal an VIII, art. 5, et du 15 vendémiaire an XII, art. 2. — Bruxelles, 26 juin 1839. (J. 1848. p. 457.), et 10 janvier 1849. (J. 1849. p. 187.)

et de l'université impériale.

Décrets du 17 mars 1808, du 11 décembre 1808, art. 1er et 2, et du 15 novembre 1811, art. 168.

Ces dispositions ne prononcent rien quant à la propriété; car elles ordonnaient que l'université appliquerait ces biens à leur destination conformément aux titres et conservaient ainsi l'affectation des bourses, soit aux familles, soit aux localités.

Bruxelles, 11 janvier 1848. (J. 1848. p. 452.)

Le droit des familles, celui des communes, en d'autres termes, les prérogatives des bénéficiaires, restèrent saufs.

V. le décret du 15 novembre 1811, art. 172.

Il y a plus: elles se réfèrent, du moins pour l'avenir,

aux actes de fondation, en ce qui concerne l'administration des biens des bourses.

Décret du 15 novembre 1811, art. 179.

Le grand maître de l'université et l'empereur, il est vrai, étaient déclarés collateurs des bourses, mais pour le cas seulement où les fondateurs ne se seraient pas réservé cette collation ou n'auraient pas laissé d'héritiers de leurs droits, c'est-à-dire, des ayants-droit ;

Décret du 15 novembre 1811, art. 174.

Disposition qui, en bonne justice, devait s'appliquer au passé autant qu'à l'avenir.

Les articles 180 et 184 du décret du 15 novembre 1811 offrent également la preuve de la pensée libérale qui animait le gouvernement en cette matière.

A la chute du gouvernement impérial, ces bourses firent naturellement retour à la Belgique.

Bruxelles, 11 janvier 1848 (J. 1848. p. 452.), et 10 janvier 1849. (J. 1849. p. 187.)

L'administration nouvelle, s'inspirant des traditions réparatrices du gouvernement directorial et du gouvernement impérial et donnant une exécution pleine et entière au décret de 1811, adopta le principe de la conservation des bourses à leur destination primitive ;

V. les arrêtés du 25 septembre 1816, art. 158, § 1er, et du 5 octore 1816.

Et les bourses d'études furent, autant que possible,

rétablies conformément aux actes qui les avaient fondées.

C'est une *restitutio in integrum*.

Une première disposition retira aux administrations de bienfaisance la régie des biens ou rentes affectés aux bourses;

Arrêté du 26 décembre 1818, art. 1er et 5.

la rendit aux personnes dénommées à cette fin dans les actes de fondation, sauf à y suppléer, par analogie, dans le cas où la volonté des fondateurs ne pourrait plus être suivie;

Arrêté du 26 décembre 1818, art. 6.

à la charge, par ces personnes, de rendre compte de leur gestion.[1]

Arrêté du 26 décembre 1818, art. 7.

Leur suspension ou révocation par le ministre est de droit, en cas de malversation, d'infidélité ou de mauvaise gestion, et en cas de refus de se soumettre aux arrêtés organiques de 1818 et de 1823.

Arrêté du 2 décembre 1823, art. 24 et 26.

Il va de soi qu'aucun recours n'est ouvert, devant les tribunaux, aux administrateurs que le gouvernement a frappés de révocation.

Bruxelles, 7 mai 1856. (J. 1857. p. 49.)

---

(1) Aucune disposition particulière ne peut les en dispenser.
Bruxelles, 7 mai 1856. (J. 1857. p. 49.)

C'est ainsi que les bourses d'études redevinrent la propriété des familles.

L'arrêté du 26 décembre 1818 trouve son appui dans les dispositions antérieures du gouvernement,[1] et dans l'article 73, § 1er, de la loi fondamentale de 1815 qui permettait au roi de prendre toutes les mesures générales d'administration intérieure.

C'est en vain qu'on en a contesté la légalité.

Liége, 14 juillet 1841. (J. 1841. p. 397.) — Bruxelles, 26 juin 1839 (J. 1848. p. 457.), 11 janvier 1848 (J. 1848. p. 452.), et 10 janvier 1849 (J. 1849. p. 187.)

Les fondations de bourses d'études tombent sous l'application des arrêtés de 1818 et de 1823, alors même qu'elles n'auraient pas été annexées à une école spéciale.

Bruxelles, 7 mai 1856. (J. 1857. p. 49.)

C'est encore une fois la réintégration des biens aux fondations qui les grèvent.

Il est, nous le répétons, en parfaite harmonie avec les dispositions législatives antérieures.

Cass. 16 juillet 1846 (B. 1847. p. 376.), 26 novembre 1846 (B. 1847. p. 406.), et 26 janvier 1850. (B. 1850, p. 182.)

Au surplus, on peut fonder de nouvelles bourses ;

Arrêté du 26 décembre 1818, art. 9, § 2.

---

(1) Notamment dans la loi du 25 messidor an V dont il organise le principe.

Et celles-ci, comme les anciennes, sont régies d'après les prescriptions de l'arrêté du 2 décembre 1823, lequel forme le complément de l'arrêté du 26 décembre 1818.

Arrêté du 12 février 1829. — Cass. 24 novembre 1853. (B. 1854. p. 154.)

Il ne mérite pas non plus les reproches qu'on lui a adressés en ce qui regarde sa légalité.

Cass. 26 novembre 1846. (B. 1847. p. 406.)

L'arrêté du 2 décembre 1823 n'a qu'un objet; c'est de réglementer la réintégration des biens à leurs fondations respectives.

Toute fondation de bourse a ses collateurs désignés par l'acte de fondation, sinon, par le ministre de l'intérieur.

Arrêté du 2 décembre 1823, art. 1er et 23.

Elle a son receveur, qui est aussi désigné par l'acte de fondation, sinon, par les administrateurs; ses proviseurs qui sont chargés de la surveillance immédiate des administrateurs, sous la direction de la députation permanente et la haute surveillance du ministre.

Arrêté du 2 décembre 1823, art. 3.

C'est un corps moral, une personne fictive, qui vit et se perpétue sous la tutelle, la protection et le concours de l'autorité publique.

Liége, 4 mai 1844. (J. 1847. p. 278.)

Les actes des administrateurs qui excèdent les bornes

d'une simple administration sont approuvés, d'abord par les proviseurs, puis par la députation, sauf décision du ministre, s'il y a dissentiment ou réclamation.

Arrêté du 2 décembre 1823, art. 4.

Les administrateurs ont évidemment qualité pour agir contre les débiteurs des fondations;

Bruxelles, 26 juin 1839. (J. 1848. p. 457.)

Mais les actions judiciaires, comme les transactions, nécessitent l'approbation du ministre.

Arrêté du 2 décembre 1823, art. 11. — Ann. l'arrêté du 6 septembre 1829.

Le compte est présenté, chaque année, par le receveur aux administrateurs, transmis par ceux-ci aux proviseurs qui l'approuvent et l'envoient à la députation qui l'arrête.

Arrêté du 2 décembre 1823, art. 6.

Il va de soi que les receveurs sont soumis aux dispositions des lois concernant les comptables des établissements publics.

Arrêté du 2 décembre 1823, art. 17.

Les ventes d'immeubles se font avec l'autorisation de la députation, et les baux se font publiquement devant notaire.

Arrêté du 2 décembre 1823, art. 7 et 8.

Aux termes de l'article 158, § 2, de l'arrêté du 25 septembre 1816, le titulaire d'une bourse était tenu de faire ses études dans l'une des écoles reconnues par le gouvernement, et cette disposition se trouvait corroborée par l'article 13 de l'arrêté du 2 décembre 1823.

C'était une conséquence du monopole qui existait alors et qui avait centralisé l'instruction publique dans les mains du gouvernement.

Les écoles officielles étaient les seules de ce temps-là.

Cette restriction s'est évanouie tout naturellement sous le régime de la liberté d'enseignement que la constitution de 1831 a inauguré pour nous, car la liberté d'enseigner et la liberté pour chacun d'étudier où bon lui semble sont solidaires, indissolubles.

Circ. du ministre de l'intérieur du 13 mars 1833.

Ainsi, quand l'acte de fondation ne détermine pas l'établissement d'instruction où le boursier doit faire ses études, aucune contrainte directe ou indirecte, comme le dit cette circulaire, ne peut lui être imposée aujourd'hui.

Il va de soi que tout boursier est soumis à la production de tels certificats que de besoin pour justifier qu'il remplit les conditions auxquelles la collation de la bourse est subordonnée.

C'est ce qui assure l'exécution de la volonté des fondateurs.

Au surplus, les contestations auxquelles les collations ou la jouissance des bourses donnent lieu sont du ressort des tribunaux.

Arrêté du 2 décembre 1823, art. 27. — Liége, 22 décembre 1849. (J. 1850. p. 141.)

Ainsi, le juge seul est compétent pour décider à qui appartient la qualité de collateur d'une bourse.

Arrêté du 26 décembre 1818, art. 6. — Bruxelles, 13 juillet 1846. (B. 1847. p. 409.) — Cass. 26 novembre 1846. (B. 1847. p. 406.)

On a dû imposer aux administrateurs des bourses l'obligation de faire exonérer les services religieux qui s'y trouvent attachés.

Décis. du 3 avril 1825.

D'un autre côté, les communes ont été tenues de reprendre le service des rentes qu'elles devaient aux anciennes fondations de bourses.

Arrêté du 4 mai 1819. — Cass. 26 janvier 1850. (B. 1850. p. 182.)

Les fondations de bourses rétablies ou reconnues par le gouvernement se rangent, nous l'avons dit, dans le patrimoine des familles ; à ce point de vue, ce sont des établissements privés.

Bruxelles, 26 juin 1839. (J. 1848. p. 457.)

Elles sont, en même temps, des établissements de mainmorte comme elles l'étaient autrefois,[1] des établissements dont l'existence ne doit jamais finir et qui, sous le point de vue de l'intérêt général qui s'y rattache (la propagation

---

(1) Voir Stockmans, *Decisiones brabantinæ*, p. 12.

de l'instruction par des libéralités privées), appartiennent au droit administratif ;

Bruxelles, 11 août 1847. (J. 1847. p. 445.) — Liége, 9 avril 1845. (B. 1847. p. 378.)

Et, dès lors, ils sont placés sous le haut patronage du gouvernement qui leur a donné l'existence, et demeurent soumis à toutes les mesures qu'il prescrit pour leur *administration*, et pour atteindre le but de leur fondation.

Les moyens qu'il adopte à ces fins échappent à l'appréciation et à la censure des tribunaux.

Bruxelles, 13 juillet 1844 (J. 1845. p. 340.), et 7 mai 1856. (J. 1857. p. 49.) — Cass. 16 juillet 1846. (B. 1847. p. 376.)

Il appartient au gouvernement actuel de modifier, à ce point de vue, le régime établi par le gouvernement précédent.

Bruxelles, 7 mai 1856. (J. 1857. p. 49.)

Nous avons, en Belgique, reconnues par le gouvernement, de 1818 jusqu'aujourd'hui, 781 fondations particulières d'instruction publique. Elles ont leur siége dans toutes les provinces et possèdent un revenu de 390,000 francs ou à peu près. La plus ancienne bourse d'étude remonte à 1339.

V. les Annales parlementaires de 1857, p. 781.

TITRE III.

LA BIENFAISANCE PUBLIQUE.[1]

§ 1er. — *Préliminaire.*

La bienfaisance se produit sous deux formes qu'il importe de bien distinguer :

On peut distribuer son bien aux pauvres par soi-même ou par mandataire.

On peut le faire de son vivant ;

On peut le faire *après sa mort;*

Par les mains de son héritier, d'un légataire testamentaire, ou d'un exécuteur testamentaire.

---

(1) A consulter : WATTEVILLE, *Législation charitable.* — SOUDAIN DE NIEDERWERTH, *Code administratif des établissements de bienfaisance.* — DE

Toulouse, 11 août 1834. — Gand, 12 avril 1839. (J. 1839. p. 246.) — Bruxelles, 17 avril 1850. (J. 1851. p. 180.) — Liége, 10 mars 1858. (J. 1858. p. 141.)

Libre de léguer purement et simplement à une personne de son choix, le testateur peut, à plus forte raison, s'en remettre à sa bonne foi et à sa conscience pour répandre des bienfaits dans les mains des pauvres.

C'est un attribut précieux de la liberté naturelle, chacun pouvant charger un individu quelconque d'exécuter ses dernières volontés.

Avis du cons. d'Etat du 2-9 frimaire an XII. — V. CORMENIN, *Questions de droit administratif*, p. 254.

En cela consiste la charité privée, la charité individuelle, qui s'exerce par des dons manuels, des aumônes, en dehors du cercle d'action des autorités publiques et sans emprunter leur intermédiaire.

Cette charité-là a son mobile et son siége dans la conscience de l'homme.

C'est une *vertu*.

GERANDO, *De la bienfaisance publique*. — KERKHOFFS, *Législation et culte de la bienfaisance en Belgique*. — DURIEU, *Répertoire de l'administration des établissements de bienfaisance*. — MGR. MALOU, évêque de Bruges, *De la liberté de la charité en Belgique*. — DE DECKER, *Mission sociale de la charité*. — OVERLOOP, *Notice historique sur les institutions de bienfaisance*. — MARTIN-DOISY, *Histoire de la charité*. — DUCPETIAUX, *La question de la charité et des associations religieuses en Belgique*. — V. RENOUARD, *Droit industriel*, p. 2. l. 1er. ch. 4.

La loi ne peut ni l'atteindre ni la régler. Elle échappe à ses prescriptions.

Son principe est dans la volonté seule, laquelle est essentiellement spontanée, et ne saurait, à ce point de vue, être trop excitée, trop encouragée, trop favorisée;

Car l'assistance privée est, et sera toujours, la principale source de l'assistance publique; elle en est l'auxiliaire indispensable.

Puis, elle supplée incessamment à la charité légale dont les ressources, affaiblies par les lois révolutionnaires de la France, sont loin de suffire à toutes les misères.[1]

La charité légale ne peut avoir pour objet de remplacer d'absorber la charité privée, de la contrarier dans son expansion, son développement, dans son essor.

Elle ne l'exclut en aucune manière; elle la laisse subsister, la rend plus complète, y supplée au besoin et se propose d'en assurer les effets.

Il doit y avoir entre elles solidarité et non antagonisme.

La charité légale est celle qui s'exerce au nom de la société tout entière, en vertu de la loi, sous le contrôle,

---

(1) La loi du 24 vendémiaire an II, qui mettait la charité au nombre des délits, est restée sans empire sur les mœurs belges.

V. le décret du 19-24 mars 1793, art. 14.

sous l'œil de l'autorité publique, conformément aux règles établies par la loi.

Celle-ci a son régime propre, ses formes légales; et ces formes protégent le patrimoine social des pauvres contre la malversation, la dissipation, en même temps qu'elles empêchent qu'il soit détourné de sa destination.

La charité légale se range ainsi parmi les services publics.

Elle est *centralisée* dans les mains de l'Etat.

C'est le ministre de la justice qui a les affaires concernant les établissements de bienfaisance.

Arrêtés du 30 octobre 1832, et du 19 janvier 1840. —Ann. l'art. 4 du décret du 10 vendémiaire an IV, qui les plaçait dans les attributions du ministre de l'intérieur.

Elle est *sécularisée*.

V. la loi fond. de 1815, art. 228.

Les biens des fondations destinées au soulagement des pauvres sont passés aux mains de l'Etat.

V. les décrets du 14 décembre 1789, sur la constitution des municipalités, art. 50; du 22 décembre 1789, sur les attributions des autorités départementales, sect. 3, art. 2, n. 1er et 2, et du 19-24 mars 1793, art. 6. — Bruxelles, 4 août 1852. (J. 1853. p. 12.)

C'est ainsi que l'administration des établissements de charité passa, comme leurs biens, des mains des fondateurs ou du clergé, dans les mains de l'autorité civile.

V. aussi l'instr. du 12-20 août 1790, chap. 7.

Les personnes religieuses attachées aux établissements de charité ne purent continuer leurs services qu'à titre individuel.

Décret du 18-18 août 1792, art. 2.

La charité légale est confiée à des commissions administratives qui ont succédé aux administrateurs ou régisseurs particuliers que les bienfaiteurs des pauvres avaient autrefois préposés à l'exécution de leurs œuvres.

Ces commissions représentent aujourd'hui les pauvres.

Elles en sont les mandataires légaux.

Elles administrent les libéralités qui se font aux pauvres de telle ou telle localité.

Elles les administrent sous la surveillance de l'autorité communale, de l'autorité provinciale et de l'autorité royale.

Deux sortes d'institutions ont été particulièrement consacrées à la pratique de la bienfaisance légale ou officielle.

Ce sont les hospices et les bureaux de bienfaisance,[1] lesquels jouissent de la personnalité civile,

---

(1) Ce sont les commissions des hospices et les bureaux de bienfaisance qui représentent la population malheureuse, et qui ont qualité pour réclamer les libéralités qui lui sont faites en termes généraux.

Bruxelles, 14 janvier 1854. (J. 1855 p. 284.) — Cass. F. 10 juillet 1828.

Car ils existent en vertu de la loi; car, encore, la loi les a placés sous la tutelle d'une administration particulière, et puis elle leur accorde capacité pour recevoir des donations, des legs, des aumônes sous l'autorisation du gouvernement.

Solon, *Répertoire administratif et judiciaire*, t. 3. p. 300.

§ II. *Les Hospices civils.*[1]

Le mot ***Hospice***[2] s'emploie, d'une manière générale, pour désigner tout établissement public consacré au soulagement des pauvres.

Dans un sens plus étroit, il signifie un asile sédentaire offert à l'indigence, aux enfants abandonnés, aux vieillards, aux insensés, aux infirmes.

Le mot ***Hôpital*** sert à désigner les maisons où l'on reçoit les malades, pour les garder pendant leur maladie. Il y a des hôpitaux pour les pauvres, il y en a pour les militaires.

---

(1) A consulter : PÉCHARD, *Manuel des commissions administratives des hospices*. — D'ANETHAN, ancien ministre de la justice, *Lettres sur l'existence légale des institutions charitables créées par des particuliers*.

(2) « Les hospices ou hôpitaux sont des maisons de charité établies pour recevoir, traiter et nourrir gratuitement les pauvres infirmes ou malades et les enfants abandonnés qui sont aussi des pauvres. »

Tous les hospices d'une même commune sont administrés gratuitement par une commission de cinq membres,

Loi du 16 vendémiaire an V, art. 1er.

qui se renouvellent par cinquième chaque année,

Décret du 7 germinal an XIII, art. 1er.

et sont nommés par le conseil communal, sur présentation de ces commissions elles-mêmes et des colléges des bourgmestre et échevins,

Arrêtés du 18 février 1817, art. 1er; du 19 janvier 1824, art. 68, et du 23 juillet 1825, art. 40. — Loi comm. art. 84, n. 2, § 1er et 2.

en dehors des incompatibilités que la loi détermine,

Loi comm. art. 84, n. 2, § 2, art. 48, n. 1er, 2 et 3, et art. 51.

parmi les belges de naissance ou en vertu de la naturalisation.

Loi comm. art. 7, n. 1er, et art. 84, n. 2, § 2.

Ils sont d'ailleurs révocables par la députation, sur la proposition de ces administrations elles-mêmes ou des conseils communaux.

Loi comm. art. 84, n. 2, § 4.

Le bourgmestre en est membre de droit et les préside.

Loi comm. art. 91, § 3.

Ils sont *surveillés* par les administrateurs communaux,

Lois du 16 vendémiaire an V, art. 1er, et du 16 messidor an VII, art. 1er.

habituellement, par le collége des bourgmestre et échevins.

Loi comm. art. 91, § 1er.

Nous avons dit que *les administrateurs des hospices sont nommés par l'autorité communale ;*

Ajoutons : *Sauf l'intervention des fondateurs* ou de leurs représentants,

Loi comm. art. 84, n. 2, § dernier. — Rapp. les arrêtés du 10 décembre 1823, n. 2, § dernier, du 19 janvier 1824, art. 68, et du 23 juillet 1825, art. 40.

c'est-à-dire, le droit qu'ils ont de nommer eux-mêmes ou de préposer des administrateurs spéciaux à la gestion des biens qui font l'objet de leurs fondations, dans les limites déterminées par l'arrêté du 16 fructidor an XI et le décret du 31 juillet 1806 ;

Loi du 3 juin 1859, art. 1er.

C'est-à-dire que les fondateurs de lits dans les hospices et leurs représentants [1] sont admis à faire valoir les titres de leurs fondations auprès des commissions administratives des hospices où ces fondations ont été faites, à la condition par eux de suppléer par une nouvelle concession de

---

(1) Nous disons : *Ou leurs représentants.*

Que faut-il entendre par là?

Ce mot s'applique, non-seulement aux héritiers du défunt, mais encore à certaines personnes que l'on peut appeler successives :

Le président de tel tribunal ;

revenus au déficit qui pourrait exister dans le fonds nécessaire pour l'entretien de chaque lit.

Ann. l'arrêté du 28 fructidor an X.

Le décret du 31 juillet 1806 accorde à ceux qui fondent un établissement complet, c'est-à-dire qui fournissent des dotations suffisantes pour un établissement complet, et à leurs représentants, le droit de concourir à la direction des établissements par eux fondés et dotés.

V. comme faisant application, le décret du 26 septembre 1811, concernant l'établissement fondé à Namur, sous le nom d'Hospice d'Harscamp.[1]

Le curé de telle paroisse;
Le gouverneur de telle province;
Le bourgmestre de telle commune.*
Pourquoi ne donnerait-on pas à ce mot le sens le plus large possible, comme quand il s'agit de bourses d'études ?

(1) L'article 84 de la loi communale a reçu pendant plusieurs années une application plus large de la part du gouvernement et des tribunaux.

V. des jugem. du trib. de Verviers du 26 mars 1856 (J. 1858. p. 141.); de Liége du 10 mars 1858 (J. 1858. p. 141.); de Gand du 12 mai 1859. (J. 1859. p. 394.) — Cass. 14 mars 1857. (B. 1857. p. 101.) — V. cependant Bruxelles, 8 décembre 1855. (J. 1856. p. 161.)

Les fondations autorisées antérieurement à la loi du 3 juin 1859 continueront à être administrées conformément aux actes d'autorisation, sauf au gouvernement à prescrire, s'il y a lieu, les mesures propres à assurer la conservation et la gestion des biens donnés ou légués.

Loi du 3 juin 1859, art. 2.

(*) Ce ne sont pas des êtres fictifs, sans existence légale, mais des personnes naturelles aptes à gérer des fondations de charité.

Liége, 10 mars 1858. (J. 1858. p. 141.)

La loi communale, article 84, n. 2, § dernier, ne dérogeait pas aux actes de fondation qui établissent des administrateurs spéciaux.

Elle avait confirmé les actes de fondations qui existaient en 1836 et qui pourvoient à la nomination d'administrateurs spéciaux et accordait, pour l'avenir, le droit d'établir de semblables administrateurs, bien entendu sous l'approbation du gouvernement.

Il importe peu, disait le rapporteur de la loi communale, que les fondations soient antérieures ou postérieures à la loi.

L'article 84, n. 2, § dernier, de la loi communale a une double portée : l'une se dirige vers le passé, l'autre vers l'avenir. Prétendre qu'elle ne regarde que le passé, c'est faire une entorse à la loi communale.[1]

V. cependant la circulaire du 10 avril 1849 qui donne un sens plus étroit à cette disposition de la loi communale et d'après laquelle elle ne concernerait que le passé.

Le conseil communal nommait les membres des commissions des hospices et des bureaux de bienfaisance.

Mais cette règle fléchissait quand l'auteur d'une libéralité en avait confié la gestion à des administrateurs particuliers qu'il avait désignés ; c'était une exception que la

---

(1) A consulter : Delcour, *De la validité des dons et legs faits aux pauvres avec désignation d'un administrateur spécial.*

loi communale, reproduisant les arrêtés du 10 décembre 1823, du 19 janvier 1824, article 68, et du 23 juillet 1825, article 40,[1] avait consacrés; et, en cela, elle n'avait fait que rendre hommage à la législation libérale du gouvernement précédent et du gouvernement impérial, qui ont pensé, avec raison, qu'en favorisant la liberté de la charité, la loi ne pouvait manquer de favoriser les intérêts des pauvres.

V. un jugem. du trib. de Louvain du 16 mars 1853.

C'est un système identique à celui que les arrêtés du 25 décembre 1818 et du 2 décembre 1823 ont établi pour les fondations d'instruction publique.

Liége, 10 mars 1858. (J. 1858. p. 141.) — Gand, 12 mai 1859. (J. 1859. p. 394.) — Cass. 14 mars 1857. (B. 1857. p. 101.) — V. cependant Bruxelles, 8 décembre 1855. (J. 1856. p. 161.)

Il n'a pas été donné au projet de loi Nothomb (sur la charité) d'atteindre le point extrême de l'épreuve législative.

La matière ne tardera pas à recevoir une solution législative.

Cependant, il n'était pas permis à l'auteur d'une libéralité d'intervertir la destination que la loi a donnée à chaque établissement public.

---

(1) « La lettre et l'esprit des articles 68 et 40 des règlements de 1824 et 1825 ayant pris une existence nouvelle dans l'article 84 de la loi communale, il n'importe nullement de rechercher si ces règlements étaient hors des pouvoirs du roi des Pays-Bas. »

Jugem. du trib. de Verviers du 26 mars 1856. (J. 1858. p. 141.)

Le mandat que la loi donne aux administrations qu'elle reconnait est spécial ; la confusion des attributions ne peut engendrer que des abus.

V. l'arrêté du 17 décembre 1852.

On ne pouvait placer une libéralité faite à l'instruction primaire, sous la tutelle d'une fabrique d'église ou d'un bureau de bienfaisance.

Ainsi que M. d'Anethan le fait observer, dans l'un de ses savants et consciencieux opuscules sur cette matière, la loi fait obstacle à ce qu'un établissement public déserte sa mission légale et se charge de fonctions qu'elle confie à un autre collége administratif. Car, les établissements publics, nous l'avons dit ailleurs, n'ont de caractère que pour les actes rentrant dans leurs attributions légales.

Le système des arrêtés de 1824 et de 1825, comme celui de l'article 84 de la loi communale, se trouvait déjà consacré par le décret du 31 juillet 1806, mais seulement pour les établissements complets.

Ce décret accorde, en effet, aux fondateurs de pareils établissements et à leurs héritiers, le droit de concourir à la direction des établissements par eux fondés ou dotés.

Il y a filiation évidente entre le décret impérial du 31 juillet 1806, les arrêtés du gouvernement des Pays-Bas de 1824 et de 1825, et l'article 84 de la loi belge sur l'organisation des communes.

Les doutes que l'on a cherché à faire naître sur la légalité de ces arrêtés n'ont pas de fondement.

La loi fondamentale du 24 août 1815 conférait au roi le pouvoir de réglementer les institutions provinciales et communales.

V. ses art. 132, 134, 154 et 228.

En toute hypothèse, ce sont les administrateurs institués par la loi et nommés par les autorités communales qui acceptent les donations et les legs que l'on place sous une curatelle particulière.

Ce sont les hospices, les bureaux de bienfaisance qui, suivant les cas, deviennent propriétaires des biens donnés ou légués.[1]

De sorte que les tuteurs légaux du patrimoine des pauvres ont qualité pour veiller à la conservation de ces biens et pour empêcher qu'ils ne soient détournés de leur destination;[2] et, s'il arrivait que les administrateurs spéciaux en vinssent à refuser leur coopération ou à dis-

---

(1) L'intervention de ces colléges est indispensable pour l'acceptation des libéralités, quels que soient les individus désignés par les donateurs ou testateurs pour l'emploi ou la distribution de leurs secours. Toute disposition contraire devrait être réputée non écrite.

(2) Cette acceptation leur donne évidemment le droit de demander compte des deniers de la donation ou du legs, lorsque la régie en a été confiée à des tiers.

Le mandat public dont ces colléges sont investis devrait prévaloir sur toute disposition contraire et frapper celle-ci de caducité.

paraître ou à violer les obligations de leur mandat, rien ne saurait empêcher les administrateurs légaux soit de se saisir du mandat délaissé, soit de faire prononcer judiciairement la déchéance des prévaricateurs.

L'autorité communale elle-même puiserait, au besoin, dans l'article 91 de la loi communale, qui la charge de veiller à ce qu'on ne s'écarte pas de la volonté des fondateurs, le droit de stimuler le zèle des administrateurs légaux et de suppléer à leur inaction, si, par impossible, une connivence coupable s'établissait entre eux et les administrateurs désignés par les fondateurs.

Ces garanties doivent suffire pour assurer la perpétuité des fondations et des œuvres; elles pourraient être formulées dans les arrêtés qui autorisent l'acceptation des libéralités.

Quelles sont les attributions des commissions des hospices?

C'est à elles qu'appartiennent : la nomination des officiers du service sanitaire des établissements confiés à leurs soins, sous l'approbation du conseil communal;

Loi comm. art. 84, n. 5, § 2.

— Celle des autres employés des hospices;

Loi du 16 messidor an VII, art. 7.

— L'administration intérieure des hospices;

Loi du 16 messidor an VII, art. 6.[1]

Nous disons: L'*administration intérieure des hospices;*

Sauf pour les fondateurs de lits dans les hospices, et en ce qui concerne les admissions, l'intervention des fondateurs et de leurs ayants-cause, conformément aux actes de fondation approuvés par le gouvernement.

Car les fondateurs des lits dans les hospices ou leurs *représentants* sont admis à faire valoir les titres de leurs fondations auprès des commissions administratives des hospices où ces fondations ont été faites.

— La gestion de leurs biens;

Loi du 16 messidor an VII, art. 6.

sauf tutelle supérieure.

Circ. du 7 juillet 1836. (Pasinom. de 1836, p. 427.)

Elle comprend les divers actes de la vie civile;

— Les acquisitions d'immeubles;

Loi comm. art. 76, n. 4 et 8, § 2 et 3. — Rapp. l'arrêté du 17 mars 1815.

— Les donations, les legs.

Instr. du 30 germinal an XII. — Arrêté du 27 octobre 1825. — Loi comm. art. 76, n. 3 et 8, § 2 et 3. — Code civ. art. 910 et 937.

---

(1) Le pouvoir d'instituer des administrateurs particuliers renferme celui de stipuler les conditions d'organisation et de service intérieur.

Liége. 10 mars 1858. (J 1858 p 141.)

L'autorisation émane du roi ou de la députation, suivant la valeur des biens acquis.

V. la circ. du 6 juillet 1849.

L'autorité supérieure peut réduire les libéralités, par exemple, quand elles contiennent un excès condamnable, eu égard à la fortune du bienfaiteur, à la situation de l'établissement favorisé, à la position des proches du bienfaiteur.

Il peut les accepter ou répudier suivant que les conditions y attachées lui paraissent avantageuses ou non.

— Les constructions ou reconstructions des bâtiments hospitaliers;

C'est le roi qui les autorise.

Décret du 10 brumaire an XIV. — Circ. du 19 mars 1850, et du 18 mars 1852.

— Les aliénations ;

Elles supposent l'autorisation de la députation.

Arrêté du 1er juillet 1816.

— Les baux.

C'est encore la députation qui les autorise.

Loi du 16 messidor an VII, art. 15. — Décret du 12 août 1807. — Arrêtés du 7 germinal an IX, du 14 ventôse an XI, du 7 décembre 1814, et du 1er juillet 1816. — Circ. du 18 septembre 1851 et du 28 mai 1853.

Il en est de même des remboursements de capitaux,

Décret du 21 décembre 1808.

— Des remplois,

Décrets du 23 juin 1806 et du 16 juillet 1810. — Arrêté du 1er juillet 1816.

— Des mains-levées d'inscriptions hypothécaires,[1]

Décret du 11 thermidor an XII.

— Des emprunts,

Arrêté du 1er juillet 1816.

— Des procès.

Arrêté du 7 thermidor an IX, art. 11 et suiv. — Procéd. civ. art. 1032. — Loi du 28 pluviôse an VIII, art. 4.

En l'absence de l'autorisation, les frais engendrés, par exemple, pour le désistement, devraient être supportés par les administrateurs de l'établissement, attendu qu'il ne peut leur être permis d'obliger celui-ci en excédant leur mandat et leurs pouvoirs.

Procéd. civ. art. 132. — Bruxelles, 9 décembre 1856. (J. 1857. p. 62.)

Ils sont plaidés gratis, c'est-à-dire que les hospices plaident sans payer ni droit de timbre, ni droit d'enregistrement, ni droit de greffe, ni amendes judiciaires, ni honoraires d'avoués ou d'huissiers.

---

(1) Voir la *Jurisprudence des tribunaux*, t. 6. p. 765.

V. des arrêtés du 17 août 1815, du 31 décembre 1821 et du 26 mai 1824. — Bruxelles, 1er mai 1839. (J. 1840. p. 495.) — Cass. 18 mai 1848. (B 1849. p. 107.)

Ces dispositions sont communes aux hospices et aux bureaux de bienfaisance, comme cela résulte des termes de l'arrêté du 17 août 1815 qui concerne les administrations des pauvres, quelle que soit leur dénomination.

Cet arrêté a été pris par le roi Guillaume à une époque où il cumulait le pouvoir législatif et le pouvoir exécutif. Il a acquis la force de la loi par la publication qu'il a reçue par les arrêtés du 31 décembre 1821 et du 26 mai 1824.

Jugem. du trib. de Bruges du 27 avril 1853 (J. des trib. t. 2. p. 34.); du trib. de Termonde du 2 novembre 1854 (J. des trib. t. 3. p. 718.) — Contra . jugem. du trib. de Verviers, 21 juillet 1858 (J. des trib. t. 7. p. 896.), et du trib. de Malines du 10 février 1859. (J. des trib. t. 8. p. 524.) — Gand, 27 mai 1836. (J. 1836. p. 310.) — Bruxelles, 28 décembre 1859. (J. 1860. p. 38.)

Quoi qu'il en soit, il nous semble que si le bureau de bienfaisance d'une localité justifie de son indigence « on ne peut, sans le mettre en dehors du droit commun, lui refuser une faveur que la loi accorde à chacun en particulier. »

V. un jugem. du trib. de Malines du 9 mars 1859. (J. des trib. t. 8. p. 524.)

Les pauvres qui justifient dûment de leur indigence jouissent du privilége de plaider gratis. [1]

---

(1) *Pro Deo.* — Conseils des prud'hommes. — Loi du 7 février 1859, art 84.

Loi du 14 brumaire an V, art. 2. — Arrêté du 26 mai 1824. — V. sur les certificats d'indigence, les arrêtés du 31 août et du 6 septembre 1814; du 15 mars 1815, art. 5; du 21 mars et du 7 mai 1815, et du 31 décembre 1821. — Instr. crim. art. 420. — V. surtout l'arrêté du 4 janvier 1849. — Les circ. du 10 mai 1850, et du 12 juillet 1852. — V. pour l'application, Cass. 8 décembre 1859. (B. 1860. p. 52.)

C'est à l'autorité communale à apprécier si la partie intéressée est ou non indigente, sauf recours vers l'autorité supérieure.

Quant au pouvoir judiciaire, il est incompétent pour connaître de la validité des motifs du refus de semblable certificat.

Cass. 19 novembre 1849. (B. 1850. p. 130.)

Les dispositions qui permettent de procéder *pro Deo* ne s'appliquent pas aux personnes qui doivent procéder sur une action publique.

Elles sont exclusivement relatives aux actions civiles.

Cass. 25 juillet 1859. (B. 1859. p. 274.)

L'autorisation de plaider gratis que le tribunal accorde à un indigent ne le dispense pas de passer par le préliminaire de la conciliation quand l'action y est soumise.

V. des jugem. du trib. de Liége du 15 mai 1848, et du trib. d'Arlon du 13 février 1852. (J. des trib. t. 2. p. 88.)

Il n'échoit point d'appel des décisions rendues en matière de *pro Deo,* chaque juridiction exerçant à cet égard un pouvoir discrétionnaire.

Bruxelles, 24 décembre 1833. (J. 1834. p. 32.) — Gand, 11 février 1857. (J. 1857. p. 134.) — Liége, 17 juin 1843 (J. 1846. p. 145.), et 22 juillet 1858. (J. 1859. p. 12.)

Le *pro Deo* constituant une véritable exception en matière d'impôts ne peut être étendu qu'en vertu de la loi.

Const. art. 112.

On doit décider que le bénéfice du *pro Deo* ne peut être réclamé pour une fondation de bourse d'études.

L'arrêté du 6 septembre 1829 a cessé d'être constitutionnel.

V. un jugem. du trib. de Bruges du 9 février 1853. (J. des trib. t. 2. p. 32.)

Quant aux saisies immobilières, les receveurs des hospices ont qualité pour donner le pouvoir spécial requis à l'huissier chargé d'opérer ces saisies.

Procéd. civ. art. 556. — Loi du 16 vendémiaire an V, art. 3. — Arrêtés du 23 brumaire an V, et du 19 vendémiaire an XII, art. 1er. — Circ. du 30 germinal an XII.— Cass. 18 octobre 1851. (B. 1852. p. 61.)

C'est le roi qui autorise les *transactions* qui intéressent les hospices.

Code civ. art. 2045. — Arrêté du 21 frimaire an XII, art. 1er et 2.[1]

---

(1) 1° Les hospices, les autres établissements publics, l'Etat, les provinces,

§ III. *Biens des hospices civils.*

Les lois du 19-24 mars 1793, article 5, et du 23 messidor an II, articles 1er et 2, avaient déclaré que l'assistance des pauvres est une dette nationale,

Rapp. le décret du 22-27 floréal an II.

et ordonné, par forme de conséquence, que les biens des hospices et des autres établissements de charité seraient vendus comme biens nationaux.[1]

---

les communes ne peuvent *compromettre* sur leurs contestations, c'est-à-dire, ne peuvent les faire juger par arbitres. Le juge seul peut les décider.

Procéd. civ. art. 1004 et 83 combinés. — Cass. 9 décembre 1833. (B. 1834. p. 97.) — V. cependant le code de comm. art. 51.

2° Avant de solliciter l'autorisation de plaider, ou bien de transiger, ou bien encore de consentir une main-levée d'inscription hypothécaire, les hospices doivent demander l'avis d'un comité consultatif qui est composé de trois jurisconsultes et dont les administrations communales ont la nomination.

V. les arrêtés du 7 thermidor an IX, art. 11 et suiv., du 21 frimaire et du 11 thermidor an XII, et du 19 janvier 1824, art. 93. — La loi comm. art. 91.

Ces dispositions sont applicables aux bureaux de bienfaisance.

V. l'arrêté du 9 fructidor an IX.

Il va de soi que l'avis de ce comité ne lie ni la députation ni le gouvernement.

(1) Chacun pouvait avoir le pressentiment de cette spoliation, car plusieurs mesures adoptées précédemment montraient assez que les pauvres n'avaient plus qu'une possession précaire de leurs biens.

Rapp. les décrets du 20-22 avril 1790, art. 8; du 18-23 juin 1790, art. 8; du 28 octobre-5 novembre 1790, tit. 1er, art. 1er, § 2, n. 4, et du 19-22 janvier 1792, art. 2.

La nation avait pris à sa charge le soulagement des pauvres.

Elle s'était donné titre à elle-même pour s'emparer de leurs biens.

Le sentiment national n'a pas permis de mettre ces mesures désastreuses à exécution.

Elles furent frappées de sursis par la loi du 9 fructidor an III ; c'est le premier acte réparateur ;

V. encore les lois du 2 brumaire et du 28 germinal an IV.

et ne tardèrent pas à être révoquées.

Lois du 16 vendémiaire an V, art. 5 et 6, et du 29 pluviôse an V, art. 1er.

De sorte que les provinces belges, réunies à la France par la loi du 9 vendémiaire an IV, n'ont pas subi l'application de ces lois révolutionnaires.

Elles sont mort-nées.

Cass. 11 mars 1839. (B. 1839. p. 226.)

La dotation de nos hospices se compose donc aujourd'hui, des biens dont ils jouissaient avant l'invasion française, n'importe qu'ils fussent d'origine ecclésiastique ou laïque ;

— de ceux qu'ils ont acquis depuis, soit par donation ou legs, soit à titre onéreux,

— et de ceux dont la propriété leur a été attribuée par la

loi du 4 ventôse an IX, disposition qui porte : « Les biens et les rentes frappés de la main-mise nationale restés célés au domaine, sont susceptibles d'être révélés au profit des hospices. »

La révolution de 1789 avait mis la main sur un grand nombre de biens dans le but de se procurer les ressources dont elle avait besoin pour assurer sa marche et ses succès. Mais, dans le désordre et la confusion inséparables de ces mesures violentes et précipitées, une portion considérable de ces biens dut échapper aux recherches des agents du fisc.

Le gouvernement, voulant les faire sortir des mains de leurs injustes détenteurs, en a encouragé la révélation au profit des établissements de charité ; et depuis lors ils sont connus sous le nom de biens *célés,* biens *révélables*.

La loi du 4 ventôse an IX avait donc pour but d'amener la découverte des biens dérobés au domaine, en y intéressant la charité publique.

Elle avait aussi pour but de remplir le vide que l'application des lois du 19-24 mars 1793 et du 23 messidor an II avait fait dans le patrimoine des pauvres.

Cette loi est attributive de propriété.

Cass. 28 janvier 1841. (B. 1841. p. 292.)

C'est une transmission à titre universel d'une généralité de biens inconnus.

Liége, 29 mars 1843. (J. 1843. p. 453.)

La propriété se transmet de l'Etat à l'établissement déterminé.

Il s'opère, dans cette circonstance, une aliénation de la part de l'Etat ; il y a dévolution.

Cass. 2 août 1850. (B. 1851. p. 72.)

Remarquons :

1° Les biens révélables, ce sont ceux qui n'ont pas été dénoncés à la régie, qui n'ont pas été inscrits aux sommiers du domaine, et qui réellement ont été usurpés par des particuliers.

Loi du 11-24 août 1790, art. 36 et 37. — Arrêtés du 29 brumaire et du 9 frimaire an III, art. 3 et suiv. (Pasinomie t. 6, p. XLIX et LV.) — Bruxelles, 18 décembre 1839 (J. 1840. p. 173.), et 6 janvier 1841. (J. 1842. p. 494.) — Liége, 29 mars 1843. (J. 1843. p. 460.) — Gand, 10 août 1855. (J. 1856. p. 112) — Cass. 18 mai 1848. (B. 1849. p. 107.)

2° Sont réputées célées et révélables, les rentes nationalisées dont le service a été interrompu et dont le paiement n'a pas été poursuivi par le domaine ;

Arrêté du 27 frimaire an XI.

pourvu que la main-mise nationale eût duré six ans.

Le délai de six ans doit s'entendre des six ans qui ont couru de la main-mise nationale jusqu'au jour de la découverte de la rente par l'hospice, et non pas du jour de l'acte du gouvernement qui a créé ce droit en faveur des hospices.

Arrêté du 27 frimaire an XI, art. 2.[1] — Liége, 9 avril 1849. (J. 1860. p. 148.)

3° La loi du 4 ventôse an IX ne distingue pas entre les rentes dues par des tiers et celles qui étaient dues par les hospices eux-mêmes à des établissements dont les biens ont été nationalisés.

Liége, 15 février 1836. (J. 1837. p. 522.) — Cass. 28 novembre 1836. (B. 1839. p. 212.)

4° Pour jouir du bénéfice de la loi du 4 ventôse an IX, les hospices n'ont pas eu besoin d'un envoi en possession préalable.

L'attribution de propriété est consommée à leur profit par la découverte ou révélation et par la prise de possession.

La jurisprudence de nos cours et tribunaux est monumentée sur ce point.

Arrêtés du 7 messidor an IX, art. 4 et 16, et du 3 juin 1828. — Bruxelles, 13 mai 1830 (B. 1839. p. 211.), et 17 janvier 1846. (J. 1846. p. 76.) — Gand, 23 novembre 1831 (J. 1831. p. 265), 3 août 1839 (J. 1839. p. 391), et 22 juillet 1842. (J. 1842. p. 343)— Liége, 16 juillet 1835 (B. 1839. p. 211.), 2 juillet 1840 (J. 1841. p. 83.), 11 août 1840 (J. 1841. p. 85.), 21 juillet 1841 (J. 1841. p. 542.), et 10 décembre 1842. (J. 1843. p. 178.) — Cass. 28 novembre

---

(1) Cette condition n'a pas été requise quant aux immeubles.

Gand, 3 août 1839 (J. 1839. p. 391.), et 22 juillet 1842. (J. 1842. p. 343.) — Liége, 10 décembre 1842. (J. 1843. p. 178.) — Cass. 11 mars 1839 (B. 1839. p. 226.), 28 janvier 1841 (B. 1841. p. 292.), et 7 juillet 1842. (B. 1842. p. 414.)

1836 (B 1839. p 212), 11 mars 1839 (B. 1839. p. 212.), 7 juillet 1842 (B. 1842. p. 414.), et 18 mai 1848. (B. 1849. p. 107)

Ainsi, la jurisprudence a consacré ce principe fécond en conséquences importantes pour les fabriques d'églises, « qu'aucune loi n'a subordonné l'attribution faite aux hospices, des domaines usurpés, par une découverte, à la condition qu'ils fussent envoyés en possession par un acte administratif ; que l'envoi en possession dont il est parlé dans l'avis du conseil d'Etat du 30 avril 1807 n'est autre chose que la prise de possession réelle, en vertu de jugement ou à l'amiable, sans intervention de l'autorité administrative; que, du reste, l'envoi en possession de la part du gouvernement, même d'un préfet, est un acte de nature à consommer plus efficacement encore l'aliénation en faveur d'un hospice. »

C'est dans la loi que réside le titre de l'hospice; la possession de fait, indépendamment de toute formalité administrative, suffit pour faire résider la propriété sur le chef de l'établissement possesseur.

C'est comme un droit de premier occupant.

La découverte a pour effet de subroger l'établissement aux droits de l'Etat; et cette subrogation étant consommée, aucun autre établissement de bienfaisance ne peut plus être investi des droits dont l'Etat est dessaisi.

Gand, 20 juillet 1849. (J. 1849. p. 351.) — Cass. 2 août 1850. (B. 1851. p. 72.)

Est nulle la révélation qui a été faite, lorsque précédemment une autre révélation du même bien avait eu lieu au profit d'un autre établissement.

Liége, 23 juillet 1859. (J. 1860. p. 172.)

Les arrêtés du 17 mars 1815 et du 17 avril 1817 déterminent les formalités que les établissements de bienfaisance ont à remplir pour obtenir l'envoi définitif en possession des biens par eux découverts.

Ils ont pour objet de garantir à ces établissements la propriété des biens qu'ils possédaient en vertu de la loi du 4 ventôse an IX, et de prévenir les poursuites frustratoires que le domaine pourrait faire contre les débiteurs des fermages de ces biens.

Ils n'ont pas interrompu le cours de la prescription trentenaire qu'ils peuvent être dans le cas d'invoquer contre le domaine.

Liége, 5 février 1848. (J. 1848. p. 363.) — Cass. 2 décembre 1848. (B. 1849. p. 272.)

L'envoi en possession de la part de l'administration, équivaut à la constatation, à la reconnaissance de ce fait : *le bien était célé, il était révélable.*

Les budgets, les comptes des hospices sont approuvés par la députation dans les communes rurales, par le conseil communal dans les villes, sauf recours vers la députation.

Loi comm. art. 79.

Il est d'ailleurs interdit aux membres des conseils communaux d'assister à l'examen des comptes des administrations subordonnées à la commune dont ils seraient membres.

Loi comm. art. 68, n. 4.

Leurs budgets et comptes comprennent leurs recettes, leurs dépenses ordinaires et extraordinaires.

Les recettes ordinaires des hospices se composent du prix de location de leurs immeubles, du produit des coupes ordinaires de bois, de leurs revenus en nature, du montant de leurs rentes, du prix de vente des objets qui sont fabriqués dans leurs établissements.

D'après l'évaluation des budgets pour l'exercice 1853, les revenus des hospices civils belges se sont élevés à peu près à neuf millions de francs.

Leurs revenus extraordinaires se composent de l'excédant des recettes sur les dépenses de l'année antérieure, du prix des coupes extraordinaires de bois, des capitaux remboursés, des emprunts, des recettes accidentelles, dons, aumônes, des donations requises pour des concessions de terrain dans les cimetières communaux, du produit de certaines amendes ou confiscations.

Leurs dépenses ordinaires concernent les contributions, les gages des employés, l'entretien des bâtiments, la consommation des denrées, médicaments, linges, l'exonération des services religieux qui affectent les biens ou les rentes qui leur ont été révélés.

Liége, 9 avril 1859. (J. 1859. p. 148.)

Les débiteurs de rentes anciennement constituées à charge de fondations pieuses sont sans qualité pour en réclamer l'acquit de la part des hospices. Ce droit n'appartient qu'aux fabriques.

Décret du 16 juin 1806, art. 3. — Nîmes, 22 mai 1828. — Riom, 2 juin 1832. — Cass. F. 8 février 1837.

Si ces biens ou rentes ne suffisent plus pour l'accomplissement de leurs charges, les hospices ont assurément la faculté de les délaisser ; les fabriques peuvent alors s'en ressaisir et postuler telle réduction que de droit.

Ann. les arrêtés du 3 janvier et du 18 octobre 1822.

Les dépenses extraordinaires se rattachent aux acquisitions qu'ils font de bâtiments ou de terrains, aux grosses réparations, etc.

Ces recettes et dépenses se font d'après des règles fixes,

Arrêté du 7 floréal an XIII.

par des agents qui sont soumis à un cautionnement,

Arrêté du 16 germinal an XII.

et sur lesquels pèse la responsabilité qui incombe aux comptables des deniers publics.

Arrêté du 19 vendémiaire an XII, art. 5.

Les hospices et les autres établissements publics ont, non pas un privilége comme l'Etat, mais une hypothèque légale sur les biens de leurs receveurs.

V. la loi du 16 décembre 1851, art. 47, 48, 81, 89 et 90.

Les receveurs des hospices sont d'ailleurs exempts du droit de patente.

Loi du 21 mai 1819, art. 3, § G, tableau 11, alin. 3. — Cass. 20 décembre 1852. (B. 1853. p. 83.)

Sur les 2525 communes que la Belgique compte, il y en a 161 qui possèdent des fondations hospitalières, la plupart d'une origine déjà fort ancienne.

§ IV. *Les anciens Béguinages.*

On appelait ci-devant *Béguinages* les sociétés de filles qui vivaient en communauté sous l'habit religieux, sans faire les vœux de religion, pour se consacrer à l'instruction ou au soulagement des malades.

V. Merlin, *Répertoire,* au mot Béguine.

Ces institutions ont été supprimées en Belgique,

Lois du 15 fructidor an IV, art. 1er, et du 5 frimaire an VI, art. 1er.

et leurs biens réunis au domaine de l'Etat, sans toutefois subir les effets de la nationalisation ; car, ayant égard à leur destination de bienfaisance, le gouvernement les a placés sous la régie des commissions des hospices.

Arrêté du 16 fructidor an VIII. — Liége, 4 mai 1844. (J. 1847. p. 278.) — Cass. 13 août 1839. (B. 1839. p. 511.)

Les biens des béguinages sont donc assimilés aujourd'hui aux biens des établissements de charité et particulièrement des hospices.

Ann. les arrêtés du 20 décembre 1819, du 3 janvier et du 18 octobre 1822, et du 25 février 1823.[1]

§ V. *Les enfants trouvés et abandonnés.*

Les enfants trouvés et abandonnés[2] sont entretenus dans des hospices particuliers ou bien placés dans les communes rurales, sous la surveillance de l'administration des hospices.

Décret du 19 janvier 1811.

La loi du 30 juillet 1834 distingue les enfants trouvés nés de père et mère inconnus des enfants abandonnés nés de père et mère connus.

Les premiers sont, pour une moitié, à la charge des communes sur le territoire desquelles on les a exposés,

---

(1) Voir Soudain de Nederwerth, *Code administratif*, pages 79, 83, 84 et 85.

(2) Une circulaire du 23 août 1834 engage les autorités locales à diminuer les causes de la fréquence des abandons, en créant des institutions propres à soulager l'infortune sans porter atteinte à la morale publique. Tels sont les hospices de maternité, les comités de charité maternelle, les écoles gardiennes ou salles d'asile pour les enfants pauvres en bas-âge.

Cette circulaire dit que la suppression des tours n'a pas été ordonnée par la loi, mais que le silence de la loi est l'expression du désir de voir tomber en désuétude cette institution, d'après les convenances et les nécessités locales, dont l'opportunité est abandonnée aux autorités locales.

V. la Pasinomie de 1834, p. 356.

sans préjudice du concours des établissements de bienfaisance, et, pour l'autre moitié, à la charge de la province à laquelle ces communes appartiennent.

Les derniers sont assimilés aux indigents ordinaires et mis à la charge de leur domicile de secours.

Un subside annuel est alloué au budget de l'Etat pour l'entretien des enfants abandonnés.

Loi du 30 juillet 1834, art. 3.

Ainsi, la dépense que les enfants trouvés ou abandonnés occasionnent est supportée par les communes, les provinces et l'Etat.

V. le code pén. art. 347, et suiv.

Des asiles sont ouverts aux orphelins indigents.

Loi comm. art. 131, n. 18. — Loi prov. art. 69, n. 19.

La loi a pris soin de leur tutelle, de leur instruction.

Lois du 27 frimaire an V, art. 4, et du 15-25 pluviôse an XIII, art. 1er. — Arrêté du 30 ventôse an V, art. 2. — Décret du 19 janvier 1811, art. 7 et suiv. — Code civ. art. 58. — Circ. du 23 août 1834 (Pasin. de 1834, p. 356.), et du 14 août 1852.

« L'administrateur des hospices, comme tuteur délégué des enfants admis dans les hospices, a qualité pour se pourvoir en cassation contre un arrêté de la députation qui désigne pour le service un orphelin confié à sa surveillance. »

Cass. 25 mai 1858. (B. 1858. p. 158.)

Des asiles sont également établis pour les aveugles et les sourds-muets indigents.

Loi comm. art. 131, n. 16 et 17. — Loi prov. art. 69, n. 15.

§ VI. *Régime des aliénés.*

On appelle *établissements d'aliénés,* les maisons où les aliénés sont traités par des personnes autres que leurs parents ou alliés, leur tuteur ou curateur, et qui, pour la plupart, n'agissent que dans des vues de spéculation mercantile.

Loi du 18 juin 1850, art. 2.

Ces maisons sont destinées à recevoir des individus incapables de se gouverner eux-mêmes, dignes, par conséquent, de la sollicitude et de la protection de l'autorité publique.

Elles présentent d'ailleurs un danger permanent pour une précieuse liberté de l'homme, la liberté de locomotion.

Il convenait d'en placer l'existence et le régime sous l'empire des prescriptions de la loi et sous la sauvegarde de l'administration.

Toute maison de ce genre est subordonnée à l'autorisation du gouvernement,

Loi du 18 juin 1850, art. 1er.

et celle-ci suppose qu'il a été satisfait, par le concessionnaire, aux conditions générales que la loi a prescrites,

Que le roi peut mettre en œuvre, et approprier aux convenances des temps et des lieux, la députation permanente étant entendue, au double point de vue de la santé ou curabilité et de la moralité des personnes séquestrées.

Loi du 18 juin 1850, art. 3 et suiv. — Ann. ses art. 11, 22 et 36. — La disposition générale du 1er mai 1851. — L'instruction générale du 16 mars 1853. — La circulaire du 18 avril 1853. — V. un arrêté du 16 mai 1857.

L'admission d'une personne atteinte d'aliénation suppose une demande écrite de son tuteur, d'un parent, d'un allié, de l'autorité communale, de la députation, et, en cas d'urgence, du gouverneur.

Loi du 18 juin 1850, art. 7. — Ann. ses art. 12 et 37. — Loi comm. art. 95.

Elle nécessite des certificats de santé.

Loi du 18 juin 1850, art. 8.

Elle doit être signalée au gouverneur de la province, au procureur du roi, au juge de paix, au bourgmestre de la commune.

Loi du 18 juin 1850, art. 10.

Les sorties sont ordonnées :

Tantôt par le juge invoqué par la personne séquestrée;

Loi du 18 juin 1850, art. 17.

Tantôt à la requête des personnes ou des autorités qui ont sollicité la séquestration, ou du ministère public;

Loi du 18 juin 1850, art. 15.

Tantôt sur une déclaration de guérison émanée des médecins de l'établissement.

Loi du 18 juin 1850, art. 13.

Les maisons d'aliénés sont soumises à la surveillance du gouvernement qui les fait visiter par certains fonctionnaires que la loi délègue à cette fin: le bourgmestre, le procureur du roi, le gouverneur de la province; par des comités permanents d'inspection.

Loi du 18 juin 1850, art. 21 et suiv.

Des rapports sont présentés annuellement aux chambres, par le gouvernement, sur la situation de ces établissements;

Loi du 18 juin 1850, art 24.

— Au gouvernement, par ceux qui les dirigent.

Loi du 18 juin 1850, art. 23.

Des asiles provisoires ou de passage sont ouverts aux aliénés par les autorités communales,

Loi du 18 juin 1850, art. 18, et suiv. — V. une circ. du 17 février 1852, sur la translation des aliénés indigents.

Et rien ne s'oppose à ce que des soins leur soient prodigués, soit à leur domicile, soit au domicile de leurs parents ou des personnes qui en tiennent lieu.

Loi du 18 juin 1850, art. 25. — Circ. du 28 mai 1853.

Dans ce dernier cas, la séquestration suppose que l'aliénation mentale a été préalablement constatée par deux médecins, nommés l'un par la famille, l'autre par le juge de paix.

Loi du 18 juin 1850, art. 25.

Les frais d'entretien des aliénés sont supportés par eux-mêmes; subsidiairement, par ceux qui leur doivent des aliments; par leurs créanciers, s'ils se trouvent en état de détention pour dettes; par l'Etat, s'ils sont prévenus, accusés ou condamnés.

Loi du 18 juin 1850, art. 27. — Ann. son art. 12. — Une circ. du 26 novembre 1851, concernant les détenus atteints d'aliénation mentale.

C'est le gouvernement qui fixe annuellement la journée d'entretien des aliénés indigents. En ce qui concerne ceux-ci, ce sont les établissements de bienfaisance ou les communes du domicile de secours qui supportent la dépense.

Loi du 18 juin 1850, art. 26 et suiv. — Ann. la loi comm. art. 131, n. 16. — L'arrêté du 16 avril 1853.

Les articles 29 et suivants de la loi règlent les effets de l'internat des aliénés dans les établissements qui leur sont destinés, sur leur capacité personnelle et l'administration de leurs biens.

Une hypothèque légale est attribuée aux créances des personnes placées dans des établissements d'aliénés sur les biens de leur administrateur provisoire.

Loi du 16 décembre 1851, art. 47.

La sanction pénale des prescriptions de la loi ou des dispositions organiques de la loi fait l'objet de son article 38.

§ VII. *L'hospice de Messines.*

Un hospice se trouve établi à Messines près d'Ypres, en faveur des filles de militaires sans fortune morts ou devenus invalides au service de l'Etat. Il porte le titre d'Institution royale.

Arrêté du 29 juillet 1845. — V. les lettres patentes de Marie-Thérèse du 30 août 1776.

Il est administré par une commission de cinq membres que le roi nomme, qui fonctionne sous l'autorité du gouvernement, et qui lui soumet annuellement le budget et le compte des recettes ou dépenses de l'établissement.

Les revenus de cet hospice ne se confondent pas avec ceux de l'Etat et, dès lors, sa comptabilité n'est pas soumise au contrôle de la cour des comptes.

Règlem. organ. du 24 mai 1849. — Ann. les arrêtés du 7 avril 1818 et du 18 décembre 1821.

Le bienfait de cette institution a été étendu aux filles des combattants de septembre 1830 blessés ou tués.

Arrêté du 10 avril 1834.

Le nombre des élèves de cette institution royale est de 250.

Arrêté du 30 avril 1851.

Une école normale y est établie pour former des institutrices destinées aux écoles primaires et gardiennes.

Arrêté du 20 septembre 1855 (n. 555).

Un patronage bienveillant s'exerce sur les élèves à leur sortie de l'établissement.

Arrêté du 24 mai 1849, art. 26 et suiv.

La loi du 29 nivôse an XIII avait donné au père de famille de sept enfants le droit de faire élever un de ses fils aux frais de l'Etat;

Son but était d'honorer le mariage et de favoriser l'accroissement de la population.

Cette loi n'a jamais reçu d'application dans notre pays.

Elle est abrogée par désuétude.

V. Bruxelles, 6 décembre 1848. (J. 1849. p. 125.)

Elle a perdu sa force obligatoire à la chute du système d'instruction publique dont elle faisait partie. On ne peut en réclamer le bénéfice en Belgique.

Cass. 7 mars 1850. (B. 1850. p. 245.)

§ VIII. *Maisons hospitalières de femmes.*

En France, les communautés de femmes sont *aujourd'hui*,

Lois du 2 janvier 1817, et du 24 mai 1825. — Décret présidentiel du 31 janvier 1852.

Comme *autrefois*, gens de main-morte,[1] c'est-à-dire, figurent au nombre des corporations ou associations auxquelles peut appartenir le caractère de personne morale (*Universitas.*), et avec lui la capacité de posséder et d'acquérir des biens.

Ces communautés sont chères à la religion par leurs vertus. Elles sont utiles à la société. Les services qu'elles rendent méritent bien qu'on leur donne le titre d'établissement d'utilité publique, quelle que soit la diversité de leur destination, *enseignante, hospitalière, contemplative.*[2]

C'est pourquoi le législateur a voulu procurer à ces institutions, par la possession d'un patrimoine, les moyens de bien poser les bases d'une fondation, d'étendre leurs œuvres, d'en assurer la stabilité et même la perpétuité, autant qu'elle est possible dans les choses humaines.

Moniteur français du 8 janvier 1825.

Des maisons hospitalières de femmes peuvent être instituées pour pratiquer certaines œuvres de charité.

La loi du 18-18 août 1792,[3] tout en supprimant ces

---

(1) Voir Merlin, *Répertoire de jurisprudence*, v° MAIN-MORTE.

(2) Statistiques des communautés religieuses de femmes autorisées existant en France. (Nouveau journal des fabriques, t. 4. p. 162.)

(3) Cette loi a été publiée le 7 fructidor an V.

maisons (article 1er) comme congrégations, avait conservé à leurs membres la faculté[1] de continuer les actes de leur bienfaisance.

V. son art. 2.

L'arrêté du 1er nivôse an IX consacre cette considération : « Que les secours nécessaires aux malades ne peuvent être assidûment administrés que par des personnes vouées par état au service des hospices et dirigées par l'enthousiasme de la charité. »

Ann. le rapport du ministre de l'intérieur Chaptal, du 13 nivôse an X.

De là, les arrêtés d'autorisation du 25 fructidor an XI, du 13 pluviôse an XII; de là, le décret du 3 messidor an XII, article 4, qui font présager le rétablissement des congrégations des sœurs hospitalières.[2]

Des décrets parurent dès lors pour conférer la personnalité civile à *quelques* congrégations religieuses de femmes ayant pour objet le service et même l'éducation gratuite des pauvres.

V. notamment les décrets du 26 janvier, du 10 mars, du 23 avril, du 11 mai, du 1er juin, du 20 juillet et du 10 août 1807.

---

(1) C'était une simple tolérance.

(2) Le 27 floréal an XIII, l'empereur avait ordonné qu'on lui fît connaître les différentes espèces d'associations religieuses qui se vouent à des œuvres de charité.

Le rapport remarquable que le ministre des cultes, Portalis, lui fit sur ce sujet le 13 prairial an XIII, constate que ces associations étaient nombreuses, et que toutes elles devaient leur existence à la religion catholique.

« L'esprit de charité, disait l'illustre Portalis, ne peut être suppléé par l'esprit d'administration. Autre chose est de régir des revenus, autre chose est de consoler, de soigner des malades. »

V. dans Overloop, page 95, le rapport de Portalis du 24 mars 1807. — Ann. le décret du 30 septembre 1807, qui convoque les sœurs de charité en Chapître général, et le rapport de Madame Mère sur ce Chapître, dans Overloop, page 99.

C'est le décret du 18 février 1809 qui, statuant par voie de disposition générale et réglementaire, permet au gouvernement de leur conférer l'existence civile.

Ces maisons jouissent de l'existence civile conformément aux lois sur les établissements publics.[1]

Arrêté du 27 prairial an IX.[2] — V. la Pasinomie, 1re série, t. 15, p. 127 et 273, qui fait mention de plusieurs décrets portant les dates du 16 juillet 1810 et du 19 janvier 1811, et brevets d'institution publique de plusieurs communautés de sœurs hospitalières. — V. encore le décret du 28 août 1810. (Pasin. 1re série, t. 15, p. 157.)

Pour jouir du privilége de l'existence civile, la congrégation a besoin de faire connaître au gouvernement son but et ses moyens d'action.

Ce but consiste :

---

(1) En France, les biens des communautés religieuses reconnues, comme ceux des autres établissements publics, sont soumis à une taxe dite de *main-morte*, qui remplace les droits ordinaires de mutation.

V. la loi du 20 février 1849.

(2) Effets de la reconnaissance. V. le Nouveau journal des fabriq. t. 5, p. 1re.

Soit à desservir les hospices, à y servir les infirmes *pauvres*, les malades *pauvres*, les enfants abandonnés *pauvres* ;[1]

Soit à porter aux pauvres des soins, des secours, des remèdes à domicile.[2]

Décret du 18 février 1809, art. 1er.

Les statuts de la congrégation doivent en outre être approuvés par le roi et insérés au bulletin des lois.

V. notamment un arrêté du 20 février 1856.[3]

---

(1) « La qualité d'hospitalières suppose, dans les personnes qui la méritent, une mission de charité purement gratuite. »

Cass. 14 mai 1859. (B. 1859. p. 204.)

Les religieuses qui donnent des soins à des personnes aliénées pensionnaires dans une maison fermée aux indigents ne sont pas fondées à se prévaloir du bénéfice du décret du 18 février 1809. — C'est l'espèce jugée par cet arrêt.

(2) Il y a donc deux catégories de congrégations hospitalières de femmes : les unes sont auxiliaires et dépendantes des hospices ; les autres ne le sont pas.

(3) « L'article 228 de la loi fondamentale de 1815 déclarait que les administrations de bienfaisance et l'éducation des pauvres sont un objet important des soins du gouvernement. Il ne dérogeait ni à l'article 5 de cette loi, portant que l'exercice des droits civils est réglé par la loi, ni aux articles 70 et 105 de la même loi, d'après lesquels le pouvoir législatif ne pouvait être exercé par le roi que de commun accord avec les Etats généraux.

» Ces dispositions n'ont pas donné au roi des Pays-Bas, le pouvoir d'instituer des congrégations de femmes, avec jouissance des droits civils, en dehors des conditions déterminées par le décret du 18 février 1809. »

Cass. 14 mai 1859. (B. 1859. p. 204.)

L'arrêté royal qui accorderait l'existence civile à des congrégations de femmes dont les statuts ne comprendraient aucune œuvre hospitalière ou de charité serait dépourvu de base légale et, dès lors, il n'aurait rien d'obligatoire pour les tribunaux.

On a jugé que le service des malades dans les hôpitaux ou à domicile, doit constituer la principale occupation des membres de ces corporations.

Bruxelles, 14 août 1846. (J. 1847. p. 243.)

Il a été jugé que la tenue d'un pensionnat de jeunes filles est incompatible avec le service des malades.

Avis du conseil d'Etat du 25 mars 1811. — Bruxelles, 3 août 1846. (J. 1847. p. 235.) — Cass. 11 mars 1848. (B. 1849, p. 1.)

Ce qui est vrai, en ce sens que le gouvernement ne doit pas admettre dans les statuts organiques des établissements de ce genre, des clauses ou dispositions qui les obligent à se vouer aux soins de l'instruction en même temps qu'au service des malades, attendu qu'en fait, il est difficile de suffire aux devoirs de cette double mission. Et, s'il a approuvé des statuts contenant des dispositions pareilles, il lui appartient de les ramener à leur destination particulière. « Le moyen pour le gouvernement d'interdire la tenue d'un pensionnat, c'est de modifier les statuts, » dit M. D'Anethan (III. p. 26).

Quant au fait lui-même, il n'est pas de nature à exercer de l'influence sur la question de savoir si l'arrêté d'institution est légal ou non.

Bruxelles, 28 août 1858. (J. 1858. p. 281.)

Mais, nous sommes loin de penser que l'on puisse exciper de cette extension de services publics, pour dénier l'existence civile à des établissements qui ont obtenu l'approbation du chef de l'Etat agissant en vertu du décret du 18 février 1809, l'autorité judiciaire n'ayant pas à s'enquérir du point de savoir si cette congrégation de femmes, que le gouvernement a reconnue comme hospitalière, rend des services suffisants pour être réputée telle ou si elle exécute fidèlement ses statuts, ce point de fait étant essentiellement de compétence administrative.

« La tenue d'une école où l'instruction est donnée gratuitement aux filles pauvres n'est pas un obstacle à ce qu'une maison hospitalière soit instituée sur le pied du décret du 18 février 1809; mais elle n'est pas un titre à l'obtention de cette institution. »

Cass. 14 mai 1859. (B. 1859. p. 204.)

Les religieuses hospitalières peuvent donner l'instruction gratuite aux pauvres.

C'est une œuvre de miséricorde qui se range parmi les soins que les pauvres réclament et qui, par suite, se place sous les termes de l'article 1er du décret de 1809.

V. Liége, 10 mars 1858. (J. 1858. p. 141.)

Mais la loi de 1809 ne permet pas au gouvernement de reconnaître comme personnes civiles des corporations purement enseignantes.

V. Cass. 14 mai 1859. (B. 1859. p. 204.)

Au surplus, il est évident que les congrégations hospitalières sont des institutions libres, en ce sens qu'elles peuvent se dissoudre sans le concours du gouvernement, et par la seule volonté de leurs membres ; qu'il appartient aux tribunaux de déclarer le fait de la dissolution.

Nouveau Journ. des fabriques, t. 5. p. 337. — Bruxelles, 31 mai 1856. (J. 1856. p. 294.)

§ IX. *Maisons de refuge.*

Des maisons dites de refuge sont destinées à ramener les femmes prostituées aux bonnes mœurs.

Décret du 26 décembre 1810.

Elles sont, quant à leurs dotations, placées sous le régime du décret du 18 février 1809.

§ X. *Monts-de-piété.*[1]

Ce sont des établissements que le roi autorise, sur la proposition des conseils communaux, et sur l'avis des députations, qui sont placés sous la haute tutelle du gouvernement et soumis à la surveillance du collége des bourgmestre et échevins, où l'on prête[2] des fonds

(1) A consulter : ARNOULD, *Situation administrative et financière des monts-de-piété.*

(2) Avantages et inconvénients des banques de prêts connues sous le nom de Monts-de-piété. — A consulter : BLAIZE, *Des monts-de-piété.* — BEUGNOT, *Des banques publiques de prêt sur gage et de leurs inconvénients.* — DE DECKER, *Etudes historiques et critiques sur les monts-de-piété.* — BÉRÈS, *Des classes ouvrières, moyens d'améliorer leur sort.*

sur nantissement de meubles, à un intérêt déterminé au profit des pauvres.

Loi du 16-26 pluviôse an XII, art. 1er. — Avis du cons. d'Etat du 12 juillet 1807. — Loi du 30 avril 1848, art. 2, 14, 15, 16, 17 et 9. — Loi comm. art. 91. — Loi du 26 mai 1854.

Les monts-de-piété sont des personnes morales jouissant de l'existence civile ; car ils existent en vertu de la loi et ils ont un but déterminé ; car ils sont pourvus d'une administration spéciale qui les représente et qui gère leurs intérêts civils ; car enfin, ils sont capables de recevoir par donation entre vifs et par testament.

L'administration de ces établissements se compose de cinq personnes que le conseil communal désigne, et qui se renouvellent partiellement tous les deux ans.

Loi du 30 avril 1848, art. 6.

A défaut de fondations, donations ou legs, ce sont les administrations de bienfaisance et subsidiairement les communes, les provinces ou l'Etat qui fournissent, moyennant intérêt, les fonds nécessaires aux opérations des monts-de-piété.

Loi du 30 avril 1848, art. 10 et 11.

Leurs règlements organiques sont délibérés par les conseils communaux, sont soumis à l'avis de la députation provinciale et approuvés par le roi.

Ils déterminent le taux des intérêts des emprunts à faire par les monts-de-piété ;

— le taux des intérêts à percevoir des emprunteurs, les frais d'administration, l'organisation du personnel, l'organisation des bureaux auxiliaires, les délais en déans lesquels les gages non-relevés sont vendus et les conditions de vente.

Loi du 30 avril 1848, art. 7.

Leurs budgets, leurs comptes, sont soumis à l'approbation des conseils communaux et des députations permanentes, d'après les distinctions établies par la loi.

Loi comm. art. 79. — Loi du 30 avril 1848, art. 8. — Ann les arrêtés du 31 octobre 1826, du 24 mai 1828, et du 15 janvier 1829. — Le code civ. art. 2084. — Le code pén. art. 411.

Les noms des déposants ne peuvent être révélés qu'aux officiers de police et à l'autorité judiciaire.

Loi du 30 avril 1848, art. 18, sanctionné par l'art. 378 du code pénal.

Il se peut qu'un objet perdu ou volé soit engagé au mont-de-piété ; quels sont alors les droits du propriétaire de cet objet, vis-à-vis du mont-de-piété?

Distinguons. Le directeur de l'établissement a été dûment averti avant l'engagement et a reçu une désignation suffisante de l'objet égaré ou soustrait; alors, il y a faute de la part du directeur et pendant six mois, à dater du jour de l'avertissement, la restitution doit s'en faire gratuitement ;

Loi du 30 avril 1848, art. 21.

ou bien aucun avertissement n'a été donné ; alors l'établissement possède de bonne foi ; il n'est tenu à restitution de la chose perdue ou volée qu'à charge par le propriétaire de refournir le montant du prêt qui a été fait sur gage,

Loi du 30 avril 1848, art. 22, disposition analogue à celle de l'article 2280 du code civil.

obligation qui incombe également au propriétaire qui, après avoir donné avertissement au directeur du mont-de-piété, ne se trouve plus dans le délai des six mois.

Les registres et les actes qui concernent l'administration des monts-de-piété, sont exempts de la formalité et des droits du timbre et de l'enregistrement.

Loi du 30 avril 1848, art. 26.

§ XI. *Caisse générale de retraite.*

Une caisse générale de retraite, réunissant les caractères d'un établissement public, doué de l'existence civile, se trouve instituée sous la garantie de l'Etat et la direction du gouvernement.

Loi du 8 mai 1850, art. 1er.

Elle permet à toute personne âgée de 18 ans, *d'acquérir* une rente viagère, différée, personnelle, incessible, insaisissable, et cela au moyen d'un versement unique ou de versements successifs à effectuer dans cette caisse.

Loi du 8 mai 1850, art. 2.

Nous disons : *Toute personne.*

Nous ajoutons : Pour son compte ou pour compte *d'un tiers.*

Loi du 8 mai 1850, art. 13, § 1er.

Agée de dix-huit ans. C'est un arrêté royal qui détermine le mode de constater l'âge.

Loi du 8 mai 1850, art. 16.

La femme mariée a besoin de l'autorisation de son mari pour acquérir des rentes en son nom personnel, sinon de justice.

Loi du 8 mai 1850, art. 4.

Nous disons : Permet *d'acquérir.*

Nous ajoutons : Dix ans au moins avant l'entrée en jouissance.

Loi du 8 mai 1850, art. 2, § 2. — V. cependant la disposition transitoire de l'art. 23.

Le prix de l'acquisition est fixé dans des tarifs qui sont réglés par arrêté royal.

Loi du 8 mai 1850, art. 5.

Nous disons : *Une rente.*

Le minimum de la première rente est fixé à 24 francs, le maximum des rentes accumulées ne peut dépasser 720 francs.

Loi du 8 mai 1850, art. 6.

Viagère.

Des arrêtés royaux déterminent le mode de constater l'existence des assurés.

Loi du 8 mai 1850, art. 16.

Différée ; c'est-à-dire pour en jouir à partir d'un certain âge, 55, 60 ou 65 ans.

Loi du 8 mai 1850, art. 8.

C'est un arrêté royal qui détermine le mode de constater l'âge.

Loi du 8 mai 1850, art. 16.

Nous disons : A partir d'un certain âge ; cependant l'assuré dont l'existence dépend de son travail peut être admis à jouir anticipativement de sa rente, à concurrence de 360 francs, si, par la perte d'un membre ou une infirmité permanente, il devenait incapable de pourvoir à sa subsistance.

Loi du 8 mai 1850, art. 9.

Un arrêté royal détermine les cas prévus par cet article.

Loi du 8 mai 1850, art. 16.

Nous disons : Une rente *personnelle,* c'est-à-dire personnelle à celui qui l'acquiert.

Loi du 8 mai 1850, art. 3, § 1er.

Cependant, si la rente a été constituée avec des deniers communs, chacun des conjoints a le droit d'en percevoir la moitié en cas de dissolution de la communauté.

Loi du 8 mai 1850, art. 3, § 2.

Personnelle. La caisse ne contracte aucune obligation envers les familles des associés; mais, en cas d'indigence, elle pourvoit aux funérailles des assurés décédés postérieurement à l'entrée en jouissance de leur rente.

Loi du 8 mai 1850, art. 11.

Incessible, insaisissable.

Cependant, dans les cas prévus par le code civil, articles 203, 205 et 214, elle peut être saisie jusqu'à concurrence d'une certaine quotité.

Loi du 8 mai 1850, art. 12.

Elles sont d'ailleurs payables mensuellement et par douzièmes chez les receveurs des contributions directes.

Loi du 8 mai 1850, art. 14, § 1er.

Elles ne sont payées qu'à ceux-là seuls au profit desquels elles sont inscrites.

Loi du 8 mai 1850, art. 13, § 2.

C'est une conséquence de leur incessibilité.

Elles ne sont payées qu'aux rentiers qui résident dans le royaume.

Cependant, des exceptions peuvent être faites en faveur de Belges qui, depuis l'acquisition de leurs rentes, se sont établis à l'étranger.

Loi du 8 mai 1850, art. 14, § 2.

Nous avons dit: Au moyen d'un versement unique ou de versements successifs à effectuer.

C'est le gouvernement qui détermine le minimum des versements, ce minimum ne devant pas d'ailleurs dépasser cinq francs.

Loi du 8 mai 1850, art. 7.

Ils produisent un intérêt à partir du moment où ils deviennent suffisants pour acquérir une rente.

Loi du 8 mai 1850, art. 7.

Les versements se font chez les receveurs des contributions directes.

Loi du 8 mai 1850, art. 2, § 1er.

Il est remis à chaque assuré un livret dans lequel sont inscrits les versements qu'il fait, les rentes qu'il acquiert et les arrérages qu'il reçoit.

Loi du 8 mai 1850, art. 15.

C'est un arrêté royal qui détermine la forme et la teneur de ces livrets.

Loi du 8 mai 1850, art. 16.

Les versements sont acquis à la caisse.

Loi du 8 mai 1850, art. 10.

Les recettes se versent directement au trésor public.

Loi du 8 mai 1850, art. 18.

Elles sont appliquées, par le ministre des finances, en

achats d'inscriptions sur le grand livre de la dette publique, au nom de la caisse.

Loi du 8 mai 1850, art. 19.

Nous disons que les versements sont acquis à la caisse.

C'est *irrévocablement.*

Loi du 8 mai 1850, art. 10, § 1er.

Cependant, il y a trois ordres d'exceptions.

Ne sont pas acquis à la caisse : 1° les versements que la 'emme mariée a effectués sans autorisation.

Loi du 8 mai 1850, art. 10, § 1er, n. 1er.

On les restitue à qui de droit, sans intérêts.

Loi du 8 mai 1850, art. 10, § 2.

2° Les versements qui dépassent la quotité nécessaire)our le maximum de rente fixé par l'article 6. (720 francs.)

Loi du 8 mai 1850, art. 10, § 1er, n. 2.

On les restitue aussi à qui de droit, sans intérêts.

Loi du 8 mai 1850, art. 10, § 2, et art. 6, § 2.

Remarquez ici, que la loi prononce une déchéance conre ceux qui seraient parvenus à faire inscrire des rentes ıu delà du maximum, s'ils avaient touché un ou plusieurs ermes de l'excédant de la rente.

Loi du 8 mai 1850, art. 6, § 3.

3° Ceux qui sont insuffisants pour être convertis en rente.

Loi du 8 mai 1850, art. 10, § 1er, n. 3.

Ils sont également restitués sans intérêts, mais seulement lorsque le déposant ne peut plus, à raison de son âge, acquérir des rentes, ou après son décès.

Loi du 8 mai 1850, art. 10, § dernier. — Ann. son art. 7.

La caisse est administrée par une commission de cinq membres que le roi nomme.

Loi du 8 mai 1850, art. 17, § 1er.

Elle décide en dernier ressort les difficultés auxquelles peut donner lieu l'application des articles 9, 11 et 14 de la loi : cas d'incapacité de travail, cas d'indigence de la famille de l'assuré en ce qui regarde les funérailles, fait de la résidence dans le royaume.

Loi du 8 mai 1850, art. 17, § 2.

C'est la cour des comptes qui arrête les comptes sur la présentation qui lui en est faite par un agent comptable,

Loi du 8 mai 1850, art. 20, § 1er.

sous le contrôle de neuf commissaires délégués par les conseils provinciaux,

Loi du 8 mai 1850, art. 20, § 2. — Rapp. son art. 21.

et la haute tutelle du pouvoir législatif.

Loi du 8 mai 1850, art. 20, § 3.

Tous les actes, toutes les pièces nécessaires à l'exécution de la loi sont délivrés gratis, et sont exempts des droits de timbre, d'enregistrement et de greffe.

Loi du 8 mai 1850, art. 22.

L'institution de la caisse de retraite ressortit au département des finances.

Arrêté du 2 septembre 1850, art. 1er. — V. les arrêtés organiques ou réglementaires du 5 décembre 1850, et du 21 mars 1851. — Circ. du 15 mai 1851. — V. pour la France, la loi du 18 juin 1850. — Le décret réglementaire du 27 mars 1851.

§ XII. *Bureaux de bienfaisance.*[1]

Les bureaux de bienfaisance sont des commissions administratives constituant des personnes morales chargées de distribuer aux indigents des secours à domicile.

Ce sont les bureaux de bienfaisance qui, avec les commissions administratives des hospices, régissent l'avoir des indigents dans les limites qui leur sont respectivement tracées à cette fin.

Bruxelles, 1er mars 1857. (J. 1858. p. 157.) — Loi du 7 frimaire an V, art 3 et 4.

---

(1) A consulter : Brixhe, *Manuel des bureaux de bienfaisance.* — De Gerando, *Le visiteur du pauvre.*

Elles se composent de cinq membres, non compris le bourgmestre qui en est le président né.

Loi du 7 frimaire an V, art. 3. — Loi comm. art. 91, § dernier.

Ils sont nommés par le conseil communal, par cinquième tous les ans. Ils sont rééligibles. Ils sont révocables par la députation.

Loi comm art. 84, n. 2. — Décret du 7 germinal an XIII, art. 1er.

Leurs fonctions s'exercent gratuitement.

Loi du 7 frimaire an V, art. 5.

Chaque commune possède un bureau de bienfaisance,

Arrêté du 7 décembre 1822. — Loi comm. art. 92, § 1er.

Dont la surveillance est attribuée au collége des bourgmestre et échevins;

Qui peut, comme les hospices, acquérir, aliéner, plaider, transiger, suivant les règles déterminées pour les hospices.

Dans les communes populeuses, ces bureaux sont secondés par des adjoints qui portent la dénomination de comités de secours.

Loi comm. art. 92. — Ann. les arrêtés du 27 février 1818 et du 13 octobre 1830.

Chaque commune possède un bureau de bienfaisance; nous ajoutons: *Au moins un*.

Loi du 7 frimaire an V, art. 3 et 7.

Cette prescription de la loi est généralement exécutée, même dans les communes qui ne possèdent aucun revenu pour les pauvres. Celles-ci sont au nombre de deux cents ou environ.

Ni l'arrêté du 7 décembre 1822, ni l'article 92 de la loi communale, ne dérogent à ces dispositions.

La dotation de ces établissements se compose de leurs anciens biens ;

Lois du 16 vendémiaire an V, art. 5 et suiv., et du 20 ventôse an V, art. 1er et 2.

— Des biens et rentes célés au domaine qui ont été révélés à leur profit ;

Loi du 4 ventôse an IX, art. 1er et 2. — Arrêté du 9 fructidor an IX, art. unique.

— Du produit des droits attribués aux indigents sur les spectacles ; [1]

Lois du 7 frimaire an V, art. 1er et 2 ; du 2 floréal an V, art. unique ; du 8 thermidor an V, art. 1er et 2, et du 2 frimaire an VI, art. 1er et 2. — Décret du 8 fructidor an XIII, art. 1er. — Ann. son art. 2. — Décret du 9 décembre 1809, art. 1er. — Arrêté du 24 août 1821, art. 1er et 2.

---

(1) Nous ne disons pas : Sur tous les divertissements publics.

C'est un privilége qui doit être strictement renfermé dans les termes des dispositions qui le concernent.

Les concours et expositions agricoles organisés dans un but d'utilité générale et non dans un but de spéculation, ne peuvent être assimilés à des spectacles.

Liége, 20 novembre 1858. (J. 1859. p. 94.)

Ces droits ne sont pas incompatibles avec la liberté des théâtres décrétée par l'arrêté du 21 octobre 1830; ils sont encore dus sous l'empire de la législation actuelle.

Liége, 13 janvier 1841. (J. 1841. p. 482.)

— Du produit des loteries qui peuvent être autorisées en leur faveur, soit par les bourgmestre et échevins, soit par les députations, soit par le gouvernement;

Loi du 31 décembre 1851, art. 7.— V. les circ. du 20 avril 1852, et du 20 novembre 1856. — V. la Jurisp. des trib. t. 6. p. 202, et t. 7. p. 1056.

— Des sommes qui leur sont allouées à titre de subside,

Loi du 11 frimaire an VII, art. 9 et suiv. (Bull. n. 2220.)

subsides qui, pour le royaume, s'élèvent annuellement à plus de trois millions ;

— Des dons et legs qu'ils sont autorisés à recueillir soit en argent, soit en immeubles.

Sous l'empire de la loi du 3 juin 1859, le bureau de bienfaisance est le seul représentant légal des pauvres, et, alors même qu'il ne serait pas nominativement désigné, il est seul capable de recueillir les dotations qui sont faites en leur faveur.

Il est, en outre, seul appelé à distribuer les secours aux indigents, soit par lui-même, soit par des intermédiaires qu'il choisit.

Il n'y a donc pas lieu de reconnaître comme obligatoire la clause qui charge le curé de la paroisse du testateur ou une société particulière de charité de distribuer les sommes léguées.

Toutefois, les fondations autorisées antérieurement à la loi du 3 juin 1859, doivent continuer à être administrées conformément aux actes d'autorisation, sauf au gouvernement à prescrire, s'il y a lieu, les mesures propres à assurer le contrôle de la gestion des biens donnés ou légués.

Loi du 3 juin 1859, article additionnel.

Et, pour l'avenir, il nous semble que rien ne s'oppose à ce que le bureau soit autorisé à remettre le revenu à tel ou tel particulier qu'il choisit ou qui lui est désigné par le fondateur, pour qu'il soit distribué conformément à l'acte de fondation, sous le contrôle de l'établissement.

Il est même désirable qu'il en soit ainsi.

V. en ce sens, un arrêté royal en date du 12 juillet 1858.[1]

---

(1) Léopold, etc.

Vu l'expédition délivrée par le notaire Wasseige, de résidence à Liége, du testament olographe, en date du 30 juillet 1855, par lequel le sieur Herman Joseph Breuer, propriétaire en la même ville, lègue :

1° Aux pauvres de sa paroisse une somme de 200 francs pour être distribuée par le curé de cette paroisse aux pauvres qui assisteront à ses obsèques;

2° A la société de saint Vincent-de-Paul, établie à Liége, 2000 francs pour être distribués aux pauvres patronnés par elle;

Vu etc.

Considérant que le bureau de bienfaisance est le seul représentant légal des

La dotation de ces établissements se compose enfin du produit des aumônes qu'ils peuvent recueillir dans les églises et à domicile.

Loi du 7 frimaire an V, art. 8. — Arrêté du 5 prairial an XI, art. 1er et 2. — Décret du 30 décembre 1809, art. 75. — Arrêté du 22 septembre 1823, art. 1er.

Les institutions de bienfaisance reconnues peuvent faire des collectes à domicile dans le but d'adoucir des malheurs, des calamités, le sort des indigents.

L'arrêté du 22 septembre 1823 défend de provoquer la bienfaisance privée à domicile sans une permission spéciale de l'autorité *communale,* pour les collectes qui se font dans une commune seulement; de l'autorité

---

pauvres et que, quand même il ne serait pas nominativement désigné, il a seul capacité pour recueillir les dotations qui sont faites en leur faveur.

Considérant, en outre, qu'il est seul appelé à distribuer les secours aux indigents, soit par lui-même, *soit par intermédiaires de son choix.**

Considérant que, s'il n'y a pas lieu dans le présent cas de reconnaître comme obligatoire la clause qui charge le curé de la paroisse du testateur et la société de saint Vincent-de-Paul de distribuer les sommes prémentionnées, il est néanmoins *désirable* que le bureau de bienfaisance, sans aliéner ses attributions légales, se rapproche du texte du testament et laisse faire, sous son contrôle, les dites distributions par les tiers désignés par le testateur.

Vu les articles, etc.

Article unique. Le bureau de bienfaisance de Liége est autorisé à accepter les legs prémentionnés.

Donné à Laeken, le 12 juillet 1858.

(Moniteur du 14 juillet 1858, n. 195)

(*) Si le bureau de bienfaisance est le seul représentant des pauvres il ne peut lui appartenir de déléguer ses fonctions à personne.

provinciale, quand la collecte se fait dans plus d'une commune; du gouvernement,[1] quand la collecte s'étend sur plus d'une province.

Aux termes de cet arrêté, les administrations locales ne peuvent accorder de semblables permissions qu'après une double enquête, sur la moralité des personnes qui les sollicitent et sur la vérité des faits allégués.

Les permissions doivent d'ailleurs faire mention du temps pour lequel elles sont accordées et des localités pour lesquelles elles sont valables.

L'arrêté du 22 septembre 1823 n'est pas dénué de motif :

C'est l'abus que l'on peut faire des sollicitations pécuniaires à domicile;

Mais la valeur légale peut en être sérieusement contestée.

C'est au pouvoir législatif qu'il appartient, dans les États constitutionnels, de prescrire des règles générales applicables, soit aux intérêts privés des individus, soit aux intérêts collectifs des aggrégations territoriales ou de la société entière.[2]

---

(1) C'est-à-dire, du ministre de l'intérieur.
Arrêté du 30 octobre 1832, art. 1er, § 2.

(2) Voir *Le droit administratif belge,* t. 1er, p. 226 et suiv.

Il a seul autorité pour accorder des droits, pour imposer des prescriptions aux citoyens, pour leur faire des défenses et pour placer les unes et les autres sous la sanction d'une peine.[1]

Cela revient à dire que le législateur a seul mission pour ordonner et pour défendre.[2]

Rien ne s'oppose, il est vrai, au fractionnement du pouvoir constitutif et régulateur des droits sociaux, des obligations sociales, des besoins sociaux.

Le législateur ne peut tout régler.

Il peut *déléguer* le droit de régler.

V. *Le droit administratif belge*, t. 1er, p. 295, note 3.

---

(1) L'établissement d'une peine est un attribut du pouvoir législatif.

Toute action qui n'est pas défendue par la loi est une action qui est licite et qui dès lors ne peut entraîner aucune peine contre celui qui la commet. Ce qui n'est pas défendu par la loi, ce qui n'est pas puni par elle, ne saurait être défendu par l'administration alors qu'aucune loi ne provoque ou n'autorise l'exercice de son pouvoir réglementaire.

(2) C'est le propre du régime constitutionnel de substituer la loi à l'action discrétionnaire, à l'arbitraire du pouvoir exécutif.

La suprématie qui, dans certains Etats, appartient à la volonté d'un seul, celle du prince qui gourverne, n'appartient, dans les Etats où la règle d'action se distingue de l'action même, qu'au pouvoir qui est chargé de proclamer cette règle.

L'établissement du pouvoir législatif a mis fin au régime du bon plaisir.

V. la loi du 22 décembre 1789, sect. 3, art. 4. — Les instr. du 22 décembre 1789, § 6, et du 12-20 août 1790, chap. 1er, § 1er. — Const. du 3-14 septembre 1791, chap. 4, sect. 2, art. 3 et 4. — Le décret du 28 août 1793.

L'administration, à ses divers degrés, est, dans un grand nombre de cas, appelée, par lui, à exercer de véritables fonctions législatives ;

V. *Le droit administratif belge*, t. 1er, p. 294.

Et, alors, les actes réglementaires de l'administration s'élèvent à la hauteur des lois; ils les égalent en autorité.

Le législateur lui-même commine des peines ou permet à l'administration de comminer des peines contre ceux qui les violent.

Ainsi, le roi, procédant par dispositions générales, fait les arrêtés nécessaires pour l'exécution des lois.

Const. art. 67. — V. *Le droit administratif belge*, t. 1er, p. 44.

Le pouvoir réglementaire complète la loi dans les points que le pouvoir législatif a négligés.

La prérogative royale consiste à réglementer la loi, d'abord en vertu de l'article 67 de la constitution, puis en vertu de la loi elle-même, et dans les limites que la loi a tracées.

V. *Le droit administratif belge*, t. 1er, p. 47.

Mais, pas de règlement quand la loi se tait, la tendance du règlement n'étant autre que de procurer la parfaite exécution de la loi et de la règle que la loi proclame.

V. *Le droit administratif belge*, t. 1er, p. 48.

C'est aux prescriptions de la loi que l'autorité qui

administre[1] emprunte le droit qu'elle a, dans certaines matières, de commander ou de défendre.

Elle ne peut disposer que là où la loi lui permet de disposer ou lui ordonne de disposer.

« L'autorité administrative qui entreprend d'étendre son droit de réglementer à des matières qui ne sont pas expressément soumises à son action, commet un excès de pouvoir ; ses actes sont radicalement nuls. Cela résulte du défaut de capacité dans la personne de l'auteur de l'acte. Le règlement ne se produit que comme acte d'exécution. »

Journ. des fabriq. t. 1er, p. 253.

L'unique attribution du pouvoir exécutif c'est d'exécuter ou de faire exécuter les lois ; c'est d'assurer l'accomplissement des lois ; comme l'unique attribution du juge est de les appliquer aux cas particuliers qui lui sont soumis.[2]

V. le Bull. de cass. de 1848, p. 450.

« Personne, comme l'enseigne Pinheiro Ferreira, ne saurait être tenu de faire que ce que la loi du pays prescrit, comme on ne saurait empêcher de faire ce que la loi ne défend pas ; il s'ensuit que les ordres, les règle-

---

(1) Il en est de même de l'autorité qui juge.

(2) On décide même que le chef du pouvoir exécutif, agissant isolément, ne peut attacher une peine à un fait que le législateur a prévu et qu'il n'a pas puni.
Cass. 12 juillet 1841. (B. 1841. p. 441), et 14 juin 1847. (B. 1848. p. 448.)

ments et les ordonnances du gouvernement ne peuvent imposer aux habitants aucun devoir au delà de ceux qui leur sont prescrits par les lois.[1] »

« Toute ordonnance, ajoute ce publiciste qui conférerait un droit ou qui imposerait un devoir qui n'eût pas déjà été conféré ou imposé par une loi ne serait qu'un flagrant abus de pouvoir; et le citoyen, loin d'être tenu d'y obéir, doit invoquer l'appui du juge pour repousser l'atteinte portée, dans sa personne, au dépôt des libertés publiques.[2] »

La doctrine contraire conduit à l'annulation du pouvoir législatif.

Sous le régime de la loi fondamentale de 1815, le pouvoir législatif était, comme aujourd'hui, un pouvoir collectif;

---

(1) Voir *Le droit administratif belge*, t. 3, p. 22.

(2) C'est ce qui a fait dire à Macarel: « Les règlements ne peuvent ni définir des délits, ni établir des peines, ni statuer en quoi que ce soit sur des droits privés. »

« C'est désormais une maxime fondamentale de notre droit public que l'autorité administrative ne peut créer une peine et que ses dispositions n'ont de sanction que dans la pénalité établie par la loi. »

Dufour, *Traité général de droit administratif appliqué*, t. 1er, p. 12.

« Il n'y a que les lois qui puissent servir de base et de texte à une condamnation. »

Cass. F. 17 janvier 1820. (Sirey, 1829, t. 1er, p. 175.)

« Aucune peine ne peut être établie par ordonnance du roi. »

Proudhon, *Domaine public*, n. 68.

Il était exercé par le roi, agissant de commun accord avec les Etats généraux.

Loi fond. de 1815, art. 70 et 105. — Cass. 14 mai 1859. (B. 1859. p. 204.)

Le roi n'était investi, comme aujourd'hui encore, que de la puissance exécutive, celle de prendre les mesures nécessaires pour l'exécution des lois.

Loi fond. de 1815, art. 73.

La loi défend aux particuliers de demander de l'argent, du pain, des vêtements, par habitude, par métier, pour leur propre compte.

Code pén. art. 274.

Elle ne défend pas à ceux qui se dévouent pour les autres de faire des collectes à domicile pour leur venir en aide.

Elle ne défend pas non plus à ceux qui ont éprouvé quelque sinistre dans leurs biens, de s'adresser aux sentiments généreux pour se procurer les moyens de le réparer.[1]

C'est en vain que l'on cherche la loi sur laquelle l'arrêté

---

(1) Le fait d'aller à domicile solliciter des dons volontaires ne constitue pas le délit de mendicité. Les collecteurs ne peuvent être assimilés à des mendiants.

Cass F. 10 novembre 1808. (Journ. des fabriq., t. 1er, p 241)

du 22 septembre 1823 trouve son appui[1] et dans laquelle il puise sa force exécutoire.

Il ne contient aucune mesure réglementaire prise aux fins de pourvoir à l'exécution d'une disposition pénale.

Cass. F. 16 février 1834. (Journ. des fabriq. t. 1er, p. 66) — Circ. franç. des 14 septembre 1 38, 18 juillet 1843, et 21 mars 1844. (Journ. des fabriq. t. 2, p. 332, 333, et 342.)

L'article 228 de la loi fondamentale se borne à recommander les administrations de bienfaisance à la sollicitude du gouvernement.

Il ne déroge ni à l'article 4 du code pénal ni à l'article 9 de la constitution, qui défendent au juge de punir un fait qu'aucune loi ne déclare punissable ou ne permet à l'administration de déclarer punissable ; ni aux articles 70 et 105 de la loi fondamentale, d'après lesquels le pouvoir législatif ne peut être exercé par le roi que de commun accord avec les Etats généraux.

Cass. 14 mai 1 59. (B. 1859. p. 204)

La loi du 6 mars 1818, les lois provinciale et communale ne donnent la sanction pénale qu'aux règlements administratifs faits en exécution et en vertu des lois.

V. Cass. F. 3 juin 1847, et 1er août 1850. (Nouveau Journ. des fabriq. t. 2, p. 314 et suiv.)

---

(1) Aussi cet arrêté ne vise-t-il aucune loi et n'invoque-t-il qu'un considérant de fait.

La loi du 6 mars 1818 n'implique aucune abdication de la part de l'autorité législative.

Elle ne contient aucune attribution de pouvoirs nouveaux au gouvernement, aucune extension de ses pouvoirs antérieurs.

Elle se borne à sanctionner, d'une manière pénale, les actes émanés du gouvernement et portés par lui en vertu de ses attributions constitutionnelles et légales.

Son article 1er prescrit au juge d'appliquer les peines qui s'y trouvent établies, à ceux qui contreviendront aux mesures d'administration que le roi prendra désormais dans l'exercice de ses attributions réglementaires, pour autant que la loi n'aurait pas déterminé ou ne déterminerait pas dans la suite de peine particulière.

L'arrêté du 22 septembre 1823 est donc posé hors des limites établies par les lois soit à l'autorité royale, soit à l'autorité provinciale, soit à l'autorité communale. Il excède les limites de l'autorité administrative.

Jugem. du trib. d'Arbois du 17 décembre 1834. (Journ. des fabriq. t. 1er, p. 242.)

Les collectes à domicile étant permises, comme tout ce que la loi et les règlements portés en vertu de la loi ne défendent pas, il suit que pour les effectuer il est complétement inutile de demander une autorisation soit au gouvernement, soit à l'autorité provinciale, soit à l'autorité communale.

Le jugement qui relaxe les prévenus ne viole aucune loi.

Aussi, toutes les fois que les tribunaux français ont eu à se prononcer sur la prétention contraire de l'administration ils l'ont condamnée comme non justifiée par les lois en vigueur.

En fait :

1° L'arrêté du 22 septembre 1823 ne concerne que les individus qui mendient une aumône pour eux-mêmes, c'est-à-dire dans un intérêt privé, purement personnel.

Il n'a pas été fait pour les personnes bienfaisantes qui, s'associant à de grandes infortunes sociales, s'en vont tendre la main à domicile pour obtenir un denier au profit de ces infortunes.

2° L'arrêté du 22 septembre 1823 n'a en vue que des œuvres qui ont la charité pour mobile vrai ou simulé.

Il ne défend qu'un seul genre de collecte, les collectes de charité.

Il ne concerne ni les œuvres d'art, ni les œuvres d'industrie, ni les œuvres de politique ou de piété.

Il n'atteint pas les collectes qui sont inspirées par un sentiment religieux, politique ou autre; celles qui se font pour soutenir ou défendre un principe, une doctrine, une cause politique, une cause religieuse, par exemple, l'indépendance du chef de l'Eglise catholique, ou pour assurer le triomphe d'une idée morale, politique ou religieuse.[1]

L'arrêté du 22 septembre 1823 suppose une demande d'argent faite à domicile soit par un établissement de bienfaisance, soit par un établissement de piété, *en vue de soulager des infortunes, de secourir une misère accidentelle, résultat d'un malheur, d'une calamité, en vue*, d'après son texte même, *d'adoucir des calamités ou des malheurs*.

V. son § 2.[2] — V. en ce sens, Bruxelles, 9 mars 1861. (J. 1861. p. 373.)

3° L'arrêté de 1823 suppose que la collecte a lieu pour une cause qui peut faire l'objet d'une enquête administrative.

« On conçoit une enquête pareille quand il s'agit de quête de charité, de malheurs personnels. A-t-il pu entrer dans l'esprit d'un gouvernement quelconque de soumettre les actes des citoyens, en matière d'opinion re-

---

(1) Un jugement du tribunal de Mons du 2 juillet 1860 (J. des trib. t. 9, p. 96.) interprète l'arrêté du 22 septembre 1823 d'une manière extensive.

Le mot *aumône* ne peut s'appliquer aux offrandes que les catholiques font au Saint-Siége, menacé dans son existence.

(2) Le préambule de l'arrêté ne permet pas de conserver le moindre doute sur la cause qui l'a provoqué et le but que ses auteurs ont voulu atteindre. C'est l'abus.

Pareils mots qui se rencontrent dans une disposition pénale sont *restrictifs* et non pas *démonstratifs*.

On ne peut les étendre pour cause de parité et même de majorité de motifs.

ligieuse ou politique, à l'arbitraire des convictions soit favorables, soit hostiles des administrations locales? »

4° L'arrêté du 16 octobre 1830 a proscrit les mesures préventives, les mesures d'intervention administrative qui ont eu ou auraient pour objet d'enchaîner ou d'entraver la manifestation ou la propagation des opinions, des idées, des doctrines.

Il a abrogé les dispositions que les gouvernements antérieurs ont pu prendre pour en contrarier le libre développement pratique.

La liberté de conscience et de culte, d'association, de presse et d'enseignement ne peut être soumise à aucune mesure préventive.

5° Concluons :

Les évêques et les curés peuvent faire ou diriger des collectes à domicile et implorer ainsi la charité des particuliers pour les grands intérêts confiés à leur ministère.

Ils n'ont pas besoin, pour cela, du *licet* de l'administration.

V. le Nouveau Journ. des fabriq. t. 3, p. 13.

Revenons à la question, et remarquons :

Quand une somme à constituer en capital, ou bien une rente constituée est léguée aux pauvres de telle localité, il faut que le bureau de bienfaisance intervienne pour accepter, pour conserver ce capital ou cette rente.

Il n'y a plus de substitution.

Mais il est évident que rien ne s'oppose à ce que le revenu en soit remis par le bureau à tel ou tel particulier, à tel ou tel fonctionnaire qu'il choisit, ou qui lui est désigné par le fondateur, pour qu'il soit distribué conformément à l'acte de fondation et à la volonté du fondateur, sous le contrôle de l'établissement.

C'est en ce sens que l'on peut dire, même aujourd'hui, que la loi du 7 frimaire an V, en organisant les établissements de bienfaisance, n'a pas interdit la liberté naturelle que doit avoir tout homme de charger un individu quelconque d'exécuter ses libéralités.

V. les avis du cons. d'Etat du 9 frimaire an XII (Cormenin, *Questions de droit*, t. 2. p. 254.) et du 5 août 1813. (Macarel, *Jurisprudence administrative*, p. 282.) — Le Journ. belge des fabriq. t. 1er, p. 143.

Les dispositions bienfaisantes des citoyens nous semblent se concilier ainsi avec les règles organiques de la charité publique.

V. les arrêtés du 17 décembre 1852, art. 2, et du 13 juin 1855.

A plus forte raison, la clause par laquelle un testateur charge son héritier ou son légataire universel de faire distribuer aux pauvres par le curé de la paroisse une somme déterminée est-elle légale; et il n'est pas nécessaire d'obtenir l'autorisation du gouvernement pour l'exécution d'une pareille disposition. Il n'y a ici qu'une condition, qu'une charge imposée à l'institution du légataire universel ou de l'héritier.

V. un jugem. du trib. de Bayeux du 16 mai 1838. — Caen, 10 novembre 1831. — Toulouse, 11 août 1834. — Cass. F. 16 juillet 1834. — V. cependant Douai, 11 février 1845. — Bordeaux, 26 juin 1845.

Quand un legs est fait aux pauvres, sans autre désignation, quels sont les pauvres qui doivent profiter de cette libéralité?

Un premier doute peut s'élever, c'est celui de savoir si le testateur a voulu gratifier tous les pauvres ou des pauvres quels qu'ils fussent. Dans ce cas-là, son legs serait de nulle valeur, comme fait au profit de personnes incertaines.

Mais pareil doute doit en général être écarté, parce qu'il n'est pas à supposer que le défunt ait voulu parler sans rien dire et insérer une clause inutile dans son testament.

Par application de la règle établie par l'article 1157 du code civil le legs doit être réputé fait au profit des pauvres de la commune du testateur.

S'il est né, s'il a vécu et testé, s'il est mort dans la même commune, l'admission de la présomption dont nous venons de parler lève toutes les difficultés.

Si le testateur a eu son domicile et s'il est mort dans une

commune autre que celle de sa naissance, il semble que les pauvres du domicile doivent être préférés, parce que, se trouvant plus en rapport avec le testateur, ils sont plus facilement présumés avoir été l'objet de son affection ;

Et, s'il arrivait que le domicile du testateur, au moment du décès, ne fût pas le même que celui qu'il avait lors de la confection de son testament, il faudrait, ce nous semble, attribuer le legs aux pauvres de la commune où le testament a été fait; ce sont les pauvres que le testateur avait en vue quand il a fait sa disposition.

Enfin, si le testateur avait son domicile à la ville et sa résidence habituelle pendant une partie de l'année, à la campagne, les pauvres de la commune rurale sembleraient préférables, si le testament avait été fait dans la résidence rurale.

Quid, en cas de don ou legs fait aux pauvres d'un canton?

Il n'y a pas de bureau de bienfaisance cantonal et, dès lors, il n'y en a pas qui représente les pauvres des diverses communes de la circonscription cantonale. A ce point de vue, l'exécution des intentions du donateur ou du testateur est impossible.

Chacun des bureaux de bienfaisance des communes du canton devrait, selon nous, être appelé à délibérer sur l'acceptation de la libéralité pour la portion afférente aux pauvres dont il a respectivement soin.

Et, comme les intérêts collectifs de tous les établissements légataires viennent se résumer dans la députation et le gouvernement qui en ont la haute tutelle, l'acte d'autorisation devra régler le partage des valeurs léguées ou des revenus de la libéralité, entre les établissements intéressés, en raison de la population représentée par les pauvres de chaque localité.

V. un avis du cons. d'Etat du 15 février 1837.

Ainsi, l'institution des bureaux de bienfaisance a pour objet de faire distribuer des secours à domicile, en argent ou en nature. Elle ne tend pas à entretenir les indigents dans les hospices.

En 1853, les revenus de nos bureaux de bienfaisance étaient d'environ onze millions de francs.

En comparant les ressources de nos établissements de secours hospitaliers et à domicile avec le montant de leurs dépenses, on constate qu'ils sont loin de posséder les moyens de satisfaire aux nécessités de ces services.

Le déficit s'élève à plus de trois millions.

Cette insuffisance est comblée par les subsides des communes, des provinces et de l'Etat, ainsi que par l'intervention privée, au moyen de libéralités charitables.

Moniteur du 1er mars 1856.

En présence de ces chiffres, on comprend de quel poids les charges de la bienfaisance doivent peser sur les finances des communes.

§ XIII. *Domicile de secours.*

On entend par domicile de secours le lieu où l'homme nécessiteux a droit aux secours publics.

Décret du 24 vendémiaire an II, tit. 5, art. 1er.

C'est, en général, la commune où l'on naît; mais cette commune se remplace par celle que l'on a habitée pendant huit années consécutives.

La femme mariée a pour domicile de secours celui de son mari;

L'enfant mineur, celui de ses parents.

Loi du 18 février 1845, art. 1er, 6 et 7. — Ann. la loi du 28 novembre 1818. — Des arrêtés du 2 février 1822, des 15 janvier, 13 avril et 2 juillet 1826. — Des circ. du 27 octobre 1840, du 28 juin 1849, et du 23 avril 1851.

Tout indigent, en cas de nécessité, est secouru *provisoirement* par la commune où il se trouve, sauf recours vers telle commune que de droit.

Loi de 1845, art. 13 et suiv.

Il s'agit ici d'une dette qui a son principe dans une obligation mutuelle, basée sur les devoirs imposés à la bienfaisance publique.

V. la circ. du ministre de la justice du 14 juin 1855.

Ainsi, les secours provisoires qui sont fournis par une

commune doivent être remboursés par la commune du domicile ;

Loi de 1845, art. 12 et 21 combinés.

par exemple, les frais de traitement médical des indigents.

V. pour l'application : l'arrêté du 9 octobre 1855. — V. la circ. du 30 mai 1856. — V. aussi l'arrêté du 19 mars 1858.

Les différends en cette matière sont décidés :

Entre institutions de bienfaisance d'une même commune, par le conseil communal, sauf recours vers la députation ;

Entre communes ou institutions d'une même province, par la députation, sauf recours au roi ;

Entre communes ou institutions de bienfaisance appartenant à diverses provinces, par le roi, sur l'avis des députations permanentes.

Loi de 1845, art. 20.

§ XIV. *Sociétés de secours mutuels.*

Des sociétés de secours mutuels peuvent être établies et reconnues par le gouvernement, aux conditions que celui-ci détermine, dans le but d'assurer des secours temporaires à leurs membres, aux veuves ou familles des associés décédés.

C'est comme une application du principe des administrateurs spéciaux.

Loi du 3 avril 1851, art. 1er et 6. — Arrêté du 1er décembre 1851.

Ces sociétés jouissent de l'existence civile; elles ont la faculté d'ester en justice, comme telles, de recevoir des donations ou legs d'objets mobiliers.

Loi du 3 avril 1851, art. 3.

Elles adressent, chaque année, un compte de leurs recettes et dépenses à l'autorité communale.

Loi du 3 avril 1851, art. 9. — Circ. du 7 septembre 1852.

Le bourgmestre peut assister aux délibérations des associés.

Loi du 3 avril 1851, art. 8.

Une commission permanente est instituée pour préparer les règlements organiques de cette loi.

Arrêté du 12 mai 1851. — V. les arrêtés du 18 juillet 1854 et du 6 août 1860, qui approuvent des associations de ce genre établies à Bruxelles. — L'arrêté du 31 décembre 1855, qui approuve une société analogue établie dans le Hainaut.

§ XV. *Les Dépôts de mendicité.*

On appelle ainsi les lieux où l'on reçoit les individus adultes condamnés du chef de mendicité ou de vagabondage, à l'expiration de leur peine;

Décret du 5 juillet 1808. — Circ. du 30 juin 1849 (n. 400.). — Code pén. art. 269 et suiv.

— où l'on reçoit même des individus adultes non condamnés qui s'y présentent volontairement et avec l'assentiment de la commune à laquelle ils appartiennent par leur domicile ou leur résidence, ou du moins avec l'assentiment du commissaire de l'arrondissement ou de l'autorité provinciale.

Loi du 3 avril 1848, art. 1er, § 2.

A la différence des condamnés, les indigents qui demandent asile dans ces lieux ne peuvent être astreints à y séjourner que temporairement. L'autorité communale et leur famille peuvent demander leur mise en liberté, en s'engageant à leur procurer du travail ou des secours suffisants.

Loi du 3 avril 1848, art. 2 et 6. — V. l'arrêté du 8 mars 1849.

Les frais d'entretien dans les dépôts de mendicité sont réglés annuellement par le gouvernement, sur l'avis des députations provinciales. Ils sont à la charge des communes du domicile de secours, et à la charge de l'Etat lorsque le domicile ne peut être établi;

Loi du 13 août 1833, art. 1er. — Arrêtés du 29 août 1833 et du 15 juillet 1849. — Circ. du 13 septembre 1833. — V. des arrêtés du 8 janvier 1853 et du 18 juin 1856.

Sauf les subsides des provinces, pour les communes qui sont dans l'impossibilité de subvenir à tout ou partie de cette dépense;

Loi comm. art. 131, n. 16. — Loi prov. art. 69, n. 15.

Sauf les libéralités qu'on peut faire à ces établissements, car ils jouissent de l'existence civile ;

Arrêté du 29 août 1833.

Sauf encore, aux communes, le droit de se faire restituer la dette par elles ainsi acquittée à la décharge de l'indigent, si celui-ci parvient à meilleure fortune.

Bruxelles, 27 mars 1852. (J. 1852. p 291.) — V. au surplus, l'arrêté du 12 octobre 1825, sur le régime intérieur de ces établissements, les occupations des réclus, les peines disciplinaires et les frais d'administration.

C'est le juge de paix qui juge aujourd'hui les délits de mendicité et de vagabondage.

Loi du 1er mai 1849, art. 1er, n. 1er.

§ XVI. *Les Ecoles de réforme.*

Les jeunes gens des deux sexes, âgés de moins de 18 ans, qui sont condamnés comme mendiants ou vagabonds sont immédiatement transférés dans des établissements spéciaux dits *Écoles de réforme*, où on les prépare aux travaux de l'agriculture ou des campagnes.

Loi du 3 avril 1848, art. 5, § 2 et 3. — Arrêtés du 28 février et du 8 juillet 1850. — Circ. du 2 mars 1850 et du 8 mai 1851.

C'est le ministre de la justice qui désigne les établissements où sont déposés les enfants arrêtés sur la demande de leurs parents.

V. le code civ. art. 375 et suiv. — Rapp. la loi du 1er juin 1849, art. 8. — L'arrêté du 25 février 1852, art. 1er.

§ XVII. *Les prisons.* [1]

Elles se divisent en deux grandes catégories, selon qu'elles sont destinées à recevoir des individus prévenus de crimes ou délits qui ne sont pas jugés : ce sont les prisons *préventives;* ou bien des condamnés : ce sont les prisons *pénales.*

Les prisons de la première catégorie se distinguent en maisons d'arrêt et en maisons de justice.

Les premières reçoivent les prévenus de délits correctionnels, et les accusés de crimes contre lesquels il n'a pas été rendu ordonnance de prise de corps.

Il en existe une auprès de chaque tribunal d'arrondissement.

Cette ordonnance étant rendue, les accusés sont transférés dans la maison de justice.

Il en existe une par province.

---

(1) Renouard, *Droit industriel*, p. 2e, l. 1, ch. 6.

Inst. crimin. art. 603 et 604.

Dans les chefs-lieux de province, sauf du Limbourg, les maisons de justice et d'arrêt sont réunies dans le même local, sous la dénomination de maison de sûreté civile et militaire.

Les maisons d'arrêt et de sûreté reçoivent, indépendamment des prévenus ou accusés, les individus incarcérés pour frais de justice et amendes, les détenus pour dettes, les enfants détenus par voie de correction paternelle, les condamnés pour crimes jusqu'au moment de leur translation dans les maisons centrales ou de l'exécution, les étrangers à la disposition de l'administrateur de la sûreté publique ou dont l'extradition est demandée, les condamnés par les tribunaux de simple police et les conseils de discipline de la garde civique du canton.

Elles servent de prisons pénales pour les individus des deux sexes condamnés à six mois d'emprisonnement et au-dessous.

V. les arrêtés des 31 mars et 17 juillet 1835, et du 16 mai 1839. — Le règlem. gén. du 6 novembre 1855. — Rapp. les arrêtés du 20 mai 1844 et du 7 décembre 1848. — V. aussi les arrêtés des 15 avril, 29 octobre et 16 décembre 1850, et des 10 mars et 17 octobre 1851, rapportés dans la *Statistique générale,* art. *Prisons.*

La Belgique compte huit maisons centrales pour peines :

1° Une maison de correction, à Saint-Bernard.

Elle est destinée aux hommes condamnés à l'emprisonnement correctionnel pour six mois et au delà.[1]

2° Une maison de réclusion, à Vilvorde.

Elle reçoit les hommes condamnés à la réclusion, les militaires condamnés à la peine de la brouette, les condamnés correctionnellement qui ont subi antérieurement une peine criminelle, les condamnés correctionnellement à cinq ans en état de récidive.

Arrêtés du 27 juin 1844 et du 18 juillet 1851. — V. le règlem. du 1er juillet 1849.

3° Une maison de force, à Gand.

Elle est destinée aux hommes condamnés aux travaux forcés.

V. l'arrêté du 29 octobre 1850, qui réglemente cette maison.

4° Une maison pénitentiaire est établie à Namur, pour les femmes condamnées à l'emprisonnement, à la réclusion, aux travaux forcés.

Arrêté du 14 mars 1837. — Règlem. du 30 juin 1849.

---

(1) La maison de détention militaire d'Alost recevait les condamnés, pour offenses purement militaires, à la brouette ou à la détention pour plus de six mois.

V. les arrêtés des 23 mars 1832, 12 mai 1839, 18 octobre 1843, et 8 mai 1855. — V. le règlem. du 25 mars 1850.

Elle a été supprimée par l'arrêté du 9 juillet 1859.

Rapp. la circ. du 16 juillet 1859.

5° Une maison pénitentiaire spéciale est établie à Liége pour les filles âgées de moins de 16 ans condamnées à un emprisonnement de six mois et plus, les filles acquittées comme ayant agi sans discernement, mais envoyées dans une maison de correction en vertu de l'article 66 du code pénal.

V. l'arrêté du 7 décembre 1848. — La dispos. minist. du 11 novembre 1851.

6° Une maison pénitentiaire est établie à Saint-Hubert pour les jeunes délinquants du sexe masculin.

Loi du 8 juin 1840.

Elle reçoit les jeunes gens âgés de moins de 16 ans, condamnés à un emprisonnement de six mois et plus, ou acquittés comme ayant agi sans discernement.

Arrêté du 20 mai 1844. — Circ. du 13 avril 1850. — V. le règlem. du 11 août 1847. — Rapp. la circ. du 18 octobre 1860.

7° Une maison pénitentiaire cellulaire est établie à Louvain.

Elle est destinée à recevoir les condamnés à plus d'un an de captivité sans distinction de peines (Travaux forcés, réclusion, brouette, emprisonnement, détention), à l'exception des condamnés à perpétuité, sauf dans les cas de commutation préalable.

V. le règlem. du 16 décembre 1859. — Les circ. du 12 décembre 1859, du 15 et du 18 octobre 1860.

8° Une maison de réclusion spéciale a été établie dans la citadelle de Huy pour les condamnés politiques.

Arrêté du 21 novembre 1848. — V. le règlem. du 4 février 1849.

Dans les maisons d'Alost, de Vilvorde et de Gand, les détenus sont classés en trois divisions, la division d'épreuve, celle de récompense et celle de punition.

Des écoles y sont établies pour les détenus jusqu'à l'âge de 40 ans.

Le système de l'emprisonnement séparé ou cellulaire empêche les communications des prisonniers entre eux.

On l'a étendu avec beaucoup de succès à plusieurs maisons secondaires, notamment à la maison de sûreté de Liége.

Dans les maisons centrales pour hommes, le service des infirmeries est confié à des communautés religieuses.

La surveillance des femmes est confiée à des religieuses.

L'enseignement religieux des prisonniers, l'exercice du culte dans les prisons font l'objet de la sollicitude particulière du gouvernement.

V. la notice statistique que M. Ducpetiaux, inspecteur général des prisons, a fait insérer dans l'Exposé de la situation du royaume de 1841-1850.

Indépendamment de ces lieux de sûreté ou de répression, des maisons de police municipale et de dépôt sont destinées à la réclusion des condamnés par voie de police municipale ou servent de dépôt de sûreté pour les prévenus, les accusés et les condamnés que l'on transfère d'une prison dans une autre.

Il y en a une dans la plupart des cantons judiciaires.

V. le code d'instr. crim. art. 612.

Le travail est obligatoire dans les prisons pour peines.

Code pén. art. 15. 16, 21 et 41.

Le code pénal ne réserve aucune portion du produit de leur travail aux condamnés aux travaux forcés.

L'article 21 de ce code permet au gouvernement d'en attribuer une aux condamnés à la réclusion.

L'article 41 en accorde une aux condamnés pour délits correctionnels.

V. l'arrêté du 4 novembre 1821, organique du travail pénitentiaire. — La circulaire du 11 décembre 1824, contenant le tarif du salaire.

C'est plutôt une gratification qu'une dette de l'Etat.

V. l'arrêté du 28 décembre 1835.

La charge d'entretien des maisons d'arrêt, de justice et de passage incombe aux provinces.

Loi prov. art. 69, n. 3. — Rapp. le code civ. art. 605 et 606, qui déterminent la mesure de cette obligation.

Les autres prisons sont à la charge de l'Etat, à l'exception des prisons de simple police.

Celles-ci concernent les communes.

V. les dispositions du 20 octobre 1810, des 3 février et 30 septembre 1831, du 26 novembre 1833 et du 25 avril 1844. — V. en ce qui concerne le régime des prisonniers pour dettes, les arrêtés du 17 août 1832 et du 16 décembre 1852.

L'alimentation des prisonniers est réglée par l'arrêté du 4 juillet 1846.

Ann. l'arrêté du 21 octobre 1822. — La circ. du 11 août 1826.

C'est l'Etat qui pourvoit à l'habillement, au couchage, et à la nourriture des détenus.

Il rembourse les frais d'entretien des prévenus en voie de transfèrement et des condamnés pour vagabondage, mendicité, délits ruraux, infractions aux règlements provinciaux, etc.

Le personnel des prisons se compose de directeurs, aumôniers, médecins, gardiens, surveillants, infirmiers, etc.

V. l'arrêté du 27 juin 1846.

Les directeurs et gardiens en chef des prisons peuvent être chargés par le ministère public de faire, concurremment avec les huissiers, tous les actes de la justice répressive.

Loi du 1er juin 1849, art. 16, § 1er.

La police de ces lieux est confiée à des commissions honoraires que les gouverneurs président et qui se renouvellent périodiquement.

Instr. crim. art. 605 et suiv. — Arrêtés du 26 octobre 1821, du 21 octobre 1822, du 9 juin 1826, et du 1er novembre 1832.

C'est le ministre de la justice qui a la surveillance suprême des prisons.

Arrêtés du 27 septembre et du 15 octobre 1830, du 17 janvier 1832, art. 2, et du 17 juin 1840, art. unique.

Le service des constructions des prisons ressortit au même ministre.

Arrêté du 17 août 1849. — Ann les dispositions du 28 juillet 1833, du 1er juin 1839 et du 14 décembre 1852, concernant les prisonniers évadés.

§ XVIII. *Le patronage des condamnés libérés.*

Le patronage des condamnés libérés est confié, dans chaque canton, à un comité dont le juge de paix fait partie de droit et dont les membres électifs sont nommés par le ministre de la justice, sur présentation du gouverneur de la province, et se renouvellent par moitié tous les deux ans.

Il s'exerce tantôt par l'intervention directe du comité ou de l'un de ses membres, tantôt par la nomination d'un patron qui veille aux intérêts du libéré, tantôt par le placement du libéré dans un dépôt de mendicité ou un hospice.

Les ressources de ces comités se composent du montant

des masses de sortie des libérés qui sont admis aux bienfaits du patronage; des subsides fournis par l'Etat, les provinces, les communes ou les bureaux de bienfaisance; des dons volontaires particuliers.

V. l'arrêté du 4 décembre 1835, qui ébauche cette institution. — Les arrêtés organiques du 14 décembre 1848 et du 24 février 1849. — Les circ. du 12 septembre 1849, du 6 avril 1850 et du 30 novembre 1852.

Ces dispositions ont été étendues, par analogie, aux jeunes indigents, mendiants ou vagabonds, à leur sortie des écoles de réforme,

Arrêté du 28 février 1850, art. 1er.

et aux enfants acquittés comme ayant agi sans discernement, mais retenus, conformément à l'article 66 du code pénal, pour être élevés jusqu'à un âge déterminé par le jugement.

Arrêté du 29 septembre 1848, art. 1er.

La surveillance de la haute police, que le gouvernement provisoire avait abolie par son arrêté du 22 octobre 1830, s'exerce, chez nous, en vertu de la loi du 31 décembre 1836.

Cette loi détermine les crimes et délits auxquels cette surveillance s'attache; elle est prononcée par le juge quand il la croit nécessaire; sa durée est limitée à cinq ans au moins et à vingt ans au plus pour les crimes, et, pour les délits, à cinq ans au plus et à deux ans au moins, sauf les cas de récidive.

Le renvoi sous cette surveillance donne au gouvernement le droit de déterminer certains lieux où il est interdit au condamné de paraître.

Ce sont les procureurs généraux qui exercent, à cet égard, les attributions du gouvernement, sous l'autorité du ministre de la justice.

Arrêté du 28 novembre 1838.

TITRE IV.

LES FABRIQUES D'ÉGLISE.[1]

§ 1er. *Notions générales.*

L'expression ***Fabriques d'églises*** fut primitivement employée pour désigner les biens meubles et immeubles affectés au culte et les dépenses nécessaires à l'exercice du culte.

---

(1) A consulter : BRIXHE, *Manuel de l'administration des fabriques d'églises.* — JOUSSE, *Traité du gouvernement des paroisses.* — CARRÉ, *Traité du gouvernement des paroisses.* — LEBESNIER, *Législation des fabriques.* — AFFRE, *Administration temporelle des paroisses.* — HENRION, *Code ecclésiastique français.* — DELCOUR, *De l'administration des fabriques d'églises.* — *Journal des conseils de fabrique*, par BERRYER, ODILON-BARROT, DUPIN, HENNEQUIN, PARQUIN, DUVERGER et autres. — *Journal belge des fabriques*, par BOSQUET, ROLLIN, BOTTIN, avocats, DE FOOZ, professeur à l'université de Liége, et DELCOUR, professeur à l'université de Louvain. — NOYON, *Législation des cultes.* — GAUDRY, *Traité du temporel des cultes.* — LAUWERS, *Commentaire du décret du 30 décembre 1809.* — DIEULIN, *Le guide des curés dans l'administration temporelle des paroisses.* — CORBIÈRE, *Le droit administratif dans ses rapports*

C'est ce qu'on appelle le *temporel* de l'église.

Plus tard, le mot fut transféré des choses aux personnes et servit à désigner le collége que la loi charge de l'administration des biens d'une église déterminée, collége dont les membres s'appelaient ci-devant ***mambours*** et s'appellent aujourd'hui ***fabriciens, marguilliers.***

Dans les mauvais jours de la révolution française, lorsque le christianisme était banni de la France, on avait supprimé les églises, et les fabriques avaient cessé d'exister.

Loi du 3 ventôse an III, art. 3 et 9.

Mais les sociétés ne peuvent se passer de Dieu.

On sentit le besoin de relever les autels et de restaurer le culte.[1]

Et l'article 76, organique du concordat du 26 messidor an IX, publié comme loi de l'Etat le 18 germinal an X, point de départ de la réorganisation du culte en France,

---

avec le culte catholique. — André, *Code de la législation civile ecclésiastique.* — Lauwers, *Code de droit civil ecclésiastique.* — Vuillefroy, *Traité de l'administration du culte catholique.* — Larade, *Formulaire des fabriques d'églises.* — Affre, *Traité de la propriété des biens ecclésiastiques.* — Durand de Maillane, *Dictionnaire du droit canonique.* — Rousseaud de Lacombe, *Jurisprudence canonique.* — Promsault, *Dictionnaire raisonné de jurisprudence en matière civile et ecclésiastique.*

(1) Le culte catholique est celui des quatre-vingt-dix-neuf centièmes de la population de la Belgique. (Situation générale du royaume, p. 206.)

ordonna le rétablissement des fabriques d'églises, en les chargeant de veiller à l'entretien des temples et d'assurer l'exercice du culte.

Les fabriques d'églises se rattachent étroitement au gouvernement spirituel des paroisses, c'est-à-dire des fidèles réunis en communauté spirituelle sur un territoire qui porte le nom de paroisse,[1] qui, en général, est celui de la commune elle-même, bien qu'il se puisse qu'il en diffère.

Liége, 20 novembre 1852. (J. 1855. p. 24.)

Dans l'organisation civile, l'unité c'est la commune, dans l'organisation ecclésiastique, l'unité c'est la paroisse.

Celle-ci se constitue par l'église, le curé ou desservant, la fabrique et les fidèles.

Les fabriques sont pourvues d'une administration qui ne se confond ni avec celle de la commune, ni avec celle des autres établissements d'utilité communale.

Loi du 18 germinal an X, art. 76.

Elles constituent des personnes civiles capables d'acquérir des biens, de les posséder, de les administrer.

Elles se rangent donc parmi les établissements publics

---

(1) Qu'est-ce qu'une paroisse? — V. Jousse, p. 1re et suiv. — Boseret, p. 1re et 46.

au même titre que les hospices et les bureaux de bienfaisance.

Si elles en diffèrent, c'est seulement au point de vue de la spécialité de leur objet, ce n'est pas au point de vue de la légalité ou de l'individualité de leur existence.

Les décisions rendues en sens contraire par la cour de Liége et la cour de cassation ne nous semblent pas devoir faire jurisprudence.

Liége, 11 août 1848. (B. 1849. p. 364.) — Cass. 7 juin 1849. (B. 1849, p. 362.)

La loi a donc institué auprès de chaque église catholique un collége de curateurs dont la charge consiste à pourvoir aux besoins matériels du culte, en y employant les ressources que la loi met à sa disposition.[1]

Et la création de ce collége résulte, en général, de l'affectation même de cette église au culte ;

— affectation que le gouvernement peut lui donner en vertu de la loi.

Loi du 18 germinal an X, art. 76. — Liége, 14 juin 1849. (J 1849, p. 391.) — V. des arrêtés du 6 avril 1853 et du 30 décembre 1854.

---

(1) Les consistoires protestants et israélites remplissent un office analogue pour les églises réformées et les églises de la confession d'Augsbourg (Protestantes) et les églises hébraïques (Synagogues).

Loi du 18 germinal an X, art. 20. — Décret du 17 mars 1808, art. 12, n 2.

C'est-à-dire que le gouvernement, agissant de concert avec l'autorité ecclésiastique, a le pouvoir d'attacher au culte, ou de rendre au culte, les églises qui sont jugées nécessaires au service divin ; d'autoriser la création d'une église nouvelle, et les expropriations auxquelles cette création peut donner lieu ;

V. des arrêtés des 30 mai, 31 août et 3 septembre 1855.

De désigner l'église à laquelle telle localité, telle commune ressortit.

V. un arrêté du 13 décembre 1854.

On distingue diverses sortes d'églises :

Il y a des métropoles, des cathédrales, des églises primaires, des succursales.

Loi du 18 germinal an X, art. 58 et suiv.

Ce sont autant de personnes morales qui sont capables de faire tous les actes de la vie civile qui correspondent à leur destination.

Il en est de même de certaines églises qui portent la dénomination de chapelles.

Les chapelles dont nous parlons ici sont celles qui sont établies dans un intérêt communal ;

— que le gouvernement a autorisées sur la demande de l'autorité communale ;

— que celle-ci s'est engagée à doter.

Loi du 30 septembre 1807. — V. des arrêtés du 26 juillet 1853, du 13 août 1855, et du 2 avril 1856.

Elles ont aussi une existence civile et le droit d'avoir une fabrique.

Avis du conseil d'Etat du 18 décembre 1819. — Circulaires du ministre de l'intérieur du 18 février 1834, et du 7 février 1835. (Delcour, t. 1er, p. 235.)

L'arrèt contraire de la cour de Bruxelles du 3 juillet 1843 ne pouvait se soutenir.

Il a été cassé le 29 mai 1845 et la cour de Liége s'est ralliée à la jurisprudence de la cour de cassation.

V. son arrêt du 14 juin 1849. (J. 1849. p. 391.)

Et la circonscription territoriale de ces chapelles se règle, comme celle des autres églises, par le gouvernement agissant de concert avec l'autorité diocésaine.

Loi du 18 germinal an X, art. 60 et suiv.

Il ne suffirait pas que la chapelle fût établie dans l'intérêt d'une partie de commune, d'une section de commune.

Les chapelles de ce genre s'appellent des *annexes*, chapelles de secours. Elles n'ont pas de circonscription territoriale, elles n'ont pas d'existence civile, et sont à la charge de la portion de commune qu'elles intéressent plus particulièrement.

Ce sont de simples auxiliaires de l'église paroissiale ou autre. On n'y célèbre le culte qu'à certains jours ou dans des circonstances déterminées. Elles n'ont pas de fabriques et sont desservies par le prêtre qui est préposé à l'église principale.

Quand nous parlons de chapelles jouissant de l'existence civile, nous ne parlons pas non plus de ces églises ou chapelles que les évêques peuvent rendre publiques, ni de celles qui dépendent d'un établissement public, d'un collége, d'un hospice, d'une prison ;

Moins encore des chapelles domestiques, c'est-à-dire de celles que des particuliers établissent pour eux-mêmes et leurs familles.[1]

§ II. *Organisation des fabriques. — Le conseil de fabrique.*

Comment les fabriques d'églises sont-elles organisées ?

Les fabriques d'églises, organisées d'abord par les évêques,

Arrêté du 9 floréal an XI.

---

(1) Pareilles chapelles ou oratoires peuvent aujourd'hui être érigées sans l'autorisation du gouvernement, la constitution garantissant la liberté des cultes, l'inviolabilité du domicile et le droit d'association.

Const. art. 10, 14 et 16.

L'article 44 de la loi du 18 germinal an X et le décret du 22 décembre 1812 sont abrogés.

V. pour l'application, un jugem. du tribunal de Gand du 4 janvier 1844.

puis par les préfets,

Arrêté du 7 thermidor an XI, art. 3.

le furent définitivement sur une base uniforme par le décret du 30 décembre 1809, qui abroge tous réglements antérieurs,

Avis du cons. d'Etat du 22 février 1813.

et qui, n'ayant pas été attaqué dans le délai voulu, du chef d'inconstitutionnalité, a, par cela même, acquis la force et l'autorité de la loi,

Cass. 25 février 1842. (B. 1842. p. 139.)

bien qu'il faille reconnaître qu'il se rencontre, dans le corps de ce décret, certaines dispositions purement réglementaires qu'il appartient au roi de changer, en vertu de la prérogative qu'il tient de l'article 67 de la constitution.

Il contient deux masses de dispositions distinctes : la première traitant de la composition des fabriques ; la seconde prenant les fabriques après leur formation et statuant sur la manière dont elles doivent alors fonctionner.

Il y a quelque chose d'analogue entre l'organisation des fabriques et celle des communes.

Le corps administratif d'une fabrique se compose, comme le corps communal, d'un conseil délibérant, le conseil de fabrique ; et d'un conseil agissant, qu'il choisit périodiquement dans son sein, le bureau des marguilliers, son pouvoir exécutif.

Décret de 1809, art 2 et 11 [1]

Le conseil se compose, du curé ou desservant de l'église : qui a la première place et peut s'y faire remplacer par son vicaire; du bourgmestre de la commune, du chef-lieu de la cure ou succursale, lequel peut s'y faire remplacer par l'un de ses adjoints; et de cinq ou de neuf membres électifs suivant que la population est en dessous ou en dessus de cinq mille âmes.

Décret de 1809, art. 3 et suiv.

Si le bourgmestre n'est pas catholique, il doit se substituer un adjoint qui le soit ou, à défaut, un membre du conseil communal.

Décret de 1809, art. 4, n. 2.

Des états de population paroissiale sont dressés de manière à ce qu'il puisse être tenu compte des changements survenus lors des renouvellements des conseils de fabriques.

Circ. du 14 mars 1849.

Deux marguilliers d'honneur, dont les fonctions sont d'ailleurs purement honorifiques, peuvent être choisis, par le conseil, dans les paroisses où l'usage en avait établis, parmi les principaux fonctionnaires publics de la paroisse.

Décret de 1809, art. 21.

---

(1) Voir, en ce qui regarde les consistoires des Églises réformées, la loi du 18 germinal an X, art. 18, 21 et suiv. — En ce qui regarde les consistoires du culte hébraïque, le décret du 17 mars 1808, art. 1er et suiv.

Pour la première organisation, en 1810, les membres électifs ont été nommés par les évêques et les préfets.

Aujourd'hui le conseil se recrute lui-même, par les membres restants en fonctions, par la voie du scrutin, secret, individuel.

Il se renouvelle, par moitié, tous les trois ans.[1]

Les membres sortants sont rééligibles.

Décret de 1809, art. 8, § 1er.

Lorsque le remplacement ne se fait pas à l'époque fixée, l'évêque, procédant par la voie de la correspondance, met le corps retardataire en demeure d'y procéder dans le délai d'un mois; passé ce délai, l'évêque nomme lui-même.

Décret de 1809, art. 8, § 2.

Pareille injonction, pareille nomination ne peuvent, en aucun cas, être faites par les tribunaux.

L'application de cet article échappe aux attributions de l'autorité judiciaire, et reste dans le domaine soit de l'autorité ecclésiastique, soit de l'autorité administrative exclusivement.

Liége, 3 juillet 1839. (J. 1839. p. 405.)— Bruxelles, 14 août 1840 (J. 1841. p 324.), et 15 avril 1843. (J. 1843. p. 385.) — Cass. 25

---

(1) La petite moitié est sortie en 1861, la grande moitié en 1864.

juin 1840 (B. 1840. p. 333.), et 24 février 1843. (B. 1843. p. 92.) — V. en sens contraire, Liége, 13 juillet 1841. (J. 1841. p. 415.)

La doctrine de l'arrêt de la cour de Liége n'est pas soutenable, quoiqu'il reste vrai, comme cet arrêt l'énonce, que les ordonnances qui émanent des chefs diocésains et qui ont pour objet la récomposition totale ou partielle des conseils de fabriques, subissent, comme tous les actes du pouvoir administratif, dont les évêques sont les organes ici, le contrôle judiciaire auquel l'article 107 de la constitution les soumet au point de vue de la légalité, lorsqu'on les invoque devant eux, soit pour demander, soit pour se défendre.

La prérogative épiscopale cesse quand le conseil est en fonctions depuis plus de six ans.

Les pouvoirs des membres électifs sont alors expirés.

En pareil cas, le conseil a cessé d'exister, il est tombé en dissolution.

Il y a lieu à réorganisation de ce collége par l'évêque et le gouverneur conjointement.

Décret de 1809, art. 6. — Arrêté du 12 mars 1849, art. 4, n. 2. — Circ. du 14 mars 1849.

On a du reste admis, et non sans raison, que les actes d'administration d'une fabrique ainsi tombée en dissolution ou devenue irrégulière, par suite de non renouvellement aux époques déterminées par la loi, doivent être tenus pour valides.

Les intérêts des tiers, l'intérêt de l'établissement lui-même l'exigent ainsi.

Ces actes sont sans doute entachés d'irrégularité, mais celle-ci semble couverte et comme effacée par la tolérance et l'inaction de l'autorité supérieure.

V. le code civ. art. 1370 et 1371. — Cass. F. 25 mars 1823.

Il faut donc considérer comme valables les actes posés par des fabriciens qui ont perdu cette qualité et comme obligatoires pour la fabrique, lorsque ces actes n'ont pas eu besoin de l'approbation supérieure; pourvu qu'ils aient été nécessaires ou du moins utiles au moment où ils ont été faits, alors même qu'ils seraient ultérieurement devenus inutiles ou désavantageux.

Si les membres restants ne forment plus la majorité du conseil, soit pour cause de décès, soit par abstention de l'un d'eux, l'élection devient impossible; l'article 9 du décret exige, en effet, la présence d'une majorité pour les actes du conseil. Il y a donc lieu alors à reconstitution du conseil par l'évêque et le gouverneur, suivant le principe établi par l'article 6 du décret.

Il en est de même pour les fabriques dont les membres ne réunissent plus les conditions requises.

Arrêté du 12 mars 1849, art. 4, n. 1er. — V. en ce sens, une résolution du ministre des cultes en France, du 2 mars 1833.

Quand nous parlons ici de majorité du conseil, nous n'entendons pas dire qu'au moment des élections triennales, il faille la moitié plus un des membres appelés à siéger dans le conseil.

Pour que le renouvellement triennal s'opère validement, il suffit qu'il se fasse par la moitié plus un des membres dont le conseil est composé au moment de ce renouvellement.

Ainsi, pour rendre les élections valables, le nombre requis sera toujours de quatre pour les fabriques des grandes paroisses, et de trois pour les fabriques des petites paroisses.

V. un arrêté du 18 juin 1839. — Une résolution ministérielle du 2 juillet 1841.

Le décret du 30 décembre 1809 ne disait rien sur la manière de remplacer les conseillers de fabriques qui sortent par démission, changement de domicile, décès.

Il y a été pourvu par l'arrêté du 2 août 1819.

Ce sont les fabriques qui pourvoient au remplacement d'après le mode prescrit par l'article 8 du décret de 1809, sauf intervention de l'évêque, en cas de négligence ou de refus de procéder.

Le membre nouvellement nommé remplit le terme que devait remplir celui dont il prend la place.

Arrêté du 12 mars 1849, art. 6.

Telle est la règle pour tous les corps électifs.

V. notamment : La loi prov. art. 95. — La loi comm. art. 59, § 2. — La loi du 7 février 1859, art. 28, § 2.

Nous venons de parler du cas de démission.

Tout citoyen qui est chargé d'un office public a, sans aucun doute, le droit d'y renoncer ; mais il est tenu de remplir cet office aussi longtemps qu'il n'est pas remplacé.

La tutelle de la chose publique ne comporte pas d'interruption.

C'est, du reste, au conseil de fabrique que la démission s'adresse.

Trois conditions sont exigées par la loi pour que l'on puisse faire partie d'un conseil de fabrique :

1° Il faut avoir son domicile réel dans la paroisse;

2° Il faut être catholique;

3° Il faut se ranger parmi les notables.[1]

Décret de 1809, art. 3.

Les difficultés qui peuvent s'élever au sujet du domicile sont du ressort des tribunaux.

C'est au gouvernement qu'il appartient de décider si les deux autres conditions sont remplies; l'appréciation de pareils faits exige des enquêtes d'un caractère essentiellement administratif.

---

(1) Les électeurs, par exemple.

Le décret de 1809 crée quelques incompatibilités en ce qui regarde le bureau des marguilliers.

Décret de 1809, art. 14.

Il n'en établit pas pour le conseil. La plus grande latitude est laissée pour le choix de ces curateurs.

Il convient cependant que l'on respecte le principe de la loi du 24 vendémiaire an III, qui ne veut pas qu'on exerce une autorité qui soit chargée de surveiller des fonctions que l'on exerce en une autre qualité, et qui semble exclure ici les gouverneurs des provinces et les membres des députations qui exercent à l'égard de ces établissements une tutelle qui ressemble sous plusieurs rapports à celle qu'ils exercent à l'égard des communes.

Aucune condition n'a été faite sous le rapport de l'âge.

La loi ne range pas non plus l'indigénat parmi les conditions d'éligibilité des fabriciens.

Les étrangers ne semblent pas devoir être exclus de ces établissements.

L'article 6 de la constitution ne peut leur être opposé ici, attendu qu'il ne s'y agit que d'emplois appartenant à l'exercice plus ou moins immédiat de la souveraineté; — qu'un fabricien n'est pas un fonctionnaire public; — que la charge de fabricien constitue plutôt un office civil et de religion qu'une fonction politique proprement dite; aussi n'a-t-on jamais prétendu que les fabriciens fussent, comme tels, tenus à la prestation du serment que la loi exige de la part des fonctionnaires publics.

Ainsi, l'administration des fabriciens, tout intérieure, est étrangère à l'action du gouvernement qui n'a avec elle d'autre rapport que celui de la surveillance qu'il exerce sur elle, comme sur l'administration des communes et des établissements publics.

On ne doit considérer comme agents du gouvernement que ceux qui, dépositaires d'une partie de son autorité, agissent en son nom, et sous sa direction soit médiate, soit immédiate.

Cass. F. 3 mai 1838.

Il est vrai que les membres des commissions des hospices et des bureaux de bienfaisance doivent être belges de naissance ou par naturalisation; mais cela résulte d'une disposition formelle de la loi communale et nullement des principes.

Il peut arriver que le personnel du conseil de fabrique ne soit plus en rapport avec la population de la paroisse.

Alors il est procédé de la manière prescrite par l'article 3 de l'arrêté du 12 mars 1849 :

« Si une fabrique de neuf membres doit être réduite à cinq, la réduction s'opère à l'époque du plus prochain renouvellement par la voie du sort qui s'exerce à l'égard de la moitié restante et par l'élection elle-même qui est ramenée à ses limites légales. »

Arrêté du 12 mars 1849, art. 3, n. 1er.

« Si, au contraire, une fabrique de cinq membres doit

être composée de neuf, la moitié restante, au plus prochain renouvellement, se complète elle-même par voie d'élection, l'autre moitié est nommée par le chef diocésain et le gouverneur.

Arrêté du 12 mars 1849, art. 3, n. 2.

Le conseil a quatre assemblées, de droit, chaque année. Toute autre réunion nécessite l'autorisation de l'évêque ou celle du gouverneur;

Décret de 1809, art. 10.

Et cette autorisation doit être spéciale.

V. une ordonn. franç. du 30 septembre 1839. — Une décis. du ministre de la justice du 2 juillet 1841.

Le conseil se réunit soit dans l'église, soit dans le presbytère.

Il nomme chaque année son président et son secrétaire.

Décret de 1809, art. 9.

Le curé peut être appelé à la présidence du conseil; il en est de même du bourgmestre. La loi ne les en déclare pas incapables et, dès lors, leur aptitude ne saurait être sérieusement contestée.

Le conseil délibère sur tout ce qui intéresse la fabrique, le budget de ses recettes et dépenses, les procès, les acquisitions, les aliénations.

Décret de 1809, art. 10 et 12.

Les procès-verbaux de ses séances doivent être signés par les membres présents.

Décret de 1809, art. 9, § 2.

Les copies doivent en être timbrées lorsqu'elles s'adressent à d'autres qu'aux autorités ecclésiastiques et civiles.

Loi du 13 brumaire an VII, art. 16, n. 1er.

Les registres des fabriques sont d'ailleurs sur papier non timbré.

Décret de 1809, art. 81.

Dès lors, le décret du 4 messidor an XIII, qui autorise les préposés du timbre à examiner les registres des établissements publics, ne s'applique pas aux fabriques d'églises.

Nous pensons, avec M. Delcour, qu'en cas d'inconduite notoire ou de négligence grave dans l'accomplissement du mandat, le roi peut révoquer tel ou tel membre d'un conseil de fabrique, et même dissoudre un conseil tout entier, le roi étant le chef du pouvoir exécutif, veillant, comme tel, à l'exécution des lois, et aucune loi ne s'opposant à l'exercice de cette prérogative nécessaire.

En France, c'est au ministre chargé des affaires ecclésiastiques et des cultes qu'elle appartient.

Ordonn. franç. du 12 janvier 1825.

En cas de révocation des membres d'un conseil de fabrique, il faut procéder à leur remplacement conformément à l'article 6 du décret de 1809.

V. une disposition du préfet de l'Ourthe du 30 décembre 1812.

Les conseils de fabriques ne délibèrent pas en public, seulement il est donné avis préalable de leurs séances, au prône de l'église.

Décret de 1809, art. 10, § 2.

Il leur est interdit de s'occuper d'objets dont le soin ne leur a pas expressément été confié par les lois et les règlements organiques de ces établissements.

Arrêté du 16 août 1824, art. 1er.

Les excès de pouvoir peuvent, ainsi que les irrégularités graves, être réprimés par voie d'annulation.

Le roi, gardien de la loi, peut la prononcer d'office.

§ III. *Le bureau des marguilliers.*

Le bureau des marguilliers se compose du curé ou desservant de la paroisse[1] et de trois membres du conseil de fabrique.

Le curé peut s'y faire remplacer par son vicaire.

Décret de 1809, art. 13, § dernier.

L'un des trois membres que le sort et puis l'ancienneté désignent en sort chaque année.

(1) Il en est membre perpétuel.

Il peut être réélu.

Lorsque l'élection n'est pas faite à l'époque désignée par la loi, l'évêque y pourvoit.

Les marguilliers nomment entre eux un président, un secrétaire et un trésorier.

Pour délibérer ils doivent être au nombre de trois.

Le président y a voix prépondérante en cas de partage.

Décret de 1809, art. 15 et suiv.

A cet égard sa position est analogue à celle du président du conseil.

Décret de 1809, art. 9, § 1er.

La loi ne s'oppose pas à ce que la présidence du bureau soit déléguée au curé ou au bourgmestre et il n'appartient à personne de créer ou de prononcer des incapacités.

Elle ne défend pas non plus le cumul de fonctions de président du conseil et de président du bureau, de président du conseil et de secrétaire du bureau, de secrétaire du conseil et de secrétaire du bureau, de président ou de secrétaire du conseil et de trésorier.

Mais les règles générales du droit commun administratif nous paraissent faire obstacle à ce que le même fabricien soit en même temps :

1° Président et secrétaire, soit du conseil, soit du bureau;

parce qu'il n'est pas possible de diriger les délibérations d'une assemblée, comme cela incombe à son président, et d'en dresser simultanément le procès-verbal, et parce que c'est la double signature du président et du secrétaire qui imprime l'authenticité à ce procès-verbal et aux ampliations ou extraits que l'on peut en donner.

2° Président du bureau et trésorier; parce qu'aux termes de l'article 28 du décret de 1809 les paiements, pour les marchés qui se font au nom de la fabrique, s'effectuent sur mandats du président du bureau et par le trésorier; il implique que le trésorier signe un mandat payable par lui-même.

Le bureau des marguilliers s'assemble tous les mois à l'issue de la messe paroissiale.

Il peut s'assembler extraordinairement sur convocation de son président ou du curé.

Décret de 1809, art. 22 et 23.

C'est ce collége qui prépare les affaires qui sont portées au conseil.

Il est chargé de l'exécution des délibérations du conseil et de l'administration quotidienne du temporel de l'église.

Décret de 1809, art. 24.

Ainsi, il veille à l'exécution fidèle des fondations.

Il fournit les objets de consommation nécessaires à l'exercice du culte.

Il nomme et révoque l'organiste, les sonneurs et les autres serviteurs de l'église, sur la proposition du curé.

Décret de 1809, art. 26 et suiv.

Il doit être entendu par l'évêque au sujet des collectes ordinaires et extraordinaires que celui-ci fait faire dans les églises.

Décret de 1809, art. 75.

A défaut par le conseil ou par le bureau de remplir l'une ou l'autre de leurs fonctions, l'autorité civile et l'autorité ecclésiastique peuvent envoyer des commissaires spéciaux sur les lieux, aux frais des administrateurs en retard.

V. la loi comm. art. 88 et 142, § dernier. — La loi prov. art. 84, 110 et 127. — Le décret de 1809, art. 87.

Les honoraires de ces envoyés sont réglés par la députation ou par l'évêque, et se recouvrent administrativement.

Remarquons ici :

Les fabriques tiennent trois sortes de registres :

Les registres aux délibérations du conseil et du bureau des marguilliers.

Décret de 1809, art. 54 et 88.

Le registre, dit sommier, où se transcrivent les actes qui intéressent l'établissement : les actes de fondation, les titres de propriété, les baux.

Décret de 1809, art. 56. — Ann. son art. 54.

Le registre journal qui est tenu par le trésorier et où s'inscrivent les recettes qui se font pour l'établissement.

Décret de 1809, art. 74.[1]

§ IV. *Attributions du curé.*

Ainsi, aux fabriques d'églises est dévolu le soin de l'administration temporelle de la paroisse : elles en gèrent les intérêts; elles en exercent les droits, et en supportent les charges.

C'est au curé que l'administration spirituelle de la paroisse appartient, sous l'autorité de l'évêque, et, en ce qui la concerne, il ne relève aucunement de l'autorité civile.

En effet, les cultes sont libres, l'exercice public ne peut en être interdit, et la puissance spirituelle est indépendante de la puissance temporelle.

Const. art. 14 et 16. — V. l'arrêté du 3 avril 1838.

Des vicaires ou d'autres prêtres habitués la partagent avec lui.

C'est l'évêque qui crée et nomme les vicaires ;

---

(1) Les registres tenus par les anciennes fabriques faisaient foi.
Liége, 5 mars 1859. (J. 1860. p. 22.)

Mais leur traitement est payé par l'Etat.

Const. art. 117. — Loi du 9 janvier 1837.

Il s'ensuit que c'est au gouvernement qu'il appartient d'en constater la nécessité, du moins au point de vue de l'exigibilité de ce traitement, sauf aux fabriques et aux communes à y suppléer de leurs caisses.

V. le décret de 1809, art. 38 et suiv.

Tout curé que l'âge ou des infirmités forcent de se décharger d'une partie de ses fonctions a le droit de réclamer un coadjuteur, n'importe qu'il soit ou non pourvu d'un vicaire ou même de plusieurs vicaires.

Décret du 17 novembre 1811, art. 15. — V. cependant la circ. du 24 décembre 1850, qui restreint l'application de cet article aux curés des paroisses qui n'ont pas de vicaires.

Le curé agrée les prêtres habitués de son église; il désigne le sacristain prêtre, le chantre prêtre et les enfants de chœur.

Décret de 1809, art. 30, § 1er.

Il nomme les prédicateurs ou les présente au bureau, selon qu'ils ne sont pas ou qu'ils sont rétribués par la fabrique.

Décret de 1809, art. 32.

Il pourvoit à l'exécution des fondations et provoque les réductions qui peuvent y être apportées par l'évêque, lorsque le défaut de proportion des libéralités et des charges l'exige.

Décret de 1809, art. 29 et 31.

Il se conforme aux ordres de l'évêque et aux statuts diocésains qui regardent le service divin, les prières et les instructions.

Décret de 1809, art. 29.

Remarquons ici :

Le mariage civil doit précéder la bénédiction nuptiale.

Const. art. 16, § 2. — Code pén. art. 199 et 200. — Ann. la loi du 18 germinal an X, art. 54.

La légitimité des enfants, considérée au point de vue du droit civil, dépend, ainsi que la transmission régulière des biens, du maintien de cette restriction à la liberté des cultes.

L'arrêté du gouvernement provisoire du 16 octobre 1830 n'y avait apporté aucune atteinte.

« La liberté de conscience et des cultes consiste dans le droit que chacun a de croire et de professer sa foi religieuse sans que l'autorité civile puisse en paralyser l'exercice en totalité ou en partie, et ce droit n'a rien d'incompatible avec le pouvoir qui appartient à la société de défendre et de punir, par l'organe de la loi et l'action des magistrats, les actes qu'elle juge contraires à l'ordre public. »

Cass. 27 novembre 1834. (B. 1835. p. 17 et suiv.)

Cependant, quelle que soit l'importance des intérêts qui se rattachent à la défense dont nous parlons ici, le législateur, rendant hommage à des intérêts d'un ordre plus élevé, peut en mitiger la rigueur.

Const. art. 16, § 2.

Le curé ne peut procéder à aucune inhumation sans une autorisation préalable de l'officier de l'état civil.

Décret du 4 thermidor an XIII. — Ann. le code civ. art. 77.

Le fait de la part d'un ministre du culte d'avoir procédé, au mépris de la défense faite par ce décret, ne constitue pas le délit prévu par l'article 358[1] du code pénal; celui-ci ne regarde que ceux qui ont intérêt à l'inhumation.

Ce n'est pas le ministre du culte qui, à proprement parler, fait inhumer le corps; il ne fait que le lever et l'accompagner.

Cependant, la prohibition portée par le décret du 4 thermidor ne reste pas sans sanction.

Elle se trouve dans les articles 600 et 606 du code du 3 brumaire an IV.

V. Grenoble, 8 décembre 1831. — Cass. F. 27 janvier 1832 et 14 avril 1838. — V. quant aux pièces à produire et aux formalités à remplir, le Journ. des fabriques, tom. 7, p. 58 et 61.

Aucune loi ne défend aux ministres du culte de conférer

---

(1) Voir ici un arrêt de la cour de Gand du 10 août 1842. (J. 1860. p. 128.)

le baptême aux enfants qui n'ont pas été présentés à l'officier de l'état civil ;

V. le code civ. art. 55 et 56.

et l'autorité communale est sans compétence pour édicter pareille défense.

Il a toujours été de principe que la police de l'intérieur des églises et de leurs dépendances, la distribution intérieure des églises, étaient exclusivement dans les attributions des ecclésiastiques ; c'est ce que déclare une décision du gouvernement du 21 pluviôse an XIII.

Le curé veille particulièrement, soit par lui-même, soit par des agents qu'il choisit, à la discipline du temple.

S'il abusait de son autorité, ce serait auprès de l'évêque qu'il faudrait se pourvoir.

L'autorité communale, le conseil de fabrique lui-même, et les tribunaux sont sans compétence à cet égard.

N'oublions pas, toutefois, que la loi du 16-24 août 1790 place au nombre des objets de police confiés à la vigilance des bourgmestres, le maintien du bon ordre dans les lieux où il se fait de grands rassemblements d'hommes, tels que les églises.

Mais, hors le cas prévu par cette loi, le bourgmestre n'a pas à s'occuper de ce qui se passe dans le temple.

De ce qu'il rentre essentiellement dans les attributions

du curé de prendre les mesures et de donner les ordres convenables pour maintenir dans les églises le bon ordre et le respect qui est dû à la sainteté du lieu, ne concluez pas qu'il soit revêtu du caractère légal que la loi confère aux dépositaires de l'autorité publique.

Le curé ne peut évidemment requérir par voie de commandement, la force armée, la gendarmerie, le garde champêtre.

Il ne peut la requérir que par voie d'invitation, comme tout citoyen.

Le procès-verbal qu'il rédigerait n'aurait pas non plus le caractère et la force probante d'un procès-verbal.

En cas de trouble, ou s'il se commettait quelque action inconvenante dans le temple, le curé a le droit de remontrance et, au besoin, il peut ordonner aux serviteurs de l'église d'expulser les perturbateurs.

Un recours lui est ouvert auprès des officiers de police et du ministère public.

Le suisse est particulièrement chargé d'exécuter les ordres du curé; mais ses attributions ne sauraient être plus étendues que les siennes.

Au surplus, le curé tient les clefs de l'église et seul il a mission d'y célébrer les cérémonies religieuses.

V. une résolution du ministre de la justice du 15 novembre 1841.

La destination des cloches est essentiellement religieuse ; elle est d'annoncer les cérémonies du culte.

Aussi la coutume de les bénir s'est-elle introduite de bonne heure dans l'Eglise catholique.

De tout temps, elles ont été consacrées par des cérémonies et des prières qui marquent leur affectation spéciale au service du culte.

V. notamment Ducange, *Glossaire*, au mot CAMPANA.

Les cloches ont conservé leur destination religieuse.

C'est à l'autorité ecclésiastique qu'il est réservé, en général, de les faire sonner.

Ainsi, on ne peut exiger l'emploi des cloches pour l'enterrement des personnes à qui les prières de l'église ont été refusées.

V. une décis. du ministre de la justice du 15 novembre 1841.

Ainsi, le curé doit avoir seul la clef du clocher comme il a celle de l'église.

Quand il s'agit de se servir des cloches pour un motif religieux, le droit en appartient au curé, sans qu'il ait besoin de recourir à la permission de la police communale.

Le droit de faire sonner pour d'autres causes appartient encore au curé, mais il ne l'exerce qu'après en avoir obtenu l'autorisation de la police communale.

Le son des cloches employé pour des causes étrangères au culte pourrait, en effet, être une occasion de trouble ou d'alarme.

Il est certain, d'un autre côté, que le bourgmestre peut faire sonner les cloches dans les cas que la loi prévoit d'une manière expresse et dans certaines circonstances extraordinaires ; par exemple, celles d'incendie, d'inondation, d'émeute, d'invasion de l'ennemi.

Au surplus, les difficultés qui peuvent s'élever sur l'application de ces règles, doivent être soumises à l'évêque et au gouverneur, lesquels s'entendent pour les résoudre, de manière à maintenir l'harmonie qu'il importe tant de voir régner entre l'autorité ecclésiastique et l'autorité civile.

Tel est, selon nous, le sens de l'article 48 de la loi du 18 germinal an X, le seul que l'on trouve sur la matière, dans la législation moderne.

Les communes peuvent être appelées à concourir au paiement des sonneurs.

V. le décret de 1809, art. 37, n. 1er et 92, n. 1er.

Mais l'achat ou le remplacement des cloches semblent devoir incomber aux fabriques seules.

Aussi les communes n'y participent-elles, en général, qu'en ajoutant leurs subsides aux pieuses offrandes des paroissiens.

La loi ayant laissé au curé le gouvernement spirituel

de sa paroisse et lui ayant confié l'usage de l'église et des dépendances de l'église, il a, au besoin, une action en justice pour le maintien de sa prérogative, soit à l'égard de son prédécesseur révoqué et rebelle à l'évêque, soit à l'égard de tout autre.

V. le concordat du 26 messidor an IX, art. 12. — La loi du 18 germinal an X, art. 45 et 75. — Le décret de 1809, art. 29.

Les articles 6 et suivants de la loi du 18 germinal an X accordaient un recours du chef d'abus auprès de l'autorité civile,[1] aux préfets et aux particuliers contre les personnes ecclésiastiques.

C'était une machine de guerre montée contre les évêques.

Les appels comme d'abus sont devenus constitutionnellement impossibles.

C'est aux chefs diocésains qu'il appartient de statuer sur les plaintes qui s'élèvent contre leurs subordonnés, au sujet de leurs fonctions d'ordre spirituel.

C'est aux tribunaux qu'il appartient de juger les ministres du culte qui se rendent justiciables des tribunaux en commettant des délits contre la chose publique ou des particuliers.

---

(1) Le conseil d'Etat.

§ V. *Anciens biens des fabriques. — Leur sort.*

La révolution française a frappé les fabriques d'églises, comme elle a frappé les communes, les établissements d'instruction, et les établissements de charité.

Les biens ecclésiastiques, c'est-à-dire, les biens des communautés religieuses, les biens servant à la dotation et à l'entretien du clergé, les biens des fabriques d'églises, sont tombés sous le coup des lois révolutionnaires; ils furent mis à la disposition de la nation, à la charge, par elle, de pourvoir aux frais du culte et à l'entretien de ses ministres.

Loi du 2-4 novembre 1789, art. unique.

Le décret du 28 octobre-5 novembre 1790, conséquence de cette disposition fondamentale, ordonna, article 2, la mise en vente des biens ecclésiastiques, en ajournant, il est vrai, celle des biens de fabriques; mais cet ajournement ne fut pas de longue durée, la mise en vente immédiate ayant été itérativement prescrite par les décrets du 10-18 février 1791, du 19 août-3 septembre 1792 et du 13-14 brumaire an II.

La loi du 2-4 novembre 1789 n'a pas été publiée en Belgique.

Les trois décrets que nous venons de citer n'y ont pas été publiés non plus.

Mais la disposition du 28 octobre-5 novembre 1790, qui ordonne la vente des biens ecclésiastiques en général, y a été publiée par l'arrêté du 17 ventôse an VI, sans faire mention de la réserve d'ajournement qu'elle énonçait en faveur des fabriques.

Cette réserve, en effet, se trouvait alors écartée en France, où la vente immédiate des biens des fabriques avait été imposée au pouvoir exécutif par les décrets du 18 février 1791, du 3 septembre 1792, et du 14 brumaire an II, et, par suite, il n'appartenait pas à ce pouvoir de l'étendre aux départements belges.

La loi lui laissait d'ailleurs le soin d'apprécier si et jusqu'à quel point une disposition législative portée pour l'ancienne France devait être appliquée aux pays conquis.

V. l'arrêté du comité de salut public du 20 frimaire an III. (Pasin. t. 6, p. LXI.) — La loi du 3 brumaire an IV. (Pasin. t. 7, p. XXXI.) — L'arrêté du 18 pluviôse an IV. (Pasin. t. 7, p. LXI.)

La publication de la règle générale que renferment ces mots : *Biens ecclésiastiques ou biens du clergé,* qui se trouvent dans le décret du 28 octobre-5 novembre 1790, sans l'exception temporaire y annexée, satisfaisait le vœu d'uniformité législative qui dirigeait le gouvernement français, comme le démontre la publication qui est connue sous le nom de code Merlin.

V. l'arrêté du 7 pluviôse an V.

Aussi, l'exécution du décret du 28 octobre-5 novembre 1790 a-t-elle été générale en Belgique, comme l'attestent la loi du 11 prairial an III, celle du 5 prairial an VI, et l'arrêté du 6 juillet 1822;

Et puis le décret du 14 brumaire an II qui ordonnait, en France, la vente de tous les biens composant l'actif des fabriques d'églises, a été rappelé comme obligatoire en Belgique par le décret du 7 messidor an IX, celui du 11 mai 1807, et l'avis du conseil d'Etat du 30 avril 1807 ; et il est de principe que le rappel, comme obligatoire, d'une disposition non publiée supplée au défaut de publication.

V. notamment les arrêts de cassation belge du 25 juin, du 14 août et du 18 décembre 1838. (B. 1838. p. 456.)

De manière que si la nationalisation des biens des fabriques n'avait pas dérivé chez nous de l'arrêté du 17 ventôse an VI, qui publie le principe général du décret du 28 octobre-5 novembre 1790, elle résulterait de la publication implicite que le décret du 14 brumaire an II y a reçue.

Les ventes, si nombreuses, des biens des fabriques d'églises qui se sont faites dans nos provinces, antérieurement à leur rétablissement, y sont donc irréprochables, du moins au point de vue de leur légalité, et se trouvent abritées contre toute action récursoire de la part des fabriques.

V. Bruxelles, 5 novembre 1818, 6 février 1819, 23 juillet 1823, 27 mai 1840, 17 janvier 1846, 30 juin 1852. (J. 1852. p. 297.) — Gand, 3 août 1839 et 3 février 1840. (J. 1840. p. 155.) — Liége, 11 août 1840 et 11 août 1841. (J. 1841. p. 85 et 433.) — Cass. 28

janvier 1841 (B. 1841. p. 292.), 7 juillet 1842 (B. 1842. p. 414.), et 20 juillet 1843. (B. 1843. p. 386.)

§ VI. *Dotation actuelle des fabriques.*

Quels sont les biens qui composent la dotation actuelle des fabriques d'églises?

Les biens et rentes qui composaient leur dotation, que l'Etat n'a pas aliénés pendant la durée de la main-mise nationale. Ces biens, ces rentes ont, en effet, été restitués aux fabriques nouvelles.

Arrêté-loi du 7 thermidor an XI, art. 1er. — Avis du conseil d'Etat du 25 janvier 1807.

Telles sont les églises, c'est-à-dire les édifices qui ont été rendus au culte pour la célébration du service divin.

Concordat du 26 messidor an IX, art. 12. — Loi du 18 germinal an X, art. 75. — Décret du 30 décembre 1809, art. 1er. — Cass. F. 6 décembre 1836. — Cass. B. 13 août 1839 (B. 1839. p. 511.), et 20 juillet 1843. (B. 1843. p. 386.)

L'avis du conseil d'Etat du 2 pluviôse an XIII, dont on a voulu induire que les églises sont des propriétés communales, ne s'appuie sur aucun motif et n'a pas été inséré au bulletin des lois.

Il est dépourvu de valeur morale et de force obligatoire; on ne doit pas le suivre.

Liége, 11 août 1841. (J. 1841. p. 437) — Cass. 20 juillet 1843. (B. 1843. p. 386.)

Tels sont les anciens presbytères, conservés et rendus à leur destination;

Loi du 18 germinal an X, art. 72.— V. l'arrêté du 2 janvier 1824.

Les anciennes maisons vicariales;

Décret du 8 novembre 1810.— Liége, 8 décembre 1847. (J. 1848. p. 158) — Cass. 20 juillet 1843. (B. 1843. p. 386.)

Les anciens cimetières;

V. le Journ. des fabriq. t. 23. p. 289. — V. aussi *Le droit administratif belge*, tit. 2, § 3.

Avant l'époque de l'invasion française les cimetières étaient, en effet, considérés chez nous comme des biens ayant caractère religieux et appartenant aux choses ecclésiastiques, comme des biens *allant de pair avec les églises elles-mêmes*.

V. Deghewiet, *Droit belgique*, part. 2, tit. 1er, § 5, art. 1er.

Au pays de Liége, notamment, les laïcs ne pouvaient exercer aucune juridiction, ni tenir assemblées profanes, dans les cimetières, et les fruits y croissant devaient être appliqués à des usages pieux.

V. Sohet, traité préliminaire, tit. 4, n. 37, et liv. 2, tit. 19, n 1er et 2. — V. dans le *Manuel* de M. Brixhe, page 179, une déclaration du prince Joseph-Clément du 23 mai 1721.

Aussi, les cimetières ont-ils été compris dans la confiscation générale, non pas des biens des communes, mais des biens ecclésiastiques.

V. le décret du 6-15 mai 1791, art. 3.

Il est incontestable que la police des lieux d'inhumation appartient à l'autorité communale et que les villes ou bourgs sont propriétaires des cimetières établis par ces villes et bourgs, en exécution du décret du 23 prairial an XII.

Il est certain que les anciens cimetières non aliénés par l'Etat ont été compris dans les termes de l'arrêté réparateur du 7 thermidor an XI, et appartiennent aux fabriques d'églises, à la charge par elles de les conserver à leur destination. C'est une conséquence indéclinable du texte et de l'esprit de cette disposition.

Gand, 3 février 1840 (J. 1840. p. 155.), et 8 mai 1846. (J. 1846. p. 292.) — Bruxelles, 14 août 1851. (J. 1852. p. 176.) — Cass. 13 août 1839 (B. 1839. p. 511.), et 20 juillet 1843. (B. 1843. p. 386 et 397.)

La cour de Liége a voulu introduire une doctrine contraire.

Ses arrêts du 11 août 1841 (J. 1841. p. 437 et 442.) n'ont pas fait autorité.

Les fabriques d'églises ont donc recouvré la propriété des églises, celle des presbytères ou maisons vicariales, et celle des cimetières.

Remarquons ici :

1° C'est la commune qui a la propriété de l'église, quand elle a été achetée ou bâtie à ses frais, à moins qu'elle ne l'ait attribuée à la fabrique.

V. un arrêté du 5 septembre 1826.

Il en est de même des presbytères.

La commune est incontestablement propriétaire de l'église ou du presbytère que, depuis le rétablissement du culte, elle a acquis ou fait construire, ou bien qui lui ont été donnés ou légués.

Il va de soi que la commune doit respecter l'affectation spéciale que l'immeuble acquis par elle a reçue, soit de la part du donateur, soit de la part du vendeur.

V. Liége, 16 mai 1860. (J. 1860. p. 333.)

2° Les églises appartiennent au domaine public, aussi longtemps que leur destination n'est pas changée.

Les églises sont inaliénables, imprescriptibles.

L'église n'appartient pas au domaine privé de la fabrique, comme les maisons, les champs, les rentes.

« On ne peut prescrire, même en partie, le domaine des églises appartenant aux communes ou aux fabriques et servant à l'exercice d'un culte religieux.

» En conséquence, la complainte possessoire n'est pas recevable pour le maintien d'une communication privée établie dans le mur d'une église. »

Cass. 3 février 1860. (B. 1860. p. 121.)

L'inaliénabilité, l'imprescriptibilité des édifices consacrés au culte est une règle de notre droit administratif.

Ils sont compris au nombre des choses qui ne sont pas dans le commerce et qui, comme telles, ne peuvent être l'objet de conventions,

Code civ. art. 1128 et 1598.

Ni être atteintes par la prescription.[1]

Ces édifices ne se trouvent donc pas soumis à l'application du principe de l'acquisition forcée de la mitoyenneté.

V. le code civ. art. 661.

Le droit accorde à tout propriétaire qui joint un mur den acquérir la mitoyenneté, ne peut être exercé lorsque ce mur est celui d'un édifice hors du commerce, notamment d'une église; c'est que la mitoyenneté donne sur le mur qui en est l'objet un droit de co-propriété.

Cass. F. 5 décembre 1838.

Ce principe s'étend aux chapelles intérieures qui font partie intégrante des églises.

Cass. F. 1er décembre 1823, 19 avril 1825, et 18 juillet 1838.

Mais rien ne s'oppose à ce que celui qui bâtit une église

---

(1) Consulter : HENRION DE PANSEY, *Compétence*, chap. 43, § 10. — PROUDHON, *Domaine public*, tom. 1er, n. 207. — TROPLONG, *Prescriptions*, tom. 1er, n. 170. — GARNIER, *Actions possessoires*, p. 340.

retienne la propriété d'une chapelle, d'un banc, pour lui et pour ses descendants;

Décret de 1809, art. 72, § 1er.

Et tout bienfaiteur d'une église peut *obtenir* la même concession.

Décret de 1809, art. 72, § 2.[1]

Et puis, les chapelles établies en dehors de l'enceinte des églises et qui ne sont pas situées sous la voûte même de ces édifices ne participent point au même privilége.

V. Carré, n. 307.

Le principe de l'imprescriptibilité ne s'étend pas non plus aux terrains existant entre les piliers extérieurs ou contreforts qui en soutiennent les murs.

Caen, 11 décembre 1848.

A plus forte raison, les anciennes églises qui ont cessé d'être consacrées au culte sont rentrées dans le domaine privé et sont désormais susceptibles d'aliénation et de prescription.

Cass. F. 4 juin 1835.

Il entre, d'ailleurs, dans les attributions de l'autorité communale de déterminer les lieux où se font les affiches des actes de l'autorité; ainsi, de désigner les murs d'une église pour cette destination.

---

(1) Rapprochez l'article 13 du décret du 23 prairial an XII, qui permet d'ériger des monuments, dans l'enceinte des hôpitaux, pour les fondateurs ou bienfaiteurs de ces établissements.

Décret du 9 novembre 1789. — Lois du 18-22 mai 1791, art. 11, et du 19-22 juillet 1791, tit. 1er, art. 46, n. 2. — Cass. 5 février 1855. (B. 1855. p. 105.)

3° Aussi longtemps que leur destination dure, les cimetières sont exclusifs de tout usage contraire à cette destination et à la sainteté du lieu.

Le passage avec chevaux, voitures, chariots est incompatible avec cette destination et cette sainteté.

Il n'en est pas de même de la servitude de passage à pied.

Gand, 3 février 1840 (J. 1840. p. 155.) et 1er mars 1850. (J. 1850. p. 104.)

Ils sont hors du commerce, imprescriptibles, et comme la complainte possessoire n'est recevable qu'à l'égard des choses qui peuvent être acquises par la prescription, il s'ensuit qu'un cimetière ne peut faire l'objet d'une pareille action,

V. Cass. F. 10 janvier 1844.

sauf cependant le cas où un particulier aurait acquis une place séparée dans un cimetière, en ce qui regarde la jouissance de cette place au point de vue des inhumations.

V. Proudhon, *Domaine public*, chap. 25. — Curasson, *Compétence des juges de paix*, tom. 2, p. 154. — Caron, *Actions possessoires*, n. 541.

Les fabriques peuvent, en effet, faire cesser la destination du cimetière, si pas quant à la propriété, du moins quant à l'usage de certaines parcelles de cimetière.

Elles peuvent, comme nous l'avons dit ailleurs,[1] en vertu de leur droit de propriété, accorder des concessions soit perpétuelles, soit temporaires de terrains pour sépulture ou érection de monuments dans les cimetières et en percevoir le prix.

Décret du 23 prairial an XII, art. 11. — V. pour l'application : Bruxelles, 13 décembre 1854. (J. 1856. p. 5.) — Cass. F. 24 janvier 1840.

Rappelons-nous ici, qu'aux termes de l'article 15 de ce décret, dans les communes où l'on professe plusieurs cultes, chacun d'eux doit avoir un lieu d'inhumation particulier et, dans le cas où il n'y aurait qu'un seul cimetière, il doit être divisé en autant de parties qu'il y a de cultes différents.

L'autorité civile ne doit pas s'opposer à ce que, dans l'enceinte réservée à chaque culte, on observe les règles qui peuvent exiger quelque distinction pour les sépultures.

Avis du cons. d'Etat du 29 avril 1831.

4° Les églises, les presbytères et les cimetières sont exempts de l'impôt foncier.

Loi du 3 frimaire an VII, art. 105.

Les presbytères ne sont pas exempts de la contribution personnelle.

---

(1) Voir *Le droit administratif belge*, tom. 3e, p. 156.

En effet, le curé en est usufruitier, il en a la jouissance légale.

Loi du 18 germinal an X, art. 72. — Décret du 30 décembre 1809, art. 92. — Loi comm. art. 131, n. 13.

Aussi, une action lui est-elle ouverte en justice, soit pour se maintenir dans la jouissance du presbytère, soit pour en obtenir la possession, si, comme cela s'est vu, son prédécesseur, révoqué par l'évêque, refusait d'abandonner les lieux.

Cass. 18 novembre 1839. (B. 1840. p. 84.) — V. Brixhe, au mot PRESBYTÈRE, p. 442.

Les tribunaux doivent accueillir une pareille action et y faire droit.

C'est que les ordonnances épiscopales qui nomment ou révoquent les ministres inférieurs du culte sont des actes purement spirituels, placés au-dessus du contrôle du gouvernement et des tribunaux.

Const. art. 16, § 1er.

La dotation des fabriques comprend encore les biens et rentes chargés de services religieux,

Arrêté du 28 frimaire an XII. — Liége, 13 avril 1842 (J. 1842. p. 304), et 5 mars 1859. (J. 1860. p. 22.) — Bruxelles, 27 février 1845. (J. 1846. p. 177.)

alors même que ces biens auraient été érigés en bénéfices administrés par des tiers nommés *bénéficiers*, lesquels étaient titulaires de ces fondations, c'est-à-dire, en percevaient les revenus et en exonéraient les obligations.

Avis du cons. d'Etat du 21 frimaire an XIV, et du 30 avril 1807. — Arrêté du gouvernement provisoire du 31 décembre 1830.

La loi du 5 frimaire an VI, qui abolissait les bénéfices et qui nationalisait leurs biens, ne concernait que les bénéfices *simples*, c'est-à-dire, sans charges.[1]

La prétention contraire de la régie des domaines aurait entraîné la ruine des fabriques d'églises, la plupart de leurs biens et rentes ayant été ci-devant convertis en bénéfices, en faveur des prêtres qui acquittaient les services religieux dont ils étaient grevés.

Elle a été rejetée par les tribunaux.

V Bruxelles, 23 novembre 1831 (J. 1831. p 265.), 7 mars 1832 (J. 1832. p. 336.), et 4 décembre 1833. (J. 1834. p. 190.) — Liége, 29 mai 1837 (J. 1837. p. 440.), 24 février 1838 (J. 1841. p. 37.), 23 janvier 1839 (J. 1841. p. 37). 27 janvier 1841 (J. 1842 p. 359.), 2 février et 13 avril 1842 (J. 1842. p. 257 et 304), 10 mars 1843 (J. 1845. p. 173.), 11 mars 1843 (J. 1843. p. 409.), 10 décembre 1845 (J. 1846. p. 448.), 23 février 1850 (J. 1850. p. 160.), 8 mai 1851 (J. 1852. p. 20.), et 1er décembre 1857. (J. 1858. p. 189.) — Cass. 17 novembre 1834 (B. 1835. p. 3), 14 mars 1836 (B. 1836. p. 339.), 25 juin 1838 (B. 1838 p. 456.), 4 mars 1841 (B. 1841. p. 259.), et 1er avril 1841. (B. 1841. p. 262.)

L'arrêt en sens contraire, que la cour de cassation avait

---

(1) Il entrait ci-devant dans les pouvoirs du Prince-Evêque de grever de services religieux une libéralité qui à l'origine était pure et simple.

V. Liége, 9 avril 1859. (J. 1860. p. 307)

rendu le 20 février 1838 (B. 1838. p. 195.), est resté dans l'isolement.

Et la régie des domaines a cessé de lutter contre cette jurisprudence compacte et monumentée.

« Sont transmissibles aux héritiers légitimes, les biens dont la jouissance et les revenus ont été affectés par une fondation non spiritualisée, à l'érection d'une chapelle pour y célébrer des messes par des prêtres désignés. »

Liége, 18 février 1858. (J. 1858. p. 121.)

Remarquez ici :

1° L'arrêté du 7 thermidor an XI, qui a rendu aux anciennes fabriques leurs biens non aliénés, ne s'applique qu'aux biens qui étaient régis par des fabriques ou en leur nom avant la main-mise nationale.

Le texte de cet arrêté est précis sur ce point.

Ainsi, les fabriques ne peuvent réclamer des biens qui ont appartenu à des églises non érigées en paroisses, à de simples chapelles, à des oratoires domestiques.

Cass. 13 août 1839. (B. 1839. p. 511.)

2° L'arrêté du 7 thermidor an XI, n'a rendu aux fabriques que les biens qui étaient alors dans les mains du domaine ; il n'a donc pas dépouillé un hospice d'un bien dont il jouissait en vertu de la loi du 4 ventôse an IX.

Cass. F. 23 février 1820

3° Les fabriques ont été réintégrées dans leurs biens par le seul effet de la publication de l'arrêté du 7 thermidor an XI.

L'exercice de leurs droits n'a pas été subordonné à la formalité administrative d'un envoi en possession.

L'avis du conseil d'Etat du 25 janvier 1807 qui semble exiger cette formalité n'a pas été publié.

Liége, 27 janvier 1841 (J. 1841. p. 277.), 29 mars 1843 (J. 1843. p. 464.), et 11 janvier 1 [illegible] 5. (J. 1851. p. 351.) — Gand, 13 février 1846. (J. 1846. p. 149.) — Bruxelles, 14 août 1851. (J. 1852. p. 176)

Ainsi, dès la publication de l'arrêté du 7 thermidor an XI, les fabriques ont pu agir devant les tribunaux en revendication.

Cass. 7 novembre 1851. (B. 1852. p. 73.)

4° Le gouvernement s'est déterminé à réintégrer les fabriques dans leurs biens, pour que le service des églises supprimées fût continué dans les églises conservées, et pour que les intentions des fondateurs ou donateurs continuassent à recevoir leur accomplissement.

Dès lors, il ne devait pas suffire qu'un bien de fabrique fût situé dans le territoire d'une paroisse pour qu'il appartînt à celle-ci.

Il faut encore que l'église à laquelle ce bien a appartenu soit réunie à cette paroisse.

C'est ce que le décret du 31 juillet 1806, rectifiant l'arrêté de l'an XI, déclare avec raison.

5° L'arrêté du 7 thermidor an XI ne constitue pas un juste titre dans le sens de l'article 2265 du code civil, c'est-à-dire, qu'il ne peut être invoqué par une fabrique à l'appui d'une prescription décennale ;

Bruxelles, 17 janvier 1846. (J. 1846. p. 76.) — Cass. 7 juillet 1842. (B. 1842. p. 414.)

pas plus que la loi du 5 frimaire an VI qui a transféré au domaine les biens des bénéfices simples, n'a pu être envisagée, par lui, comme étant un juste titre pouvant légitimer l'action de prescription.

Pourquoi ? C'est que la prescription acquisitive suppose et nécessite un titre *spécial,* translatif de propriété.

Ce caractère manque à l'arrêté du 7 thermidor an XI et à la loi du 5 frimaire an VI.

Liége, 10 décembre 1845. (J. 1846. p. 448.)

6° L'arrêté du 7 thermidor an XI a ouvert aux fabriques, contre le domaine, une action en revendication de leur anciens biens non aliénés, par lui, pendant la durée de la nationalisation.

Une prescription extinctive de cette action a pris cours à partir du même jour au profit du domaine.

Mais un arrêté du 19 août 1817, rendu pour l'exécution de l'arrêté de l'an XI, est venu enjoindre aux fabriques de fournir au gouvernement un état de leurs biens et disposait « que, jusqu'à décision à intervenir, il devait être sursis à toute procédure. »

On en a conclu, avec raison, que cette disposition a suspendu de *plein droit* le cours de la prescription de cette action, d'après cette maxime : *Contra agere non valentem non currit præscriptio.*

Liége, 29 mars 1843 (J. 1843. p. 467), et 19 mai 1851. (J. 1851. p. 238.)

Ce qui est vrai des actions qui étaient alors pendantes devant les tribunaux et des contestations à naitre.

Cass. 21 janvier 1848. (B. 1848. p. 413.) — V. le code civ. art. 2251 et suiv.

La prescription a, du reste, repris son cours à partir du jour de l'avis officiel de la décision administrative intervenue.

Cass. 7 novembre 1851. (B. 1852. p. 73.)

7° Les biens des fabriques leur ont été rendus libres de charges.

Les nouvelles fabriques sont aux droits et non aux charges des anciennes.

Les anciennes dettes des fabriques, c'est-à-dire les dettes qu'elles avaient contractées avant l'époque de la réunion de leurs biens au domaine national, ont été liquidées et payées par l'Etat.

De nombreux délais ont même été accordés par le gouvernement aux intéressés pour qu'ils eussent à produire leurs titres.

La déchéance qu'ils ont encourue doit leur être imputée.

Les effets n'en sont aucunement imputables aux fabriques.

Lois du 5 prairial an VI, art. 2, 3 et 4, et du 13-14 brumaire an II, art. 4 et 5. — Décret du 11 mai 1807. — Avis du cons. d'Etat du 30 novembre 1810, converti en décret le 9 décembre 1810. — Cass. 21 novembre 1844. (B. 1845. p. 203.)

Ce principe ne s'applique aux autres biens ecclésiastiques, par exemple, aux anciens biens de cures, que pour autant qu'ils aient été vendus ;

Loi du 14-17 mai 1790, art. 7 et 8. — Cass. 25 novembre 1839 (B. 1840. p. 70.), et 21 novembre 1844. (B. 1845. p. 203.)

Et il n'exclut pas, pour les fabriques, l'obligation de pourvoir à l'exécution des fondations pieuses qui affectent les biens qui leur sont restitués.

Arrêtés du 7 thermidor an XI, art. 1er, et du 28 frimaire an XII. — Décret du 22 fructidor an XIII. — Avis du cons. d'Etat du 21 frimaire an XIV. — Décret du 30 décembre 1809, art. 26.

Le gouvernement des Pays-Bas a vendu beaucoup de biens de fabriques d'églises, sous prétexte que ces biens devaient être réputés biens de bénéfices simples, et il a encaissé le prix de ces biens.

L'Etat belge est-il tenu d'indemniser les fabriques dépouillées ?

La cour de Liége et la cour de Gand se sont prononcées pour l'affirmative ; elles ont décidé que l'action qui appartient aux fabriques de ce chef n'est soumise qu'à la prescription ordinaire de trente ans.

V. Liége, 10 décembre 1845 (J. 1846. p. 448.), et 14 mars 1850. (J. 1850. p. 247.) — Gand, 13 février 1846. (J. 1846. p. 149.)

Mais, comme nous l'avons établi ailleurs,[1] la Belgique n'est pas tenue des dettes que les gouvernements précédents ont contractées, si ce n'est de celles qui tiennent au sol national lui-même, par exemple, des dettes qui ont été contractées pour des ouvrages inhérents au territoire.

La Belgique n'est pas tenue des dettes personnelles que l'ancien gouvernement a contractées.

Celles dont il s'agit ici n'ont évidemment pas d'autre caractère.

V. du reste, Cass. 21 janvier 1848. (B. 1848. p. 413.)

8° Les anciens biens de cures ont été placés sous l'empire du principe de la réunion des biens du clergé au domaine de l'Etat.

Bruxelles, 12 novembre 1822, et 13 juillet 1827. — Cass. 25 novembre 1839 (B. 1840. p. 60.), et 18 mai 1848. (B. 1849. p. 107.)

Ceux d'entre eux qui étaient chargés de services religieux ont été et ont dû être considérés comme biens de

---

(1) Voir *Le droit administratif belge*, t. 2. p. 563 et suiv.

fabriques et leur ont été restitués en vertu de l'arrêté du 7 thermidor an XI.

Décis. du 30 ventôse an XII.

Ceux qui en étaient exempts sont restés dans les mains du domaine, car ils n'ont été rendus ni aux fabriques ni aux curés.

C'est à tort que l'on objecte ici le décret du 6 novembre 1813 qui pourvoit à l'administration des biens de cures.

Les curés ne peuvent posséder, comme tels, d'autres biens que leur presbytère,

Loi du 18 germinal an X, art. 74.

si ce n'est en vertu d'une autorisation expresse du gouvernement, moyennant décompte de leur produit sur le traitement des curés.

V. les décrets du 20-22 avril 1790, art. 2, et du 17 novembre 1811, art. 4 et 14. — L'arrêté du 5 février 1816. — Liége, 11 août 1841. (J. 1841. p. 439.) — Cass. 25 novembre 1839 (B. 1840. p. 48), et 18 novembre 1839. (B. 1840. p. 84.)

9º Les biens des Chapitres collégiaux ont été nationalisés.

Loi du 5 frimaire an VI, art. 1er et suiv.

Ils n'ont pas davantage été attribués aux fabriques.

Bruxelles, 27 février 1845. (J. 1846. p. 177.) — Liége, 16 novembre 1849. (J. 1850. p. 204.)

Il n'en est pas de même des biens et rentes provenant des *fabriques* des ci-devant Chapitres des collégiales.

Ceux d'entre eux qui n'ont pas été aliénés appartiennent aux fabriques des cures et succursales qui les ont remplacées.

Décret du 15 ventôse an XIII.

Dans les localités où les biens des Chapitres et ceux de leurs fabriques auraient été confondus et n'auraient formé qu'une seule masse, il faudrait procéder à une ventilation et fixer des parts proportionnelles pour l'Etat et la fabrique nouvelle, en les établissant d'après les anciens comptes du Chapitre.

La dotation des fabriques d'églises comprend encore les biens et rentes qui ont appartenu à des établissements religieux supprimés et que l'Etat a concédés aux établissements rétablis.

C'est ainsi que les fabriques actuelles possèdent les biens non aliénés des églises qui existaient dans leur circonscription territoriale et qui sont supprimées, ces églises elles-mêmes et leurs presbytères.

Les objets mobiliers qui s'y trouvaient, les cloches, par exemple, ont suivi le même sort.

Arrêté du 7 thermidor an XI, art. 2. — Décrets des 30 mai et 31 juillet 1806.

— Les églises et les presbytères même aliénés, mais qui sont rentrés dans le domaine à titre de déchéance.

Décret du 17 mars 1809. — Cass. 20 juillet 1843. (B. 1843. p. 386.)

— Les biens et les rentes des anciennes confréries.

Décret du 28 messidor an XII. — Gand, 3 février 1834. (J. 1835. p. 31.)

— Les biens et les rentes célés au domaine et révélés au profit des fabriques d'églises; tels sont les biens des anciennes communautés religieuses, les biens de cures.

Car le principe de la loi du 4 ventôse an IX, établi en faveur des hospices, a été successivement rendu applicable aux bureaux de bienfaisance, puis aux fabriques d'églises.

Décret du 30 décembre 1809, art. 36, n. 3.

Remarquez :

1° La propriété des biens et rentes que l'on révèle au profit des fabriques d'églises leur est acquise par le seul fait de la déclaration ou révélation constatée devant notaire.

Arrêté du 7 janvier 1834, art. 1er.

Cette disposition est en parfaite harmonie avec l'esprit et la lettre du décret de 1809; elle ne confère aucun droit nouveau aux fabriques et ne fait que procurer l'exécution franche et loyale de ce décret, selon le vœu de l'article 67 de la constitution.

C'est à tort que la cour de Bruxelles a refusé de faire application de cet arrêté sous prétexte d'illégalité.

Bruxelles, 13 février 1841. (J. 1841. p. 121.)

Ses scrupules manquaient de fondement.

Bruxelles, 16 février 1842 (J. 1842. p. 400.), et 11 août 1851. (J. 1854. p. 212.) — Gand, 22 juillet 1842. (J. 1842. p. 343.) — Liége, 10 juillet 1847. (J. 1849. p. 181.) — Cass. 25 février 1842. (B. 1842. p. 139.)

2° L'usurpation des rentes domanialisées se trouve couverte par la prescription depuis 1834. Il n'en est pas de même des immeubles qui sont restés dans les mains des anciens fermiers ou de leurs représentants. Ceux qui possèdent pour autrui ne prescrivent jamais.

Code civ. art. 2236 et 2237.

Le patrimoine des fabriques comprend encore :

Les vases sacrés et tous les objets mobiliers qui servent à l'exercice du culte, lesquels restent, d'ailleurs, placés dans le commerce, nonobstant la bénédiction religieuse qu'ils ont pu recevoir ;

Cass. 4 décembre 1839. (B. 1840. p. 72.)

Les droits et produits dont la perception est autorisée en leur faveur, soit dans les temples, soit dans les cérémonies religieuses :

Décret de 1809, art. 36, n. 5 et suiv.

Ainsi, les produits des oblations ou des quêtes faites dans les églises pour les frais du culte.

Décret de 1809, art. 36, n. 9 et 7, et art. 75.

Les oblations ou offrandes forment une portion importante du revenu des églises.

Elles sont obligatoires ou volontaires.

Les premières sont acquittées par les fidèles, soit au profit des fabriques, soit au profit des ministres du culte à raison de l'accomplissement de certains actes du ministère sacerdotal.

La perception en est sanctionnée soit par des dispositions législatives, soit par des tarifs que le gouvernement approuve.

V. la loi du 18 germinal an X, art. 69.

Les offrandes volontaires procèdent du libre consentement des personnes qui les font. Ce sont des aumônes ou des libéralités qu'on attribue aux églises ou aux ministres du culte.

Les unes se font spontanément; les autres sont sollicitées ou provoquées à l'aide de collectes ou de quêtes.

Remarquons :

1° Les fabriques ne peuvent exiger aucune oblation pour l'entrée dans l'église.

Cette défense est faite pour des motifs de haute convenance.

Elle est absolue.

Décret de 1809, art. 65, § 1er.

Et les quêtes qui se font dans les églises ne peuvent produire que des offrandes volontaires.

2° Les fabriques ont le droit de quêter, non-seulement dans les églises paroissiales, mais aussi dans les chapelles communales et même dans les chapelles de secours.

Mais elles ne peuvent prétendre au même droit dans les chapelles des hospices, moins encore dans les oratoires particuliers.

Aux hospices seuls appartient le produit des quêtes qui se font dans leurs chapelles, des troncs qui y sont déposés, la location des bancs ou chaises.

3° Les collectes qui se font dans les églises ont ordinairement pour objet les frais du culte.

4° L'article 8 de la loi du 7 frimaire an V dispose, en termes généraux, que chaque bureau de bienfaisance reçoit les dons qui lui sont offerts par la charité publique.

L'arrêté du 5 prairial an XI, article 1er,[1] et le décret du 12 septembre 1806, article 1er,[2] comprennent, dans ses attributions, la faculté de faire quêter et de faire placer des troncs destinés à recevoir des aumônes, dans les lieux consacrés à l'exercice du culte.

V. un jugem. du trib. de Liége du 10 mars 1859. (Jurisp. des trib. t. 9, p. 302.)

---

(1) Rapprochez son article 2.

(2) Voir le Journ. des fabriq. t. 5, p. 367. — Le Nouveau journ. des fabriq. t. 4, p. 1re.

L'article 2 du décret du 12 septembre 1806 attribue, en même temps, aux évêques le soin de déterminer, par voie de règlement général ou autrement, le nombre des quêtes qui se font dans les églises, ainsi que les jours et les offices où elles peuvent se faire.

L'article 75 du décret de 1809, dernier acte de la législation sur cette matière, maintient à cet égard la prérogative épiscopale, tout en permettant aux bureaux de bienfaisance d'y quêter toutes les fois qu'ils le jugent convenable.

Il convient de remarquer la différence qui existe entre la disposition du décret du 12 septembre 1806 et l'article 75 du décret du 30 décembre 1809, relativement au mode d'exercice du droit conféré aux bureaux de bienfaisance.

La première assujettit la prérogative du bureau au règlement de l'évêque diocésain quant aux jours et offices où elles se font.

Le décret de 1809 reconnait au bureau le droit de faire quêter dans l'église toutes les fois qu'il le juge convenable.

Evidemment, il y a ici dérogation à l'article 2 du décret de 1806.

L'article 75 du décret de 1809 ne permet pas à l'autorité diocésaine de soumettre ces quêtes à des conditions restrictives qui porteraient atteinte à la prérogative du bureau.

L'autorité ecclésiastique ne peut, en cette matière, que déterminer l'ordre dans lequel s'exerceront à chaque office les différentes quêtes, et statuer, par exemple, qu'elles ne pourront avoir lieu à tels ou tels moments des cérémonies religieuses.

Au surplus, le droit que l'article 75 du décret confère aux évêques nous paraît comprendre ce qui est relatif aux troncs. Ceux-ci, en réalité, ne sont que des quêteurs *permanents*.

De sorte que le placement des troncs doit être, au besoin, réglé, comme les quêtes, par l'autorité diocésaine et la fabrique.

L'administration charitable doit, à cet égard, se concerter avec le curé et la fabrique; et, à défaut de règlement amiable du différend, il y a lieu de se pourvoir auprès de l'évêque et, s'il le faut, auprès du ministre de la justice.

Ainsi, les administrateurs des bureaux de bienfaisance ont le droit de faire des quêtes sans l'agrément préalable des évêques et à plus forte raison des curés.

Mais le curé ayant la police de l'église, ils ne peuvent les faire faire par d'autres personnes non agréées par le curé ou desservant.

Celui-ci est le premier juge des abus qui peuvent se produire en cette matière.

Décret du 12 septembre 1806, art. 1er.

La jurisprudence administrative est constante à cet égard.

V. notamment, une décision du ministre des cultes du 24 novembre 1810.

L'arrêté du 5 prairial an XI, qui permettait aux administrateurs des hospices de faire des quêtes ou de placer des troncs dans les églises, se trouve abrogé par le décret du 12 septembre 1806 et l'article 75 du décret de 1809.

L'administration des cultes, en France, avait admis en principe que les bureaux de bienfaisance, ayant seuls caractère légal pour représenter les pauvres, avaient aussi seuls le droit de quêter dans les églises au profit des pauvres et d'en répartir le montant.

V. les résolutions du 6 juillet 1831, du 23 novembre 1838, du 23 janvier 1840, et du 29 mars 1847.

Elle a abandonné cette jurisprudence.

La loi du 7 frimaire an V, l'arrêté du 5 prairial an XI, le décret du 12 septembre 1806 et le décret du 30 décembre 1809 accordent une faculté qui, pour être exercée dans les églises, avait besoin d'être écrite dans la loi.

Il eût suffi aux curés, pour interdire aux administrateurs charitables de pratiquer des quêtes dans les édifices religieux, d'invoquer le droit de police intérieure dont ils sont investis dans les églises.

La loi ne s'oppose pas à ce que le clergé fasse appel dans les églises à la charité des fidèles et donne à leurs aumônes telle destination ecclésiastique ou pieuse qu'il juge convenir.

V. Carré, *Gouvernement des paroisses*, p. 259. — Dalloz, v. FABRIQUES, p. 10, n. 29. — Le Nouveau journ. des fabriq. t. 5, p. 333.

Le décret de 1809, article 75, s'occupe des quêtes en général sans les spécifier et n'a rien de limitatif.

V. l'avis du cons. d'Etat du 6 juillet 1831. (Nouveau journ. des fabriques, t. 2, p. 309.)

Les dispositions prémentionnées sont énonciatives et non pas limitatives.

Rien ne montre que le législateur ait entendu créer ici un monopole au profit des bureaux de bienfaisance et effacer le droit que les curés, par exemple, tiennent de leurs fonctions elles-mêmes, celui d'exciter la charité des fidèles dans les temples, puis de recevoir de la main à la main, les aumônes qui leur sont offertes et d'en faire emploi en faveur des pauvres.

Il s'est borné à démontrer ce droit en faveur des pauvres qui sont officiellement secourus par le bureau de bienfaisance.

La charité légale est impuissante à secourir tous les indigents.

L'arrêté du 22 septembre 1823 n'a rien changé, sous ce point de vue, aux dispositions préexistantes.

V. sur les quêtes extérieures, le Nouveau journ. des fabriques, t. 3, p. 13.

La jurisprudence française s'est transformée sur ce point de droit.

Les confréries n'ont plus d'existence légale chez nous, quoiqu'elles puissent être établies comme associations religieuses.

Const. art. 20.

Ce sont leurs membres qui répondent personnellement des actes qu'ils posent vis-à-vis des tiers.

Aucune disposition ne leur accorde le droit de quêter ou bien la priorité sur les collectes qui se font dans les églises par les administrateurs des bureaux de bienfaisance.

L'intérêt du culte ou de la religion doit d'ailleurs prévaloir ici et, dès lors, les quêtes qui ont lieu pour le compte des fabriques doivent avoir préséance sur toute autre.

Les fabriques recueillent aussi le prix de la location des chaises et des bancs dans l'église.

Décret de 1809, art. 36, n. 5 et 6.

Remarquons :

1° En ce qui regarde les chaises, c'est le bureau des marguilliers qui en règle le prix, sous l'approbation du conseil.

Décret de 1809, art. 64.

Le bureau peut être autorisé par le conseil, soit à en régir la location, soit à la mettre en ferme.

Quand elle est mise en ferme, l'adjudication en a lieu, après affiches, au plus offrant.

Décret de 1809, art. 66 et 67.

2° Les distinctions honorifiques résultant du régime féodal sont abolies, et les bancs qui étaient ci-devant possédés dans les églises à titre de seigneurie ont subi le sort de tous les priviléges féodaux.

Loi du 13-20 avril 1791, tit. 1er, art. 18, 19 et 20. — Cass. F. 1er février 1825.

Les autorités civiles et militaires et les administrateurs des fabriques peuvent seuls prétendre aujourd'hui à la jouissance d'une place distinguée et gratuite dans l'enceinte d'une église.

Loi du 18 germinal an X, art. 47. — Décret de 1809, art. 21.

Il va de soi que les autorités n'exercent leur privilége que dans les cérémonies publiques auxquelles elles assistent d'après une invitation officielle, et que les membres de ces autorités, assistant comme particuliers aux cérémonies de l'Eglise, n'ont droit à aucune distinction.

Il ne saurait y avoir de doute non plus sur l'obligation où se trouvent les fonctionnaires d'être en costume pour jouir dans l'église de places réservées.

Le bourgmestre seul, comme membre du conseil de

fabrique, peut toujours se placer au banc de l'œuvre; mais ce privilége est attaché à sa personne et ne s'étend pas à sa famille; et ce fonctionnaire ne saurait, dès lors, réclamer, soit dans le sanctuaire, soit ailleurs un banc entier et gratuit, s'il n'en acquitte le prix comme les autres fidèles.

Ces principes sont d'ordre public; ils doivent prévaloir sur tous usages ou possessions contraires.

3° Les concessions anciennes de bancs particuliers dans les églises, à plus forte raison les concessions de chapelles particulières, quoique faites à titre onéreux, ont été supprimées sans indemnité à charge des fabriques, parce que la restitution des biens de celles-ci a eu lieu sans qu'ils fussent grevés de leurs charges antérieures; c'est la nation qui les a liquidées et acquittées.

V. notamment : un jugem. du tribunal de Liége du 25 juin 1853. (J. des trib. t. 2. p. 95.) — Orléans, 25 juillet 1846. — Cass. F. 1er février 1825 et 6 décembre 1836.

4° Quand une fabrique a reconnu que les convenances de la communauté religieuse ne s'opposent pas à ce que certains bancs soient soustraits à l'usage général, elle doit se conformer aux dispositions des articles 68 et suivants du décret de 1809.

S'agit-il d'une concession par bail pour une prestation annuelle?

C'est au bureau des marguilliers, agissant avec l'autorisation du conseil de fabrique, qu'il appartient de procéder dans les formes exprimées par la loi.

Décret de 1809, art. 70, § 2.

S'agit-il d'une concession temporaire faite pour un immeuble ou pour une somme une fois donnée?

La concession émanée de la fabrique ne forme pas un titre suffisant. Les articles 59 et 71 du décret exigent l'intervention de l'autorité diocésaine et de l'autorité civile.

S'agit-il de la jouissance d'un banc conférée à perpétuité ?

Il faut, pour y prétendre, ou bien avoir fait don des matériaux dont l'église se compose et avoir fourni les frais de main d'œuvre auxquels sa construction a donné lieu, ou bien lui avoir fait des libéralités *jugées équivalentes* par le conseil de fabrique, par l'évêque et par le ministre de la justice.

Décret de 1809, art. 72.[1]

Le curé ou desservant, ayant la police de l'église, peut désigner le lieu où les bancs doivent être placés.

Décret de 1809, art. 30, § 3.[2]

---

(1) Le mot *famille* dont le législateur se sert dans cette disposition ne doit s'entendre, comme la jurisprudence administrative l'a toujours décidé, que des ascendants et des descendants.

(2) D'où il ne faut pas conclure qu'il lui appartienne, sans le consentement de la fabrique intéressée, d'ordonner l'enlèvement général des bancs qui se

Mais de lui-même et seul, le curé n'a pas d'autre prérogative.

Au surplus, à proprement parler, le droit de banc n'est pas un droit de location, mais plutôt un droit d'usage et, par suite, un droit purement personnel.

Les droits d'usage ne peuvent être ni cédés, ni loués.

Code civ. art. 631.

Le concessionnaire d'un banc ne peut donc sous-concéder son droit à la jouissance de ce banc par aucun des moyens ordinaires du droit commun, soit à titre onéreux, soit à titre gratuit.

D'après ce principe, les sous-concessions de ce genre seraient contraires à la loi, partant nulles et de nul effet.

On admet généralement que les concessionnaires de bancs qui transportent leur domicile en dehors de la paroisse encourent la déchéance de leurs droits.

Ainsi, en dehors des exceptions déterminées par la loi, personne ne peut s'attribuer l'usage exclusif d'un banc dans une église.

Les confréries n'ont à cet égard aucune prérogative à faire valoir autres que celles résultant du droit commun.

---

trouvent dans le temple; il ne peut agir ici que par mesure individuelle, spéciale.

Leurs membres peuvent, comme toutes autres personnes, obtenir des concessions de bancs moyennant un prix à payer à la fabrique.

Il va de soi que les contestations relatives à la propriété ou à l'usage des bancs sont de la compétence des tribunaux.

Const. art. 92.

Le sixième du produit net de la location des bancs et chaises dans les églises peut être prélevé pour former un fonds de secours à répartir entre les ecclésiastiques âgés ou infirmes.

Décret du 13 thermidor an XIII, art. 1er.

Les fabriques d'églises peuvent recevoir des donations et des legs.

Décret de 1809, art. 36, n. 2.

1° La convention de donner n'oblige et ne confère une action pour obtenir les objets mobiliers donnés que pour autant qu'elle soit faite par acte, et que cet acte soit passé devant notaire dans la forme ordinaire des contrats et avec minute.

Code civ. art. 931.

Mais on admet généralement que les donations mobilières sont valables, quand la volonté du donateur a été suivie de la tradition réelle des choses données, c'est-à-dire, quand le donateur a ajouté la remise de ces choses à l'intention qu'il a manifestée d'en gratifier quelqu'un.

Ainsi, l'intention de donner verbalement exprimée et jointe au dessaisissement du donateur consomme la donation.

C'est une application de cet adage : ***En fait de meubles, la possession vaut titre.***[1]

Code civ. art. 2279.

2° Il est de principe que les libéralités qui se font aux établissements publics doivent être autorisées par le gouvernement.

Code civ. art. 910 et 937.

Mais ces dispositions ont besoin d'être sainement comprises et appliquées.

Si elles devaient s'étendre aux donations les plus modiques, aux aumônes même ou offrandes qui se font aux établissements publics, on serait amené à faire intervenir l'administration à tout instant de jour et de nuit entre ceux qui donnent et les établissements qui sont l'objet de leur libéralité.

Les jurisconsultes les plus graves ont reconnu qu'en outrant de la sorte et en poussant à la rigueur le régime des établissements publics, on étoufferait la bienfaisance

---

(1) Sont donc valables les donations manuelles, qui se font par des mourants. Code civ. art. 2279. — V. Bourges, 29 novembre 1831. — Cass. F. 26 novembre 1833. — V. Duranton, t. 4, p. 388. — Pothier, *Donatins*, sect. 2, art. 1er.

privée, et on augmenterait la distance déjà si grande qui sépare les heureux du siècle et ceux qui sont pauvres.

Les monuments de la jurisprudence s'accordent à cet égard avec la doctrine.

V. Paris, 12 janvier 1835. — Cass F 26 novembre 1833.[1]

Il n'est donc pas besoin d'épuiser les filières administratives, soit pour offrir des prix aux élèves d'une école primaire, soit pour déposer une aumône dans la caisse des pauvres, soit pour doter une église de quelque linge et lui faire une offrande en argent.

Les dons manuels modiques sont affranchis de toute formalité administrative.

En un mot, les articles 910 et 937 du code civil ne peuvent concerner que les donations qui se font par actes et les libéralités testamentaires, les dons de sommes importantes, ceux qui ont pour but d'assurer l'acquit de fondations perpétuelles.

Les fabriques ne sont d'ailleurs reconnues comme établissements publics et ne sont autorisées à recevoir comme telles des dons et legs, que dans les limites de leurs attributions légales.

Elles ne peuvent donc recevoir des donations à l'effet

---

(1) Voir cependant Paris, 22 janvier 1850.

d'établir des écoles ou de former d'autres entreprises étrangères à leurs attributions.

V. des avis du cons. d'Etat du 12 avril 1837, et du 4 mars 1841.

L'article 76 de la loi du 18 germinal an X et l'article 1er du décret du 30 décembre 1809 chargent, il est vrai, les fabriques d'administrer les aumônes, mais il s'agit là d'aumônes s'appliquant aux frais du culte.[1]

Les fabriques compliqueraient leur administration et leur comptabilité au préjudice de leur mission principale, si elles provoquaient des dons en faveur des indigents.

L'article 76 de la loi de l'an X et l'article 1er du décret de 1809 ne concernent que la distribution des libéralités qui se rattachent à l'exercice du culte.

Remarquez :

1° Les donations qui se font aux fabriques ne sont passibles que d'un droit fixe modéré.

Décret de 1809, art. 81.

On a jugé, avec raison, que le legs fait aux enfants de chœur de telle église avec certaines charges au profit de l'église, est valable et doit être interprété en ce sens

---

(1) Voir, toutefois, le rapport présenté à l'empereur par Portalis, ministre des cultes, le 16 avril 1806 (Nouveau journ. des fabriq. t. 3, p. 12 et 15.)

Mais les énonciations de ce rapport n'ont pas été sanctionnées par l'empereur et restent à l'état de simple opinion.

qu'il est fait en réalité à la fabrique avec affectation spéciale à l'entretien des enfants de chœur.

Les actes doivent être interprétés plutôt dans le sens qui les fait valoir que dans celui qui doit les anéantir.

Jugem. du tribunal de Tournai du 14 juillet 1845. (Journal des fabriques, t. 12, p. 311.) — Bruxelles, 14 août 1848. (J. 1848. p. 329.)

2° L'arrêté du 27 octobre 1825, qui prescrit aux fabriques, ainsi qu'aux établissements de charité, de demander l'autorisation d'accepter des actes entre vifs ou testamentaires dans le délai d'une année, n'est qu'une mesure d'ordre dont l'administration peut user à son gré, sans être liée envers les tiers.

L'autorisation d'accepter suffit pour relever de cette déchéance.

Liége, 8 juin 1842, et 14 juin 1849. (J. 1849. p. 391.)

Le produit spontané[1] des cimetières appartient aux fabriques d'églises.[2]

Décret de 1809, art. 36, n. 4.

Il s'agit ici des cimetières qui ne sont pas propriétés

---

(1) C'est celui qui y croît naturellement et sans le secours de l'agriculture : le bois, le foin, les fruits et les émondes des arbres qui pour produire n'exigent pas d'être cultivés et qui ne l'ont pas été.

(2) Cela ne concerne pas les produits spontanés des cimetières protestants. Nouveau journ. des fabriq t. 6, p. 74.

fabriciennes, car le produit des cimetières qui se rangent dans cette dernière catégorie appartient aux fabriques, sans partage; ceci est de droit commun.

a) Les fabriques ont le droit de faire les fournitures nécessaires au service des morts, pour la pompe des funérailles dans les églises;

Décret du 18 mai 1806, art. 7.

pour le transport des morts et pour les enterrements; et ce service peut faire l'objet soit d'une régie intéressée, soit d'une entreprise unique qui s'adjuge publiquement, sous l'approbation de l'autorité civile.

b) L'article 22 du décret du 23 prairial an XII attribue aux fabriques d'églises et aux consistoires le droit exclusif de fournir au service du transport des morts et des enterrements.[1]

c) L'article 7 du décret du 18 mai 1806 permet à ces établissements d'exercer ce droit par eux-mêmes ou de l'affermer par entreprise aux enchères.

d) Ils dressent à cet effet des tarifs,[2] dit encore cet

---

(1) Les bureaux de bienfaisance ne sont, en aucun cas, tenus de fournir les cercueils destinés à l'inhumation des indigents.

Cette charge incombe, en principe, aux communes; mais elle doit être supportée exclusivement par les fabriques, lorsque ces établissements religieux font toutes les fournitures des inhumations, et spécialement celle des cercueils.

Nouveau journ. des fabriq. t. 4, p. 293.

(2) Voir la *Jurisprudence des tribunaux*, t. 8. p. 222.

article, et des tableaux (gradués par classes) que le ministre de la justice approuve, sur l'avis de l'autorité communale et de l'autorité provinciale.

e) Son article 8, statuant pour les grandes villes, prescrit aux fabriques de se réunir pour ne former qu'une seule entreprise.

f) L'article 36, n. 10, du décret du 30 décembre 1809 range le produit des frais d'inhumation parmi les ressources des fabriques d'églises.

g) La loi leur attribue une partie des cierges qui sont employés dans les services funèbres, les produits de ces services et des inhumations.

Décret de 1809, art. 36, n. 10, et art. 76. — Ann. les décrets du 23 prairial an XII, art. 22 et suiv.; du 18 mai 1806, art. 7-12 ; du 18 août 1811, et du 26 décembre 1813.

Du reste, il appartient au pouvoir communal de réglementer les convois funèbres et les sépultures, c'est-à-dire, de régler, suivant les localités, le mode le plus convenable pour le transport et l'inhumation des corps, et d'arrêter, à cet effet, toutes les mesures convenables.

V. les dispositions précitées.

Ainsi, est pris, dans les limites des pouvoirs communaux, le règlement qui attribue aux préposés de l'administration des hospices, qui en ont reçu la mission expresse de la part de l'administration, le droit exclusif d'opérer le transport des cercueils, dans les inhumations.

Semblable règlement n'a rien de contraire aux lois.

Le monopole qu'il établit n'a rien de contraire à l'article 7 de la loi du 2-17 mars 1791, qui proclame la liberté de l'industrie, cette liberté ayant ses limitations, comme nous l'avons vu ailleurs, et les fournitures relatives à la pompe des convois funèbres pouvant, aux termes de l'article 14 du décret du 18 mai 1806, faire l'objet d'une entreprise unique.

Loi interprétative du 31 décembre 1854. — Cass. 6 juin 1853 (B. 1853. p. 383.), et 2 février 1854. (B. 1854. p. 75.)[1]

Les fabriques peuvent, dans certains cas, se faire fournir des subsides par les communes.

Décret de 1809, art. 36, n. 11.

Des loteries peuvent être établies dans l'intérêt du culte.

Loi du 31 décembre 1851, art. 7.

§ VII. *Administration des biens des fabriques.*

Quel est le mode d'administration propre aux fabriques d'églises?

---

(1) Rappelons-nous qu'il est défendu d'inhumer dans les églises ;

Décret du 23 prairial an XII, art. 1er.

mais rien ne s'oppose à ce que des monuments funèbres y soient placés, sur la proposition de l'évêque et avec la permission du gouvernement.

Décret de 1809, art. 73.

Les biens des fabriques sont en général administrés dans les formes déterminées pour les biens des communes;

Décret de 1809, art. 60.

Sous la modération du ministre des cultes (le ministre de la justice);

Décret de 1809, art. 114. — Arrêté du 4 juin 1840.

Sous la tutelle de la députation provinciale qui approuve, dans certains cas, qui, dans certains autres, donne des avis;

Arrêté du 1er juillet 1816.

Sous la coopération de l'autorité ecclésiastique, qui constitue en cela l'un des auxiliaires du gouvernement;[1]

Sous l'action de cette même autorité, pour ce qui tient à leurs budgets.

Décret de 1809, art. 47.

Le curé présente annuellement à la fabrique l'aperçu des dépenses nécessaires à l'exercice du culte.

Décret de 1809, art. 45, § 1er.

Le bureau dresse ensuite le budget de la fabrique, c'est-à-dire, l'état de son actif et de son passif.

Décret de 1809, art. 24 et 46.

---

(1) Notamment en ce qui regarde les libéralités, les fondations de services religieux, les aliénations.

Décrets du 12 août 1807, art. 2, et du 30 décembre 1809, art. 59.

C'est le conseil qui le vote.

Décret de 1809, art. 12, n. 1er, et art. 47.

C'est l'évêque qui l'approuve.

Décret de 1809, art. 47.

Dans le cas où le revenu de l'établissement couvre sa dépense, le budget devient exécutoire;

Décret de 1809, art. 48.

Sinon, il y a lieu de recourir à la commune, qui est alors appelée à discuter les dépenses votées, sauf intervention de la députation, de l'évêque et, au besoin, du ministre de la justice, s'il y a dissentiment.

Décret de 1809, art. 49, 93 et suiv.

Les fabriques d'églises discutent elles-mêmes et arrêtent leurs comptes, sous l'impulsion et la haute surveillance de l'autorité épiscopale.

Décret du 1809, art. 87.

Une copie en est adressée à la commune.

Décret de 1809, art. 89.

La députation intervient lorsqu'il y a débat entre les fabriques et leurs agents comptables pour en fixer la balance ou le reliquat.

Celui-ci se verse dans les mains du trésorier en exercice.

Décret de 1809, art. 88.

Lorsque ces comptables sont en demeure de s'acquitter de leurs obligations ou qu'ils refusent de payer leur reliquat, et lorsque la fabrique néglige de faire les diligences nécessaires, pour les y contraindre, le procureur du roi trouve, dans l'article 90 du décret de 1809, une attribution personnelle pour agir contre eux. Il peut procéder par voie d'action devant les tribunaux.

Ann. son art. 91. — Jugem. du trib. de Liége du 15 janvier 1853. (J. des trib. t. 2, p. 257.)

Les tribunaux ordonnent l'emploi des mesures coactives que les circonstances peuvent rendre nécessaires.

Cette doctrine se fonde sur les articles 82 et suivants du décret du 30 décembre 1809; sur l'arrêté du 7 thermidor an XI, articles 3 et 5, auxquels le code civil, article 537, se réfère; sur les articles 77, n. 9, et 141 de la loi communale, combinés.

V. un jugem. du trib. de Liége du 2 août 1845. (J. des trib. t. 6, p. 419.) — Un jugem. du trib. de Charleroi du 28 février 1852. (J. de trib. t. 10, p. 370.) — Bruxelles, 8 août 1855. (J. des trib. t. 10, p. 371.) — Cass. F. 9 juin 1823.

Elle n'a rien d'ailleurs qui soit incompatible avec l'article 92 de la constitution.

L'obligation de rendre compte, qui incombe au trésorier d'une fabrique, n'est pas une obligation civile, comme celle qui se forme en vertu du mandat qu'un particulier donne à un autre particulier.

La reddition du compte d'une fabrique d'église intéresse

l'ordre public, puisque c'est à l'aide des ressources que la gestion de ses biens lui procure, que la fabrique peut faire face aux frais du culte, lequel se rattache aux besoins moraux de l'ordre le plus élevé.

Les devoirs des agents comptables des fabriques se lient donc à des services d'utilité publique et présentent, à certains égards, un caractère politique.

V. la Jurisp. des tribunaux, t. 7, p. 814.

Les difficultés qui naissent à l'occasion de l'inaccomplissement ou de la violation de ces devoirs, sont, par suite, susceptibles d'être examinées et décidées par l'autorité administrative.

L'article 93 de la constitution ne permet pas de garder le moindre doute sur ce point.

Ainsi l'ont pensé nos chambres législatives, comme l'attestent les lois qui régissent la comptabilité de l'Etat, celle des provinces, des communes, des hospices, des bureaux de bienfaisance et des autres établissements publics.

Les fabriques d'églises ne font pas partie intégrante du corps de l'Etat et n'ont pas d'existence politique.

Ce sont des corps moraux reconnus par la loi et doués d'une simple personnalité civile.

A ce double point de vue, il faut les assimiler aux colléges qui administrent les hospices, les bureaux de bienfaisance, les monts-de-piété.

Mais les fabriques d'églises ne sont pas non plus des administrations privées qui s'exercent sans rapport direct avec l'autorité publique.

Elles se rangent parmi les administrations publiques, au même titre et même à un titre plus élevé que les hospices, les bureaux de bienfaisance, les monts-de-piété.

Leurs attributions n'embrassent-elles pas les intérêts les plus sacrés de la société, et ne se mêlent-elles pas aux plus hautes aspirations des individus qui la composent?

Cela suffit pour justifier l'exclusion de la compétence judiciaire, en tout ce qui concerne l'examen, la clôture et l'arrêté de leurs comptes.

Aux termes de l'article 79 de la loi communale, les comptables des établissements de charité sont justiciables de l'autorité administrative.

V. la loi comm. art. 79, § 1er et 2. — V. cependant la Jurisprudence des tribunaux, t. 6, p. 424 et suiv.

Des motifs analogues à ceux qui ont dicté cette disposition militaient pour que les comptables des établissements religieux fussent soumis à la juridiction exceptionnelle de l'administration.

C'est l'un des membres du bureau des marguilliers qui, sous le titre de trésorier, manie les deniers de la fabrique et paie ses dépenses.

Décret de 1809, art. 25 et 35. — Ann. ses art. 28, 34 et 74.

Il ne peut assurément être loisible à des donateurs ou testateurs de faire encaisser par un comptable autre que le trésorier, tout ou partie des sommes que leur libéralité a dévolues à la fabrique.

L'Etat, les provinces, les communes, les établissements publics ont des comptables qui leur sont propres, et chacun d'eux est soumis à des règles de comptabilité spéciales.

L'ordre public s'oppose à ce qu'ils soient remplacés par d'autres et à ce que le système de ces règles soit changé ou bouleversé.

Le trésorier c'est l'homme d'action de la fabrique.

C'est lui qui fait tous les actes conservatoires des droits de la fabrique. On appelle ainsi les précautions qui se prennent extra-judiciairement, c'est-à-dire, sans former une action devant les tribunaux.

Ainsi, le trésorier pratique des saisies-arrêts, prend des inscriptions hypothécaires, fait apposer des scellés, passe des titres nouvels, fait des actes interruptifs de la prescription.

V. le décret de 1809, art. 78.

Sa mission est continue, permanente.

Ses fonctions sont gratuites.

C'est un véritable mandataire.

Il doit donc l'intérêt des sommes qu'il a perçues, comme tel, et qu'il a employées à son usage, à dater de cet emploi.

Il doit l'intérêt de celles dont il est reliquataire, à compter du jour qu'il est mis en demeure.

Code civ. art. 1996.

Il n'est assujetti à aucun cautionnement, mais il est passible de la contrainte par corps.

Loi du 21 mars 1859, art. 6. — Rapp. le code de procéd. civ: art. 126 et 127. — V. un jugem. du trib. de Liége du 7 mai 1853. (J. des trib t. 2, p. 53.)

Et ses biens sont grevés d'une hypothèque légale au profit de la fabrique;

Loi du 16 décembre 1851, art. 47.

Et cette hypothèque pèse sur ses biens actuels et sur ceux qui peuvent lui échoir,

Loi du 16 décembre 1851, art. 48.

A la charge de l'inscription.

Loi du 16 décembre 1851, art. 89.

C'est à tort, selon nous, que la cour de Liége et la cour de cassation ont refusé d'appliquer le bénéfice de ces dispositions aux fabriques d'églises, en déniant à celles-ci le caractère d'établissements publics.

La jurisprudence de la cour de cassation ne peut avoir

sur ce point l'autorité qu'en général nous nous empressons de lui reconnaître.

L'inscription hypothécaire se fait en débet, c'est-à-dire, sans avance par la fabrique du droit d'hypothèque et du salaire du conservateur, sauf recours du conservateur vers le débiteur.

Loi du 16 décembre 1851, art. 91.

C'est une faveur que les fabriques peuvent réclamer, comme tous les établissements publics, pour les inscriptions de toutes autres hypothèques à charge des tiers.

Loi du 21 ventôse an VII, art. 23.

Le trésorier est passible de dommages-intérêts envers la fabrique, quand, par sa faute, une prescription n'est pas interrompue avant d'être accomplie.

C'est à lui, en effet, qu'incombe le soin de faire les actes conservatoires des droits de l'établissement.

Décret de 1809, art. 78.

D'un autre côté, s'il n'est pas permis aux administrateurs des établissements publics d'acquérir d'une manière patente et directe les biens de ces établissements, à plus forte raison doit-il leur être interdit de les acquérir par la voie cachée et peu favorable de la prescription. Le motif qui a dicté l'article 1596 du code civil se reproduit ici avec une nouvelle force.

Ainsi, lorsqu'un bien usurpé sur une fabrique est arrivé

par succession, donation ou autrement, entre les mains du trésorier de cette fabrique, la prescription qui aurait commencé à courir contre la fabrique au profit des auteurs de ce détenteur est suspendue.

V. un jugem. du trib. de Bruges du 10 mai 1858. (J. des trib t. 7. p. 823.) — V. la Jurisp. des tribunaux, t. 7, p. 811.

C'est ainsi que la prescription des droits dus à une commune par un particulier qui, dans l'intervalle, est nommé bourgmestre ou échevin de cette commune, est suspendue pendant tout le temps qu'il conserve ces fonctions.

Aix, 24 novembre 1841.

Les deniers, les titres ou papiers qui appartiennent aux fabriques doivent, ainsi que les pièces de leur comptabilité, être déposés dans des caisses fermant à trois clefs que la loi confie au curé, au président du bureau des marguilliers et au trésorier.

Décret de 1809, art. 50, 51, 53, 54 et 57. — Ann son art. 89.[1]

Des inventaires se font et se renouvellent périodiquement des documents des fabriques, ainsi que de leur mobilier.

Décret de 1809, art. 55.

C'est le bureau des marguilliers qui régit les biens de la fabrique,

Décret de 1809, art. 60.

---

(1) A consulter : Lucien Roy, *Le fabricien comptable.*

Qui arrête les marchés qui l'intéressent.

Décret de 1809, art. 28.

C'est le bureau qui délibère au sujet des libéralités qui se font à la fabrique.[1]

Décret de 1809, art. 58 et 59.

Lorsque l'évêque a déclaré qu'elles sont acceptables, c'est le trésorier qui les accepte au nom de l'établissement, après autorisation de la députation ou du roi, suivant que la valeur n'excède pas ou excède la somme de trois mille francs.

Décret de 1809, art. 59. — Loi comm. art. 76, n. 3 et n. 8, § 2 combinés.[2]

C'est la députation qui autorise :

a) Les baux emphytéotiques, sur l'avis du conseil communal et l'initiative du conseil de fabrique ;

Décret de 1809, art. 12, § 5. — Arrêté du 1er juillet 1816.

Les baux ordinaires des fabriques des communes rurales. Nous disons : Des *communes rurales;* car ceux des fabriques *urbaines* sont exempts de cette formalité.

Décret de 1809, art. 60 et loi comm. art. 81, § 1er, combinés.

---

(1) Les notaires sont tenus d'en donner avis au curé.

(2) Les conditions onéreuses auxquelles les arrêtés du 31 mars 1820 et du 30 septembre 1828 avaient subordonné cette autorisation, ont été tenus pour contraires aux articles 110, § 1er, et 113 de la constitution.

Circ. du ministre des finances du 5 mai 1831.

b) Les modérations de fermages.

Arrêté du 19 juillet 1816.

c) Les emprunts, sur l'initiative du conseil de fabrique, le conseil communal et l'évêque étant entendus.

Décret de 1809, art. 12, n. 5. — Arrêté du 1er juillet 1816.

d) Les placements de fonds, sur l'avis de l'autorité communale et l'initiative du conseil de fabrique.

Arrêté du 1er juillet 1816. — Décret de 1809, art. 12, § 3. — Ann. son art. 63.

Ceux qui se font en immeubles nécessitent l'approbation royale lorsque leur valeur excède la somme de 3000 francs.

Décret du 16 juillet 1810, art. 4. — Arrêté du 8 mai 1818. — Loi comm. art. 76, n. 4, et n. 8, § 2 combinés.

e) Les aliénations, les échanges d'immeubles, sur l'initiative du conseil de fabrique, et le conseil communal ayant été entendu ainsi que l'évêque diocésain.

Arrêté du 1er juillet 1816. — Décret de 1809, art. 12, § 5, et art. 62.

L'abandonnement d'un droit réel ou la création d'un droit de cette nature, d'une hypothèque, d'une servitude, doivent d'ailleurs être assimilés aux aliénations.

Remarquez :

1° Une aliénation faite sans l'autorisation requise resterait inopérante. Une action trentenaire serait ouverte à la fabrique pour en faire prononcer la nullité.

Il en serait de même si l'aliénation avait eu lieu sans le concours du conseil de fabrique, alors même que l'aliénation aurait été sanctionnée par l'autorité supérieure, le conseil de fabrique étant le représentant légal de l'établissement propriétaire.

2° Aucun membre du bureau des marguilliers ne peut se porter adjudicataire des marchés ou des ventes qui intéressent l'établissement,

Décret de 1809, art. 61.

disposition qui, selon nous, regarde même les autres fabriciens.

Loi comm. art. 68, n. 2. — Code civ. art. 1596. — Code pén. art. 175.

Les procès des fabriques sont soutenus, après autorisation de la députation ou du roi, au nom des fabriques.

Les diligences sont faites à la requête des trésoriers.

Décret de 1809, art. 77 et suiv.

S'il arrivait qu'un trésorier refusât ou fût empêché de suivre un procès dans l'intérêt de la fabrique, celle-ci étant, comme les établissements de charité, placée, par la loi, dans un état de minorité, et sa tutelle légale ayant été remise dans les mains des évêques et des députations permanentes, ces autorités, agissant de concert, pourraient, selon nous, nommer un agent ou commissaire spécial pour poursuivre au lieu et place du trésorier.

V. Colmar, 31 juillet 1823.

Au surplus, le successeur d'un trésorier a titre et qualité pour prendre la place de son prédécesseur dans les procès que celui-ci a soutenus à raison de ses fonctions. Il en est ainsi quand un tuteur ou curateur en remplace un autre.

Cass. 20 juillet 1843. (B. 1843. p. 386.)

C'est le bureau du trésorier qui constitue le bureau de la fabrique; c'est là que les notifications judiciaires doivent se faire.

Décret de 1809, art. 79. — Code de procéd. civ. art. 69, n. 3. — Nouveau journ. des fabriq. t. 1er, p. 233. — V. pour l'application : Liége, 19 novembre 1846 (J. 1847. p. 219.), et 26 avril 1851. (J. 1854. p. 19.) — Bruxelles, 18 janvier 1851 (J. 1851. p. 71.), 9 août 1853 (J. 1854. p. 7.), et 16 avril 1856. (J. 1856. p. 364.) — Cass. 8 août 1846 (B. 1847. p. 247.), et 1er août 1850. (B. 1851. p. 65.)

Remarquez :

1° Les fabriques d'églises ne peuvent renoncer à la juridiction des tribunaux pour s'en référer à la décision d'un arbitre ou de plusieurs arbitres.

Nous l'avons dit ailleurs,[1] la voie du compromis est fermée aux établissements publics.

Code de procéd. civ. art. 1004 et 83, combinés.

2° L'arrêté-loi du 17 août 1815 qui admet les établis-

---

(1) Voir *Le droit administratif belge,* supra, p. 55.

sements de charité à plaider gratis n'est pas susceptible d'extension, par analogie, aux fabriques d'églises.

L'arrêté du 26 mai 1824, qui leur accorde cette faveur, a été jugé contraire à l'article 112 de la constitution ;

Ce qui est vrai.

V. un jugem. du trib. de Courtrai du 9 avril 1852. (Jurisp. des trib. t. 3. p. 430) — Gand, 27 mai 1836. (J. 1836. p. 310) — Bruxelles, 6 février 1833. (J. 1833. p. 125.)

3° Les fabriques jouissent, comme les autres établissements publics, quant à l'exécution des jugements qui sont prononcés contre elles, de prérogatives analogues à celles de l'Etat, des provinces et des communes.

V. une décis. du 24 juin 1808.

§ VIII. *Charges des fabriques.*

Quelles sont les charges des fabriques d'églises?

Elles se rapportent :

Aux dépenses du culte proprement dit.

Décret de 1809, art. 37, n. 1er et 2.

Ainsi, les fabriques doivent fournir les vases sacrés les ornements, le linge, le luminaire, le pain, le vin, l'encens, le paiement des serviteurs de l'église, l'honoraire des prédicateurs.

— A l'acquit des fondations qui affectent les biens dont elles jouissent.

Décret de 1809, art. 26.

Les honoraires de ces fondations doivent être acquittés conformément à leur titre ou, dans le silence de celui-ci, conformément au tarif établi dans chaque diocèse, sous l'approbation du gouvernement.

Décret de 1809, art. 26, et 36, n. 10. — Ann. la loi du 18 germinal an X, art. 5. — Le tarif du diocèse de Liége du 28 novembre 1806.

Ainsi, quand le titre d'une fondation consistant en immeubles ou en rentes en attribue la jouissance pleine et entière au curé, à la charge de certains services religieux, il peut réclamer la totalité du produit de ces biens et rentes, prélèvement étant fait, par la fabrique, de ses frais de recette et de culte.

En toute hypothèse, la fabrique en conserve l'administration.

Décret du 22 fructidor an XIII. — Avis du cons. d'Etat du 21 frimaire an XIV. — V. une décis. du ministre des cultes du 9 septembre 1812, rapportée dans le *Manuel* de M. Brixhe, p. 373, en note.

Et les obligations pieuses des fabriques subsistent pour elles, aussi longtemps que les biens y afférents ne sont pas perdus par cas fortuits, aucune prescription ne paraissant admissible ici.

Les intéressés ont évidemment une voie de recours auprès de l'autorité ecclésiastique et des tribunaux.

La perte partielle des biens ne libère pas les fabriques, mais peut donner lieu à réduction des charges.

Décret de 1809, art. 29.

Il est de règle que les particuliers et les établissements de bienfaisance qui sont chargés, par les donateurs ou testateurs, de faire célébrer des messes dans une église déterminée, sont tenus de payer à la fabrique de cette église, pour la célébration de ces messes, l'honoraire fixé, par le tarif diocésain, pour les messes de fondation. C'est ce qui résulte de la combinaison des décrets du 22 fructidor an XIII et du 16 juin 1806, article 3. Il est vrai que ce dernier a spécialement pour objet les fondations qui grèvent les biens attribués aux hospices en vertu de la loi du 4 ventôse an IX; mais il est applicable, par identité de motifs, à toutes les autres fondations.

Evidemment les clauses testamentaires ainsi conçues : « Je lègue ma maison à Pierre, à la charge par lui de faire célébrer tel nombre de messes, dans telle église; » ou bien : « Je charge Pierre, mon légataire, de faire célébrer tel nombre de messes, dans telle église; » sont obligatoires pour eux; et, en cas de refus de leur part, l'exécution de la condition ou la révocation du legs peuvent être poursuivies devant les tribunaux par les héritiers légitimes du défunt, ses légataires universels, ses exécuteurs testamentaires ou la fabrique de l'église désignée.

« Pareille charge consiste dans l'obligation de payer annuellement et à perpétuité la somme nécessaire pour l'exonération des services religieux y mentionnés.

» La redevance nous semble réunir les caractères constitutifs d'une rente, et toutes rentes, celles même qui se paient pour cause pie ou de charité, sont essentiellement rachetables. »

Loi du 18-29 décembre 1790, art. 1er. — Cod. civ. art. 530.

Toute disposition contraire est proscrite.

V. un jugem. du trib. de Mons du 31 décembre 1858. (J. des trib. t. 7. p. 1006.)

Les fabriques sont chargées de l'entretien des églises.

Décret de 1809, art. 37, n. 4.

En effet, elles ont le soin de veiller à la garde, à la conservation des temples;

Loi du 18 germinal an X, art. 76. — Décret de 1809, art. 1er.

— de procéder à la visite des bâtiments;

— de s'éclairer de l'avis des gens de l'art et de pourvoir aux réparations que ces bâtiments peuvent réclamer.

Décret de 1809, art. 41, 42 et 46, § dernier.

Par une suite nécessaire, c'est aux fabriques que la loi attribue l'initiative des mesures qui peuvent tendre à leur amélioration, ornement, conservation ou restauration.

Ainsi vigilance, action libre et spontanée, tels sont les termes dans lesquels se résume la compétence des fabriques, au point de vue de l'entretien et des réparations des églises qui sont confiées à leur sollicitude.

Mais l'exercice de leur prérogative est subordonné à des limitations diverses.

1° S'agit-il de travaux de simple entretien ou de menu entretien, que le code civil considère comme une charge de la jouissance, soit à titre d'usufruit, soit à titre de louage?

V. le code civ. art. 605 et 1754.

Première hypothèse. — La fabrique est en état de couvrir la dépense, à l'aide de ses propres ressources.

Alors les marguilliers ou le conseil peuvent ordonner les travaux sur-le-champ, les diriger et pourvoir à la dépense, si celle-ci ne dépasse pas les proportions déterminées aux articles 41 et 42 du décret de 1809; sauf à l'imputer sur le crédit alloué par l'évêque au budget de l'année courante, pour les dépenses imprévues, ou bien, à défaut de ce crédit, sauf à la porter, pour la régularisation, au budget de l'exercice suivant.

Et si la dépense excède la quotité fixée par ces dispositions, il y a lieu, par la fabrique, d'en faire l'objet d'un crédit spécial, au budget qu'elle soumet annuellement à l'évêque diocésain ;

Décret de 1809, art. 46 et 47.

et, au besoin, d'une demande de crédit supplémentaire, à charge, par elle, de se conformer, pour l'exécution des travaux, aux prescriptions de l'article 42, § 2, du décret de 1809.

Ainsi, dans cette première hypothèse, les fabriques exercent la plénitude des pouvoirs que la propriété donne.

Deuxième hypothèse. — La dépense arrêtée par le budget ne laisse pas de fonds disponibles ou n'en laisse pas de suffisants pour faire face à la dépense de ces travaux.

C'est l'hypothèse que prévoit l'article 43 du décret de 1809.

Alors, la fabrique prend une délibération tendant à ce qu'il y soit pourvu dans les formes prescrites au chapitre 4 du décret de 1809, c'est-à-dire par la commune, si l'église est paroissiale,

Décret de 1809, art. 94.

et par les provinces que le diocèse comprend, si l'église est cathédrale.

Décret de 1809, art. 106.

Dans ce cas-là, c'est au gouverneur qu'il appartient de désigner les gens de l'art qui doivent constater la nécessité des travaux, leur importance et leur devis estimatif;

Décret de 1809, art. 95.

sauf les observations contradictoires de l'un des marguilliers dont la présence a dû être requise par le gouverneur;

Décret de 1809, art. 95.

sauf encore les réclamations que peut élever le conseil communal, si l'église est paroissiale, ou provincial, si l'église est cathédrale ;

Décret de 1809, art. 96, 105 et 106 combinés.

sauf, enfin, la décision de l'évêque ou celle du ministre de la justice.

Décret de 1809, art. 97.

Les travaux se font ensuite sur adjudication au rabais, à laquelle il est procédé, selon les cas, par le conseil communal ou l'autorité provinciale,

Décret de 1809, art. 95 et 98.

et, par voie de conséquence, c'est à l'autorité communale ou provinciale qu'il appartient d'en surveiller l'exécution;

Loi comm. art. 75 et 90, n. 5 et 6. — Loi prov. art. 75 et 77.

sauf, bien entendu, les convenances du culte dont l'exercice et la police appartiennent aux évêques et aux curés.

Art. 9, organique du concordat. — Arrêté du 21 pluviôse an XIII.

2° S'agit-il de grosses réparations que le code civil considère comme une charge de la propriété, c'est-à-dire, celles des gros murs et voûtes, des murs de soutènement et de clôture?

V. le code civ. art. 605 et 606.

Première hypothèse. — La fabrique est en état de couvrir la dépense sans recourir aux subsides communaux ou provinciaux.

Alors, sous le point de vue économique, la fixation et l'emploi de la dépense appartiennent à la fabrique, sous la réserve de l'allocation ou approbation de la dépense par l'évêque diocésain, et, à charge, par la fabrique, d'accomplir les formalités prescrites par la loi pour l'adjudication des travaux.

Décret de 1809, art. 46, n. 4, et 48, combinés.

Deuxième hypothèse. — La fabrique ne peut subvenir à la dépense, à l'aide de ses propres ressources, et prend son recours, soit vers la commune, soit vers la province, soit vers l'Etat.

Alors encore, l'initiative appartient à la fabrique exclusivement, et c'est d'elle que doivent émaner les projets primitifs contenant les plans et devis estimatifs;

Décret de 1809, art. 94 et 107

et, si la fabrique est celle d'une église paroissiale, elle doit être entendue, lors de l'examen qui s'en fait ensuite par les gens de l'art que le gouverneur désigne.

Et, si les travaux intéressent une église cathédrale, l'évêque concourt à la formation des plans et devis, comme il est dit aux articles 108 et 109 du décret, et les travaux sont exécutés sous la direction, surveillance et responsabilité des fonctionnaires ou agents de la commune, de la province ou de l'Etat, selon que la fabrique tient ses subsides de la commune, de la province ou de l'Etat.

3° S'agit-il de travaux qui soient de nature à changer le style, le caractère ou l'ordonnance des édifices?

Alors, en toute hypothèse, les travaux qu'on peut appeler artistiques ne peuvent être exécutés sans l'autorisation préalable du roi qui prend l'avis de la commission qui est instituée pour la conservation des monuments du pays.

Arrêtés du 16 août 1 24, art. 2 et 5, et du 7 janvier 1835.

L'article 76, n. 8, de la loi communale contient une disposition analogue pour les communes.

Les objets d'art qui se trouvent placés dans les églises, et les monuments historiques qu'elles renferment ne peuvent en être détachés, aliénés ou déplacés, sans l'autorisation du roi.

Arrêté du 16 août 1824, art. 5.

En résumé nous disons :

1° Les fabriques ont seules compétence pour provoquer et déterminer les travaux d'embellissement, de réparation, et de reconstruction dont les églises peuvent avoir besoin.

2° Dans leurs rapports avec les convenances religieuses, ces travaux subissent le contrôle des évêques et des curés, en ce sens qu'ils peuvent exiger que l'exécution de ces travaux se fasse de telle sorte que l'exercice du culte en reçoive le moins de trouble ou d'entrave possible.

3° La prérogative des fabriques se trouve limitée : d'abord, par la nécessité que la loi leur impose de soumettre leurs budgets et dépenses à l'approbation de l'autorité diocésaine ; puis, par la nécessité, pour elles, de se soumettre, pour certains travaux artistiques, à l'approbation royale, et par la coopération directe que la commune, la province et l'Etat peuvent se réserver, lorsqu'ils participent à la dépense.

4° Dans ce dernier cas, le mode des travaux peut, ainsi que le choix des matériaux, être déterminé ou arrêté, soit par l'autorité communale, soit par l'autorité provinciale, soit par le gouvernement, sous la responsabilité administrative ou constitutionnelle qui leur est propre.

5° En tous cas, les évêques et les fabriques sont appelés par la loi à faire valoir les observations dont les projets de travaux présentés par l'autorité civile leur paraissent susceptibles.

Décret de 1809, art. 41, 42, 43, 46, 47, 48, 94-98, 105-109. — Loi comm. art. 75 et 90, n. 5. — Loi prov. art. 75 et 76. — Arrêtés du 16 août 1824, art. 2 et 5, et du 7 janvier 1835.

Il va de soi qu'en ce qui regarde les ouvrages qui s'exécutent à l'extérieur des églises, il y a lieu d'observer les dispositions de police en vigueur dans la localité.

V. les lois du 14 décembre 1789, art. 50, et du 16-24 août 1790, tit. 11, art. 3, n. 1er.

Les fabriques pourvoient à l'entretien des presbytères.

Décret de 1809, art. 37, n. 4.

Le curé ou desservant est soumis aux réparations locatives, et, pour constater les dégradations qui pourraient être de son fait, la loi veut que, lors de la prise de possession par son successeur, il soit fait un état de la situation de l'immeuble et de ses dépendances, à la diligence du trésorier, si le presbytère appartient à la fabrique, à la diligence du bourgmestre, s'il appartient à la commune.

Décret de 1809, art. 44.

Ses héritiers ou ayants-cause son tenus des réparations locatives et dégradations.

Décret du 6 novembre 1813, art. 6, 13, 21 et 22.

Les fabriques pourvoient à l'entretien des cimetières et de leurs clôtures.

Décret de 1809, art. 37, n. 4. — Ann. le décret du 23 prairial an XII, art. 23.

Mais, comme c'est aux communes qu'incombe la charge de l'établissement ou de l'agrandissement des cimetières, il faut décider qu'elles doivent également supporter les frais de construction des clôtures, ainsi que les grosses réparations de celles-ci.

§ IX. *Obligations des communes dans leurs rapports avec le culte.*

En cas d'insuffisance constatée, conformément aux articles 93 et suivants du décret de 1809, des ressources d'une fabrique, la commune ou les communes, dont la paroisse se compose, sont appelées à contribuer, soit aux dépenses du culte,

Décret de 1809, art. 37 et 92, n. 1er.

soit à la réparation des édifices consacrés au culte.

Décret de 1809, art. 92, n. 3, et art. 49.

En ce qui regarde le logement des ministres du culte, les dispositions du droit moderne, comme celles du droit ancien, nous semblent concordantes pour mettre au nombre des charges obligatoires des communes l'indemnité de logement aux curés ou desservants, toutes les fois qu'il n'y a pas de maison presbytérale dans la localité ; ici, l'obligation est directe, absolue et n'a rien de subsidiaire, c'est-à-dire, qu'elle affecte la commune ou les communes composant le territoire des paroisses, alors même que les revenus de la fabrique lui permettraient de supporter la dépense.

V. Sohet, *Instituts de droit,* liv. 1er, tit. 25, chap. 2. — Un édit français du mois d'avril 1695, art. 22. (Merlin, *Répertoire,* v. PRESBYTÈRE.)

Remarquons, en effet :

L'article 131 de la loi communale impose aux communes deux catégories de dépenses concernant les besoins du culte.

Les unes ont le caractère d'une subvention qui suppose la constatation préalable d'un fait, celui de l'insuffisance des ressources des fabriques d'églises. Telles sont les dépenses dont il s'agit dans le n. 9 de cet article, et qui se rapportent aux frais du culte et à l'entretien des édifices qui lui sont affectés.

Les autres constituent des dépenses qui sont propres aux communes et qui pèsent sur elles, quels que soient les revenus des fabriques.

Telles sont précisément celles qui se rattachent au logement des ministres du culte et qui font l'objet du n. 13 du même article.

La condition limitative qui est énoncée au n. 9 n'est pas reproduite dans le dispositif de l'autre.

Il ne saurait être permis de l'y ajouter.

La loi française du 18 juillet 1837 a consacré la même distinction, dans des termes analogues.

V. son art. 30. — Ann. le décret du 30 juin-2 juillet 1790, art. 11. — La loi du 18 germinal an X, art. 72. — L'arrêté du 7 ventôse an XI, art. 1er. — Le décret du 11 prairial an XII, art. 4. — Le décret de 1809, art. 92, § 2, combinés. — Ann. un avis du cons. d'Etat du 27 août-1er septembre 1811. — Dijon, 1er juillet 1837. — Cass. F. 7 janvier 1839.

Toute chapelle communale doit être desservie par un prêtre logé dans la commune, et celle-ci doit prendre l'engagement de lui fournir un logement ou une indemnité pécuniaire.

Décret du 30 septembre 1807, art. 8, 9 et 10.

Il n'en est pas ainsi des chapelles de secours. L'exercice du culte n'y est pas quotidien, la résidence permanente d'un prêtre n'y est pas nécessaire ; il n'y a point, par conséquent, obligation de le loger.

V. la circ. du 4 juillet 1810.

Lorsque la paroisse est composée de plusieurs communes ou portions de communes, la répartition entre elles des dépenses relatives au culte s'opère proportionnellement à l'intérêt qu'elles peuvent y avoir.

Loi comm. art. 132.

Et la dépense devient communale. Elle s'acquitte par les moyens et les voies ordinaires, sauf les subsides de la province ou de l'État.

Décret de 1809, art. 100 et suiv.

Remarquez : Les chapelles communales dispensent de tout concours aux frais du culte et aux autres dépenses qui se rattachent à l'église principale ; il n'en est pas ainsi des simples chapelles que nous avons appelées chapelles de secours.

V. l'avis du cons. d'Etat du 14 décembre 1810.

Les limites territoriales d'une commune sont sujettes à changement, elles n'ont rien d'incommutable.

Il en est de même du territoire d'une paroisse.

Quels sont, quant aux biens, les effets de pareil changement ?

Trois hypothèses sont possibles :

1° Il peut y avoir démembrement, fractionnement, division d'une paroisse, c'est-à-dire, érection d'une nouvelle église dans la circonscription, le territoire d'une église et d'une paroisse établie.[1]

---

(1) A consulter : BOSERET et LAUWERS, *Du partage des biens d'une paroisse démembrée.*

La paroisse ce n'est pas le temple, l'église :

C'est la communauté des fidèles représentée, quant aux intérêts matériels, par la fabrique ;

C'est le territoire, abstraction faite du temple, c'est-à-dire, de l'instrument du culte et de son exercice.

L'église, c'est un édifice servant aux besoins du culte.

C'est la réunion des habitants sur le territoire qui forme la paroisse, comme c'est la réunion des citoyens dans une certaine circonscription qui forme la commune.

« C'est une réunion de personnes unies dans une même foi religieuse. »[1]

Les biens d'une paroisse appartiennent au corps entier de la paroisse pour les besoins de l'ensemble des fidèles.

Les bénéfices se partagent comme les charges.[2]

Une portion des biens de l'église ancienne se détache de cette église et se transfère à l'église nouvellement créée.

La division d'une paroisse substitue deux personnes morales à une seule.

---

(1) L'article 77 de la loi du 18 germinal an X suppose même l'existenr d'une paroisse sans église.

(2) Voir le Journal des fabriques, t. 2, p. 5, 13 et 153, et t. 6, p. 148

Les fabriques nouvelles deviennent propriétaires indivis des biens qui ont appartenu à la communauté à laquelle elles succèdent. Il se fait une dislocation du patrimoine jusque-là indivis ; [1]

— un partage des biens entre l'église mère et l'église filiale. [2]

Il faut, du reste, excepter de ce partage les dotations qui ont reçu, de la part de leurs auteurs, une destination toute spéciale. [3]

Les biens qui sont onérés de services religieux, par exemple, de messes à célébrer dans telle église que le fondateur a désignée, doivent être attribués à la fabrique de cette église.

Quelle sera la base de ce partage?

La population respective des deux paroisses séparées. [4]

2° Il peut y avoir réérection, rétablissement d'une

---

(1) Voir le Journal des fabriques, t. 2, p. 153.

(2) Voir Jousse, n. 31. — Voir des avis du cons. d'Etat du 25 avril 1812, et du 8 juillet 1818. (Boseret, p. 81 et 82.)

(3) Voir Brixhe, *Manuel*, v. Église. — Macarel, *Jurisprudence administrative*, tit. 3, ch. 13, sect. 3, n. 18.

(4) Voir Boseret, p. 52.
Quelle autre base pourrait-on admettre ?
V. le décret de 1809, art. 3. — L'arrêté du 26 avril 1823. — Voir Boseret, p. 35.

ancienne église, c'est-à-dire, d'une église et d'une paroisse temporairement réunies à une autre église, et absorbées dans la paroisse de celle-ci.

Les biens des fabriques des églises supprimées appartiennent aux fabriques des églises auxquelles les églises supprimées sont réunies.

Décret du 31 juillet 1806, art. 1er.

Le motif de l'attribution, c'est la réunion et l'augmentation de charges qui devait en résulter pour les fabriques maintenues.

On ne peut en assigner aucun autre.

C'est, comme on l'a dit, une sorte d'usufruit affecté à l'acquit des charges.

L'union ayant cessé, ses effets doivent cesser avec elle.[1]

Les biens, les revenus temporairement unis à une autre église reprennent leur destination primitive.

C'est le cas d'une revendication.

Ainsi, les biens qui étaient attachés à des églises, antérieurement à leur réunion, doivent y faire retour après leur séparation; et les dotations nouvelles faites pendant

---

(1) Voir CARRÉ, *Gouvernement des paroisses*, n. 244 et 245.

la communauté, les biens acquis pendant la communauté, doivent être partagés, encore en prenant pour base la population respective des deux paroisses.

3° Il peut y avoir suppression d'une église et réunion de sa circonscription territoriale à celle d'une église voisine.

En cas de suppression de paroisse, les biens de la paroisse dissoute se réunissent aux biens de la paroisse maintenue dont le territoire est étendu, à laquelle elle se trouve annexée.

V. un jugem. du trib. de Dinant du 11 juin 1853. (J. des trib. t. 5. p. 1124.) — Liége, 14 août 1844 (J. 1844. p. 474.), 8 décembre 1847 (J. 1848. p. 158.), et 31 décembre 1856. (J. 1860. p. 30.) — V. cependant un jugem. du trib de Liége du 15 juillet 1854. (J. des trib. t. 3. p. 105.)

Les fabriques des églises métropoles et des cathédrales sont soumises à un droit spécial, c'est-à-dire, que chacune d'elles est composée d'après un règlement arrêté par l'évêque diocésain et approuvé par le roi.

Décret de 1809, art. 104.

Ce décret forme d'ailleurs le droit commun de ces églises, pour les cas non prévus par ce règlement particulier et en ce qui regarde l'administration de leurs biens.

Décret de 1809, art. 105.

Il n'y déroge que sous deux points de vue:

1° Celui de l'acceptation des donations et legs qui leur sont faits. C'est l'évêque qui les accepte avec l'autorisation du roi, comme ceux qui se font aux séminaires diocésains.

Décret de 1809, art. 113. — Circ. du 10 avril 1849.

La compétence du gouvernement, en ce qui regarde ces donations et legs, est exclusive, ici, de celle de la députation et du contrôle de l'autorité communale, l'arrêté du 1er juillet 1816 ne concernant que les établissements dont l'existence se lie à celle des communes.

Il en est de même pour ce qui concerne les aliénations, les échanges et les autres actes de cette nature qui intéressent ces institutions d'ordre général.

2° Au point de vue des subsides que ces églises peuvent exiger en cas d'insuffisance de leurs ressources propres, soit pour le logement de l'évêque diocésain, soit pour les besoins de ces églises elles-mêmes et l'entretien des bâtiments.

Ce sont les provinces et non les communes qui en sont tenues.

Décret de 1809, art. 106 et suiv. — Loi prov. art. 69, n. 9.

Et si, dans le même évêché, il y a plusieurs provinces, la répartition entre elles se règle sur le montant de leurs contributions directes, sauf que la province où se trouve le chef-lieu du diocèse est tenue d'un dixième en plus.

En cas de désaccord entre les provinces, le gouvernement intervient.

Décret de 1809, art. 111. — Loi prov. art. 76. — Rapp. son art. 87.

Les biens des métropoles et des cathédrales leur ont fait retour et sont rendus à leur destination.

Décret du 15 ventôse an XIII.

FIN.

APPENDICE.

I.

RÉDACTION NOUVELLE DONNÉE, PAR LA LOI DU 30 JUIN 1865, AUX ARTICLES 75, 76, 77 ET 81 DE LA LOI COMMUNALE DE 1836.

(Voir supra, p. 38 et suiv.)

Art. 75. Le conseil règle tout ce qui est d'intérêt communal; il délibère sur tout autre objet qui lui est soumis par l'autorité supérieure.

Les délibérations sont précédées d'une information toutes les fois que le gouvernement le juge convenable, ou lorsqu'elle est prescrite par les règlements.

La députation permanente du conseil provincial peut également prescrire cette information dans tous les cas où les délibérations du conseil communal sont soumises à son approbation.

Art. 76. Néanmoins, sont soumises à l'avis de la députation permanente du conseil provincial et à l'approbation du Roi les délibérations du conseil sur les objets suivants :

1° Les aliénations, transactions, échanges de biens ou droits immobiliers de la commune; les baux emphytéotiques, les emprunts et les constitutions d'hypothèques ; le partage des biens immobiliers indivis, à moins que ce partage ne soit ordonné par l'autorité judiciaire ;

Toutefois l'approbation de la députation permanente du conseil provincial est suffisante, lorsque la valeur n'excède pas 5,000 frs. ou le dixième du budget des voies et moyens ordinaire, à moins que ce dixième ne dépasse 50,000 francs :

2° Les péages et droits de passage à établir dans la commune ;

3° Les actes de donation et les legs faits à la commune ou aux établissements communaux, lorsque la valeur excède 5,000 frs.;

L'approbation de la députation permanente du conseil provincial est suffisante lorsque la valeur des donations ou legs n'excède pas cette somme. Dans ce cas, elle sera notifiée dans les huit jours de sa date, par la voie administrative, à la partie réclamante, s'il y a eu opposition ;

Toute réclamation contre l'approbation devra être faite au plus tard dans les trente jours qui suivront cette notification ;

En cas de refus d'approbation, en tout ou en partie, la réclamation devra être faite dans les trente jours à partir de celui où le refus aura été communiqué à l'administration communale ;

En cas de réclamation, il est toujours statué par le Roi sur l'acceptation, la répudiation ou la réduction de la donation ou du legs ;

Les libéralités faites par actes entre-vifs seront toujours acceptées sous la réserve de l'approbation de l'autorité compétente ; cette acceptation liera, sous la même réserve, le donateur, dès qu'elle lui aura été notifiée ;

Cette notification et celle de l'approbation éventuelle pourront être constatées par une simple déclaration du donateur, authentiquement certifiée au bas de l'acte portant acceptation ;

Lorsqu'il y aura donation de biens susceptibles d'hypothèque, la transcription des actes contenant la donation et l'acceptation provisoire, ainsi que la notification de l'acceptation provisoire, qui aurait eu lieu par acte separé, devra être faite au bureau des hypothèques dans l'arrondissement duquel les biens sont situés ;

Il en sera de même de la notification de l'acceptation définitive : la transcription des actes qui précéderont l'acceptation définitive se fera en débet;

4° Les demandes en autorisation d'acquérir des immeubles ou droits immobiliers;

Néanmoins, l'approbation de la députation permanente du conseil provincial suffira, lorsque la valeur n'excédera pas la somme de 5,000 francs, ou le dixième du budget des voies et moyens ordinaire, à moins que ce dixième ne dépasse 50,000 francs;

5° L'établissement, le changement ou la suppression des impositions communales et des règlements y relatifs;

Néanmoins, l'approbation de la députation permanente du conseil provincial suffit, lorsqu'il s'agit de centimes additionnels au principal des contributions foncière et personnelle et du droit de patente, à moins que le nombre total des centimes imposés ne dépasse vingt;

6° La vente et le changement du mode de jouissance des terrains incultes et des bois soumis au régime forestier;

7° La fixation de la grande voirie et les plans généraux d'alignement des villes et des parties agglomérées des communes rurales; l'ouverture de rues nouvelles et l'élargissement des anciennes, ainsi que leur suppression;

8° La démolition des monuments de l'antiquité existants dans la commune, et les réparations à y faire, lorsque ces réparations sont de nature à changer le style ou le caractère des monuments.

Les dispositions du n° 1, en ce qui concerne les aliénations de gré à gré , les transactions et les partages sont, ainsi que celles des n°s 3, 4 et 6, applicables aux établissements publics existants dans la commune, et qui ont une administration spéciale.

Les actes délibérés par ces administrations sont, en outre, soumis à l'avis du conseil communal.

Les communes et les établissements publics peuvent se pourvoir auprès du Roi contre les décisions rendues par la députation permanente du conseil provincial, dans les cas des n°s 1, 4 et 5 du présent article.

Art. 77. Sont soumises à l'approbation de la députation permanente du conseil provincial les délibérations des conseils communaux sur les objets suivants :

1° Le changement du mode de jouissance de tout ou partie des biens communaux, à l'exception de ceux qui sont mentionnés au n° 6 de l'article précédent;

2° La répartition et le mode de jouissance du pâturage, etc.

Art. 81. Le conseil arrête ces conditions de location ou de fermage et de tout autre usage des produits et revenus de propriétés et droits de la commune, ainsi que les conditions des adjudications et fournitures.

Néanmoins, pour les communes placées sous les attributions des commissaires d'arrondissement, les actes de locations et adjudications seront soumis, avec les cahiers des charges, à l'approbation de la députation permanente du conseil provincial.

Il en sera de même dans les autres communes, lorsque ces actes auront pour objet une valeur de plus de 20,000 francs, ou que les locations seront faites pour plus de neuf ans.

II.

LOI DU 19 DÉCEMBRE 1864 RELATIVE AUX FONDATIONS DE L'ENSEIGNEMENT OU AU PROFIT DES BOURSIERS.

(Voir supra, p. 347.)

CHAPITRE PREMIER.

FONDATIONS EN FAVEUR DE L'ENSEIGNEMENT PUBLIC.

Art. 1er. Les libéralités en faveur de l'enseignement primaire d'une commune ou d'une section de commune sont réputées faites à la commune ou à la section de commune.

Art. 2. Les libéralités en faveur de l'enseignement primaire d'une province seront réputées faites à la province.

Art. 3. Les libéralités en faveur de l'enseignement primaire du pays seront réputées faites à l'Etat.

Art. 4. Les libéralités en faveur de l'enseignement primaire, sans autre indication ni désignation, sont réputées faites au profit de la commune, à moins qu'il ne résulte des circonstances ou de la nature de la disposition qu'elles sont faites au profit de la province ou de l'Etat.

Art. 5. Les libéralités en faveur de l'enseignement moyen, scientifique, artistique ou professionnel dans un établissement dépendant de la commune, ou au profit d'un pareil établissement, sont réputées faites à la commune.

Art. 6. Les libéralités en faveur de l'enseignement public dans un établissement dépendant de la province ou au profit d'un pareil établissement sont réputées faites à la province.

Art. 7. Les libéralités faites en faveur de l'enseignement moyen ou de l'enseignement public, sans autre indication ni désignation, sont réputées faites au profit de l'Etat, à moins qu'il ne résulte des circonstances ou de la nature de la disposition qu'elles sont faites au profit de la commune ou de la province.

Art. 8. Les libéralités au profit de l'enseignement public dans un établissement dépendant de l'Etat, ou en faveur d'un pareil établissement, sont réputées faites à l'Etat.

Art. 9. Les libéralités au profit de l'enseignement spécial qui se donne dans les grands séminaires, dans les églises paroissiales, succursales ou consistoriales, ou de l'enseignement primaire qui se donne dans les hospices d'orphelins, sont réputées faites aux séminaires, fabriques d'église, consistoires ou commissions d'hospices.

Art. 10. Les libéralités mentionnées aux articles précédents seront acceptées, suivant les cas qui y sont prévus et les règles ordinaires, par les administrations des communes, des provinces, des séminaires, des fabriques d'église, des consistoires ou des hospices intéressés.

Les libéralités faites ou réputées faites au profit de l'Etat seront acceptées par le Ministre ayant l'établissement ou la branche de l'enseignement public favorisé dans ses attributions.

Il sera justifié de l'emploi des revenus des biens de la donation dans un chapitre spécial des budgets et des comptes.

Art. 11. Lorsque le testateur n'aura pas désigné dans l'acte l'établissement, la commune, la province ou la paroisse qui doivent profiter de la libéralité, celle-ci sera acceptée, suivant les cas, par l'administration du ressort dans lequel le testateur avait son domicile au moment de la disposition.

Art. 12. Si une libéralité est faite à la fois en faveur de deux ou plusieurs branches de l'enseignement, ou en faveur de divers degrés de l'enseignement, ou en faveur de diverses natures d'enseignement ressortissant à des autorités différentes, l'arrêté qui autorise l'acceptation détermine, dans le silence de l'acte de fondation, la part qui doit être affectée à chaque branche, ou à chaque degré, ou à chaque nature d'enseignement, les administrations intéressées entendues.

Toutefois, si, d'après les dispositions de l'acte de fondation ou d'après la nature des biens légués, la gestion de ceux-ci doit être indivise, l'arrêté autorisant l'acceptation désigne, parmi les administrations intéressées, et après avoir pris leur avis, celle qui aura la régie de la dotation.

Les mêmes règles seront suivies lorsqu'une libéralité sera faite collectivement à des établissements dépendant de différentes communes, ou de différentes provinces, ou à plusieurs communes, ou à plusieurs provinces.

Art. 13. Si, par un accroissement de ressources, les revenus de l'établissement fondé ou doté dépassent ses besoins, le Roi peut, après avoir pris l'avis des administrations intéressées, employer l'excédant à la création de nouvelles branches de l'enseignement, et même de nouveaux établissements, en se conformant, autant que possible, à l'intention du fondateur.

Art. 14. Si, au contraire, les revenus d'une fondation sont devenus insuffisants pour remplir le vœu du fondateur, le Roi peut, après avoir pris l'avis des administrations intéressées, opérer une réduction dans les branches de l'enseignement, ou bien ordonner la réunion de la fondation à un établissement de même nature, en tenant toujours compte des intentions du fondateur.

Les administrations intéressées auront néanmoins toujours le droit de suppléer à l'insuffisance des revenus pour maintenir la fondation telle qu'elle a été instituée.

Art. 15. Tout fondateur qui aura donné ou légué, au profit de l'enseignement, une dotation suffisante pour la création d'un établissement complet, pourra se réserver pour lui ou pour un ou deux de ses parents mâles les plus proches le droit de concourir à la direction de cet établissement et d'assister, avec voix délibérative, aux séances de l'administration directrice.

Il est donné annuellement aux fondateurs ou aux parents désignés par lui communication des budgets et des comptes.

Art. 16. Ne pourront néanmoins exercer ce droit d'intervention :

a. Les condamnés à des peines afflictives et infamantes ;

b. Les condamnés pour des délits qui entraînent ou peuvent entraîner la mise sous la surveillance de la police ou la privation de tout ou partie des droits civils ou politiques ;

c. Les individus notoirement connus comme tenant maison de prostitution ;

d. Les individus privés de l'exercice de leurs droits civils et politiques ;

Les étrangers sont néanmoins admis comme les Belges à l'exercice de ce droit ;

e. Ceux qui sont en état de faillite ou qui ont fait cession de biens, aussi longtemps qu'ils n'ont pas payé intégralement leurs créanciers.

Art. 17. En cas de conflits entre les tiers intervenants et les administrateurs légaux, il sera statué, sur le recours de la partie la plus diligente, par le Roi, s'il s'agit d'une fondation acceptée par la province ou par l'Etat, et par la députation permanente, s'il s'agit d'une fondation acceptée par toute autre administration, sauf recours au Roi.

CHAPITRE II.

FONDATIONS AU PROFIT DES BOURSIERS.

Art. 18. Les libéralités qui ont pour objet de fournir, sous le titre de bourses, des secours aux membres d'une famille ou à des individus d'une ou plusieurs localités, dans le but de leur procurer l'enseignement primaire, moyen, supérieur, scientifique, artistique ou professionnel, ou de leur faciliter les études dans une branche quelconque de l'enseignement, seront, dans chaque province, acceptées, régies et affectées à leur but, par une commission composée de cinq, sept ou neuf membres nommés par la députation permanente du conseil provincial, selon qu'il y a dans la province deux, trois ou quatre arrondissements judiciaires.

La députation permanente devra choisir les membres de la commission provinciale, de telle sorte que chaque arrondissement judiciaire soit représenté par deux membres qui y auront leur domicile. Le cinquième, septième ou neuvième membre devra être pris parmi les personnes domiciliées dans l'arrondissement judiciaire dont le patrimoine au profit des bourses d'études sera le plus considérable.

La capacité de chaque province se déterminera par la désignation faite dans l'acte de fondation et, à défaut de cette désignation, par le lieu où le testateur avait son domicile au moment de la disposition.

Art. 19. Pour pouvoir faire partie des commissions administratives provinciales, il faut jouir de ses droits civils et politiques.

Il sortira un membre tous les ans. L'ordre de sortie est réglé, pour la première fois, par le sort. Les membres sortant sont rééligibles.

Art. 20. Chaque commission siége au chef-lieu de la province et ne peut délibérer qu'autant que la majorité de ses membres se trouve réunie.

Les archives et les titres de fondations sont déposés au gouvernement provincial.

Art. 21. Chaque commission nomme parmi ses membres un président et un vice-président.

Art. 22. Elle nomme, en outre, un receveur et un secrétaire.

Le receveur doit être choisi hors du sein de la commission.

Le secrétaire peut être choisi parmi les membres de la commission ou hors de son sein.

Dans ce dernier cas, les mandats de secrétaire et de receveur peuvent être confiés à la même personne.

Le secrétaire et le receveur sont soumis à réélection, tous les six ans, sans préjudice à la réélection du secrétaire pris dans le sein de la commission, à l'époque de la sortie périodique.

Art. 23. Le receveur doit fournir un cautionnement, conformément aux dispositions des art. 115 et suivants de la loi communale.

Ses biens sont soumis à l'hypothèque légale.

Art. 24. Les traitements du receveur et du secrétaire sont fixés par la commission, et ne peuvent excéder ensemble 5 p. c. des recettes ordinaires. Les secrétaires pris parmi les membres de la commission ne jouissent d'aucun traitement.

Art. 25. Les baux à long terme, les acquisitions, échanges, aliénations, partages, transactions et tous autres actes qui dépassent les limites d'une simple administration, ne seront valables qu'après que les délibérations y relatives de la commission auront été approuvées par la députation permanente ou par le Roi, suivant les règles de compétence établies par la loi communale pour les actes de même nature.

Art. 26. Les délibérations de la commission sur les actions à intenter ou à soutenir sont soumises à l'approbation de la députation permanente, sauf recours au Roi en cas de refus.

Les personnes intéressées à une fondation pourront, à défaut de la commission, être autorisées à ester en justice, conformément aux dispositions de l'art. 150 de la loi communale.

Art. 27. En attendant l'autorisation d'ester en justice, le receveur devra faire tous les actes de diligence pour la conservation des droits de la fondation que le litige intéresse.

Les actions seront poursuivies ou défendues en son nom.

Tous actes et exploits concernant les fondations de bourses devront être signifiés à la personne du receveur ou au siége de la commission.

Art. 28. Le receveur ne pourra faire aucune dépense sans un mandat signé par le président.

Il fait, également sur mandat, tous les payements aux boursiers.

Art. 29. Le receveur soumet annuellement, avant le 1er mai, à la commission un compte en double avec toutes les pièces justificatives des recettes et des dépenses.

Chaque fondation fait l'objet d'un chapitre spécial.

Les dépenses communes d'administration, telles notamment que les frais de bureau, sont réparties entre toutes les fondations, en proportion de l'importance de la dotation.

Le compte, avec les pièces à l'appui et l'avis de la commission, sera, avant le 1er juillet de chaque année, soumis à l'approbation de la députation permanente. Un double du compte approuvé sera immédiatement transmis au Ministre compétent sur la proposition duquel il sera statué par le Roi en cas de réclamation.

Art. 30. Le mode suivant lequel la commission exerce ses attributions est réglé par arrêté royal.

Art. 31. Les fondations de bourses pour les études théologiques dans les séminaires sont acceptées et gérées par les bureaux administratifs de ces établissements.

Le trésorier adresse, tous les ans, avant le 1er mai, un double du compte, avec les pièces à l'appui et l'avis du bureau, au Ministre chargé de l'approuver.

Art. 32. Lorsque les libéralités auront pour objet la création de bourses distinctes, et que le fondateur n'aura pas déterminé la quote-part afférente à chacune d'elles, celle-ci sera fixée par arrêté royal, les administrations intéressées entendues.

Si la libéralité a cumulativement pour objet la création de bourses en faveur de l'une ou l'autre branche de l'enseignement laïque et d'études théologiques dans un séminaire, et que, d'après les dispositions de l'acte ou la nature des biens légués, la gestion de ceux-ci doit être indivise, l'arrêté royal, autorisant l'acceptation, désigne l'administration qui aura la régie de la dotation, la députation permanente de la province intéressée et le bureau du séminaire entendus.

Il en sera de même en cas de libéralités pour la création de bourses affectées alternativement à des études laïques et à des études théologiques dans un séminaire.

Art. 33. Si les libéralités ont pour objet des bourses pouvant être appliquées facultativement à des études laïques et à des études théologiques, l'arrêté royal autorisant l'acceptation désignera l'administration qui aura la régie de la dotation, la députation permanente de la province intéressée et le bureau du séminaire entendus.

Si le fondateur n'a pas nommé de collateur, ces bourses seront alternativement affectées aux branches d'enseignement désignées par le fondateur, à moins qu'il ne se présente pas de candidats pour les études en faveur desquelles les bourses sont vacantes. Dans ce cas, celles-ci sont conférées en faveur de la branche d'études qui en eût profité immédiatement après celle qui devait en jouir.

Art. 34. Si, d'après l'acte de fondation, les habitants de deux ou plusieurs provinces, nominativement désignées, doivent profiter de la libéralité, et que, d'après les dispositions de l'acte ou la nature des biens légués, la gestion de ceux-ci doit être indivise, l'arrêté royal autorisant l'acceptation désigne la commission provinciale qui aura la régie de la dotation, les députations permanentes des provinces intéressées entendues.

Art. 35. En cas de diminution ou d'augmentation des revenus de la dotation, le gouvernement peut, après avoir pris l'avis des administrations intéressées, diminuer ou augmenter le nombre des bourses, en se conformant autant que possible à la volonté des fondateurs.

Le gouvernement déterminera, de la même manière, le nombre des bourses, chaque fois que ce nombre n'aura pas été fixé par le testateur.

Art. 36. Les fondateurs de bourses peuvent se réserver, soit à eux, soit à un, deux ou trois de leurs plus proches parents mâles, le droit de collation.

Pour pouvoir exercer ce droit, les parents désignés devront réunir les conditions de capacité et de moralité déterminées par l'art. 16.

Art. 37. Si le fondateur n'a pas désigné de collateur, ou si ceux qu'il a désignés font défaut, ou s'ils ne parviennent pas à s'entendre endéans le mois après le délai fixé pour la production des titres, le choix du boursier appartiendra à l'administration qui a été autorisée à accepter la fondation.

Dans les deux derniers cas prévus par le paragraphe précédent, si les collateurs désignés se représentent, ou s'ils parviennent plus tard à s'entendre ou à faire reconnaître leurs droits en justice, ils recouvreront l'exercice du droit de collation, sans pouvoir toutefois revenir sur les collations faites par l'administration.

Art. 38. Le boursier a la faculté de fréquenter un établissement public ou privé du pays, à son choix, sans que cette faculté puisse être restreinte par l'acte de fondation.

Le gouvernement pourra, sur la demande de la famille et après avoir pris l'avis de la commission administrative, autoriser les études à l'étranger.

Art. 39. Si le fondateur n'a pas désigné l'objet de l'enseignement, les bourses pourront être conférées indistinctement pour toutes les études.

Art. 40. La jouissance de la bourse ne peut être conférée pour un terme plus long que celui de la durée normale du cours ou des études déterminées dans les établissements d'instruction publique.

Des dérogations à cette règle ne pourront être faites qu'avec l'autorisation du gouvernement, après avoir pris l'avis des collateurs.

Art. 41. Nul ne peut jouir d'une bourse, s'il est dans un des cas d'exclusion déterminés par l'art. 16.

Art. 42. Les parties intéressées pourront toujours se pourvoir devant la députation permanente contre les décisions des commissions provinciales ou des collateurs qui leur portent préjudice.

La députation permanente statue dans un délai de quarante jours.

Dans un délai de dix jours, à dater de la notification qui leur en sera faite, les parties pourront se pourvoir auprès du Roi.

Le recours contre les décisions des bureaux des séminaires sera porté directement devant le Roi.

CHAPITRE III.

DISPOSITIONS GÉNÉRALES.

Art. 43. Le gouvernement veille à ce que les biens et les revenus des fondations en faveur de l'enseignement, ainsi que ceux des fondations au profit de boursiers, soient conservés et affectés à leur destination.

Il pourra se faire rendre compte de la situation de chaque fondation et annuler les décisions des administrations qui seraient contraires aux lois ou à l'intérêt général.

L'annulation des délibérations des administrations communales devra être prononcée dans les délais et de la manière fixée par l'art. 87 de la loi communale.

Les délibérations des autres administrations devront être annulées dans un délai de quarante jours à partir de celui où elles auront été portées à la connaissance du gouvernement.

Après le délai de quarante jours fixé par les deux paragraphes précédents, les actes mentionnés dans le § 2 ne pourront être annulés que par le pouvoir législatif.

Art. 44. Il sera fait, tous les trois ans, un rapport spécial aux Chambres sur le nombre et sur la situation financière des fondations, avec un état des biens de toute nature affectés à chacune d'elles.

Art. 45. Si la volonté du fondateur ne peut être suivie en tout ou en partie, soit parce que l'établissement ou les branches d'enseignement n'existent plus, soit parce que les appelés font défaut, soit par tout autre motif, le Roi, après avoir pris l'avis des administrations intéressées, prendra les mesures pour y suppléer de la manière la plus conforme au but que s'est proposé le fondateur.

Art. 46. Tous les actes contenant des libéralités affectées aux fondations prévues par la présente loi, ainsi que les arrêtés d'autorisation, seront, par ordre de dates, transcrits sur un registre spécial déposé au secrétariat de chaque administration.

Il en sera de même de tout arrêté concernant l'organisation des fondations.

Un autre registre contiendra l'état exact des propriétés appartenant à chaque fondation, avec le montant des revenus annuels, la désignation cadastrale des immeubles, celle des noms et de la demeure du débirentier, et la description des biens servant d'hypothèque. Les mutations concernant ces divers objets y seront également inscrites.

Ces registres seront à l'inspection du public sans pouvoir être déplacés.

Art. 47. Les libéralités faites par actes entre-vifs seront toujours acceptées sous réserve de l'approbation de l'autorité compétente. Cette acceptation liera sous la même réserve le donateur, dès qu'elle lui aura été notifiée.

Cette notification et celle de l'approbation éventuelle pourront être constatées par une simple déclaration du donateur, authentiquement certifiée au bas de l'acte portant acceptation.

Lorsqu'il y aura donation de biens susceptibles d'hypothèques, la transcription des actes contenant la donation et l'acceptation provisoire, ainsi que la notification de l'acceptation provisoire, qui aurait eu lieu par acte séparé, devra être faite aux bureaux des hypothèques dans l'arrondissement desquels les biens sont situés.

Il en sera de même de la notification de l'acceptation définitive. La transcription des actes qui précéderont l'acceptation définitive, se fera en débet.

Art. 48. Les décisions prises par l'autorité administrative, dans les cas des art. 17 et 42, ne portent pas préjudice au droit des intéressés de se pourvoir en justice réglée.

CHAPITRE IV.

DISPOSITIONS TRANSITOIRES.

Art. 49. Dans un délai qui ne pourra excéder un an à partir de la publication de la présente loi, la gestion des biens de toutes les fondations d'enseignement ou des bourses ayant une administration distincte, ou rattachés à des établissements incompétents, sera, par arrêté royal pris sur l'avis de la députation permanente de la province et des administrations intéressées, et sans préjudice aux droits des tiers, remise aux administrations compétentes d'après la présente loi pour régir des fondations semblables, en appliquant, s'il y a lieu, les dispositions des articles 32 et 33 ci-dessus.

Art. 50. Les dispositions du précédent article ne font point obstacle à l'exercice du droit que les actes constitutifs réservent aux fondateurs ou à leurs parents dans les limites de la présente loi.

Art. 51. Le droit de collation des anciennes bourses est maintenu au profit des parents des fondateurs.

En cas de désignation d'autres collateurs ou si les clauses relatives à la collation ne sont plus susceptibles d'exécution par suite de l'absence des parents, la collation appartiendra aux administrations légales déterminées par la présente loi.

Si un ou plusieurs des parents désignés font défaut, ils seront remplacés par un ou plusieurs membres de la commission provinciale à désigner par celle-ci.

S'il s'agit d'études théologiques à faire dans un séminaire, les défaillants seront remplacés par un ou plusieurs membres du bureau administratif de cet établissement, que le bureau désignera.

Le même mode sera suivi pour remplacer les collateurs étrangers à la famille, appelés par les actes de fondation à concourir à la collation avec des parents.

Art. 52. Les établissements publics qui posséderaient des biens grevés de charges au profit de l'enseignement public, ou en faveur de fondations de bourses, conserveront la régie de ces biens sous l'obligation de mettre à la disposition des diverses administrations compétentes, d'après la présente loi, les revenus affectés à l'une ou l'autre branche de l'enseignement public ou à des bourses.

En cas de contestation entre les établissements coïntéressés, il sera statué par le Roi, sur l'avis de la députation permanente, sauf recours en justice réglée.

Art. 53. Les dispositions de la présente loi sont applicables à toutes les libéralités ou fondations au profit de l'enseignement public, ou pour la création de nouvelles bourses, dont l'acceptation n'aura pas été autorisée avant sa mise en vigueur, sauf les droits des tiers.

TABLE DES MATIÈRES.

PREMIÈRE PARTIE.

DE L'ADMINISTRATION DE LA COMMUNE, DE L'ARRONDISSEMENT ET DE LA PROVINCE.

DEUXIÈME PARTIE.

DE L'ADMINISTRATION DES ÉTABLISSEMENTS PUBLICS.

APPENDICE.

FIN DE LA TABLE DES MATIÈRES.

Tournai, typ. H. Casterman.

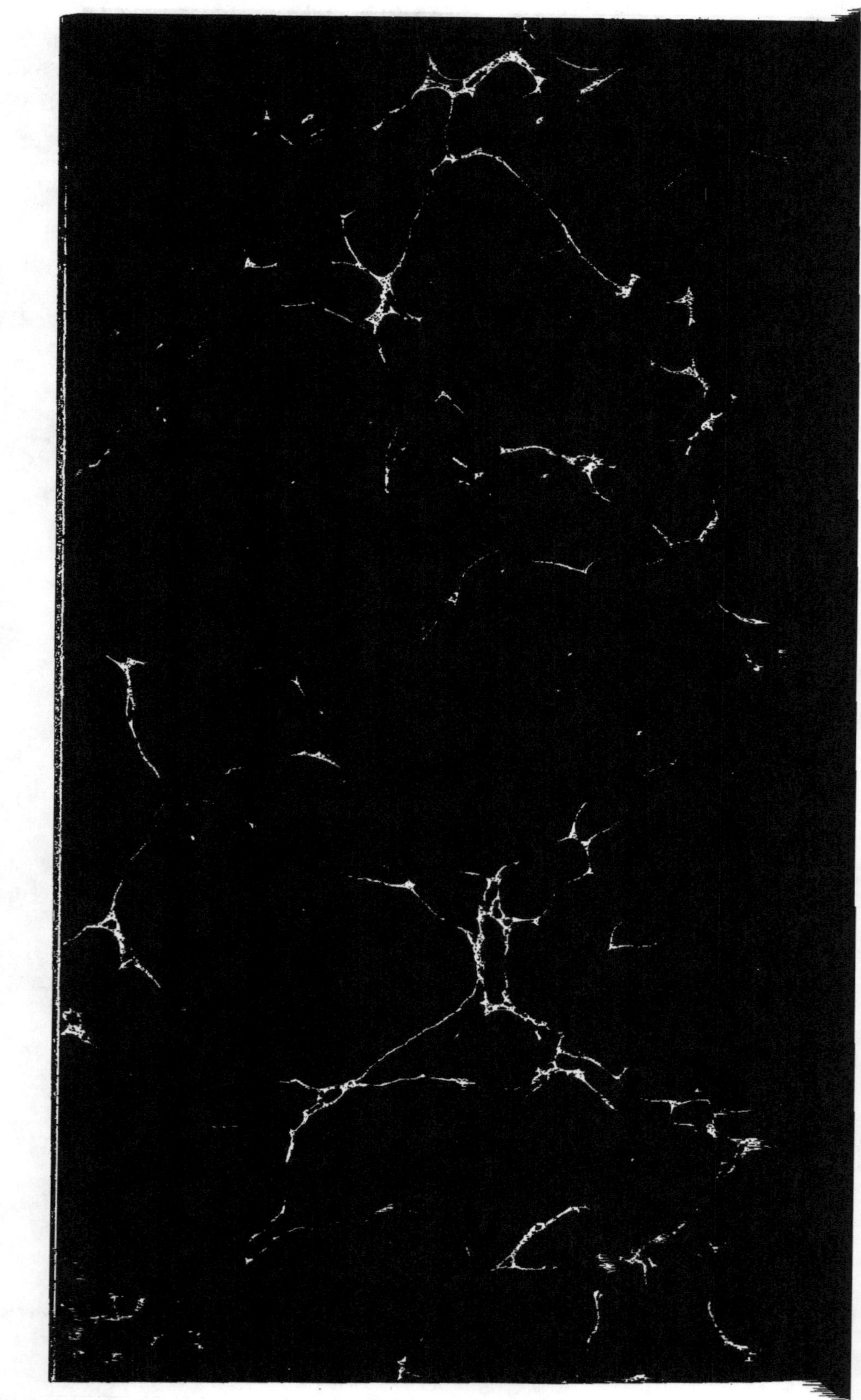

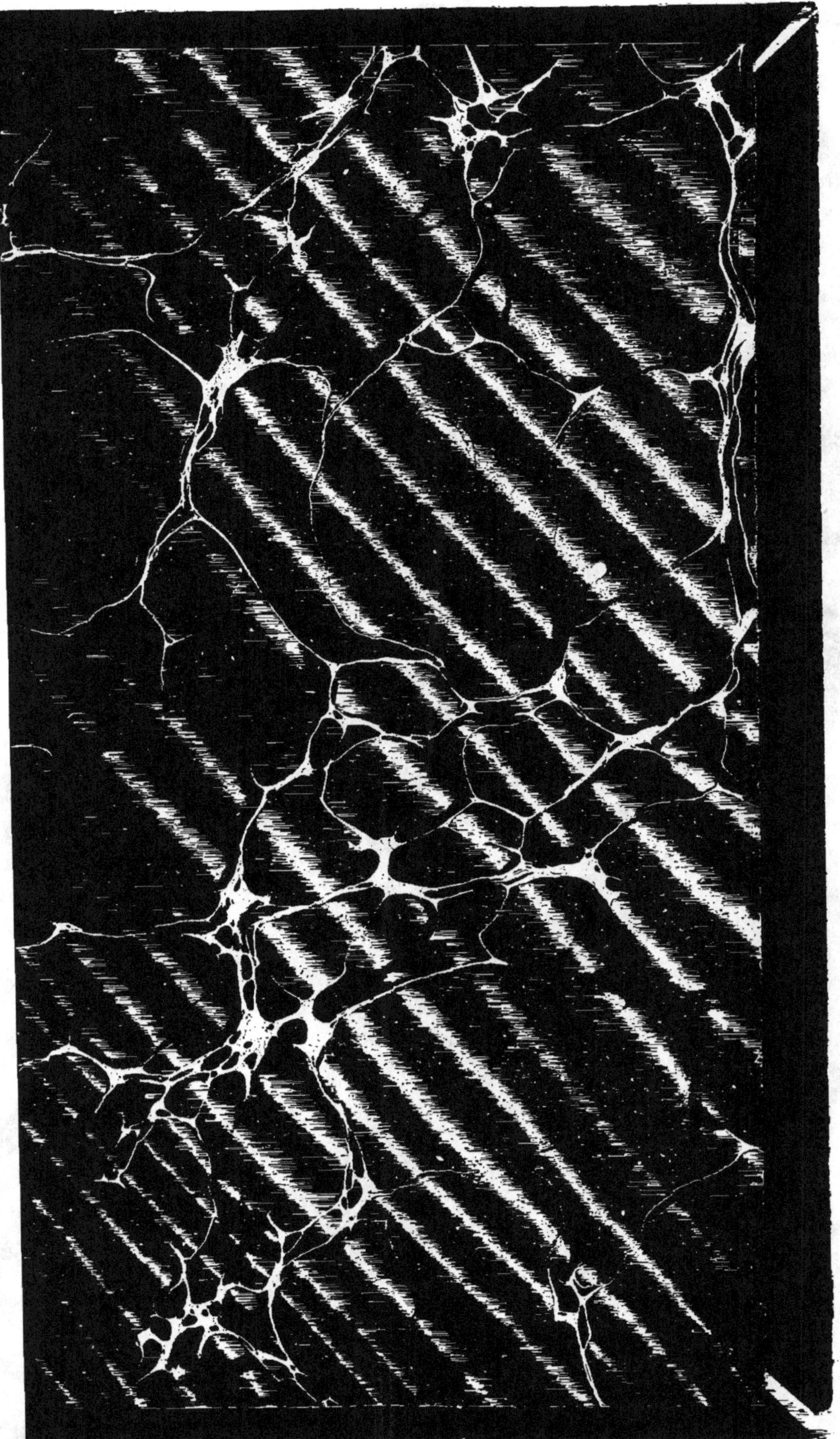

www.ingramcontent.com/pod-product-compliance
Lightning Source LLC
Chambersburg PA
CBHW031717210326
41599CB00018B/2422

* 9 7 8 2 0 1 1 3 3 0 1 0 9 *